研究生论坛

究提供了前所未有的绝佳发展机遇和良好环境。尤其是“985 工程”三期，本学科作为中央民族大学北京市教委重点学科进入独立投资建设阶段，这为本学科的结构布局的优化与调整并进而形成合理的梯队建设，提升人才培养质量、创新水平和社会服务能力，传承、保持学科已有特色并进一步弘扬学科优势创造了良好的条件。本学科全体教学科研工作人员将同舟共济，齐心协力，制定适合本学科特点及发展方向的长远规划和分段实施方案，进一步强化学科团队精神及学科特色意识，凝练本学科与国内外同类学科的不可替代的特点，将不同的方向逐渐打造成合理的梯队和具有可持续发展能力的学科团队。

目前，夯实学科已有基础，进而增强可持续发展能力，是本学科的重要任务。作为二级学科，本学科的建设要突出特色和优势，在重点学科方向上取得突破。坚持标准，突出重点，要以培养高层次创新人才和提高自主创新能力为目标，瞄准国内外语言学领域发展前沿，抓住能够促使学科上水平、凝方向、聚人才、筑基地、出成果、作贡献等关键方面，集中力量巩固优势，打造学科特色。为此，本学科将分段实施以上设想和目标：近期目标为申报国家重点学科，中期目标为在国内同类学科中形成具有显著特点、具有不可替代的学术地位和学术影响的一流学科，远期目标为形成具有世界高水平的重点学科。

举办此次论坛，首先是为了营造浓郁的学术氛围。本学科具有重视营造学术氛围，将教学与科研有机结合的优良传统，举办以研究生为主的学术研讨会也曾是我们多年的设想和计划，但以往由于各种原因未能实施，目前我们的条件已经具备。另外，这也是学科建设发展的需求。

近年来，学校对研究生科研意识和科研能力的培养非常重视，各种各样的学术会议、学术论坛、学术讲座从来没有间断，语言学及应用语言学学科素有重视科研的传统，在最新修订的博士研究生培养方案中，我们把语言学前沿问题讲座作为培养方案中的一门专业必修课，就是我们重视科研，重视学科学术动态的体现。但仅仅了解动态，掌握学科的前沿理论还不够，作为一名研究生，尤其是重点学科的研究生，除了系统地掌握该学科理论知识和研究方法，更重要的是对理论和方法的创新运用，将理论与实践相结合，在实践中发现问题，并用所掌握的知识去分析问题和解决问题。自从学校实施“211 工程”、“985 工程”建设以来，我们通过让学生参与导师科研项目这一形式，为学生提供了很多实践的机会，但理论结合实践不能仅仅是走过场。从这几年的情况来看，虽然不少学生在田野调查的过程中各方面的能力都得到了加强，分析问题、研究问题的能力有较大幅度提高，但也有部分学生仅仅是被动参与，实践过后缺乏对所发现问题的进一步探讨、挖掘，不能使自己的调研成果在理论上得到进一步提升。为此，我们拟举办此次研究生论坛，给大家营造一个科研氛围，搭建一个让大家发表学术观点、展示科研成果和进行学术交流的平台。举办此次学术论坛的另一个原因也是形势所迫。这两年，我校不少学科专业包括研究生学术论坛在内的各种学术活动开展得轰轰烈烈，我系比较文学与世界文学和少数民族文学专业方向也曾开展过类似的活动，而语言学及应用语言学除个别专业方向定期开展一些学术活动以外（如文化语言学人类语言学、应用语言学方向召开的一年一度的“浑沌学与语言文化研究专题研讨会”），整个专业研究生都参与的学术活动还没有举行过。因此，从学科建设的角度来看，举办这样一次活动势在必行。

其次，也为进一步促进本学科的全面均衡发展。近些年来，本学科在教学和科研方面都得到充分的发展。许多导师在教书育人的同时，通过研究型教学模式提高学生的研究能力，以科研成果促进教学水平的提高，在某种程度上为学科的发展做出了自己的贡献，举办研究生论坛也是对我们的教学与科研工作的一次检阅。

第三，给研究生提供发表学术观点、相互交流的平台。尽管本学科及相关学科学术会议常年不断，但这些会议大多主要面对相关领域具有一定资历的教学与研究人员。由于各方面条件的限制，能够以学生身份参加到这些活动中去的毕竟是少数，而我们有很多研究生通过独立研究或在老师的指导下对某个问题的研究已经达到了一定的深度，有了比较成熟的观点，但却苦于没有一个平台来供他们交流与发表见解。此次论坛是本学科有史以来规模最大、参与人数最多、涉及面较广的一次科研活动，每个参与者都可以获得难得的学术交流机会。

第四，给研究生提供展示科研成果的条件。目前，国内能够提供发表语言学及应用语言学专业学术研究成果的刊物不多，而大多都需要具备相当的资历和水平才能在刊物上面发表文章，有些地州级学院的学报或刊物虽然也偶尔刊登研究生的论文，但往往要收取一定数额的版面费。因此，对于大多数研究生来说，要以学生的身份在刊物上独立发表文章还是有一定难度的，这对学生展示自己的科研能力和科研成果极为不利，也严重地制约了学生科研能力的发展和科研水平的提高。这里，不妨对我系目前研究生科研总体情况做一简要介绍。关于本学科研究生的“科研活动”，我们曾经从管理的层面进行了界定，主要包括这样几个方面：一是独立主持或参与科研项目，包括科研项目的调研和科研课题成果的撰写；二是科研成果的发表，包括发表学术著作（专著）、学术论文和调研报告以及各种与专业相关的文章；三是参加学术会议（必须提交论文）。自2008年学校实行研究生基本奖学金和学业奖学金评定制度以来，我们将研究生参与科研活动的情况作为考查学生科研能力和科研水平的标准纳入到奖学金评定细则中，对学生科研能力的提高起到了积极的促进作用。大多数学生以各种方式积极投身到各种科研活动中，有的积极参加导师主持的科研课题，有的积极撰写学术论文并参加各种会议，或在刊物上公开发表论文。但仍缺乏从整个学科的层面对学生科研活动的整合行为。2011年12月初，我系召开了科研工作会，作为会议资料的一个重要组成部分，我们对2006年以来我系研究生科研情况进行一次全面的梳理。统计结果为2006年以来我系各专业研究生在各种刊物上发表的文章共计390篇，其中语言学及应用语言学专业研究生共发表155篇。2006年以来我系各专业毕业研究生学位论文被收入全国优秀学位论文的情况是：博士学位论文71篇，其中语言学及应用语言学专业研究生博士学位论文46篇；硕士学位论文125篇，其中语言学及应用语言学专业硕士学位论文52篇。单从总的数量上来看似乎可以让人感到振奋，但与我们这几年在校研究生人数和毕业生人数平均下来，其结果并不容乐观。另外从文章的质量上看，总体上也有待进一步提高。因此，无论从整个学科发展的角度，还是从提升学生科研能力和科研水平的角度来考虑，我们都有强化科研意识的必要。近几年我们也一直在朝这方面努力，研究生论坛的举办便是一个良好的开端。本次论坛之后，我们将从提交会议的论文中择优出版会议文集。大家可以充分展示自己的学习心得和科研成果。

论坛动员报告会之后，本学科研究生的热情高涨，参与意识很强，体现了本学科青年学子们的时代风貌，也预示着学科新的良好开端！我们预祝并期盼大家在此次活动中取得优异的成绩。

2012年5月5日

目　录

非言语特征在言语交际中显现的交际信息

——以汉语“脸”“面”的非言语信息功能为例

王晓谦①

摘要： 本文从言语交际理论出发，旨在通过“脸面词”的意义，发掘汉语词汇所承载的非言语行为信息。文章从《新华字典》、《现代汉语词典》、《汉大成语大词典》及报纸杂志中整理出带有“脸”与“面”的常用合成词与成语，结合面部特征、面部表情、服饰化妆等非言语方式，从其所表意义出发将其进行类型分类，同时以钱钟书小说《围城》中使用的“脸面词”为例，分析这类词在言语作品中的非言语功能，并阐释了“脸面词”所反映的非言语行为文化。

关键词： 非语言特征　脸面　合成词　成语　非言语类型　非言语功能

---

① ［作者简介］王晓谦，2011 级语言学及应用语言学专业博士研究生，研究方向：人类语言学。

引　言

言语交际学将人类的交际行为分为言语信息的交际行为和非言语信息的交际行为两种（以下简称言语交际行为和非言语交际行为），认为言语交际行为由说话、书写及手语组成；非言语交际行为则是除去言语交际行为之外一切社会行为及其语境因素以意义的过程（末田、福田，2003）。同时，言语交际学还承认，语言作为人类最重要且有效的交际工具，虽然可以帮助我们表情达意、传递信息，但在实际交际过程中，语言却并非唯一的交际工具，人的外貌特征、身体行为、交际的空间要素等非言语交际行为所承担的交际作用也不能忽视。

言语交际行为和非言语交际行为虽然各成系统，但并非毫不相关。在以往的研究中，但凡将二者分裂或对立看待的，都无法避免这样一个问题，即“通过我自己的研究，我再也不愿意把语言体系或非语言体系视为孤立的交际体系了。越来越多的资料都证明了这一论点的正确性：语言体系和体语体系都不能单独构成交际体系，只有二者相结合并与其他感官渠道的相应系统相配合，才能形成完整的交际体系。”（M. L. Knapp，1978：20）。

确切地讲，言语交际行为和非言语交际行为二者是相互渗透、不可分割的一个系统：言语交际行为需要非言语交际行为的辅助，才能有效地传递信息；非言语交际行为也在言语交际行为中有所投影。在言语交际中，这种投影，我们从说话和书写中都得以窥见。以词汇为例，除了具有作交际材料、语法连接的功能外，还具备指称的功能。此时，词汇的指称对象，除具体事物、现象外，还有很多表示非言语行为的，如“脸部”一词指称“人体头部的前面”

这一事物；"脸红"一词则指"人体头部前面这一位置（因某种原因）出现了生理性的变化，导致出现红色"这一非言语行为。本文立足于将言语交际和非言语交际视为统一系统的视角，从汉语表示人体面部的词"脸"和"面"入手，通过观察由"脸"和"面"构成的合成词与成语，分析其所指称的非言语意义类型；从钱钟书小说《围城》中选取使用"脸面词"的例文，总结这类表示非言语行为的词汇在言语作品创作上体现的功能；并捕捉非言语行为在交际中显现的交际信息，从而阐释词汇所反映的非言语行为文化。

一　汉语"脸"和"面"构成的合成词、成语的非言语意义类型

有句俗话说得好："进门休问荣枯事，观察容颜便得知。"其中的"观察容颜"也就是我们常说也常做的"察言观色"。这充分说明了面部表情在交际过程中的重要与不可或缺，有时候甚至起到超越、替代言语交际的作用。美国心理学家通过研究，得出一个关于信息总效果的公式：人们在传达思想时，言语信息仅占7%，声调、句调占38%，而面部表情则占有55%的比例（Albert Meharabian, 2009）。也就是说，在交际中，言语行为只完成7%的功能，其余93%都是靠非言语行为来完成的。统计显示，人类的面部大约能做出25万种不同的表情，每一个表情都代表了人的一种心理情况。由此可见，面部表情在人的生活中担当着非常重要的角色。在汉语当中，表示面部表情最多、也是最基本的词就是"脸"和"面"，以及由它们构成的合成词及熟语。这些词在言语交际中不仅具备指称功能和组合功能，同时还带有较强的非言语特征。

汉语中最早表示人体整个面部的词，其实是"面"而不是"脸"。"脸"字在魏晋出现，其本义为"两颊的上部"。到了唐宋

时期，口语中才出现用“脸”表示人的整个面部。“脸”在《新华字典》中的解释为：脸（臉），liǎn。面孔，头的前部，从额到下巴。1. 物体的前部：鞋~儿，门~儿。2. 体面，面子，颜面（—面）：有错改正就好，不怕丢~。“面”在现代汉语中是一个多义字，本文只选择《新华字典》中表示人体面部的意义：面（靣），miàn 面孔，脸，头的前部（连脸—、颜—）：~前，~带笑容。[面子]（—zi）1. 体面：爱~~，丢~~。2. 情面：大公无私，不讲~~。从目前整理出的词汇材料看，现代汉语中带有“脸”的合成词较多，符合汉语词汇一般词数量大，更新速度较快的特征；相反，带“面”字的成语较多，同样符合成语来源于历史典故、神话故事、诗词文句的特征；这与“脸”与“面”两词使用的历史情况基本一致。

本文从《新华字典》、《现代汉语词典》、《汉大成语大词典》及报纸杂志中整理了近150个由“脸”和“面”构成的合成词及成语，并以非言语交际类型为分类标准，将其表示的非言语意义划分成：表示外貌特征、表示面部表情、表示服饰化妆三类。本文所使用的分类标准，是笔者在日本学者桥本满弘和井上久美的非言语（信息）行为分类①的基础上进行的新划分，将无声非言语（信息）行为分为：“身体信息”和“身外信息”两类（见图1所示）：

（一）表示人类的身体信息——外貌特征

我们将脸部的轮廓、肤质、肤色、五官的排列等，称为面部特征。人的面部特征具有生理性，反映了人类基本的遗传信息，是我们划分人种、民族的根本标准。此外，面部特征也可以反映人们身

① 橋本満弘（1993）.「コミョニケーションの概念と特徴」. 橋本満弘·石井敏編著『コミョニケーション論入門』（p. 168, 193）. 東京：桐原書店. 井上久美（1995）.『トータルコミョニケーションをめざして』. 東京：成美堂.

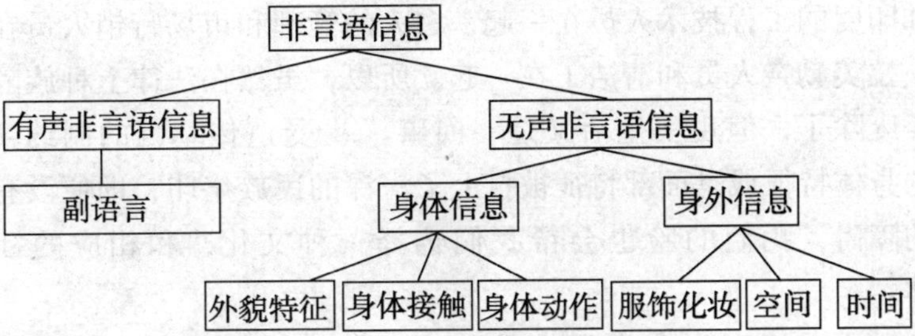

图 1. 非言语信息的交际行为的构成要素

体的健康状况、精神状态。在这个世界上，每个人都有一张独一无二的脸相，它是人类识别自己或他人最好的“名片”。同时，面部特征也是影响人际交往的基本因素之一。早在 1983 年 7 月的《美国社会学杂志》发表的文章《美丽即是智慧》中，Webster 和 Driskell 归纳此前的研究总结出一个结论：在社会竞争中，外表吸引力足可带给一个人许多优势：“教师倾向于忽视可爱学童的劣迹，有魅力的成年人总体收入更高，婚姻幸福比例也更高，甚至就连他们走在人行道上时，路人都会无意识地自发为其让出更大空间。”①除此之外，更多时候，面部特征更是决定我们所属群体的根本因素。陈致远在《多元文化的现代美国》中《美国的种族歧视及其表现形式》一章中这样说：“拿美国种族组成最复杂的加利福尼亚州为例。不论你走到何处，公司机关也好，公共场所也好，人们不难发现一般总是黑头发同黑头发在一起，黄头发同黄头发在一起；高鼻子同大鼻子肩并肩，小鼻子同扁鼻梁面对面；蓝眼睛同绿眼球手拉手，棕眼睛同褐眼球眼对眼。就是在亚洲人占绝对优势的硅谷，午饭时刻在餐厅，在同一个餐桌的，也一般都是同样肤色的中

① Webster Jr.，M.，& Driskell Jr.，J. E. （1983）. Beauty as status. American Journal of Sociology，89，140 - 165.

国和印度的工程技术人员在一起，白人的管理和市场行销人员在一起，拉美勤杂人员和清洁工在一起。所以，虽然在法律上种族隔离已经废除了，但现实生活又是一回事。”① 受遗传基因的制约，我们的身体特征或是面部特征被打上了深深的民族烙印，即便没有语言的障碍，我们的脸也会帮我们选择一种文化，和相应的社会群体。

汉语词汇当中在表示人的脸型、面貌特征时，使用“脸”、“面”这两个语素构成了大量的合成词及成语。此外，还有部分成语在表示人类面部特征的同时，也表示外表和体形。具体类型如下：

1. 表示面部特征的“脸”、“面”合成词

这类词多在“脸”与“面”之前加其他语素构成合成词，且以“~脸”的形式出现的远远多于“~面”的形式。细分为如下小类：（1）前加形容词：大脸、小脸、长（cháng）脸、短脸、圆脸、窄脸、长圆脸、偏脸、歪脸、扁脸、红脸、黑脸、黑面、红面等；（2）前加方位词：正脸、侧脸、横脸等；（3）前加表示事物形状的名词：狗脸、猫脸、狐狸脸、瓜子脸、三角脸、疤痕脸、刀疤脸、孤拐脸、娃娃脸、鞋拔子脸、国字脸、马面、人面等；（4）前加名词，复合成同义名词指脸部：颜面、脸面、脸部、面部、面容、脸皮；也有加在“脸”、“面”之后的：脸庞、脸盘、脸蛋、脸色（也指表情）、脸相、面孔、面色等。

2. 含有“脸”、“面”的成语

汉语成语作为词汇的重要组成部分，体现着汉民族的审美情趣和文化内涵。成语多源于历史典故、神话故事、诗词文句中，从“脸”与“面”的使用历史上看，汉语中带“面”的成语明显多于

① 陈致远.《多元文化的现代美国〈美国种族歧视及其表现形式〉》，（p217）四川：四川人民出版社，2003年。

带“脸”的成语。此外，由于汉语成语常由精练的四字结构组成，所以当“脸”、“面”进入成语中时，除表示人类的面部特征外，最大的一个特点就是和面部其他器官或身体器官共同作用，协同完成对体貌特征的勾勒，同时深化了词汇对非言语特征的承载力。细分为如下小类：（1）单纯表示人的面部特征的成语：白净脸皮、面有菜色、面似靴皮、面如土色（惊吓）、面如冠玉、面如傅粉、面目全非、面无人色、面若死灰（失望绝望）、满面红光（心情好）；（2）协同面部器官共同描绘面部特征的：青面獠牙、狰狞面目、面北眉南、肥头大耳、灰头土脸、朱唇玉面、目无垢面、方面大耳、鼻青脸肿、神头鬼脸；（3）协同身体其他器官总共描绘面部及身体特征的：面黄肌瘦、鸟面鹄形、鸠形鹄面、乱首垢面、鹄形鸟面等。

（二）表示身体信息——身体动作（面部表情）

面部表情是由面部器官和面部肌肉的活动、变化构成的身体信息，在面部表情语中，眉、眼、嘴的活动变化起着主要的作用，负载着主要的信息传递功能，具有极强的心理性。如果说人的面部特征和遗传有关系、无法更改的话，那么面目表情完全受个人的内心状态左右，所谓“相由心生”就是这个道理。面部表情这一非言语行为，是一种经济合理的交际手段，有时甚至比使用言语更加有效、得体，能达到“此时无声胜有声”的效果。比如我们在公共场所要提醒朋友不能随地吐痰，但当面指出又怕对方没有面子时，就可以使用“绷脸”、“使眼色”等非言语行为来阻止对方犯错。此外，在交互式的交际中，面部表情还具有维持、调节谈话以及表达礼仪等多种作用。可以这样说，面部表情既是我们心理情绪的宣泄，也是体察别人维持交际的晴雨表。汉语词汇中也有大量由“脸”、“面”构成的合成词和成语，它们通过描述面部表情反映人类心理活动、人的性格特点和社会地位以及头部的动作等。

1. 表示人类的心理活动

据观察，汉语词汇中有近90%的由“脸”和“面”构成的合成词及成语，都是表示人类心理活动，也就是情绪性的。通常我们把情绪分为正面的、负面的。其中正面情绪指：愉快、喜悦、自豪、满足、坦然、沉着等；负面情绪指：傲慢、厌恶、不满、轻蔑、烦恼、做作、小气等。

（1）表示正面情绪的合成词与成语：好脸、笑脸、争脸、露脸、平头正脸、满脸春色、面带桃花、面带喜色、笑面如花、满面春风、满面红光、面貌一新、面善和颜、面目一新、面不改色、洗心革面、嗔拳不打笑面、改头换面、革面敛手等；（2）表示负面情绪的合成词与成语：臭脸、黑脸、红脸、绷脸、沉脸、拉脸、舔脸、苦脸、挂哒脸、甩脸、吊脸、翻脸、空脸、撕破脸、赔笑脸、嬉皮笑脸、急赤白脸、哭丧着脸、愁眉苦脸、涎皮赖脸、死皮赖脸、脸红筋涨、讪皮讪脸、涎脸饧眼、焦眉苦脸、脸红耳热、脸红筋爆、攒眉苦脸、羞面见人、面目可憎、面无愧色、面谩腹诽、泪流满面等。

2. 表示人的性格特征、社会地位

（1）表示人的性格特征的合成词与成语：脸硬、脸软、铁脸、冰脸、红脸、白脸、黑脸、脸薄、脸厚、厚脸、大脸、脸大、不要脸、不要面、笑面虎、笑面夜叉、心活面软、磨不开面、油头滑脸、铁面无私、人心如面、心慈面软、反面无情、冷面寒铁、面是心非、无情少面、白面书生、铁面枪牙、人心狗面、油头粉面、油头滑面、人面兽心、情面难却、面冷心冷、打肿脸充胖子、千部一腔，千人一面等；（2）表示人的社会地位的合成词与成语：有脸面、有脸有面、有头有脸、没头没脸、戴头识脸、有面子、讲面子、要面子、头面人物等。

3. 头部的动作

表示人体头部动作的这类词，意义较为单纯，可以从字面理解。这类词在人体面部表情中数量较少，本文搜集如下：转脸、抬脸、别脸、扭脸、歪脸、正脸、绞脸、画脸、勾脸、抹脸、仰面唾天。

（三）身外行为——服饰、化妆

由“脸”和“面”构成的合成词及成语中，还有为数不多的表示面部妆容、装饰意义的词。但这类词带有非常浓厚的文化意义，极具民族性特征。本文将其分为三类：一是由文艺作品中衍生的词：脸谱、红脸、白脸、黑脸、花脸、大花脸、架子花脸、傩面等；二是表示面部装饰品：面具、面纱、面罩、面巾、面饰等；三是表示面部的美容：做脸、琼面、杏脸桃腮、桃腮粉脸、朱唇粉面等。

二 “脸面词”在言语作品中体现的非言语功能

由“脸”与“面”构成的词和成语，除了可以传递大量的非言语信息外，还可以通过言语作品，即文学作品表达其具备的非言语功能。在文学作品当中，单靠言语的描写并不能给读者丰满的人物形象，无论是人物肖像、言谈动作、心理表现、性格气质以及品格修养等细节的描写，都离不开对非言语行为的刻画，以含蓄隐喻之笔，让读者凭其生活经验，去破译这些非言语符号的密码，这样才使读者达到与作者笔下的人物交流情感的效果。具体说来，表示非言语行为的词汇在言语作品创作上体现了功能发挥衬托修饰、强调深化人物性格及否定掩饰三大主要功能。本文以钱钟书小说《围城》为例，观察分析“脸面词”在言语作品中体现的非言语功能。

1. 衬托、修饰言语交际的功能

在文学作品中添加对非言语行为描写，有衬托、修饰言语信息的功能。通过对人物的面部轮廓、面部表情等的非言语行为的描写，可以将言语作品中人物的外貌、性格特征、心理状态、内心情感及社会背景跃然纸上，增强作品的形象性、生动性，使读者如临其事，如睹其人。

◎唐小姐妩媚端正的圆脸，有两个浅酒窝。天生着一般女人要花钱费时、调脂和粉来仿造的好脸色，新鲜得使人忘掉口渴而又觉嘴馋，仿佛是好水果。(《围城》，p39)【面部轮廓、外貌特征】

◎鸿渐道："小胖子大诗人曹元朗是不是也请在里面？有他，菜也可以省一点；看见他那个四喜丸子脸，人就饱了。"(《围城》，p65)【外貌特征】

◎方鸿渐看唐小姐不笑的时候，脸上还依旧恋着笑意，像音乐停止后袅袅空中的余音。许多女人会笑得这样甜，但她们的笑容只是面部肌肉柔软操，仿佛有教练再喊口令："一！"忽然满脸堆笑，"二！"忽然笑不知去向，只余个空脸，像电影开映前的布幕。(《围城》，p39)【性格特征】

◎大学同学的时候，他老远看见我们脸就涨红，愈走近愈红，红我们瞧着都身上发难过。我们背后叫他'寒暑表'，因为他脸色忽升忽降，表示出他跟女学生距离的远近得，真好玩儿！想不到外国去了一趟，学得这样厚皮老脸，也许混在鲍小姐那一类女朋友里训练出来的。(《围城》，p40－41)【性格特征】

◎鸿渐已经羞愤得脸红了，到小舅子把报拿来，结果一看，夹耳根、连脖子、经背脊红下去直到脚跟。(《围城》，p24)【心理状态】

2. 强调、深化人物性格功能

非言语交际能对言语交际信息补充、深化，同时可以对说话人的态度、心理状态、性格特征具有强调、深化的功能。例文是《围城》中方鸿渐一行人从上海出发到三闾大学，途中投宿旅店时，李梅亭和孙柔嘉之间的对话。单看李梅亭说的话，表达的其实是他对孙柔嘉的劝慰和与人慷慨的好心肠，是无法看出小说人物的实际性格的。于是作者又在对话结束时，加上了对人物的脸部动作描写，以强调李梅亭自私、小气、虚伪的人物性格特征。与小说之前对人物的铺垫起到了呼应、深化的作用。

◎李梅亭笑道："孙小姐毕竟是深闺娇养的，不知道行路艰难，你要找一家没有苍蝇的旅馆，只能到外国去了！我担保你吃了不会生病，就是生病，我箱子里有的是药，"说时做了个鬼脸，到比他本来的脸合适些。(《围城》，p126)

3. 否定或掩饰的功能

正因为面部表情语往往是真情实感的自然流露，因此，当说话人的表情信息和言语信息不一致时，人们往往会选择表情信息，而非言不由衷的言语信息。在言语作品中，为了刻画人物性格特征，常常使用面部表情来否定言语信息的真实性。例文中苏小姐嘴上说担心鲍小姐生病，但她"面有得色"的非言语行为暴露了她的真实想法。作家设计这样的情节，引起读者以往经验的共鸣，通过非言语信息否定言语真实性的功能，使得小说人物形象立体丰满。

◎晚饭时，大家见桌上没有鲍小姐，向方鸿渐打趣要人。鸿渐含含糊糊说："她累了，身子不大舒服。"苏小姐面有得色道："她跟方先生吃饭回来害肚子。这时候什么都吃不进。我只担心她别生了痢疾呢！"(《围城》，p16)

另外，面部表情语在言语交际中也经常充当面具、掩饰着真实的思想感情的作用。比如人们通常会使用微笑来掩饰尴尬和慌乱等。文学作品中，此类例子也不胜枚举。作家制造了很多言语交际信息与非言语行为的矛盾，用来突显小说人物的性格特征，增加了作品的真实性和生动性。

◎周经理哽着嗓子说他太太老糊了，怎么今天乐日子讲那些话。鸿渐脸上严肃沉郁，可是满心惭愧，因为这四年里他从未想起那位未婚妻，出洋时丈人给他做纪念的那张未婚妻大照相，也搁在箱子底，不知退了颜色没有。(《围城》p23)

三　“脸面词”反映的非言语交际行为的文化特征

同言语交际一样，非言语交际也是文化的组成部分，带有文化的特征。它既带有人类文化的普遍性，即共性，同时也具备独特的民族性。这种文化特性同样反映在词汇当中，我们可从“脸面词”中窥见一二。

（一）“脸面词”反映出人类非言语文化的普遍性

人类区别于其他生物，有其基本的生理共性。比如：人的身体构造、发音器官、肌肉的组成方式，等等，这也是人类的言语交际行为和非言语交际行为存在共性的根本基础。不同的非言语行为，需要使用特定的身体部位，而基本生理结构的一致性决定：只要是人，那么在表示“笑”这个表情时，都会使用牵动面部肌肉、提拉嘴角这一动作。Ekman. P 等人曾经做过一个实验：让来自大约 15 个国家的被访者将包括欢喜、沮丧、恐惧、悲哀等 30 种表情的照片进行分类，实验结果告诉我们：几乎所有的被访者都选出了共同的分类。

这种非言语行为文化的普遍性特征表现在词汇上，体现在不同语言在描绘人类外貌特征、面部轮廓、面部表情时，会使用同样或相似的词汇、构词法以及表达方式。以日语为例，在表示人类脸部轮廓、外貌特征时有如下的词汇：丸顔（圆脸）、瓜実顔（瓜子脸）、馬顔（马脸）、狐顔（狐狸脸）、横顔（横脸）等。在表示表情时：赤ら顔（红脸）、笑い顔（笑脸）、泣き顔（哭脸）、自慢顔（一脸自豪）等。在汉语中我们都可以找到相同或类似的词。

（二）“脸面词”反映出人类非言语文化的民族性

一些研究非言语交际的文章在说明非言语行为的重要性时，通常会举这样一个比较极端的例子：“在语言不通、言语交际无法正常进行的时候，使用非言语交际也完全可以进行交流。”这种说法，其实是过分夸大了非言语行为文化的普遍性，而没有考虑它特殊性，即民族性。张公瑾将文化定义为：“文化是各个民族或群体对特定环境的适应能力及其适应成果的总和。”（张公瑾，1998：23）意思是：不同民族对不同环境的适应能力与成果都不同，所以不同民族有不同的文化。那么，我们既然承认非言语行为是文化的组成部分，它就必然会受到民族性的影响，带有浓厚的民族特征。我们的身体特征、身体动作、表情等会因为文化的不同，呈现出多姿多彩的样貌。在什么情况下、使用哪种非言语行为，是否存在禁忌，这些会因为民族不同而不同。

这种非言语行为文化的民族性也会体现在一种语言的词汇上，以汉语“脸面词”为例，我们可以发现：

1.“脸面词”反映了汉民族的性格特征

在汉语“脸面词”中，有大量表示人的面貌特征和外形的，通过分析其情感色彩，可以看出汉民族重视表情克制、妆容整洁、仪表得体、朴素大方的性格特征。褒义：平头正脸、面貌一新、洗心革面、面目一新、改头换面、革面敛手等；贬义：神头鬼脸、灰头土脸、油头滑脸、面有菜色、面黄肌瘦、狰狞面目等。

2.“脸面词”反映了汉民族的审美特征

在汉语表示外貌特征的“脸面词”里，我们还可以看出属于汉民族独特的审美特征和不同时代的美学特点。比如无论是古代还是现代，我们都以“杏脸桃腮”、“面如冠玉”、“朱唇玉面”为美；又如在古代，人们认为“方头大脸”、“平头正脸”、“方面大耳”是美的，而在现代人们往往认为“巴掌脸”、“小脸”、“瓜子脸”是美的。

3.“脸面词”反映了汉民族特有的文化艺术

“脸谱”是我国传统戏曲中舞台人物的面部化妆程式，它通过色彩和花样对戏曲人物的表情进行夸饰，同时具有强调角色性格特征、社会地位的特征。在汉语“脸面词”中就有很多源于戏曲脸谱的词，如：“红脸”（忠义之士）、“黑脸”（刚正不阿）、“白脸”（奸佞小人）、“花脸”、“净脸”，等等，它们被广泛使用在非言语行为中，以表示人的性格、人格特征。

四　结　语

毕继万在《跨文化非语言交际》一书中这样写道：“一方面要看到，在交际中，脱离非语言的配合的孤立的语言行为往往难以达到有效的交际目的；另一方面也要认识到，非语言行为只能在一定的语境中才表达明确的含义，而且一种非语言行为只有与语言行为或其他的非语言行为，孤立地理解或研究某一非语言行为的含义常常是难以奏效的。”（毕继万，1999：3）这就是说，在研究言语交际问题时，我们不能机械地将言语交际行为和非言语交际行为一分为二、完全对立起来，孤立地将非言语行为作为研究对象，就体态研究体态，就表情研究表情。应该要认识到二者之间实际上并没有完全明晰的界限，而对于“言语交际手段外的交际”（communication effected by means other than words）这一非言语行为的定义，也保持一个清醒的认识态度，在今后的研究中逐步修正其内涵外延，给出合适的定义。本文以汉语“脸”和“面”构成的词汇、成语入手，将言语交际和非言语交际契合起来，考察了词汇所具备的非言语特征，得出以下结论：

1. 词汇作为言语交际中的基本构成材料，既充当言语交际的主体，又兼具语法的连接作用，是不可或缺的构件。特别是词汇充当交际主体的同时，这一音义结合的语言符号或符号序列除了可以表达形象或抽象的事物、场景外，还具备指称非言语行为的能力，即有指称动作、表情或者是通过一个表情体现的心理状态的能力。

在功能上起到了对言语交际的补充、替代作用。

2. 除了狭义的言语交际，即说话本身外，在言语交际中，我们也不应该忽略书写交际的重要性。言语作品，其实是我们观察、掌握人类非言语行为的最佳对象。本文以钱钟书小说《围城》中使用由“脸”与“面”构成的词和成语为例，观察分析了文学作品中，使用表示非言语行为词在言语作品创作上体现的衬托修饰、强调深化及否定、掩饰等功能。

3. 同言语交际一样，非言语交际也是文化的组成部分，带有文化的特征。它既带有人类文化的普遍性，同时具备独特的民族性。“脸面词”在反映非言语行为文化的普遍性时，表现在各民族都具有相同或相似的、表示外貌特征和面部表情词上；在反映非言语行为文化的民族性时，则表现为具有表示汉民族的性格特征、审美特征、文化艺术作用上。

参考文献

[1] Albert M. " Silent Messages" – A Wealth of Information About Nonverbal Communication Body – Language）. Personality & Emotion Tests & Software：Psychological Books&Articles of Popular Interest. [M]. CA：2009.

[2] Ekman. P. Strong Evidence for Universals in Facial Expressions：Areply torussell' s mistaken crituque. Psychological Bulletin [J]. 1994.

[3] Webster M. , Driskell. J. E. Beauty as status. American Journal of Sociology [J]. 1983.

[4] 末田清子，福田浩子.『コミョニケーション学—その展望と視点』[M]. 東京：松柏社，2003.

[5] 橋本満弘.「コミョニケーションの概念と特徴」. 橋本満弘·石井敏編著『コミョニケーション論入門』[M]. 東京：桐原書店，1993.

[6] 井上久美.『トータルコミョニケーションをめざして』[M]. 東京：成美堂，1995.

[7] 李庆祥. 中日非语言交际研究 [C]. 北京：外语教学与研究出版

社，2008.

［8］爱德华·霍尔著.（刘建荣译）《无声的语言》［M］. 上海：上海人民出版社，1991.

［9］毕继万.《跨文化非言语交际》［M］. 北京：外语教学与研究出版社，1999.

［10］洛雷塔·A. 马兰德罗，拉里·巴克.（孟小平，单年惠，朱美德译）.《非言语交流》［M］. 北京：北京语言学院出版社，1991.

［11］耿二岭.《体态语概说》［M］. 北京：北京语言学院出版社，1988.

［12］张公瑾.《文化语言学发凡》［M］. 云南：云南大学出版社，1998.

［13］陈致远.《多元文化的现代美国〈美国种族歧视及其表现形式〉》［M］. 四川：四川人民出版社，2003.

［14］钱钟书.《围城·人兽鬼》［M］. 贵州：贵州人民出版社，2001.

［15］李玲. 体态语的交际功能及其文化差异［J］. 十堰职业技术学院学报，2006，(3).

［16］刘一承. 试论态势语运用［J］. 福建师范大学学报，2001，(4).

［17］关孜慧.《非言语符号的信息功能》［J］.《外语与外语教学》，2004，(7)

汉—布依语“脸面”词一词多义的对比研究

刘 婷①

摘要：脸是人体最重要的部位之一，汉语的“面、脸”和布依语的“na^{53}”是相对应的基本人体词。隐喻和转喻是实现语义发展的主要手段，所有义项形成多义网络。本文在汉语、布依语语料整理的基础上，归纳出两种语言“脸面”词的义项，并对比其多义网络的异同，从内在认知理据、文化等角度进行分析。

关键词：汉布依对比　多义网络　脸面 na^{53}　隐喻　转喻

引　言

脸是人体最重要的部位之一，暴露于外、五官集中，所以我们以脸示人、以脸识人。脸是喜怒哀乐的承载，是我们在社会中最重要的交流部位。在汉语中表示脸的词主要有“脸”、“面”，“面”

---

① ［作者简介］刘婷，2010级语言学及应用语言学专业硕士研究生，研究方向：文化语言学。

在甲骨文中已出现，为象形字，象人面部轮廓①；“脸”是后起字，大约南北朝时才出现，最初只表示脸颊的上部，晚唐五代时开始表示整个面部②。布依语中对应的表达是 na^{53}。

认知语言学以肉身体验哲学为基础，着重心智的肉身体验性，认为人类身体及各感官对世界的感知和体验在很大程度上决定了我们的认知和语言的发展。海因等学者（Heine，etal，1991）将人类认识世界的认知域排列成一个由具体到抽象的等级：人〉物〉事〉空间〉时间〉性质③。人类自身及行为是人类认知的出发点。脸作为人体突出而重要的部位，研究脸面的语言表达能揭示人类“近取诸身”的认知方式。

近十年来，众多国内学者研究脸面词语，主要集中在汉语“脸/面”的认知研究，和汉英“脸/面”和“face”的对比研究上，前者如向二兰（2007）、季红丽（2007）、尹正（2008）、刘金秋（2009）等，后者如张蓓（1992）、张建理（2003）、晋小涵（2006）、程东岳（2007）、文旭（2007）、魏梅（2008）、张喜彦（2008）、吴淑琼（2009）、师莹（2010）、王娅妮（2010）、赵学德（2010）、钱建成（2011）、谢慧珍（2011）等，多从语料出发探讨隐喻意义，除此以外还有许多文章在人体词的探讨中有所涉及。陈莉娜（2012）探讨汉德“脸”意义的异同。国内少数民族语言的人体词探讨较少，涉及“脸面”词的就更少，现在可见的有钟雪君（2009）对维吾尔语人体词的探讨，黄中祥（2002）对哈萨克语人体词的探讨，赵瑛（2010）、马丽（2011）分别对西双版纳傣语和壮语人体词的探讨等，以上文章对“脸面”词均有所涉及，胡红渊

---

① 徐中舒主编．甲骨文字典〔Z〕．成都：四川辞书出版社，1989：992－993.

② 殷晓杰．“面”与“脸”的历时竞争与共时分布〔A〕．浙江大学汉语史研究中心编．汉语史学报第九辑〔C〕．上海：上海教育出版社，2010：158－167.

③ 转引自赵艳芳．认知语言学概论〔M〕．上海：上海外语教育出版社，2001：163.

(2010) 列专节对比侗英“脸面”词。

一词多义现象在世界语言中普遍存在。如果一个词语有多种意义，且各个意义之间互相联系，那这个词便是多义词。认知语言学认为在一个词的多个义项中有一个基本义项是最先产生的，称为原型。一词多义现象本质上是原型范畴的延伸，其中被认为有明显区别的子集列入词典，成为其他义项。当然，列入词典的义项实际少于我们使用中的词义。通过隐喻和转喻的认知手段，从基本义项派生一些义项，这些义项又可以进一步派生其他义项，基本义项与所有其他义项之间具有某种我们的大脑可以联系在一起的关联关系，形成一个多义网络。

隐喻和转喻是实现语义发展的主要手段。隐喻的本质是用一种事物去理解和表达另一种事物，是不同认知域之间的投射，即始源域向目标域的投射，以相似性和顺接性为原则。转喻常指相接近或相关联的同一个认知域中，一个突显事物替代另一个事物，为之提供心理通道的认知过程，以凸显性和邻近性为原则。

本文的汉语语料主要来自《现代汉语词典》，并参考吴淑琼(2009)、张建理 (2003) 相关研究，布依语语料来自《布依汉词典》(吴启禄、王伟等，2002) 和《布依－汉词典》(周国炎，2011)。本文以汉语和布依语“脸面”词已经词汇化的意义为考察对象，在语料整理的基础上，归纳出两种语言“脸面”词的义项，主要探讨汉布依语“脸面”词的多义网络及认知理据，对比其多义网络的异同，揭示隐喻和转喻在词义发展中所具有的重要作用，希望能为了解两种语言的认知角度和文化传统的同异提供一个视角。

汉语和布依语“脸面”词的多义网络对比

“脸面”词的多种义项中，有一个义项是基本义项，是最基本、最先产生的，也应该是儿童较早习得的义项，即第一个义项，头的前部。汉语、布依语中“脸面”词的各个义项归纳如下表：

表1　汉—布依　脸面 na^{53} 义项及例证

编号	义项	汉语	布依语
1	脸部（头的前部，包括五官）	相面，瓜子脸	xaːi^{31} wɯn^{11} mi^{11} xaːi^{31} na^{53} 打 人 不 打 ~ （打人不打脸。）
2	整个人	老面孔， 露面，出面	pu^{31} pu^{31} to^{53} na^{53} mo^{35} 人 人 都 ~ 新；陌生 （人人都陌生。） ʔo^{35} na^{53} 出 ~（出面）
3	见面的次数[量]	见过几面	0
4	脸部表情	面带笑意， 笑脸，好脸	na^{53ʔ} bɯŋ^{24} ~ 愁苦（哭丧着脸） na^{53} jɔk^{33} ~ 流淌、抖动 （惶恐不安）
5	人的容颜、相貌	面若桃花	jiəŋ^{33} na^{53} 样 ~（相貌，容貌）
6	事物的外貌	面目全非	0
7	脸皮	脸薄	na^{53} na^{24} ~ 厚；稠密 （脸皮厚、厚颜无耻）

续表

编号	义项	汉语	布依语
8	性格	铁面无私， 脸硬心黑	0
9	戏剧中脸部的化妆造型	脸谱，花脸	0
10	面具	假面舞会	0
11	正面（事物表面较重要的部分，区别于反面）	桌面，门脸	na^{53} ɕoŋ^{11} ~ 桌子（桌面）
12	事物的外表面，区别于里面	鞋面，地面	na^{53}xaːi^{11} = miən^{33} xaːi^{11} ~鞋子 （鞋面）
13	部位、方面	多面手，反面	0
14	方位词后缀	东面，前面	0
15	范围程度	知识面， 涉及的面广	0
16	物体数量（扁平状的物体）[量]	一面镜子， 两面红旗	0
17	名声、荣誉	爱面子，丢脸	ʔau^{24} na^{53} 要 ~（要面子） θeu^{53}na^{53} 少、减少~（少脸、丢脸、耻辱）
18	羞耻心	不要脸	ʔau^{24} na^{53} 要 ~（要脸）
19	情面、交情	不给面子，赏脸	ɕɯ^{31} na^{53} 买 ~（讨好）
20	胆量、脸面	无脸见父母	te^{24} mi^{11} li^{31} na^{53} ma^{24} ðan^{24} mɯŋ^{11} 他 没 有 ~ 来 见 你 （他没脸来见你。）

续表

编号	义项	汉语	布依语
21	前面（空间）	0	paːi^{33} na^{53} 面、边 ~（前面） na^{53} ðaːn^{11} li^{31} ko^{24} fai^{31} puk^{33} ʔdeu^{24} ~ 屋子有 棵 柚子树 一 （屋前有一棵柚子树。）
22	前面（时间）	0	pi^{24} na^{53} 年 ~（后年） na^{53} ɕiəŋ^{24} ~ 节日（节前） na^{53} tɕe^{31} ~街上、集市（赶集前）
23	面前，当……面（对，在）	0	kaːi^{35} θiən^{35} ni^{31} te^{24} lo^{35} na^{53} ku^{24} laːi^{24} taːu^{35} leu 事情这他提起 ~ 我多次了 （这件事他在我面前提起多次了。）
24	当面	面谈，面交	nau^{11} na^{53} 说 ~（面谈）
25	面向、朝着	面壁，面山而居	0

由表一可以看出，汉语围绕义项 1 一共扩展出 22 个义项，布依语围绕义项 1 一共扩展出 15 个义项，二者共有的是 12 个义项。

（一）汉语“脸面”词的多义网络

1. 根据形貌特点扩展的义项

脸位于头的前部，当我们辨识一个人时，脸是最吸引我们的部位，也是最容易给我们留下印象的部位，只有当我们见过一个人的脸（而不是手、脚、膝盖等）时，我们才会认为是见过他。由于脸如此重要，人们倾向于用脸来指代整个人（义项 2）和人的容貌、外貌（义项5），即用凸显部分代整体的转喻手段。由义项2词性转化，出现量词用法，表示见面的次数（义项3）。由义项5，从人体域向其他具体域映射，隐喻出义项6，表示事物的外貌。义项10指“面具”，是仿脸的形貌的人造品，用之示人，从义项1转喻而来。由于脸在人体部位中是比较扁平的，隐喻出义项16量词“面”，用来称量扁平状物体，如“一面锣”。汉语中“面”的“当面”义（义项24）存在于“面谈”、“面议”等复合词中，修饰后面的动词性语素，指进行某种活动时双方面对面进行，词性转化，同样是转喻式的。

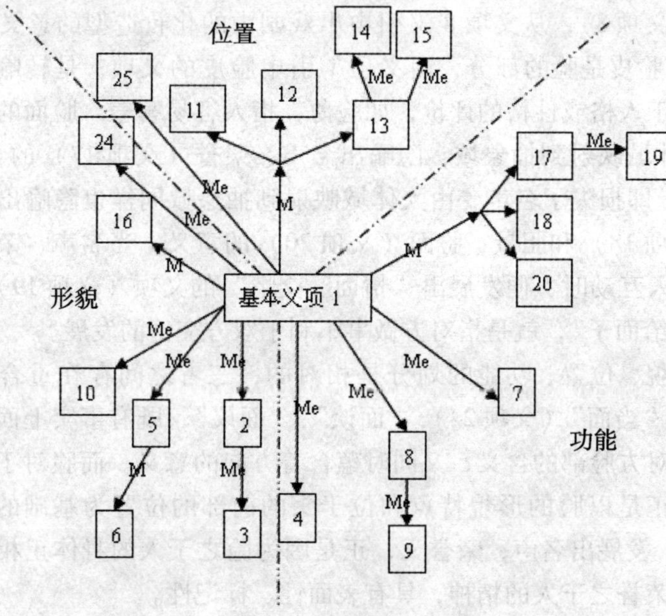

图一　汉语“脸面”词多义网络结构

（M 隐喻；Me 转喻）

2. 根据位置方向扩展的义项

脸在前部，当着重于它所在的位置时，它便表现出表面性、方向性，当这些属性被人类用于认识外在世界，即从人体域映射到其他具体域，便隐喻出正面（义项11）、外表面（义项12）和部位、方面（义项13）的义项。从部位、方面义，虚化出方位词后缀（义项14），如东面，侧重范围转喻出范围程度的意义（义项15），如知识面。由于脸在前部，脸所对的方向倾向被理解为人所对的方向，由此词性转化转喻出面向的意思（义项25）。

3. 根据功能扩展的义项

脸是五官的背景，脸是特色、情绪、精神表露于外的部位。人与人的交流离不开脸的参与。所以脸转喻出脸部表情（义项4）、性格（义项8），从义项8又引申出戏剧中的化妆造型的意义（义项9）。脸皮是脸的部分，由义项1引申脸皮的义项，是转喻，主要倾向于人格或性格的评价，如脸薄，指人容易害羞。脸面的义项1由人体域映射到抽象域，隐喻出名声、荣誉（义项17）的含义，“丢脸”即损失了名声。由人体域映射到抽象域同样也隐喻出羞耻心（义项18）和胆量、脸面（义项20）的意义。当名声、荣誉用于与他人互动时，便发展出“情面、交情”的义项（义项19），说人“不给面子”，就是指对方做事不利于双方交情的发展。

形貌、位置、功能的划分是相对的，三者之间存在重合与交错，如“当面”（义项24），“面谈”、“面议”，既有事实上面对对方见到对方脸部的含义，又同时蕴含着方向的意义。而脸对于人的重要性正是以脸的形貌特点和位于头的前部的位置为基础的，如“脸面”发展出名声、荣誉义，正是因为脸之于人的身体正相当于名声、荣誉之于人的精神，具有表面性、标记性。

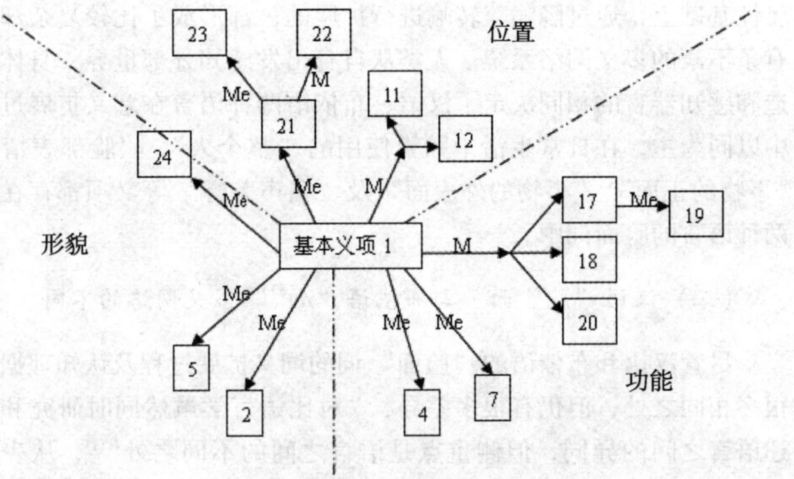

图二　布依语“na⁵³”多义网络结构

（M 隐喻；Me 转喻）

所有义项围绕基本义项扩大，并再引申，构成一个多义网络。在22个义项中，除基本义项外，转喻而来的有11个义项，隐喻而来的有6个义项，在转喻的基础上隐喻来的有1项，在隐喻的基础上转喻来的有3项。转喻和隐喻都是基本的意义扩展手段，转喻在汉语“脸面”词的语义发展中起了更大的作用。

（二）布依语“na⁵³”的多义网络

布依语“na⁵³”围绕义项1扩展出15个义项，从图二可以看出这15个义项与汉语的脸面词意义扩展的手段相同，都是通过隐喻、转喻实现的。其中与汉语“脸、面”相同的12个义项，在语义转移路径上与汉语基本一致。

从图一和图二可以看出，汉语的“脸、面”和布依语的“na⁵³”都是以基本义项“脸部”为中心，在位置、形貌、功能的属性基础上，通过隐喻、转喻进行扩展的，都形成了比较复杂却又有条不紊的多义网络系统。人类从自身出发感知外部世界，身体构造和感知器官的相同决定了汉语、布依语两种语言在意义扩展过程中以同为主，在日常生活中频繁使用的“整个人”、“脸部表情”、“事物的正面”、“事物的外表面”及“名声荣誉”等义项都存在于两种语言的脸面词中。

（三）汉语“脸、面”与布依语“na^{53}”多义网络的不同

尽管汉语和布依语的“脸面”词的词义扩展过程及认知理据有很多相同之处，但仍有很多差异，“对比语言学虽然同时研究和描述语言之间的异同，但侧重点是语言之间的不同之处”①，从表一可以看出布依语“na^{53}”有而汉语“脸、面”没有的义项是21、22、23三项，汉语有而布依语没有的义项是3、6、8－10、13－16、25十项，这些不同的义项是需要我们特别关注的地方。

汉语“面”可以做量词（义项3、16），指见面的次数，如“见过几面”，也可以后接名词，表示扁平状物体，如“一面镜子”。布依语中也有很多量词，但不如汉语发达稳定，“na^{53}”没有发展出量词用法。汉语中“人的容颜相貌”义通过人体域向其他具体域的映射，衍生出“事物的外貌”义（义项6），布依语中 $jiəŋ^{33}$ na^{53}也指人的相貌，但没有进一步向外界映射出现衍生义。布依语和汉语中都有很多表“脸部表情”（义项4）的词，汉语同时关注脸部状况对于人具有稳定性的内部精神的反映，发展出“性格”（义项8），并进而发展出戏剧这种程式化演出中用来表示人物性格的化妆造型的意义（义项9）。这是文化词汇，是汉族戏剧文化的反映。汉语中“面”的“面具”义（义项10），如“假面舞会”，产生于“面具”一词在一定语境中的缺省。

---

① 许余龙编著．对比语言学〔M〕．上海：上海外语教育出版社，2010：5.

在位置属性基础上发展的义项，汉语布依语相同的只有“事物的正面”、“事物的外表面”两个义项，汉语中有桌面、门脸、鞋面、地面等词，布依语中也有 na^{53} ɕoŋ^{11}（桌面）、na^{53} paŋ^{11}（布面）、na^{53}xaːi^{11}（鞋面）、na^{53}mɔk^{33}（被面）等词，都是从基本义项隐喻而来的。但汉语中“脸面”词同样通过隐喻衍生的“部位、方面”义（义项13）在布依语中却没有，相应的以此义为基础衍生的“方位词后缀”义（义项14）、“范围程度”义（义项15）在布依语中也没有。布依语用另一个词“paːi^{33}”，来表达“部位、方面”义并作方位词后缀，如 paːi^{33} na^{53}（前面/正面）、paːi^{33} laŋ^{24}（后面/反面、背面）、paːi^{33} taŋ^{24} ŋɔn^{11} ʔo^{35}（东面）、paːi^{33} ðo^{33}（外面）等。而布依语中“na^{53}”衍生出了汉语没有的“前面（空间）”的义项，这从 paːi^{33} na^{53}（前面/正面）这个词的汉布依语对应翻译可以看出。脸在头的前部，是人面对世界并被世界所认识的界面，同样是基于脸的位置属性，汉语由于更多关注了脸本身的位置，其表面性，衍生出“部位、方面”义并进而虚化为后缀，而布依语则关注了脸的朝向，衍生出“前面（空间）”的义项。汉语“面”和方向相关衍生的义项25“面向”，作动词性成分使用，为古义，能产性小，只有“面世”、“面壁”等少数词，不同于布依语 na^{53}的“前面（空间）”义。布依语的 na^{53}“前面（空间）”义项，可指行动的方向，如 θo^{33} pjaːi^{53} pai^{24} na^{53}（勇往直前）；可指某物前部，如 na^{53} ʔbaːn^{31} li^{31} tɔŋ^{33} na^{11} ʔdeu^{24}（村前有一坝田）；可指方位，如 na^{53} ɕoŋ^{11} ɕo^{35} ʔdan^{24} taŋ^{35} paːi^{11} ʔdeu^{24}（桌子前放了一张椅子）；可以指别，如 tu^{24} na^{53}（前门）。当 na^{53}后面接人时，na^{53}“前面（空间）”义倾向于虚化，在 ʔju^{35} na^{53} pu^{31} tɕe^{35} mjaɯ^{53} ka^{24} wit^{35} tak^{35}（在老人面前不要翘腿）中，na^{53}的意义还相对比较实在；在 mjaɯ^{53} pai^{24} θɯ^{35} ɕo^{35} na^{53} te^{24}（不要在他跟前提起）中，na^{53}偏于指第三者 te^{24}的在场；在 kaːi^{35} θiən^{35} ni^{31} te^{24} lo^{35} na^{53} ku^{24} laːi^{24} taːu^{35} leu（这件事他在我面前提起多次了）中，na^{53}则意指谈话的对象，是在一定上下文中由表空间向表对象渐变的结果，na^{53}虚化的意义可以大致概括为“面前，当……面（对，在）”（义项23）。

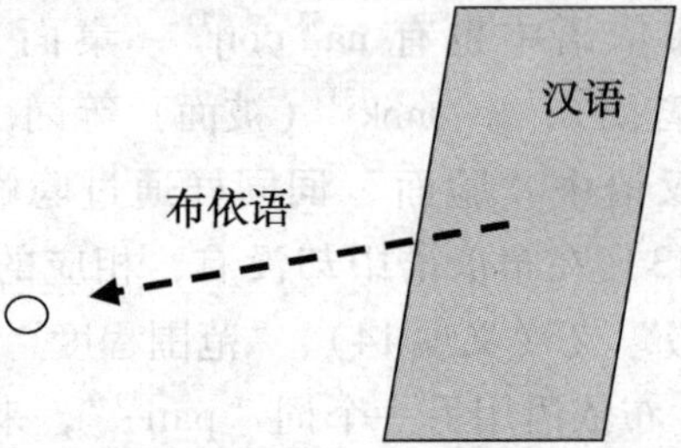

图三　布依语汉语位置属性的不同关注

人类通过身体对外界的探索来感知世界，世界首先向人类展示了它的三维性。所以在人类的认知发展过程中，空间概念的获得早于时间的概念。人类总是将对空间认识的结果投射到时间的漫漫长河，去认识这看不见、摸不着却实实在在影响着生活的存在。如“in the morning”、“about 2 hours”、“下个月”、“上一次”、“中午”等，都是用表示空间概念的词来指时间概念。布依语中 na^{53}“前面（空间）”的义项从空间域投射到时间域，产生“前面（时间）”的义项（义项22）。汉语和布依语空间的前后概念，都经历了从空间域到时间域的映射，但在时间域的映射结果却不尽相同①。如布依语中 $pi^{24}na^{53}$（后年）是没有到来的时间，而汉语中“前年”是已过去的时间，又如 $ʔdiən^{24}\ na^{53}$（下个月）、$taːu^{35}\ mo^{35}\ taːu^{35}\ na^{53}$（下次）、$çɯ^{11}\ ni^{31}\ pai^{24}\ na^{53}$（从此以后）、$tai^{35}\ çɯ^{11}\ te^{24}\ ma^{24}\ na^{53}$（从那时以后）等。这都是基本的时间词或短语。布依语的 na^{53}在这些词中翻译到汉语往往对应的是“后”、“下”，指向未来（表一所示布依语的 na^{53}也用于表事情发生之前，即指向过去，但很少用），原因

① 汉语已有较多相关论述。两种语言中与“前、后”有关的时间表达及其认知视角的差异在本文中不展开讨论。

可能在于汉语和布依语在看待时间的角度上产生了差异。我们试着将时间比喻为一条路，布依语中人在正面往前走，未来在前面，曾经的某时点向前发展到达现在，现在向前发展通向未来。而在汉语中时间的方向与空间的方向则相反，就像一个人在倒着走，先经历的事在前，而未来在后，脚步迈向未来，而眼睛却看着过去。如果这个比喻成立，就是说在时间发展的概念上，布依语更加关注行走的方向，而汉语更加关注已有的体验。

结　语

本文在汉语、布依语语料整理的基础上，归纳出两种语言“脸面”词的义项，并分析其语义转移路径及认知理据。汉布依语“脸面”词的各义项都是以基本义项为中心通过转喻、隐喻的认知策略扩展的，最终形成了多义网络。两种语言“脸面”词的相同义项反映出人类认知的共通性；不同义项同样是基于脸部的基本属性扩展的，在词义扩展过程中由于语言本身的差异、文化的差异、认知视角和焦点的差异而产生不同之处。对汉布依语“脸面”词进行对比，希望有助于我们认识两种语言语义演变的内在机制，并据以窥测我们的认知，审视我们语言中的世界。

参考文献

[1] 陈莉娜．试论中国“脸”和德国“脸”（Gesicht）的异同〔J〕．天中学刊，2012，(1)．

[2] 程东岳．“脸”的隐喻与转喻——基于“脸”的汉英语料对比研究〔J〕．华东交通大学学报，2007，(3)．

[3] 胡红渊．侗英人体隐喻的对比分析〔D〕．广西师范大学硕士论文，

22—25页，2010.

［4］黄中祥．哈萨克语中含有人体器官词惯用语的文化内涵〔J〕．语言与翻译（汉文），2002，（4）．

［5］季红丽，张云晖．议汉语中有关“脸”的比喻用法〔J〕．玉溪师范学院学报，2007，（5）．

［6］晋小涵．英汉“脸”、“面”词语的认知阐释〔D〕．华北电力大学硕士论文，2006.

［7］刘金秋．面部器官词语多角度考察〔D〕．东北师范大学硕士论文，2009.

［8］马丽．壮语人体词汇语义特征分析——兼与汉语人体词汇比较〔J〕．柳州职业技术学院学报，2011，（3）．

［9］钱建成．“脸”的跨文化隐喻认知〔J〕．扬州大学学报，2011，（5）．

［10］师莹．英汉“脸”的隐喻意义对比研究〔J〕．茂名学院学报，2010，（2）．

［11］王娅妮．英汉语境下“脸”的隐喻和转喻探析〔J〕．天水师范学院学报，2010，（3）．

［12］魏梅．英汉身体部位词的常规隐喻探究——以“脸”、“眼”为例〔J〕．伊犁师范学院学报，2008，（4）．

［13］文旭、吴淑琼．英汉“脸、面”词汇的隐喻认知特点〔J〕．西南大学学报，2007，（6）．

［14］吴启禄、王伟、曹广衢、吴定川编著．布依汉词典〔Z〕．北京：民族出版社，2002.

［15］吴淑琼．英汉“脸”、“面”的多义网络对比研究及认知理据〔J〕．西华师范大学学报，2009，（3）．

［16］向二兰．“脸”的隐喻意义探源〔J〕．外语学刊，2007，（3）．

［17］谢慧珍．汉英“脸面”义类词汇隐喻问题对比研究〔D〕．华中师范大学硕士论文，2011.

［18］尹正、邓欢．论汉语“脸”的空间隐喻〔J〕．考试周刊，2008，（5）．

［19］张蓓．脸·面子与face〔J〕．汕头大学学报，1992，（3）．

［20］张建理．英汉多义词异同研讨：以“脸、面”为例〔J〕．外国语，2003，（4）．

［21］张喜彦，梁丽．论“脸”的隐喻——基于英汉语料库的对比研究〔J〕．外语教育，2008：122－126.

［22］赵学德．人体词语语义转移的认知研究〔D〕．复旦大学博士论文，43—50页，2010.

［23］赵艳芳．认知语言学概论〔M〕．上海：上海外语教育出版社，2001.

［24］赵瑛．西双版纳傣语人体隐喻化的思维特征〔J〕．云南大学学报，2010，（3）．

［25］中国社会科学院语言研究所词典编辑室编．现代汉语词典〔Z〕．2002年增补本．北京：商务印书馆，2002：786，878.

［26］钟雪君．维吾尔语人体词研究〔D〕．新疆大学硕士论文，14－15页，2009.

［27］周国炎．布依－汉词典〔Z〕．贵阳：贵州民族出版社，2011.

彝语喜德话和巍山话词汇比较

杨彦宝[①]

摘要：方言之间在词汇上存在差异，构词差异是其中的一个重要表现。本文以彝语喜德话和巍山话的词汇为语料，从语音、构词语素、词汇来源等方面比较了两地在构词上的差异。

关键词：彝语　词汇　语音　构词

彝语分六大方言，四川喜德话属于彝语北部方言，云南巍山话属于彝语西部方言。两地词汇既存在同源成分，也有显著的差异。本文根据《藏缅语族语言词汇集》的喜德和巍山的词汇语料，比较属于两个不同方言的词汇在语音、构词类型、吸收汉语借词等方面的异同。

一　语音差异

彝语方言的语音差异主要体现在音节数量的差异、叠音和非叠音的差异等方面。

---

① [作者简介] 杨彦宝，2011级语言学及应用语言学专业博士研究生，研究方向：历史比较语言学。

（一）音节数量的差异

从词的音节组成来看，彝语词汇中既有单音词，又有多音词，多音词占优势。下表是对喜德、巍山两地词汇的音节数量统计。

音节数 方言点	单音节	双音节	三音节	四音节	五音节	六音节	其他	总数
喜德	821	980	130	59	7	1	64	2062
巍山	932	722	285	92	17	1	13	2062

注：其他类指同一词在方言点有两种不同的音节数。

在2062个彝语词汇中，喜德双音词所占比重最大，达到47.5%，其次是单音词、三音词、四音词。巍山则是单音词所占比重最大，占45.2%，其次是双音词、三音词、四音词。

彝语词汇发展在构词上表现出来的主要趋势是双音词不断增多，这种双音化趋势在不同方言区的发展速度是不平衡的，在词汇整体和局部词汇上都有体现。而且，这两方面的表现有时是相反的，即整体的双音词占优势和局部词汇非双音并存。双音化的主要手段是单音节词根前或后加词缀，以前缀为主，或者在单音词根前或后组合新的语素。

此外，巍山的三音节词的比例远高于喜德的三音词，特别是通过添加词缀而增加音节，这也是语音发展不平衡的体现。

各方言点在同一个词目上，音节数量呈现出较大的差异。喜德和巍山同一词目2062个，音节相同的词数量统计如下：

音节 同音节数	单音节		双音节		三音节		四音节	
	词数	百分比	词数	百分比	词数	百分比	词数	百分比
	643	31.2%	486	23.6%	39	1.9%	15	7.3%

可以发现，不同的音节类型中，喜德和巍山词汇音节相同的比例均较低，两地的词汇呈现出音节的不对称性，音节数量差异的表现如下：

1. 喜德是单音节，巍山是双音节。

	老虎	狗	翅膀	筷子	撕	遮蔽
喜德	lɑ^{55}	khɯ^{33}	du^{33}	dʐu^{21}	ʂʅ^{33}	mbɑ^{33}
巍山	lɑ^{21}pa^{21}	ɑ^{55}khɯ^{21}	du̠^{55}lɿ̠^{21}	ɑ^{55}dʐu̠^{33}	ʂʅ^{33}hɑ^{33}	khɑ^{55}tshʅ^{21}

2. 喜德是双音节，巍山是单音节。

	雷	鬼	长	重	软	耽误
喜德	mu^{33}tsʅ	ȵi^{55}tshʅ^{33}	ɑ^{33}ʂo^{33}	ɑ^{34}l̩^{33}	i^{34}nu^{33}	tɑ^{33}ŋgo^{33}
巍山	mu̠^{21}	ni^{21}	ʂʅ^{55}	l̩^{21}	nu̠^{21}	thE^{21}

3. 喜德是单音节，巍山是三个音节及以上。

	胃	鸭子	碰撞	火绒	活（~的）
喜德	hi^{55}	e^{33}	dze^{33}	ve^{33}	tɯ^{21}
巍山	hi^{21}mɑ^{33}ko^{33}	E^{33}m̩^{21}pa^{33}	thu^{33}dɿ̠^{21}hi^{33}	ɑ^{55}to^{21}dzɑ^{55}	ka^{21}ɣɑ^{21}mɑ^{55}

4. 喜德是双音节，巍山是三个音节及以上。

	晴天	云	毛毛雨	鼻孔
喜德	mu^{33}tshɑ^{33}	mu^{33}ti^{33}	hɑ^{33}sʅ^{33}	n̩ɑ^{33}du^{33}
巍山	ɑ^{55}mu^{21}tshɑ^{55}	ɑ^{55}m̩^{21}ti^{55}	mu^{21}hɑ^{55}bi^{21}tshʅ^{21}	nɑ^{55}khu^{33}khu^{55}du^{55}

5. 其他类，如：

	发烧	日食	跪
喜德	ndʑʅ^{34}ʂɯ^{33}tshɑ^{33}	ho^{33}bu^{33}sʅ^{33}	bɑ^{21}tsɿ^{33}mu^{34}ku^{33}ti^{33}
巍山	tshɑ^{55}	mu^{21}ɣɯ^{55}dʑi^{55}tʂu^{21}	gɯ^{21}tE^{55}

音节数量的差异与构词的方式、词语的来源等都存在一定的联系。如表达天文地理、动植物名称等的词语，喜德话和巍山话的词源是相同的，不同之处在于喜德话这类词语多使用单纯词，而巍山话的词汇则多是在喜德话词汇的基础上添加了词缀。此外，词语是彝语固有词汇，还是外来词，也会影响到音节的多少。彝语固有词

汇多是单音节形式，而外来词则多是多音节形式。

（二）叠音和非叠音的差异

叠音构词在彝语各方言中均较少，不同在于个体和数量的差异。喜德词汇中的重叠构词多于巍山词汇，重叠常伴有变调，如：

	虹	你俩	叶子	花	天花
喜德	si·^{34}si·^{33}	ȵi·^{21}ȵi·^{55}	tɕhi·^{34}tɕhi·^{33}	ve^{34}ve^{33}	mɑ^{21}mɑ^{33}
巍山	ɑ^{55}m̩^{21}tsɑ^{55}l̩^{21}du̠^{55}	n̩^{33}tsɑ^{33}nɑo^{33}phlɪ̠^{21}		ɤɑ^{55}lu̠^{33}	nɑ^{55}do^{33}

也有些词语，是在词根之后或中间加上重叠的后缀构成的，如：

	新鲜	淡（盐）	下半身	陡峭
喜德	ɑ^{33}ʂʅ^{55}ʂʅ^{21}	ɑ^{55}de^{21}de^{21}	tɕhi·^{33}dzi·^{33}dʑʅ^{33}	n̥i·^{34}ʑi·^{33}ʑi·^{33}
巍山	xɑ^{33}xɯ̠^{21}xɯ̠^{21}	dʑu^{33}dʑu^{33}tɕhi·^{55}	ɑ^{21}ɕi·^{55}	ʔva^{21}tsʅ̠^{33}ˀnɪ̠^{21}

二　构词差异

构词的差异主要表现在词缀和构词方式上，这两者是相互关联的。词缀的有无、位置等直接影响构词方式，造成了不同方言点构词的差异。

1. 构词词缀的差异

喜德和巍山的词缀差异主要表现为词缀的有无和使用的不同。两地的词缀既有相同的，也有对应的词缀、不相同的词缀。下表是两地的一些基本的词缀：

词缀 地点	前缀	后缀
喜德	ɑ^{55}（ɑ^{33}、ɑ^{34}、ɑ^{21}）、i^{34}、dɔ^{33}	mu^{33}、mo^{21}、mɑ^{55}、zɯ^{33}、ku^{33}、su^{33}、tɕi^{21}、bu^{33}、pɑ^{55}、pu^{33}、du^{33}
巍山	ɑ^{55}（ɑ^{33}、ɑ^{21}）、dɪ̠^{33}	phɑ^{21}、mɑ^{33}、zɑ^{21}、dzɿ^{55}、tsɿ^{33}、pɑ^{21}、lu^{55}

彝语的词缀非常丰富，这里选择了ɑ前缀来说明词缀的异同。ɑ前缀在喜德和巍山词汇中可以和单音节词根结合，构成人名、亲属称谓、身体部位名称、器物、动植物名等，如：

	爷爷	奶奶	乳房	猫	猴子
喜德	ɑ^{34}phu^{33}	ɑ^{33}mɑ^{55}	ɑ^{34}ȵe^{33}	ɑ^{33}ȵe^{33}	ɑ^{33}ȵu^{55}
巍山	a^{21}pa^{55}	a^{55}ni^{33}	ɑ^{55}tʂɿ̠^{33}bɪ̠^{33}	ɑ^{21}ni^{55}	ɑ^{55}mo^{21}

两地ɑ前缀的使用范围也有差异，除少数词缀外，多数词缀是对应的。此外，一地有的词缀，另一地可能没有。喜德词汇中有i^{34}前缀和su^{33}、tɕi^{21}等后缀，而巍山彝语词汇中则缺少这些词缀。

构词频率不同也是词缀差异的重要表现，以ɑ前缀为例。在2062个常用词中，有ɑ前缀的词语，喜德词汇中有92个，巍山词汇中有172个。可见，ɑ前缀在巍山的构词频率更高。

喜德话词汇ɑ前缀的主要使用范围如下：

（1）用在单音性质形容词词根前，与i词头相对应，表达反义范畴，如：

	粗	长	宽	厚	深
喜德	ɑ^{33}fu^{33}	ɑ^{33}ʂo^{33}	ɑ^{33}dʑɿ^{33}	ɑ^{33}tu^{33}	ɑ^{33}m̥u^{33}
巍山	tɑ^{33}	ʂɿ^{55}	ʔm̩^{55}phɪ̠^{33}	thu^{55}	ʔnɪ̠^{21}

（2）用于表示颜色的单音形容词词根前，表示程度加强的附加义，如：

	黑	红	白	黄	蓝
喜德	ɑ^{34}nɔ^{33}	ɑ^{33}n̥i^{33}	ɑ^{33}tɕhu^{33}	ɑ^{33} ʂʅ^{33}	ɑ^{33}vu^{55}
巍山	nɪ̠^{33}	ʔn̩^{55}	fu̩^{55}	ʂɑ^{55}	ʔn̩^{55}tʂʅ^{33}

（3）加在词根前，表示指示词的远指意义，如：

那　ɑ^{33}di^{55}　那些 ɑ^{33}dʑʅ^{34}gɯ^{33} 那里 ɑ^{33}di^{55}ko^{33} 那边 ɑ^{21}tɕo^{21}

这　tshʅ^{34}　这些 tshʅ^{34}gɯ　这里 thi^{55}ko^{33}　这边 tshʅ^{21}tɕo^{21}

（4）用于副词前，表示加强语气，如：

最　ɑ^{33}n̥ɑ^{55}　刚刚 ɑ^{21}mu^{55}si^{21}　必须 ɑ^{21}ndʐʅ^{33}mu^{33}

上述四个使用领域，是喜德词汇 ɑ 前缀的使用范围，而巍山 ɑ 前缀所不具备的。相反，巍山彝语的 ɑ 前缀则可以构成天文地理类、人物类词语，这也是喜德彝语不具备的，如：

	天气	云	闪电	雨	大官	毕摩
喜德	mo^{33}m̩^{33}	mu^{33}ti^{33}	mu^{33}ɬi^{55}	mɑ^{33}hɑ^{33}	si^{21}pho^{33}	pi^{33}mo^{44}
巍山	ɑ^{55}m̩^{21}	ɑ^{55}m̩^{21}ti^{55}	ɑ^{55}mu^{21}bɑ^{21}	ɑ^{55}m̩^{21}hɑ^{33}	ɑ^{55}dzʅ^{33}	ɑ^{21}pi^{55}

2. 构词方式差异

上面比较的彝语北部喜德话和西部方言巍山话词汇的音节差异，一定程度上反映了两地方言在构词上的差异。构词差异表现为：

（1）单纯词、复合词和派生词的差异

	竹子	帮助	发酵	云
喜德	mɑ^{33}	lo^{55}pɔ^{21}	ʂʅ^{55}tɕhi^{21}	mu^{33}ti^{33}
巍山	mɑ^{55}dzʅ^{55}	gɑ^{33}	tu^{55}	ɑ^{55}m̩^{21}ti^{55}

喜德的“竹子”是单纯词，而巍山的“竹子”是由两个语素 mɑ^{55}“竹子”和 dzʅ^{55}“棵”构成的复合词。喜德的“帮助”和“发酵”是复合词，由两个语素组成，而巍山的这两个词则是单纯词。“云”在喜德话中是两个语素组成的复合词，在巍山则是添加了 ɑ 前缀构成的派生词。

（2）词根相同或相对应，有无词缀的差异

两地方言构词的主要词根相同或相对应，差异在于词缀的使用与否，如：

	老虎	鸡	箸	雨	牛	嫩
喜德	lɑ^{55}	vɑ^{33}	dʐu^{21}	mɑ^{33}hɑ^{33}	lɯ^{33}/ɳi^{33}	i^{34}nu^{33}
巍山	lɑ^{21}pa^{21}	ɑ^{55}dʐu̠^{33}	ɑ^{55}dʐu^{33}	ɑ^{55}m̩^{21}hɑ^{33}	ɑ^{55}n̩^{21}	nu̠^{21}

（3）复合词内部语素选择的差异

彝语各方言在构词时，有的方言选用本民族固有的语素，有些则选择外来语素。不同地域的人在构词时选用什么样的构词语素，采用什么形式来构词，各方言存在差异。彝语方言有大量的同义词，许多同义词是由于对同一事物、行为、状态选择不同语素表达而形成的。同为复合词，但是各方言点使用的构词语素有相同的，也有不同的。如：

	跳舞	腰带	钥匙	天阴
喜德	pe^{34}tɕhe^{33}	dʑu^{55}vɑ^{33}	ndʑu̠^{33}pho^{21}pho^{21}du^{33}	mu^{33}ŋo^{33}
	踢跳	腰 缠绕	锁 东西	天阴
巍山	ɣɑ^{33}chɑ^{33}	dʐo^{21}ɕi 33	phɯ^{55}du̠^{55}	ɑ^{55}m̩^{21}ti^{55}
	玩耍玩	腰 抽	解开 东西	天 云

三　借用外来词的差异

由于语言接触和方言地理分布差异，外来词进入彝语各方言呈现出不同的发展速度，有些方言已经选择了外来词替代了本民族固有词语，而有些方言仍在使用固有词，从而使各方言词汇呈现出固有词和外来词的差异。这里均以汉语外来词为例进行说明，如：

	礼物	脾气	街	姑母	臭虫
喜德	khɑ^{33}bɑ^{33}	phʅ^{21}tɕhʅ^{55}	tɕe^{33}ʂɑ^{55}	ɑ^{34}bo^{33}	tʂho^{55}tʂho^{21}
巍山	li^{33}du̠^{21}	phi^{21}tɕhi^{55}	dʐʅ^{21}	ku^{33}mɑ^{33}	ma^{55}ɕi^{55}

1. 两地均吸收了汉语外来词。

（1）两地使用相同的汉语外来词，这种形式在现有语料中较少，只有“尺子”和“里”。如：

	尺子	里
喜德	tʂhʅ^{21}tsʅ^{33}	li^{21}
巍山	tʂhʅ^{21}tsʅ^{33}	li^{21}

（2）使用不同形式的汉语外来词。在不同的方言中，有明显的对应关系。

	输	盒子	漆	毒
喜德	su^{55}	xo^{34}xo^{33}zɯ^{33}	tɕʅ^{33}	du^{55}
巍山	ʂu^{21}	xo^{21}tsʅ^{33}	tɕhi̠^{21}	do̠^{21}ʑo^{21}

2. 一地使用彝语固有词，一地使用外来词。

	把	死	螺狮	盘子	钹
喜德	tsi^{33}	sʅ^{33}	lo^{21}sʅ^{33}	ʂɯ^{33}phi^{33}	ʐɑ^{33}mu̠^{55}
巍山	pa^{21}	xɯ^{55}/ɕɪ̠^{21}	ɑ^{55}khu^{33}	pha^{21}tsʅ^{21}	nɑ^{21}po^{13}

不同的方言使用本族固有词汇还是使用外来词语，与方言的地理分布、社会发展、历史文献等都有关。相比而言，属于北部方言的喜德词汇，拥有大量的彝语历史文献，在语言词汇上容易保持其语言的传承性和统一性，词汇中还存留着相当的彝语固有词。而西部方言的巍山，由于汉化的时间较早，词汇上吸收了大量的汉语词，甚至包括基本词汇的亲属称谓词。巍山的亲属称谓词的词根一部分借自汉语，采用前缀加汉语词根的构词形式，而喜德话中的亲属词则多数仍使用彝语固有词，这同样也体现了不同方言的词汇发展的不平衡性，如：

	哥哥	姐姐	叔叔	婶母	嫂子	舅父
巍山	ɑ^{55}kɑ^{33}	ɑ^{55}tɕi^{21}	ɑ^{55}bɑ^{21}	ɑ^{55}ʂɯ^{21}	ɑ^{55}so^{21}	ɑ^{21}tɕo^{55}
喜德	vʅ^{55}vu^{33}	vʅ^{55}mo^{211}	phɑ^{55}vu^{33}mo^{21}ȵi^{33}	ɑ^{21}mi̥^{33}	o^{33}ȵi^{33}	

	舅母	姨夫	姨母	姑父	姑母
巍山	tɕo^{55}mɑ^{33}	ʑi^{33}ti^{33}	ʑi^{33}mɑ^{33}	ku^{33}ti^{33}	ku^{33}mɑ^{33}

喜德　$a^{34}bo^{33}$　$pha^{55}vu^{35}$　$mo^{21}ȵi^{33}$　$o^{33}ȵi^{33}$　$a^{34}bo^{33}$

喜德和巍山两地词汇的构词差异，在一定程度上可以反映出彝语北部方言和西部方言在词汇上存在的差异。通过对两个代表点的语音、构词、词语来源等的描写，我们对彝语方言间的相同和差异会有更清楚的认识。

参考文献

［1］陈士林等．彝语简志，中国少数民族语言简志丛书（修订本·卷2）［M］，北京：民族出版社，2009.

［2］朱文旭．彝语方言学［M］．北京：中央民族大学出版社，2005.

［3］黄布凡．藏缅语族语言词汇集［M］．北京：中央民族学院出版社，1992.

［4］朱建新．简论凉山彝语附加式构词法［J］．民族语文，1986，(2)．

［5］朱建新．试论凉山彝语词头 a［J］．民族语文，1984，(6)．

仡佬语词语重叠现象探析

曾宝芬①

摘要： 仡佬语的词语重叠主要有 AA、ABB、AAB、ABAC、AABB 等几种格式。根据重叠的单位要素可以分为词重叠和非词重叠，根据重叠要素是否连续，分成连续重叠和间隔重叠；重叠也引起声调变化，仡佬语不少重叠现象的声调基本按照固定的模式发生变化；重叠有区别词义，区分词类等功能；词语重叠后有的带有特定的感情色彩，有的能加强表达的程度。

关键词： 仡佬语　词语　重叠

仡佬语属于汉藏语系侗台语族仡央语支的一种语言，分布在越南和中国贵州、云南、广西三省区，可以分为稿、阿欧、多罗和哈给四种方言。跟绝大多数汉藏语言相同，重叠在仡佬语中也是一种普遍现象。仡佬语重叠的表现形式、功能、语义跟其他的语言不尽相同。重叠主要有 AA、ABB、AAB、ABAC、AABB 等几种格式，主要表达程度的加强或者减轻等程度变化，有的具有区分词义和词类等作用。本文主要探析居都仡佬语并且兼谈其他仡佬语方言的重叠类型、功能、意义等方面的内容。文中语料主要来源于张济民的

① ［作者简介］曾宝芬，2011 级少数民族语言文学专业博士研究生，研究方向：汉藏语系语言。

《仡佬语研究》；李锦芳的《西南地区濒危语言研究》；李锦芳老师提供的仡央语词汇库；康忠德、袁善来、李霞的博士论文等。

一　重叠的类型

（一）重叠类型概说

重叠之前的形式称为“基式”，重叠之后的形式称为“重叠式”。根据重叠的语言单位，可以分为非词重叠、词语重叠、语句重叠（李宇明，1996）。也有学者分为语音重叠、语素重叠、语段重叠（刘丹青，1988），也还讨论语音重叠中的“变声重叠”（叠韵）、“变韵重叠”（双声）现象，这两种重叠现象不在本文的讨论范围之内。

仡佬语的名词、动词、形容词、量词等都有重叠式，不过各类词重叠的能力在各个方言中不一样。表面上看来相同的语音形式却是由不同的语言单位构成。我们把仡佬语中没有意义的语音的重叠和不成词语素的重叠叫做非词重叠，成词语素的重叠叫做词重叠。所以根据“基式”的单位性质可以分为没有意义的音节的重叠、不成词语素的重叠和词重叠三种情况。词重叠的情况不多，只有AA格式、ABAB格式和AABB格式三种。

AA格式例如居都仡佬语：

坑 $baŋ^{31}baŋ^{31}$　碗 $san^{35}san^{33}$　甜 $tan^{35}tan^{33}$　问 $plɛ^{55}plɛ^{55}$

比工仡佬语：

慢慢 $man^{13}man^{13}$ 哥哥 $ta^{31}ta^{31}$　铲子 $tshuan^{55}tshuan^{55}$　谜语 $mi^{33}mi^{33}$

ABAB格式例如居都仡佬语：

$tsuŋ^{33}tɕin^{31}tsuŋ^{33}tɕin^{35}$傻乎乎

$phi^{31}tɕin^{31}phi^{31}tɕin^{35}$慢吞吞

比工仡佬语：

plaŋ^{55} dai^{31} 红——plaŋ^{55} dai^{31} plaŋ^{55} dai^{31} 红彤彤

AABB 格式例如平坝仡佬语：

pɑŋ^{21} pɑŋ^{21} kun^{13} kun^{13} 坛坛罐罐

kua^{33} kua^{33} tɛ^{55} tɛ^{55} 瓜瓜豆豆

居都仡佬语：

vu^{33} vu^{33} do^{31} do^{31} 去去来来

以上合成词的“基式”是一个具有概念意义的成词语素，它既可以独立成词，也可以与别的语素一起合成新词。重叠后的“重叠式”依然保持其“基式”单个音节的意义和用法。

下面具体分析非词重叠的重叠形式及其单位性质。首先根据重叠要素是否是语素分成不成词语素重叠和音节重叠，然后根据重叠要素是否连续，分成连续重叠和间隔重叠。如果是不成词语素重叠，再根据语素的虚实分成词根重叠和词缀重叠。

（二）音节重叠

1. AA 格式音节重叠。“基式”是没有意义的单个音节。这样的非词重叠构成单纯词。

居都仡佬语：

周围 luɛ^{55} luɛ^{55}　是 au^{31} au^{31}　电影 ɯ^{55} ɯ^{55}　羊 me^{33} me^{33}

比工仡佬语：

时不时 ie^{31} ie^{31}　这里（较远）naŋ^{33} naŋ^{33}　酒提子 taŋ^{31} taŋ^{31}

以上词中的各个音节单独不能表达任何词汇意义和语法意义，只有它们的“重叠式”才能表示某个确切的意思。

2. ABB 格式音节重叠。由没有意义的单个音节重叠构成词根。

居都仡佬语：

蛾子 ma^{55} bu^{55} bu^{55}　天牛 la^{35} tɑu^{35} tɑu^{31}

月亮湾仡佬语：

树枝 la^{31}ki^{35}ki^{35}　　鸡冠 la^{31}ȵi^{55}ȵi^{55}　　鸡窝 la^{31}laŋ^{33}laŋ^{33}

上例中的 ma^{55}、la^{35}、la^{55}都是词头，整个词在没有意义的音节重叠构成的词根的基础上附加词头一次性生成。居都仡佬语中有不少名词就是这样构成的。另外，还有一部分由重叠的词根语素跟其他词根语素复合构成的合成词，重叠部分在后面。例如：

旋风 vu^{31}juŋ^{31}luɛ^{55}luɛ^{55}　　石榴 ma^{35}plei^{33}plei^{33}

风　旋转　　果子　酸

小肠 qə^{0}çe^{33}dai^{35}dai^{31}　　苦瓜 me^{35}kuŋ^{31}kuŋ^{31}

肠子　年幼　　瓜　苦

发怒 pi^{31}lɯ^{31}lɯ^{35}　　棉絮 hu^{44}o^{31}bɯ^{31}bɯ^{35}

火　溢　　棉　被子

3. ABB 格式音节重叠。由没有意义的单个音节重叠构成词缀，附加在单音节词后面。

大方普底仡佬语：

ŋko^{31}瘦—ŋko^{31}ŋkɑ^{55}ŋkɑ^{55}瘦峭峭状

ʑɯ^{31}粗—ʑɯ^{31}ʑuŋ^{55}ʑuŋ^{55}粗列列状

nto^{55}平坦—nto^{55}ntɛ^{31}ntɛ^{13}平坦坦状

mpe^{55}辣—mpe^{55}mpiɑ^{31}mpiɑ^{31}辣乎乎状

比工仡佬语：

ɭei^{31}红——ɭei^{31}jaŋ^{55}jaŋ^{55}红彤彤

za^{33}黄——za^{33}tai^{13}tai^{13}黄澄澄

si^{31}绿——si^{31}zaŋ^{31}zaŋ^{31}绿油油

χai^{33}苦——χai^{33}le^{31}le^{31}苦丁丁

sɔ^{33}笑——sɔ^{33}ʦha^{33}ʦha^{33}笑哈哈

麻栗坡峰岩仡佬语：

摊 wa^{31}du^{31}du^{31}　　抚摸 kau^{31}ji^{55}ji^{55}

这类重叠现象中，ɭei^{31}jaŋ^{55}、za^{33}tai^{13}、ʑɯ^{31}ʑuŋ^{55}等都不成词，因此它们没有“基式”，那么也就无所谓“重叠式”。汉语的“热

腾腾”就是这样，不属于词重叠式（李宇明，1996）。上例中单音节词后面的重叠成分一般没有实在意义，只是描摹某种状态……位置确定，缺少独立性，一般不能单独使用。张济民把它称为“状词”，李锦芳、徐晓丽把它叫做后附成分，李霞把它叫做形容词的生动式，马彪把它叫做状态词缀（袁善来，2011：59）。我们接受把它们看做状态词缀的观点。这种重叠现象是通过重叠手段和其他语言手段相结合而形成的，从整个形式生成的过程来看，是重叠和附加两种手段同时起作用。单音节的词缀重叠后不能单用，只能附加在单音节形容词之后，因此只能通过两种手段一次性生成。

4. AAB 格式音节重叠。由没有意义的单个音节重叠构成词缀，附加在单音节词前面。

居都仡佬语：

zaɯ^{35}直——ti^{31}ti^{35}zaɯ^{35}笔直状

ʦɯn^{35}正——ko^{31}ko^{31}ʦɯn^{35}方正状

kɯ^{35}干——phe^{31}phe^{31}kɯ^{35}干缩缩

tsau^{35}湿——phe^{31}phe^{35}ʦau^{35}湿答答

lui^{33}长——dʑau^{31}dʑau^{35}lui^{33}长甩甩

ʨi^{35}满——mau^{31}mau^{35}ʨi^{35}很满很满

跟上一种情况相同，整个词也是通过重叠和附加两种手段一次性生成。另外，居都仡佬语也有一部分由重叠的词根语素跟其他词根语素复合构成的合成词，重叠部分在前面。例如：

酒提子 dəɯ^{31}dəɯ^{31}pləɯ^{31}　　牛滚塘 mlaŋ^{31}mlaŋ^{31}ȵi^{31}ɯŋ^{55}

　　筒　　酒　　　　　　　　池塘　　牛　水

鱼鳍 liu^{31}liu^{31}vu^{31}liu^{31}　　果仁（核）pei^{31}pei^{31}ma^{35}

　　翅膀　　鱼　　　　　　　子弹　　果子

蜗牛 ʦe^{i3}1ʦei^{31}pa^{31}au^{35}　　招赘 pɯ^{31}pɯ^{31}la^{35}ŋo^{33}

　　螺蛳　　白色　　　　　　　寻找　女婿

5. AABC 格式音节重叠。由没有意义的单个音节重叠构成词缀，附加在双音节词前面。

居都仡佬语：

qə^{0}bia^{35}扁——o^{31}o^{35}qə^{0}bia^{35}扁扁状

qə^{0}ȶɕɑŋ^{33}弯——ple^{31}pleI^{33}qə^{0}ȶɕɑŋ^{33}弯曲曲

qə^{0}li·^{35}光滑——ple^{31}ple^{35}qə^{0}li·^{35}滑溜溜

6. AABB 格式或者 BBAA 格式的音节重叠。由没有意义的单个音节重叠构成词缀，附加在重叠式双音节词的前面或者后面。

居都仡佬语：

ke^{33}ke^{33}僵硬——ka^{31}ka^{31}ke^{33}ke^{33}硬邦邦

plei·^{31}plei·^{31}淡——plei·^{31}plei·^{31}pla^{31}pla^{35}淡寡寡

kɛ^{31}kɛ^{35}紧——kɛ^{31}kɛ^{35}ka^{31}ka^{35}紧绷绷

tan^{35}tan^{33}甜——ta^{31}ta^{31}tan^{35}tan^{33}甜蜜蜜

从生成过程来看，这类重叠现象也运用了重叠和附加两种手段，A 和 B 先各自重叠，然后 BB 再附加在 AA 上。

7. ABAC 格式的音节重叠。由双音节单纯词后附加双音节词缀，所附词缀的第一个音节是对单纯词第一个音节的重叠，只找到一例。

居都仡佬语：

fei^{31}li·^{31}顽皮——fei^{31}li·^{31}fei^{31}la^{33}顽皮状

（三）语素连续重叠的 AA 格式

"基式"是不成词的语素，重叠后构成并列式复合词。

居都仡佬语：

天 lui^{31}lui^{31}　池塘 mlaŋ^{31}mlaŋ^{31}

比工仡佬语：

ɭe^{31}ɭe^{31}针　khua^{31}khua^{31}事情、东西　su^{31}su^{13}嘴　zəɯ^{31}zəɯ^{33}眼睛

以上词语里面的"基式"是音义结合的语素，但是一般不单独

出现，必须重叠以后才能表达词汇意义。但它们有的又可以与其他语素一起构成复合词，如：be^{31}lui^{31}雷公（天公）、ɭe^{31}ŋuei^{31}针鼻、səɯ^{55}khua^{31}坏事、su^{13}nu^{31}鸟嘴、i^{55}（水）zəɯ^{13}（眼）眼泪。

（四）语素连续重叠的ABB格式

双音节形容词直接重叠第二个音节。

比工仡佬语：

zau^{33}zaŋ^{13}竖——zau^{33}zaŋ^{13}zaŋ^{13}直直的

kuai^{13}ku^{13}短——kuai^{13}ku^{13}ku^{13}短短的

nəu^{33}naŋ^{31}厚——nəu^{33}naŋ^{31}naŋ^{31}厚厚的

χai^{13}χəɯ^{13}窄——χai^{13}χəɯ^{13}χəɯ^{13}窄窄的

上例中的“基式”是一个双音节词，重叠式是对“基式”的部分重叠（重叠后一个音节）。

（五）语素连续重叠的AAB格式

双音节词直接重叠第一个音节。

比工仡佬语：

ɕi^{55}ŋu^{33}绿——ɕi^{55}ɕi^{55}ŋu^{33}绿油油

tʂai^{31}lu^{35}黑——tʂai^{31}tʂai^{31}lu^{35}黑麻麻

居都仡佬语：

pau^{31}au^{35}白——pau^{31}pau^{31}au^{35}白茫茫

ʦe^{31}luŋ^{33}黑——ʦe^{31}ʦe^{35}luŋ^{33}黑黢黢

pla^{31}de^{35}红——pla^{31}pla^{31}de^{35}红通通

ti^{33}nʑi^{33}黄——ti^{33}ti^{33}nʑi^{33}黄澄澄

（六）语素间隔重叠的ABAC格式

1. 携带词头的双音节词，其后附单音节词缀也携带相同的词头，应属于词缀重叠的类型。

居都仡佬语：

$qə^{0}luŋ^{35}$圆——$qə^{0}luŋ^{35}qə^{0}la^{35}$圆乎乎

$qə^{0}no^{35}$稠——$qə^{0}no^{35}qə^{0}na^{35}$稠稠状

$lə^{0}qəɯ^{35}$冷（水冷）——$lə^{0}qəɯ^{35}lə^{0}qa^{35}$冷冷状

$la^{0}mlɑŋ^{35}$麻木——$la^{0}mlɑŋ^{35}la^{0}mlɑ^{35}$麻木状

2. 偏正式复合词后加双音节词缀，词缀的第一个音节是复合词中心词的重叠。

居都仡佬语：

$ka^{31}ʦɿ^{35}$饱——$ka^{31}ʦɿ^{35}ka^{31}ʦa^{35}$饱饱状

$mu^{35}xei^{31}$膻——$mu^{35}xei^{31}mu^{35}ʣa^{35}$膻臭状

（七）语素间隔重叠的 ACAB 格式

1. 偏正式复合词前加双音节词缀，词缀的第一个音节是复合词中心词的重叠。

居都仡佬语：

$ɬei^{33}sɯn^{33}$大胆——$lei^{33}sa^{31}ɬei^{33}sɯn^{33}$胆大状

$ɬei^{33}dai^{33}$胆小——$ɬei^{33}da^{31}ɬei^{33}dai^{33}$胆小状

2. 携带词头的双音节词，其前附单音节词缀也携带相同的词头，应属于词缀重叠的类型。

居都仡佬语：

$qʌ^{31}tha^{35}$扶——$qʌ^{33}thu^{33}qʌ^{31}tha^{35}$勾肩搭背

$qʌ^{33}de^{33}$胖——$qʌ^{33}da^{31}qʌ^{33}de^{33}$胖乎乎

$ʌ^{31}ze^{35}$凉——$ʌ^{31}ʦhɿ^{31}ʌ^{31}ze^{35}$冷清清

（八）语素间隔重叠的 CACB 格式

形容词两个音节前分别附加相同的词缀，构成非词重叠，这种类型也只找到一例。

居都仡佬语：

ȵ̊uŋ^{33} ȵ̊a^{35}乱——vu^{31} ȵ̊uŋ^{33} vu^{31} ȵa^{35}乱七八糟

综上所述，仡佬语的重叠现象非常丰富，形式多样。就重叠的语言单位来说，少数属于词重叠，大多数属于非词重叠，非词重叠有无意义音节的重叠和不成词语素的重叠。根据不成词语素重叠的虚实，又可分为词根重叠和词缀重叠两种形式。

二　重叠中的模式化变调

诸多谈到仡佬语重叠形式的著作论文都探讨过重叠形式语音上谐声的特点。下面着重谈谈重叠引起声调变化的情况。很多学者把AA格式重叠中一个音节改变声调的重叠现象叫做变形重叠或者变调重叠。形容词和动词的附加词缀，就是ABB或者AAB格式，重叠音节的声调也有改变声调的现象。

下面我们采用彭泽润（2006）的词调模式化理论来分析这种声调变化现象。仡佬语不少重叠现象（包括重叠词和重叠词缀）的声调基本按照固定的模式发生变化，可以归纳出这样一些变调模式：

（一）整体固定的声调模式

居都仡佬语：

（1）31 +35

pɑ^{35}乳汁——pɑ^{31} pɑ^{35}奶汁儿　piɑ^{35}板子——piɑ^{31} piɑ^{35}板子

sɑ^{35}绳——sɑ^{31} sɑ^{35}绳儿　khɛ^{35}带子——khɛ^{31}khɛ^{35}带子

qɑ^{31}见——qɑ^{31} qɑ^{35}见到　ɕe^{31}扫——ɕe^{31} ɕe^{35}扫，刷

kɛ^{31}紧——kɛ^{31}kɛ^{35}很紧　tɛ^{31}窄——tɛ^{31} tɛ^{35}窄小

（2）31 +55

ɑɯ^{31} ɑɯ^{31}是——ɑɯ^{31} ɑɯ^{55}不是　ɑŋ^{31} ɑŋ^{31}有——ɑŋ^{31} ɑŋ^{55}没有

ʔlo^{31} ʔlo^{31} 会——ʔlo^{31} ʔlo^{55} 不会　tsho^{31} tsho^{31} 成——tsho^{31} tsho^{55} 不成

(3) 35 +31

plɛ^{35}扛——plɛ^{35}plɛ^{31}扛　plɯ^{35}劈、剖——plɯ^{35}plɯ^{31}劈开

ŋu^{35}睡——ŋu^{35}ŋu^{31}睡　tu^{35}提——tu^{35}tu^{31}提

liaɯ^{35}累——liaɯ^{35}liaɯ^{31}太累　ʔluŋ^{35}黑（天）——ʔluŋ^{35}ʔluŋ^{31}很黑

kɯ^{35}干（天）——kɯ^{35}kɯ^{31}干旱　tsɿ^{35}饱——tsɿ^{35}tsɿ^{31}饱（太饱）

（二）局部固定的声调模式

1. 词的后面固定

(1) X +55 +55（X =31、33，X 表示这个音节的声调没有发生模式化变化，读原来的声调）

大方普底仡佬语：

khuŋ^{31}空——khuŋ^{31}sui^{55}sui^{55}空劳劳状

ŋko^{31}瘦——ŋko^{31}ŋka^{55}ŋka^{55}瘦峭峭状（猪）

ʑɯ^{31}粗——ʑɯ^{31}ʑuŋ^{55}ʑuŋ^{55}粗列列状（布）

xəu^{33}重——xəu^{33}ʔlen^{55}ʔlen^{55}重甸甸状（穗）

比工仡佬语：(X =31、13、33)

ɭei^{31}红——ɭei^{31}jaŋ^{55}jaŋ^{55}红彤彤

zai^{13}冷——zai^{13}la^{55}la^{55}冷丝丝

zɔ^{31}（心）慌——zɔ^{31}lau^{55}lau^{55}心慌慌

hɔ^{33}ha^{55}ha^{55}尖削削　χi^{31}χaŋ^{55}χaŋ^{55}重重状

(2) X +31 +13（X =55、13）

大方普底仡佬语：

liəu^{55}硬——liəu^{55}luɛ^{31}luɛ^{13}硬邦邦状

ɤie^{55}长——ɤie^{55}ɤuŋ^{31}ɤuŋ^{13}长核核状（蛇）

haŋ^{55}苦——haŋ^{55}ti^{31}ti^{31}苦济济（药味）

n̥ɯ^{55}乱——n̥ɯ^{55}n̥a^{31}n̥a^{13}乱糟糟状（衣物）

m̥^{13}灰——m̥^{13}tε^{31}tε^{13}灰蓬蓬

ʔɑu^{13}白——ʔɑu^{13}ʑi^{31}ʑi^{13}白森森状（雪）

比工仡佬语：

liəu^{55}硬——liəu^{55}luε^{31}luε^{13}硬邦邦

qɑŋ^{55}胀——qɑŋ^{55}qε^{31}qε^{13}胀鼓鼓

m̥o^{13}灰——m̥o^{13}tε^{31}tε^{13}灰扑扑

（3）X＋13＋13（X＝33、13）

居都仡佬语：

m̥^{13}tε^{13}tε^{13}灰卜卜

sie^{33}绿——sie^{33}ʔuŋ^{13}ʔuŋ^{13}绿油油状（草）

比工仡佬语：（X＝33、55、13、31）

za^{33}黄——za^{33}tai^{13}tai^{13}黄澄澄

həɯ^{33}亮（擦亮）——həɯ^{33}ha^{13}ha^{13}亮堂堂

χi^{55}χaɯ^{13}χaɯ^{13}轻飘飘

χəɯ^{13}χa^{13}χa^{13}干巴巴

ku^{33}ka^{13}ka^{13}骨僵硬

ʑa^{31}瘦——ʑa^{31}ka^{13}ka^{13}瘦峭峭

za^{33}黄——za^{33}tai^{13}tai^{13}黄澄澄

（4）X＋33＋33（X＝33、13）

大方仡佬语：

sε^{33}ŋuε^{33}ŋuε^{33}清悠悠　ɑu^{13}phɑu^{33}phɑu^{33}白卡卡

（5）X＋31＋31（X＝33、13、31）

比工仡佬语：

si^{31}绿——si^{31}zaŋ^{31}zaŋ^{31}绿油油

hua^{13}稀——hua^{13}vi^{31}vi^{31}稀汤汤

ɭe^{31}暖——ɭe^{31}ʔlaŋ^{31}ʔlaŋ^{31}暖融融

χai^{33}苦——χai^{33}le^{31}le^{31}苦丁丁

za^{13}zɿ^{31}长——za^{13}zɿ^{31}zɿ^{31}长长的；长长久久的

（6）X + 31 + 35（X = 31 + 31、31 + 35）

居都仡佬语：

quŋ^{31}quŋ^{31}qai^{31}qai^{35}很苦很苦

kuŋ^{31}kuŋ^{31}kɛ^{31}kɛ^{35}沉重状

比工仡佬语：

plei^{31}plei^{31}淡（味淡）——plei^{31}plei^{31}pla^{31}pla^{35}淡寡寡

kɛ^{31}kɛ^{35}紧——kɛ^{31}kɛ^{35}ka^{31}ka^{35}紧梆梆

plei^{31}plei^{35}陡——plei^{31}plei^{35}pla^{31}pla^{35}陡峻状

phei^{31}phei^{35}辣——phei^{31}phei^{35}pha^{31}pha^{35}辣手手

（7）X + 31 + 31（X = 31 + 31）

比工仡佬语：

nəɯ^{31}nəɯ^{31}厚——nəɯ^{31}nəɯ^{31}ne^{31}ne^{31}厚实状

kuŋ^{31}kuŋ^{31}重——kuŋ^{31}kuŋ^{31}ke^{31}ke^{31}沉重状

2. 词的前面固定

（1）31 + 35 + X（X = 33、35、31 + 31、31 + 35、33 + 33）

居都仡佬语：

lui^{33}长——dʑau^{31}dʑau^{35}lui^{33}长甩甩

tsau^{35}湿——phe^{31}phe^{35}tsau^{35}湿漉漉

lui^{35}亮——　tsa^{31}tsa^{35}lui^{35}亮堂堂

zaɯ^{35}直——ti^{31}ti^{35}zaɯ^{35}直条条

tɕi^{35}满——mau^{31}mau^{35}tɕi^{35}满满的

qʌ^{31}səɯ^{31}笑——nʑi^{31}nʑi^{35}qʌ^{31}səɯ^{31}笑嘻嘻

ʌ^{31}li^{35}平——ple^{31}ple^{35}ʌ^{31}li^{35}平坦坦（桌子滑）

ʌ^{33}tɕaŋ^{33}弯——ple^{31}ple^{35}ʌ^{33}tɕaŋ^{33}弯曲曲

（2）31 + 31 + X（X = 35 + 33、33 + 33、55 + 55、35 + 35）

居都仡佬语：

plei^{33}plei^{33}酸——pla^{31}pla^{31}plei^{33}plei^{33}酸叽叽

ko^{35}ko^{35}轻——ka^{31}ka^{31}ko^{35}ko^{35}轻飘飘

$dai^{35}dai^{35}$年幼——$da^{31}da^{31}dai^{35}dai^{35}$年幼状

$tan^{35}tan^{33}$甜——$ta^{31}ta^{31}tan^{35}tan^{33}$甜蜜蜜

$dai^{35}dai^{35}$小——$da^{31}da^{31}dai^{55}dai^{55}$小卡卡

仡佬语这类模式化变调比较多。模式化变调不同于语流音变，语流音变是一个语音单位在一定的语音环境中，收到临近语音的影响而发生的变化。在汉语北京话中，最典型的例子是两个上声相连，前面一个上声要变成阳平调。离开了这样的语音环境，就不会发生这样的变调。而模式化变调就没有固定的语音条件，同样的一个语音，可能发生模式化变调，可能不会发生。即使同一个语音也有可能发生不同的模式化变调，不同的语音却有可能发生同样的模式化变调。有学者把这称为"词调模式化"，汉语的北京话、河北昌黎方言、江苏苏州方言、湖南衡山方言等都存在词调模式化（彭泽润，2006）。居都仡佬语中的35调和31调单音节重叠后，声调都模式化成31+35。据我们对仡央语言词汇库的统计，居都仡佬语有50个AA式变调重叠的词，声调变化成31+35的有42个，占84%强。

此外，李霞在《比工仡佬语参考语法》（P20）中提到"在数词中出现较多后位变调现象，而且不管前一个音节是什么调型，都倾向于把最后一个音节变成31调，举例如下："

（1）55+33——55+31，例如：十二　$se^{55}səɯ^{33}$（^{31}）十三　$se^{55}tɔ^{33}$（^{31}）十四　$se^{55}pɔ^{33}$（^{31}）十五　$se^{55}mɔ^{33}$（^{31}）十六　$se^{55}nai^{33}$（^{31}）十七　$se^{55}thɔ^{33}$（^{31}）十八　$se^{55}jɔ^{33}$（^{31}）。说明：九的本调是31，故$se^{55}ʑəɯ^{31}$（十九）不发生变调。

（2）13+33——13+31，例如：二十五　$səɯ^{13}$（^{31}）$hui^{13}mɔ^{33}$（^{31}）二十六　$səɯ^{13}$（^{31}）$hui^{13}nai^{33}$（^{31}）二十七　$səɯ^{13}$（^{31}）$hui^{13}thɔ^{33}$（^{31}）

（3）31+33——31+31，例如：二百　$səɯ^{31}ɣan^{33}$（^{31}）二百零一　$səɯ^{31}ɣan^{33}$（^{31}）$lin^{31}əɯ^{55}təɯ^{33}$二百零二　$səɯ^{31}ɣan^{33}$（^{31}）

lin^{31} səɯ^{31} təɯ^{33}三百　tɔ^{31} ɣan^{33}（^{31}）三百零一　tɔ^{31} ɣan^{33}（^{31}）lin^{31} əɯ^{55} təɯ^{33}

可以看出，这也是仡佬语中非常典型的发生在非重叠现象上的模式化变调。根据学者的研究，汉语的声调是为了弥补音节的简化而产生的一种语音手段（冯英，2004）。而彭泽润认为，随着汉语词的非单音节化，声调区别意义的作用可能会弱化，出现词调模式化。词调模式化是汉语词多音节化以后的声调反向发展的结果。声调越多的方言，单音节的词保留的越多，词调模式化的可能性越少，因此词调模式化现象在中国北方比南方相对普遍、典型（彭泽润，2006）。而仡佬语虽然分布在西南地区，但是声调数量不多，居都、比工、红丰等仡佬语只有 4 个声调，单音节词也不多。因此我们认为，如果说南方汉语的词调模式化现象是声调反向发展的结果，那么仡佬语的词调模式化则是声调发展的初始表现。因为声调数量少，于是需要发展出某些声调模式来满足丰富意义的表达。

三　重叠的功能

1. 重叠区别词义，减少同音词的数量。

大狗场仡佬语：

{kɛ^{33}房（名词）
{kɛ^{33}kɛ^{33}弯曲（形容词）

{pɛ^{33}火（名词）
{pɛ^{33}pɛ^{33}种子（名词）

{qhaŋ^{55}凑拢（动词）
{qhaŋ^{55}qhaŋ^{55}盖子（名词）

{sɛ^{33}编织（动词）
{sɛ^{33}sɛ^{33}一会儿（名词）

{ʦei^{33}节，段（量词）
{ʦei^{33}ʦei^{33}关节（名词）

{sau^{33}穷（形容词）
{sau^{33}sau^{33}坑，洞（名词）

居都仡佬语：

{ɯŋ^{33}水（名词）
{ɯŋ^{33}ɯŋ^{33}影子（名词）

{qaɯ^{31}茅草（名词）
{qaɯ^{31}qaɯ^{31}锋利（形容词）

kuŋ^{31}重（形容词）
kuŋ^{31}kuŋ^{31}稻草（名词）

qe^{31}屁（名词）
qe^{31}qe^{31}抠（动词）

tɕi^{31}稻谷（名词）
tɕi^{31}tɕi^{35}掐（动词）

phe^{35}变（动词）
phe^{31}phe^{35}最大（副词）

2. 有些表判断和能愿的动词完全重叠表示肯定，变调重叠表示否定。

居都仡佬语：

ɑɯ^{31}ɑɯ^{31}是
ɑɯ^{31}ɑɯ^{55}不是

ɑŋ^{31}ɑŋ^{31}有
ɑŋ^{31}ɑŋ^{55}没有

ʔlo^{31}ʔlo^{31}会
ʔlo^{31}ʔlo^{55}不会

ʦho^{31}ʦho^{31}成
ʦho^{31}ʦho^{55}不成

mlɑn^{31}mlɑn^{31}愿意
mlɑn^{31}mlɑn^{55}不愿意

kei^{31}kei^{31}敢
kei^{31}kei^{55}不敢

四　重叠的意义

重叠的意义主要是针对词的重叠来说。仡佬语中的一部分词可以通过重叠来表现语法意义。量词可以重叠，这是各地都普遍存在的，但其他词类的重叠现象在各地不尽相同（周国炎，P60，2004）。六枝仡佬语的名词重叠后，原词义不变，这种重叠不具有量词的作用，只是增加一些喜爱的感情色彩。比如 lui^{31}lui^{31}仍然只有“天”的意思，而没有“天天”或“每天”的意思，san^{33}san^{33}也只有“碗儿”的意思，而没有“碗碗”或者“每碗”的意思（张济民，P77－79，1993），而比工仡佬语的名词可以重叠使用表示“每一”，表示举例（李霞，2009）；晴隆仡佬语的动词重叠以后表示动作的减轻，而六枝仡佬语的动词重叠一般是对动作程度的加强（张济民，P77－79，1993）。鉴于各地仡佬语重叠现象的不平衡，我们就以重叠现象比较普遍的六枝居都仡佬语为代表来谈谈仡佬语重叠形式的意义。

1. 名词的重叠

居都仡佬语的名词重叠后带有明显的感情色彩。一般带有爱称或者喜欢的意思。如 lui^{31} 天上——lui^{31} lui^{31} 天，$ml\text{ɯ}^{33}$ 纸——$ml\text{ɯ}^{33}$ $ml\text{ɯ}^{33}$ 纸，san^{33} 小碗——san^{33} san^{33} 小碗儿，pei^{53} 籽——pei^{53} pei^{53} 籽儿，$p\text{ɑ}^{35}$ 乳汁——$p\text{ɑ}^{31}$，$p\text{ɑ}^{35}$ 奶汁儿　$s\text{ɑ}^{35}$ 绳——$s\text{ɑ}^{35}$ $s\text{ɑ}^{35}$ 绳儿。

张济民先生指出，并不是所有的名词都可以重叠，有些东西使人产生厌恶感，如 $ml\text{ɯ}^{31}$（鬼）、$q\text{ɛ}^{55}$（屎）、ŋɯ^{31}（蛇）等，一律不能重叠。这就进一步证明名词的重叠是带有情感色彩的（张济民，P79，1993）。

2. 动词的重叠

居都仡佬语的动词重叠一般是对动作程度的加强。有少量的动词具有生动式，通过附加词缀，有的词缀也是叠音形式。这样的动词词义在程度上有所加深或者表示动作的反复，用法基本不变（李锦芳，P148，2006）。

3. 形容词的重叠

张济民指出（张济民，P81，1993），居都仡佬语形容词的重叠表示程度的加强。有时还可以把两个形容词的重叠形式连在一起，构成一个新的形容词重叠式。例如：$plei^{33}$ $plei^{33}$ 和 $pl\text{ɑŋ}^{33}$ $pl\text{ɑŋ}^{33}$ 都是淡而无味的意思，组成四音格形式的 $plei^{33}$ $plei^{33}$ $pl\text{ɑŋ}^{33}$ $pl\text{ɑŋ}^{33}$ 表示味淡的程度就更深了。李锦芳也指出（李锦芳，P140－142，2006），居都仡佬语重叠式的形容词也不少，这类词的谐声词缀也是重叠式，这样的形容词生动式与原形容词相比，词汇意义在程度上有所加深，但语法意义及功能基本不变。

参考文献

[1] 戴庆厦．景颇语重叠式的特点及其成因［J］．语言研究，2000，(1)．

[2] 冯英．关于声调和形态的再认识［A］．马庆株等主编．南开语言学

刊3［C］. 天津：南开大学出版社，2004.

［3］康忠德. 居都仡佬语参考语法［D］. 北京：中央民族大学，2009.

［4］康忠德. 居都仡佬语形容词构形法研究［J］. 铜仁学院学报，2010，(3).

［5］李锦芳等. 西南地区濒危语言调查研究［M］. 北京：中央民族大学出版社，2006.

［6］李霞. 比工仡佬语参考语法［D］. 北京：中央民族大学，2009.

［7］李宇明. 论词重叠的意义［J］. 世界汉语教学，1996，(1).

［8］刘丹青. 汉藏语系重叠形式的分析模式［J］. 语言研究，1988，(1).

［9］彭泽润. 论词调模式化［J］. 当代语言学，2006，(1).

［10］袁善来. 比工仡佬语词汇研究［D］. 北京：中央民族大学，2011.

［11］张济民. 仡佬语研究［M］. 贵阳：贵州民族出版社，1993.

［12］周国炎. 仡佬族母语生态研究［M］. 北京：民族出版社，2004.

从三湖壮语四音格词语型看壮汉语接触

许　雁①

摘要：通过对三湖壮语四音格词语型的来源及构成进行初步探讨分析，发现除“…thaːi^{53}…taːi^{33}”式、“…thaːi^{53}…nou^{33}”式和“…kin^{33}…lo^{33}”式是三湖壮语固有的四音格词语型，其他7种语型均不同程度地受汉语影响而产生发展。在三湖壮语四音格词里，来自汉语的搬借成分无处不在，并已成为本族语中不可或缺的组成部分。同时，汉语词汇和固定搭配用法借入三湖壮语后，与壮语相互影响渗透，并有了新发展。这种典型的融合特点是壮语与汉语深层接触的结果。

关键词：三湖壮语　四音格词　语型　壮汉接触

汉语和壮语都是中国境内使用人口最多的语言，接触关系也很久远，壮语借用了大量的汉语词，这些借词已深入到日常生活之中，成为壮语词汇体系中不可或缺的组成部分。以往，对少数民族语言汉语借词的研究大多侧重借词的语音对应关系、词义的类别以及数量分析等问题，较少对借词的结构、借用成分与固有成分的组

---

① ［作者简介］许雁，2011级中国少数民族语言文学专业博士研究生，研究方向：汉藏语系语言。

合关系进行分析，而这些恰是我们分析说明语言间相互影响和渗透所不能忽略的方面。本文以此为切入点，通过分析三湖壮语四音格词语型的来源及构成，探讨壮汉语的接触关系。

一　三湖壮语四音格词语型

四音格词是汉藏语的一个重要特征，汉藏语系诸语言普遍存在四音格词。三湖壮语属于壮语南部方言德靖土语，在三湖壮语中，也存在着大量四音格词。壮语是分析性语言，形态变化较藏缅等语族语言少，主要靠语序和虚词表达语法意义，因此，与其他语言的四音格词有所不同，三湖壮语在构成四音格词时多为加上后附音节（缀音）或者采用一些具有能产性的特定结构来完成构词，以满足表达的需要。四音格词遵循这些格式规则可以更换搭配，举一反三，显示出格式化的特征，我们称其为"三湖壮语四音格词语型"。

"四音格词语型"的概念由姜德梧先生最早提出，在其编著的《汉语四字格词典》里提到："汉语中有些结构比较固定的四字词组，人们称之为四字格或四字语。有些四字格的结构中，其中一部分是固定不变的，另外一部分可以更换搭配的词语，如：'不…不…''…街…巷''千…万…''…三…四'等。我们把这些固定的结构称之为四字格语型。这种语型是在长期的使用过程中逐渐凝固形成的，它具有极强的组合搭配能力，可以孳乳新的词组。"①书里共收录汉语常见的四字格语型二百多种，用例有三千余条。而存在于三湖壮语四音格词的语型，使三湖壮语四音格词既有稳定性和整体性，又有灵活性和适应性，表现力也大大增强。

在收集到的845个四音格词中，统计出10种不同的四音格词语型，这些语型包含了765个四音格词，占四音格词汇总量的

① 姜德梧．汉语四字格词典．北京：北京语言文化大学出版，2000.

90.5%，可见其在四音格词中数量之多，搭配能力之强。这些可以更换搭配的词语主要在 ABAC 型和 ABCB 型四音格词中。

1. …thaːi^{53}…taːi^{33}式

这一格式共有 100 个，主要见于 ABAC 型四音格词中，占 ABAC 型四音格词总数的 16.9%。“thaːi^{53}”本义为“死”，在该四音格词语型里，位于形容词后作补语，表示程度达到了极点，“taːi^{33}”为形容词后附音节，无具体实际意义，它们固定在二、四音节上，在一、三音节上加入一个单音节形容词从而构成四音格，表示词义程度进一步加深，意为“很”、“极”、“非常”，使原来的词义扩大。例如：

ken^{33} thaːi^{53} ken^{33} taːi^{33} 坚硬无比　khwaːi^{33} thaːi^{53} khwaːi^{33} taːi^{33} 飞快
硬　死　硬（缀）　快　死　快（缀）

kwai^{53} thaːi^{53} kwai^{53} taːi^{33} 很远　ʔdaːŋ^{45} thaːi^{53} ʔdaːŋ^{45} taːi^{33} 寒冷
远　死　远（缀）　冷　死　冷（缀）

2. …thaːi^{53}…nou^{33}式

这一格式共有 100 个，主要见于 ABAC 型四音格词中，占 ABAC 型四音格词总数的 16.9%。“thaːi^{53}”本义为“死”，在该语型里位于形容词后作补语，表示程度达到了极点，“nou^{33}”无意义，它们固定在二、四音节上，在一、三音节上加入一个单音节形容词而构成四音格，表示词义程度进一步加深，使原来的词义扩大。其与“…thaːi^{53}…taːi^{33}”式相对应，唯一不同是“…thaːi^{53}…nou^{33}”式带有否定的主观感情色彩。例如：

ken^{33} thaːi^{53} ken^{33} nou^{33} 太硬　khwaːi^{33} thaːi^{53} khwaːi^{33} nou^{33} 太快
硬　死　硬（缀）　快　死　快　（缀）

kwai^{53} thaːi^{53} kwai^{53} nou^{33} 太远　ʔdaːŋ^{45} thaːi^{53} ʔdaːŋ^{45} nou^{33} 太冷
远　死　远（缀）　冷　死　冷　（缀）

3. …kin^{33}…lo^{33}式

这一格式共有 126 个，主要在 ABAC 型四音格词中，占 ABAC

型四音格词总数的 25.7%。“kin^{33}”和“lo^{33}”分开无意义，组合起来意为“这也…，那也”，固定在二、四音节上，在一、三音节加入一个单音节动词构成四音格，表示动作行为对象范围很大。例如：

pin^{33}kin^{33}pin^{33}lo^{33}千变万化　maːi^{45}kin^{33}maːi^{45}lo^{33}什么都喜欢

变（这）变（那）　爱（这）爱（那）

laːu^{53}kin^{33}laːu^{53}lo^{33}什么都怕　θaːu^{21}kin^{33}θaːu^{21}lo^{33}（衣服）大清洗

怕（这）怕（那）　洗（这）洗（那）

4. toːŋ^{53}…θei^{53}…式

这一格式共有 178 个，是 ABCB 型四音格词的主要格式。“toːŋ^{53}…θei^{53}…”意为“东…西…”，固定在一、三音节上，在二、四音节加入一个单音节动词构成四音格，表示动作行为混乱无章法，毫无方向性。例如：

toːŋ^{53}khap^{55}θei^{53}khap^{55}乱咬　toːŋ^{53}kaːŋ^{45}θei^{53}kaːŋ^{45}乱讲话

东　咬　西　咬　东　讲　西　讲

toːŋ^{53}ȵap^{55}θei^{53}ȵap^{55}乱骗人　toːŋ^{53}wai^{24}θei^{53}wai^{24}四处躲藏

东　骗　西　骗　东　藏　西　藏

5. …pai^{53}…teːu^{33}式

这一格式共有 145 个，主要见于 ABAC 型四音格词，占 ABAC 型四音格词总数的 29.5%。“…pai^{53}…teːu^{33}”意为“…去…回”，固定在二、四音节上，在一、三音节加入一个单音节动词，与“pai^{53}”和“teːu^{33}”构成补充结构联合而成四音格，强调某一动作的重复性。例如：

leːm^{24}pai^{53}leːm^{24}teːu^{33}舔来舔去　toːk^{32}pai^{53}toːk^{32}teːu^{33}反复读

舔　去　舔　回　读　去　读　回

nam^{45}pai^{53}nam^{45}teːu^{33}思来想去　ʦin^{33}pai^{53}ʦin^{33}teːu^{33}转来转去

想　去　想　回　转　去　转　回

6. …khun^{45}…loːŋ^{21}式

这一格式统计有61个，主要在ABAC型四音格词中，占ABAC型四音格词总数的12.4%。“…khun^{45}…loːŋ^{21}”意为“…上…下”，固定在二、四音节上，在一、三音节加入一个单音节动词，与“khun^{45}”和“loːŋ^{21}”构成补充结构联合而成四音格，表示动作行为的重复出现，且强调动作的范围广。例如：

kjaːn^{21}khun^{45}kjan^{21}loːŋ^{21}爬上爬下 pun^{53}khun^{45}pun^{53}loːŋ^{21}搬上搬下

爬 上 爬 下 搬 上 搬 下

poːi^{33}khun^{45}poːi^{33}loːŋ^{21}反复背 thaːŋ^{33}khun^{45}thaːŋ^{33}loːŋ^{21}到处找

背 上 背 下 找 上 找 下

7. …khau^{45}…oːk^{33}式

这一格式共有18个，主要见于ABAC型四音格词，占ABAC型四音格词总数的3.6%。“…khau^{45}…oːk^{33}”意为“…进…出”，固定在二、四音节上，在一、三音节加入一个单音节动词，与“khau^{45}”和“oːk^{33}”构成补充结构联合而成四音格，强调某一行为动作的反复多次。例如：

thaːp^{33}khau^{45}thaːp^{33}oːk^{33}挑进挑出 nei^{53}khau^{45}nei^{53}oːk^{33}跑进跑出

挑 进 挑 出 跑 进 跑 出

əm^{45}khau^{45}əm^{45}oːk^{33}抱进抱出 pat^{55}khau^{45}pat^{55}oːk^{33}扫进扫出

抱 进 抱 出 扫 进 扫 出

8. po^{33}…po^{33}…式

这一格式共有24个，主要见于ABAC型四音格词，占ABAC型四音格词总数的4.9%。“po^{33}…po^{33}…”意为“不…不…”，固定在一、三音节上，在二、四音节加入两个意义相反的单音节形容词，两两与“po^{33}”构成偏正格联合组成四音格，表示所描述对象的特征适宜程度刚刚好。例如：

po^{33}luŋ^{53}po^{33}eːŋ^{21}大小合适 po^{33}lei^{21}po^{33}tan^{45}长短合适

不 大 不 小 不 长 不 短

po^{33}kat^{55}po^{33}ʔdut^{33}温度适宜 po^{33}khan^{33}po^{33}ʦut^{33}味道刚好

不 冷 不 热　　　　不 咸 不 淡

9. lou²⁴…lou²⁴…式

这一格式收录有 4 个，主要在 ABAC 型四音格词中。"lou²⁴"意为"知道，会"，固定在一、三音节上，在二、四音节加入两个单音节动词，两两与"lou²⁴"构成偏正格联合组成四音格，用于形容人的特长、能力等。例如：

lou²⁴ ja²⁴ lou²⁴ laːi²¹ 知识渊博 lou²⁴ siːŋ³³ lou²⁴ theːu²⁴ 能歌善舞

知道说知道 写　　　　知道唱知道跳

lou²⁴ kin⁵³ lou²⁴ noːn²¹ 身体健康 lou²⁴ tap²⁴ lou²⁴ kui³³ 手艺好

知道吃 知道 睡　　　　知道 砌 知道 锯

10. jou²¹…jou²¹…式

这一格式统计有 9 个，主要见于 ABAC 型四音格词，占 ABAC 型四音格词总数的 3.6%。"jou²¹…jou²¹…"意为"又…又…"，固定在一、三音节上，在二、四音节加入两个表示人体感官感受的单音节形容词，与"jou²¹…jou²¹…"构成四音格，用于强调人的感官感受。例如：

jou²¹ jaːk³³ jou²¹ ʔdaːŋ⁴⁵ 饥寒交迫 jou²¹ əm³³ jou²¹ thau⁴⁵ 吃饱喝足

又 饿 又 冷　　　　又 饱 又 暖

jou²¹ ʦap⁵⁵ jou²¹ tən⁴⁵ 痛痒难耐 jou²¹ ʔdaːŋ⁴⁵ jou²¹ ʔdut³³ 又冷又热

又 痛 又 痒　　　　又 冷 又 热

表 1　三湖壮语四音格词语型统计表

形式	含义	音节类型	举例	数量
…thaːi⁵³…taːi³³	"…死…（缀）"	ABAC 型	khwaːi³³ thaːi⁵³ khwaːi³³ taːi³³ 飞快 快 死 快 （缀）	100
…thaːi⁵³…nou³³	"…死…（缀）"，带有否定的主观感情色彩	ABAC 型	khwaːi³³ thaːi⁵³ khwaːi³³ nou³³ 太快 快 死 快 （缀）	100

续表

形式	含义	音节类型	举例	数量
…kin³³…lo³³	"…（这）…（那）"	ABAC 型	pin³³ kin³³ pin³³ lo³³ 千变万化 变（这）变（那）	126
toːŋ⁵³…θei⁵³…	"东…西…"	ABCB 型	toːŋ⁵³ khap⁵⁵ θei⁵³ khap⁵⁵ 乱咬 东 咬 西 咬	178
…pai⁵³…teːu³³	"…去…回"	ABAC 型	toːk³² pai⁵³ toːk³² teːu³³ 反复读 读 去 读 回	145
…khun⁴⁵…loːŋ²¹	"…上…下"	ABAC 型	thaːŋ³³ khun⁴⁵ thaːŋ³³ loːŋ²¹ 四处找 找 上 找 下	61
…khau⁴⁵…oːk³³	"…进…出"	ABAC 型	nei⁵³ khau⁴⁵ nei⁵³ oːk³³ 跑进跑出 跑 进 跑 出	18
po³³…po³³…	"不…不…"	ABAC 型	po³³ lei²¹ po³³ tan⁴⁵ 长短合适 不 长 不 短	24
lou²⁴…lou²⁴…	"知道…知道…"	ABAC 型	lou²⁴ tap²⁴ lou²⁴ kui³³ 手艺高超 知道 砌 知道 锯	4
jou²¹…jou²¹…	"又…又…"	ABAC 型	jou²¹ ʦap⁵⁵ jou²¹ tən⁴⁵ 痛痒难耐 又 痛 又 痒	9

二　三湖壮语四音格词语型来源及构成

1. …thaːi⁵³…taːi³³式和…thaːi⁵³…nou³³式

"…thaːi⁵³…taːi³³"式和"…thaːi⁵³…nou³³"式主要与单音节形容词组合构成四音格词，表示词义程度进一步加深，意为"很"、"极"、"非常"，且"…thaːi⁵³…taːi³³"式和"…thaːi⁵³…nou³³"式是相对的，即表示的意义相同，但表达的语气不同，"…thaːi⁵³…nou³³"带有否定的主观感情色彩。

在三湖壮语里，单音节形容词是不能单独以 AA 式重叠的，必须加上一个后附音节"taːi³³"，组合后表示程度加深，例如：waːn⁵³ waːn⁵³ taːi³³（很甜），ʔdeːŋ²¹ ʔdeːŋ²¹ taːi³³（很红），kwai⁵³ kwai⁵³ taːi³³（遥远）等。笔者在考察其他壮语方言的单音节形容词重叠时也发现了类似的用法。例如：东兰壮语 ʔe^{55}ʔe^{55}pai^{42}（很红），田阳壮语 ʔdiŋ^{214}ʔdiŋ^{214}wai^{33}（很红），凭祥壮语 lun^{6} lun^{6} kai^{9}（很乱）。通过调查了解，“pai^{42}”、“wai^{33}”、“kai^{33}”和三湖壮语里的“taːi^{33}”一样，无具体的实际意义，都是附加在单音节形容词 AA 式的重叠后，强调程度的进一步加深。而“thaːi^{53}”本义为“死”，在该四音格词语型里，附着在单音节形容词后作补语，表示程度达到了极点，与“…taːi^{33}”两两并列重叠组成四音格词语型“…thaːi^{53}…taːi^{33}”式，从而表示“很，极，非常”的意义。此类后附形式的重叠在意义上主要起增加某种量的概念的作用，表示性质状态的加强和所指范围的增大。这种形式和意义直接对应关系正是重叠象似动因的体现。

在一些壮语方言里，有些 AB 结构的形容词能以 ACAB 式重叠，重叠后词义都带有厌恶的感情色彩。例如：ndaemndindaemndat（糊里糊涂）：daemq di daemq det（很矮的样子），soemj si soemj sat（酸得很）①。单音节形容词后面还可带上一个韵母相同而声母不同的三音节后缀。带这种后缀以后，意义上更带贬义色彩，其厌恶程度比前一类更深些。如：bizbodyodrod（肥得很难看的样子），（dungx）vangluedyuedrued（（肚子）鼓鼓的，像横出来似地非常难看）。总之，壮语的形容词后缀在表义上，既有感情色彩的差异，又有程度或“级”的差别。一般地说，单音后缀和叠音后缀一般都带贬义色彩。但在三湖壮语里，不同于其他壮语方言，形容词极少带有后附叠音后缀，主要通过四音格词语型“…thaːi^{53}…taːi^{33}”式和“…thaːi^{53}…nou^{33}”式表示“很，极，非常”的意义和表达主观感情色彩。例如：“kwai^{53} thaːi^{53} kwai^{53} taːi^{33}”和“kwai^{53} thaːi^{53} kwai^{53} nou^{33}”都意为“很远”，但前者表示“路虽远，但自己愿意去”，而后者表示“路远，不得不去”，有不情愿的意味。这一差别取决

① 覃晓航．壮语特殊语法现象研究．北京：民族出版社，1995.

于“nou^{33}”。

三湖壮语属于壮语德靖土语，与靖西壮语类似，否定副词“mei^{21}、po^{33}”（不）不能单独使用，不能直接跟动词和形容词结合表示否定，后面必须有否定助词“naːu^{33}”（不）来辅助，才能表达完整的否定概念。例如：

mei^{21} pai^{53} naːu^{33} 不去　　　po^{33} ʔdai^{21} naːu^{33} 不好

不　去　（不）　　　　不　好　（不）

由此，笔者推测，三湖壮语四音格词“…thaːi^{53}…nou^{33}”式里的“nou^{33}”来源于否定助词“naːu^{33}”，与“naːu^{33}”用法一致①，附着于形容词后，表达隐性的否定概念。至于主要元音为何改变，笔者认为这是三湖壮语四音格词在具体语用中语音和谐的需要。

2. …kin^{33}…lo^{33}式

“…kin^{33}…lo^{33}”式主要与单音节动词组合构成四音格词，“kin^{33}”和“lo^{33}”分开无意义，组合起来意为“这也…，那也”，表示动作行为对象范围很大。

重叠是汉藏语系语言最重要的语法手段，四音格词从本质上讲是运用重叠手段进行构词，重叠也是三湖壮语四音格词最主要的构词手段。从构词方式上分析，“…kin^{33}…lo^{33}”式属于附加式，即单音节动词加上配音音节“kin^{33}”和“lo^{33}”两两重叠构成。这样的重叠形式并不改变原词的词汇意义，而是在词汇意义之外增加了其他意义。如动词“pin^{33}”（变化），与“…kin^{33}…lo^{33}”式组合构成四音格词后，动作行为对象的范围增大，表示“千变万化”的意思。

3. toːŋ^{53}…θei^{53}…式、jou^{21}…jou^{21}…式和po^{33}…po^{33}…式

在三湖壮语里，ABCB 型四音格词都是“toːŋ^{53}…θei^{53}…”式。

---

① 三湖壮语属于德靖土语，关于该土语否定助词 naːu^{33} 的分析见郑贻青先生《靖西壮语研究》，第 238～239 页。

三湖壮语四音格词的语音结构类型可分为六种，其中以 ABAC 型占优势，是三湖壮语四音格词的基本语音形式，而 ABCB 型次之，在数量上是第二大语音结构类型。孙艳在《汉藏语四音格词研究》中通过对汉藏语系诸语言的四音格词的观察比较得出，ABCB 式主要集中在藏缅语族语言四音格词中，而在苗瑶、壮侗语族中，ABCB 式属于个别现象，几乎无法构成一个类别。但为何在三湖壮语四音格词里，ABCB 型能得以成为一大类别，且其数量之多仅次于基本形式 ABAC 型四音格词呢？通过对“toːŋ^{53}…θei^{53}…”式来源的分析，笔者认为这是汉语与壮语深层接触的结果。

壮汉两族人民千百年来交往密切，在相互的交流学习中，壮语不可避免地吸收了部分汉语词汇，使他们成为壮语中不可或缺的部分。据粗略统计，三湖壮语里约有四分之一到五分之一的汉语借词，“toːŋ^{53}”（东）、“θei^{53}”（西）、“jou^{21}”（又）和“po^{33}”（不）都是三湖壮语里的老借词。在三湖壮语“tooːŋ^{53}…θei^{53}…”式四音格词里，“东（toːŋ^{53}）”和“西（θei^{53}）”分别借用到四音格词的一、三音节里，构成了 ABCB 型四音格词。在“jou^{21}…jou^{21}…”式和“po^{33}…po^{33}…”式中，“jou^{21}”（又）和“po^{33}”（不）也借入一、三音节构成 ABAC 四音格词。由此可见，壮语已经把借用成分融入自己的语言系统，并参与构词，使其成为四音格词的一个重要组成部分。

值得指出的是，三湖壮语在借入“po^{33}”（不）构成四音格词语型“po^{33}…po^{33}…”式后，其用法与其他壮语方言有所不同。壮语各方言的四音格词里，普遍存在“不…不…”格式，名词可以直接受否定副词修饰，成对的名词能跟其中的否定副词 mbouj（不）结合，表示否定。例如：mbouj boh mbouj meh（无父无母），mbouj laeuj mbouj noh（没酒没肉）①。但在三湖壮语四音格词里，“po^{33}…

① 覃晓航．壮语特殊语法现象研究．北京：民族出版社，1995.

po^{33}…（不…不…）”格式不能修饰名词，只能修饰两个意义相反的单音节形容词，其两两与“po^{33}”构成偏正格联合组成四音格词，表示所描述对象的特征适宜程度刚刚好。例如：po^{33} luŋ^{53}（大）po^{33} eːŋ^{21}（小）（大小合适），po^{33} kat^{55}（冷）po^{33} ʔdut^{33}（热）（温度适宜），po^{33} khan^{33}（咸）po^{33} ʦut^{33}（淡）（味道刚好），与汉语用法相似。这种用法及意义上与汉语的相似性，表明了借用成分层次高，壮汉语接触程度强，正是汉语对壮语影响深远的体现。

4. …pai^{53}…teːu^{33}式、…khun^{45}…loːŋ^{21}式和…khau^{45}…oːk^{33}式

“…pai^{53}…teːu^{33}”式、“…khun^{45}…loːŋ^{21}”式和“…khau^{45}…oːk^{33}”式都是两个意义相反的单音节趋向动词分别用在叠加的普通动词后面组成四音格词，表示动作行为的重复出现、反复多次。这类动词重叠的四音格词因其能产性，在实际运用中出现的频率很大。例如：三湖壮语 toːk^{32} pai^{53} toːk^{32} teːu^{33}（反复读），kjaːn^{21} khun^{45} kjan^{21} loːŋ^{21}（爬上爬下），nei^{53} khau^{45} nei^{53} oːk^{33}（跑进跑出）。

其他壮语方言里也有类似用法，如 ŋei^{4} pai^{1} ŋei^{4} tau^{3}（想来想去），byaij haeuj byaij ok（走进走出），diuq hwnj diuq roengz（跳上跳下）①。同时，这种固定搭配和用法在汉语四字格里也十分常见，如：飞来飞去，跑上跑下，钻进钻出等等。这应该是壮语对汉语固定搭配用法的搬借。固定搭配是指词汇间的一种线性关系，是由于词与词在习惯上的搭配而构成的结构组织，一般表现为惯用语、成语和歇后语的形式。三湖壮语借入此固定搭配后，进一步发展，使其搭配能力更强，适用范围更广。例如三湖壮语中，大多数单音节行为动词都能进入“…pai^{53}…teːu^{33}”式、“…khun^{45}…loːŋ^{21}”式和“…khau^{45}…oːk^{33}”式，表示动作的反复多次，而汉语里，能进入四字格语型“…来…去”、“…上…下”和“…进…出”的行为动

① 广西壮族自治区少数民族语言文字工作委员会研究室编．武鸣壮语语法．南宁：广西民族出版社，1989.

词是根据语义需要和搭配习惯来选择的，有一定的限制。例如动词“流”、“养”、“扇”、“勒”等均能进入三湖壮语“…pai^{53}…$teːu^{33}$”式、“…$khun^{45}$…$loːŋ^{21}$”式和“…$khau^{45}$…$oːk^{33}$”式，但极少和汉语四字格语型“…来…去”、“…上…下”和“…进…出”搭配。

三　由壮汉语接触引发的三湖壮语四音格词

通过以上对三湖壮语四音格词语型来源及构成的分析发现：除…$thaːi^{53}$…$taːi^{33}$式、…$thaːi^{53}$…nou^{33}式和…kin^{33}…lo^{33}式是三湖壮语固有的四音格词语型，其他 7 种语型均不同程度地受汉语影响而产生发展。在三湖壮语四音格词里，来自汉语的搬借成分无处不在，并已成为本族语中不可或缺的组成部分。同时，汉语词汇和固定搭配用法借入三湖壮语后，与壮语相互影响渗透，并有了新发展。而从三湖壮语四音格词 ABCB 型的形成发展可看出，同外部语言的接触是壮语四音格词形成和发展的又一重要途径。

壮汉两族人民千百年来交往密切且日益频繁，由于壮语和汉语接触较为广泛和深入，使得壮语和汉语的四音格词不可避免地产生接触，形成地区类型学特征，存在着诸多相似性。汉语作为社会的主流语言，对壮语等少数民族语言的影响是深远的、多方面的，“语言接触的方式和结果是多种多样的，概括地说可分两大类，即语言要素的借用和语言系统的借用。前者指借用其他语言的语汇成分、语音成分和语法成分，最常见的是借用语汇成分，四音格词的借用主要属于语汇成分的借用。”① “当语言之间有接触时，他们常常互相借用，最明显的情形是词汇的借用。但是，有时发生的情形是语言之间的接触十分密切因而产生一系列广泛的相似特性，往往达到他们之间共有的相似性比他们跟亲缘上关系较密切的语言之间

① 孙艳．汉藏语四音格词研究［博士学位论文］．北京：中央民族大学，2005.

的相似特性还要多的程度。”①

“类型学上的相似可能是相似的心理特征造成的，也可能是长期的语言接触导致的趋向结果，或者是两者兼而有之。就汉语和壮语来说，人民的相似的心理特征和长期的接触过程这两者都是事实存在的。”② 事实上，中国乃至中华文化圈里的很多民族都有类似汉族的喜欢简约、对称的心理习惯。壮族也有这样的心理习惯。这种类似的民族心理特征导致了语言间的类型学共性。汉语与壮语长期接触，壮语受到汉语的深远影响，人民共同的心理特征和感受，使特征明显、功能丰富的四音格词成为重要的表情达意的语言工具，两种语言四音格词的相似性是人民相似的心理特征和长期的语言接触造成的。

参考文献

[1] 戴庆厦，孙艳．四音格词在汉藏语研究中的价值［J］．汉语学习，2003（6）．

[2] 姜德梧．汉语四字格词典［M］．北京：北京语言文化大学出版社，2000.

[3] 马学良．汉藏语概论［M］．北京：民族出版社，2003.

[4] 王均等编．侗台语族语言简志［M］．北京：民族出版社，1984.

[5] 张均如、梁敏等．壮语方言研究［M］．成都：四川民族出版社，1999.

[6] 郑贻青．靖西壮语研究［M］．北京：中国社会科学院民族研究所，1996.

[7] 黄行．语言接触与语言的区域性特征［J］．民族语文，2005（3）．

[8] 赵艳芳．认知语言学概论［M］．上海：上海外语教育出版

① ［美］伯纳德·科姆里．语言共性和语言类型（中译本）．北京：华夏出版社，1989. 255 页．

② 班弨．壮语描写词汇学．北京：民族出版社，2010，18 页

社，2002.

［9］李锦芳．壮语汉借词的词义和语法意义变异［J］．中央民族大学学报，2001（3）．

［10］刘力坚．粤方言借词对连山壮语词汇的渗透［J］．南开语言学刊，2005（1）．

［11］吴福祥．关于语言接触引发的演变［J］．民族语文，2007（2）．

耒阳方言形容词“AAB 崽”

陈　娥①

摘要：本文在实地调查所得语料的基础上，从结构类型、语义特点、语法功能等方面对湖南耒阳汉语方言中一种特殊的形容词重叠形式——“AAB 崽”作了全面的共时描写和分析，以期从一个侧面为汉语形态学的建立提供方言材料佐证。

关键词：耒阳方言　形容词　重叠式　AAB 崽

耒阳地处湖南省东南部，隶属衡阳市，东邻江西，南接广东，耒阳方言属于客家话区[1][2]。耒阳方言形容词重叠式丰富多彩，独具特色，主要有 AAB 崽、ABB 崽、AABB 崽、ABAB、A 里 A 气、ABCB，ABAC 等几种结构。其中 AAB 崽、AABB 崽是耒阳方言形容词的主要重叠形式。普通话中最常见的形容词重叠式 AA 式，如宽宽（的）、高高（的）、大大（的）、厚厚（的）、长长（的）等在耒阳方言中很少见，仅出现在年轻人的口语中，显然是普通话影响所致。目前，对客家方言形容词重叠式进行研究的文章主要有《客家方言重叠式形式分析》[3]、《惠州话形容词的重叠式》[4]，同属客家方言的耒阳汉语方言形容词重叠式至今没人研究过。本文拟

---

① ［作者简介］陈娥，2010 级语言学及应用语言学专业博士研究生，研究方向：应用语言学。

在大量语料的基础上，对耒阳汉语方言中一种特殊的的形容词重叠形式——"AAB 崽"式作全面的共时描写和分析。文中所用的语料是笔者实地调查所得。为了了解耒阳方言形容词重叠式的面貌，本文所选的调查对象为两位年近 60 岁、土生土长于耒阳、能说地地道道耒阳方言的老人。此次调查共得到 225① 组形容词重叠式。为了便于讨论，我们用 A 和 B 代表音节。

由于篇幅限制，本文主要讨论"AAB 崽"这一重叠形式。在收集到的语料中，属于"AAB 崽"重叠式的词语一共有 134 个，占了耒阳方言形容词重叠式的 60%，是该方言用得最多的重叠形式。"AAB 崽"重叠式内容包括色彩、事物的特点（色彩除外）、味道和气味、人物外貌、内在感受等等。②

一 "AAB 崽"式分析

（一）"AAB 崽"式的结构

耒阳方言重叠式"AAB 崽"式中的"A"和"B"的结构关系多种多样，具体来说包括以下几种情况：

1. AB 是偏正式，如鲜鲜绿崽、瞎瞎苦崽、绷绷亮崽、浓浓胖崽、清清甜崽等。这类重叠式的 AA 与 B 有以下特点：

(1) 如果"AAB 崽"中 AA 的语义已完全虚化，往往就说不太清楚"AA"与"B"语义上有什么联系，如"$lɔ^{55}lɔ^{55}$"与表事物属性的"薄""松""轻""稀"在语义上看不出有什么关联。

① 由同一个 A 和 B 组成，只是组合方式不同的几个重叠式算作一个组。因为这些重叠式基式相同，基本语义一样，不同的组合形式只是表现不同的程度差别。如果同一 A 和 B 只有一个组合方式我们也算作一组。本文所说的 225 组形容词重叠式是这个含义。"AAB 崽"重叠式所有词条见文末的附录。

② "AAB 崽"重叠式所有词条见文末的附录。

如果“AAB 崽”中 AA 的语义没完全虚化，则还能看出一些联系。如鲜鲜绿崽、鲜鲜蓝崽、鲜鲜黄崽这一组中的“鲜鲜”，是“很鲜艳”的意思，与表色彩的“绿”“蓝”“黄”组合后能使这些表色彩的词语所表达的色彩程度更高。这类“AAB 崽”中的“B”都是表现事物特点的形容词，如鲜鲜绿崽、墨墨黑崽、敏敏酸崽、清清甜中的“绿”、“黑”、“酸”和“甜”。

（2）“AAB 崽”式中存在同一“AA”与不同的“B”搭配的现象，如“绷绷”可分别与“硬”、“活”、“紧”、“干”、“老”组成“绷绷硬崽”、“绷绷活崽”、“绷绷紧崽”、“绷绷干崽”、“绷绷老崽”。类似的还有“鲜鲜”与表颜色的词构成的一组重叠式，如鲜鲜绿崽、鲜鲜蓝崽、鲜鲜黄崽。耒阳方言中的“多多”只能与表示正向意义的形容词如“重”、“长”、“厚”、“深”搭配，如多多重崽、多多长崽、多多厚崽、多多深崽等，而不能与负向意义的形容词如“轻”、“短”、“薄”、“浅”等搭配。“多多”与正向意义的词搭配后表示程度增加，如“多多重崽”表示很重，“多多长崽”表示很长，“多多”的语义组合体现了语言的象似性。

（3）耒阳方言中还存在同一个“B”与不同的“AA”搭配的现象，如“薄”可以与“非非、$\mathrm{lo}^{55}\mathrm{lo}^{55}$、$\mathrm{f\tilde{e}}^{55}\mathrm{f\tilde{e}}^{55}$、lɔ^{55}lɔ^{55}”搭配组成“非非薄崽、$\mathrm{lo}^{55}\mathrm{lo}^{55}$薄崽、$\mathrm{f\tilde{e}}^{55}\mathrm{f\tilde{e}}^{55}$薄崽、lɔ^{55}lɔ^{55}薄崽”。这组重叠式的“AA”虽然不同，但重叠式所表示的语义和感情色彩一样。

2. AB 是并列式。附表中以下重叠式的 AB 是并列式，如：绯红—绯绯红崽、蓬松—蓬蓬松崽、干净—干干净崽、高大—高高大崽、热闹—热热闹崽、痛快—痛痛快崽等。

3. AB 是主谓式。附表中只有“雪白—雪雪白崽”中的 AB 是主谓式。“雪白”是说像雪一样白，能单独使用。

4. AB 是动补式。附表中只有“翻翻 læ^{213}崽”、“垒垒胖崽”、“垒垒壮崽”中的 AB 是动补式。“翻 læ^{213}”是说水翻腾起来了“læ$^{213}_{烫}$”人，“垒胖”是说堆“垒”的结果是“胖”，“垒壮”是说堆“垒”的结果是“壮”。

5. AB是动宾式。附表中只有“满满洞崽”、“喷喷香（臭\馊）崽”这三个。“满满洞崽”是说东西堆得都“满洞”了，可见是很多了；“喷喷香（臭\馊）崽”是说香（臭\馊\lɔ[55]）味浓得都喷出来了，可见是很香（臭\馊）了。

6. A和B不能组合。茏茏气崽、簸簸læ[41]崽、lã[41]lã[41]mo[55]崽及慢慢iẽ[55]崽、轻轻iẽ[55]崽这几个重叠式的A和B不能组合。“簸簸læ[41]崽（不平）”中“簸”和“læ[41]”都是“不平”之义。

从上文的分析可知，耒阳方言形容词重叠式“AAB崽”中“AB”的结构关系非常丰富。这些丰富的结构形式表现了耒阳人们求新求异的思维特点。

（二）“AAB崽”的语义

“AAB崽”的语义相对于“B”来说，程度更高。如鲜鲜绿崽、瞎瞎苦崽、绷绷亮崽、浓浓胖崽、清清甜崽都比绿、苦、亮、胖、甜的程度更高。耒阳方言中除了上文第六点中提到的五个重叠式的A和B不能组合外，其余的119个AAB崽重叠式中的A和B都能组合。A和B组合后“AB”的语义与“AAB崽”一样，表达的程度也一样，都表示“很B”，如：绯绯红崽≈绯红≈很红，只是语气上有细微的区别。如果“AB”表达的是说话人不喜欢的语义，“AB”式的语气就比较生硬。如：

①咯 $ȶia_{这个}$ 李崽$_{李子}$瞎苦$_{很苦}$，唔好 $ȶ^{h}ia^{14}_{不好吃}$。

②咯 $ȶia_{这个}$ 李崽$_{李子}$瞎瞎苦崽$_{很苦}$，唔好 $ȶ^{h}ia^{14}_{不好吃}$。

例①中的“瞎苦”和例②中的“瞎瞎苦崽”的语义和程度差不多，只是语气上“瞎瞎苦崽”比“瞎苦”委婉一些。如果“AB”所表达的语义是说话人喜欢的语义，用“AAB崽”则含有更浓的令人喜爱的色彩，如：

③咯 $ȶia_{这个}$ 菜喷香$_{很香}$。

④咯 ȶia$_{这个}$菜喷喷香崽$_{很香}$。

例④比例③含有更浓的令人喜爱的色彩。

(三)“AAB 崽”的句法功能

“AAB 崽”结构中末尾都必须加上“崽”，如“干”只能说成“绷绷干崽”而不说“绷绷干”。“AAB 崽”重叠式相对于单个形容词“B”而言程度更高，如：“衣裳晒干了。”和“衣裳晒起绷绷干崽了。”这两个句子的区别是后一句比前一句“干”的程度高。耒阳方言中“AAB 崽”中这个“崽”的功能相当于朱德熙先生所说的副词后缀“的$_1$”和状态形容词后缀“的$_2$”①[3]，如：

⑤渠［慢慢 iẽ^{55}崽］走来了。

⑥绯绯红崽咯是草莓。

⑦这些草莓绯绯红崽。

⑧渠咯面肚晒气<绯绯红崽>。

⑨（绯绯红崽）咯草莓。

例⑤中形容词重叠式后缀“崽”的语法功能相当于朱先生所说的副词后缀“的$_1$”，例⑥⑦⑧⑨中形容词重叠式后缀“崽”的语法功能相当于朱先生说的状态形容词后缀“的$_2$”。耒阳方言形容词“AAB”加上“崽”后方可构成重叠式，才可以运用。从上文例句可知，耒阳方言“AAB 崽”在句中可以充当状语（如⑤）、谓语

① 朱德熙先生在考察数十种方言状态形容词时把“的”分为的$_1$、的$_2$ 和的$_3$，他们分别表示副词后缀、状态形容词后缀和名词化标记，朱先生还发现“S 的$_3$”只能做主语和定语，“R 的$_2$”可以做谓语、壮语和补语。笔者在考察耒阳方言时发现耒阳方言也符合这一规律。

（如⑦）和补语（如⑧），上文例句中的“咯”是朱先生所说的“的$_3$①”，耒阳方言重叠式“AAB崽”加上“咯”后方可做主语（如⑥）和定语（如⑨）。“崽”的这一语法功能存在于所有“AAB崽”状态形容词中。

二 “AAB崽”与其它重叠式的关系

耒阳方言形容词重叠式“AAB崽”绝大多数都可以说成“AABB崽”，部分可以说成“ABAB”。如

红→绯绯红崽→绯绯红红崽→绯红绯红青→焦焦青崽→焦焦青青崽→焦青焦青

红→通通红崽→通通红红崽→通红通红绿→鲜鲜绿崽→鲜鲜绿绿崽→鲜绿鲜绿

蓝→鲜鲜蓝崽→鲜鲜蓝蓝崽→鲜蓝鲜蓝黄→鲜鲜黄崽→鲜鲜黄黄崽→鲜黄鲜黄

白→雪雪白崽→雪雪白白崽→雪白雪白黑→墨墨黑崽→墨墨黑黑崽→墨黑墨黑

如果按一般的连读变调发音，“AAB崽”和“AABB崽”的语义以及程度一样，感情色彩也一样。如：

⑩个些草莓绯绯红崽这些草莓很红。

⑪个些草莓绯绯红红崽这些草莓很红。

例⑩和例⑪的语义和感情色彩一样，都是说“这些草莓很红”。如果“AAB崽”和“AABB崽”都是第一个音节重读，（“A′AB崽”

① 朱德熙先生在考察数十种方言状态形容词时把“的”分为的$_1$、的$_2$和的$_3$，他们分别表示副词后缀、状态形容词后缀和名词化标记，朱先生还发现“S的$_3$”只能做主语和定语，“R的$_2$”可以做谓语、壮语和补语。笔者在考察耒阳方言时发现耒阳方言也符合这一规律。

和“A′ABB 崽”中的第一个“A”的发音都更长、更重，第二个“A”发音轻短，“B”和“BB”的发音都比较轻短）。那么“A′AB 崽”比“AAB 崽”的程度深，“A′ABB 崽”比“AABB 崽”的程度深。重读后的“A′AB 崽”和“A′ABB 崽”的程度一样，都表示“非常 B”。如果该重叠式还有“ABAB”式，则程度最高的是“ABAB”式。“ABAB 式”相当于英语中的最高级。如：

（12）个些草莓绯′绯红崽这些草莓非常红。

（13）个些草莓绯′绯红红崽这些草莓非常红。

（14）个些草莓绯′红绯红这些草莓最红。

从上文的分析可知，如果按一般的连读变调发音，“AAB 崽”和“ABAB 崽”的语义以及程度一样。但如需表现更强的感情色彩时通常用“A′AB 崽”或“A′ABB 崽”。如需表现最高的程度，通常用“A′BAB”。因此，我们认为，“B→AAB 崽≈AABB 崽→A′AB 崽≈A′ABB 崽→ABAB”各重叠式表达的语义一样，只是程度从左至右呈逐渐增强的趋势。耒阳方言通过同一词根不同的重叠形式来表达不同的程度的这一特点是耒阳方言不同于普通话之处。

另外，根据上文分析我们推测“AAB 崽”应该是“AABB 崽”的省略形式，理由如下：1. 如果“AAB 崽”和“AABB 崽”中每个音节的语速语调均匀，则两者所表达的语义和程度一样；两者首个音节重读后“A′AB 崽”和“A′ABB 崽”所表达的语义和程度也一样。2. 当地人认为一般情况下这两种形式的意义和程度一样，使用哪一种形式取决于个人的习惯；3. 从语言经济原则来说，“AAB 崽”的发音比“AABB 崽”更省力、更上口，所以前者比后者更常用，母语人也觉得“AAB 崽”用得更多。4. 从“利利尖崽”、“和和热崽”、“素素清崽”、“爽爽清崽”、“素素朗崽”这些 AB 式并列关系的重叠式的发音中，我们能明显感觉“AAB 崽”是“AABB 崽”的省略形式。日常生活中人们在发这些音时，最后一个音节“B”通常一带而过，发得很含糊。这种发音习惯让我们明显感觉“AAB”崽“就是”“AABB 崽”的省略形式。

三 小 结

“AAB 崽”式占了耒阳方言形容词重叠式的60%。其内部构词方式灵活多变，发音朗朗上口，表意生动形象，在耒阳方言口语中起着举足轻重的作用，也是大家喜闻乐见的生动形式。同时，“AAB 崽”式极大地丰富了耒阳方言词汇，使得这一古老的方言继续保持着很强的表现力和生命力，耒阳人正是通过这一语言形式描绘多彩的生活。

参考文献

[1] 王箕裘. 耒阳方言本字考释 [J]. 湖南科技学院学报. 2008，(6).
[2] 钟隆林. 耒阳方言词本字考 [J]. 语言研究. 1989，(1).
[3] 刘若云. 惠州话形容词的重叠式 [J]. 中山大学学报. 2003，(2).
[4] 钟慧琳. 客家方言重叠式形容词分析 [J]. 嘉应学院学报. 2010，(10).
[5] 朱德熙. 从方言和历史看状态形容词的名词化 [J]. 方言. 1993，(2).

附录

耒阳方言形容词重叠式“AAB 崽”

	“AAB + 崽”（基式结构相同的分为一组，并在小括号中标明基式结构以及部分重叠式语义，相同词缀不同词根的在 [ ] 中标出，）	“AAB 崽”与“AABB 崽”的关系	“AAB 崽”与 ABAB 的关系能	与不同 B 搭配的 AA

续表

色彩	1）绿—鲜鲜绿崽（单音节）、鲜鲜蓝崽、鲜鲜黄崽、通通红崽、tɕiɯ^{55}tɕiɯ^{55}青崽； 2）绯红—绯绯红崽（并列式） 3）雪白—雪雪白崽（主谓式）、墨墨黑崽 （8个）	表颜色的“AAB 崽”都能说成“AABB 崽	表颜色的“AAB 崽”都能说成 ABAB	鲜鲜、通通、tɕiɯ^{55} tɕiɯ^{55}
味道或气味	1）苦—瞎瞎苦崽（单音节）、清清甜崽、鲜鲜咸崽、pei^{55} pei^{55}淡崽、绷绷硬［活\紧\干\老］崽、巴巴浓崽（稠）、咻咻凉崽、稀稀辣崽、敏敏 tia^{35}崽（很涩）、酸—敏敏酸崽、tɕiɯ^{55} tɕiɯ^{55} lɔ^{35}崽（很蔫）、tɕiɯ^{55} tɕiɯ^{55}干崽（很干）、tɕiɯ^{55} tɕiɯ^{55} tɕʰiɔ崽； 2）蓬松—蓬蓬松崽（并列） 3）喷喷香［臭\馊\lɔ^{55}］崽（动宾） 4）茏茏气崽（不软不硬，贬义） （22个）	除茏茏气崽外，其余的表味道或气味的“AAB 崽”都能说成“AABB 崽	除“茏茏气崽”外，其余的表味道或气味的“AAB 崽”都能说成 ABAB	瞎瞎、清清、鲜鲜、pei^{55} pei^{55}、绷绷、巴巴、咻咻、稀稀、敏敏、tɕiɯ^{55} tɕiɯ^{55}

续表

事物特点	1）亮—绷绷亮崽（单音节）、揪揪圞崽、iɔ[55] iɔ[55]嫩崽、区区光崽、miæ[55] miæ[55]烂崽、sei[55] sei[55]烂崽、æ[55] læ[55]尖崽、miæ[55] miæ[55]细崽、溜溜滑崽、溜溜光崽、fæ[55] fæ[55]薄崽、非非薄崽、庞庞软崽、nẽ[55] nẽ[55]粗（脆）崽、崭崭新崽、罗罗薄崽、lɔ[55] lɔ[55]薄［松\轻\希］崽、多多重［宽\长\厚\高\深］崽； 2）干净—干干净崽（并列）、利利尖崽、整整齐［平］崽、宽宽松崽、和和热崽、素素清崽、爽爽清崽、素素朗崽； 3）锋利—锋锋利崽（主谓）； 4）翻 læ[213]—翻翻 læ[213]崽（动补）、kua[35] kua[35]糙崽、挤挤密崽（细）、斩齐—斩斩齐崽； 5）满洞—满满洞崽（动宾）； 6）簸簸 læ[41]崽。（42个）。	除 nẽ[55] nẽ[55]粗（脆）崽、多多＋形容词、翻翻了 læ[213]崽外，其余的表事物特点的“AAB崽”都能说成“ΛΛBB崽”	除 sei[55] sei[55]烂崽、满满洞崽、簸簸 læ[41]崽以及第六组的词组外，其余的表事物特点的“AAB崽”都可说成ABAB	绷绷、揪揪、iɔ[55] iɔ[55]、区区、miæ[55] miæ[55]、sei[55] sei[55]、læ[55] læ[55]、溜溜、非非、庞庞、nẽ[55] nẽ[55]、崭崭、罗罗、lɔ[55] lɔ[55]、多多

续表

人物外貌	1）胖—浓浓胖崽（单音节）浓浓壮崽、稀稀偢崽（长的难看） 2）高大—高高大崽（并列）溜溜汀崽（很帅）单单tiɯ^{55}崽普普通崽白白青崽 3）坌坌胖崽（动补）、坌坌壮崽。（10个）	表人事物外貌的“AAB崽”都能说成“AABB崽	除第一组以及溜溜汀崽外其余的表人事物外貌的“AAB崽”都不能说成ABAB	浓浓、稀稀
人物内在感受	1）饱—瞎瞎饱崽（单音节）； 2）热闹—热热闹崽（并列式）、安安静崽、tɕia^{55}tɕia^{55}湿崽、冷冷清崽、暖暖和崽、凉凉快崽、阴阴清崽 清清凉崽。（9个）	都能说成“AABB崽	除安安静崽、冷冷清崽、阴阴清崽、清清凉崽外其余的能说成ABAB	瞎瞎
人物行为、品质	1）痛痛快崽（并列）、迷迷糊崽、匆匆忙崽、匆匆容崽、清清白崽、大大方崽、规规矩崽、舒舒服崽、高高兴崽、斯斯文崽、干干脆崽、恭恭敬崽、慌慌张崽、辛辛苦崽、简简单崽、秀秀祈崽、公公正崽、客客气崽、和和气崽、圞圞枪崽、工工整崽、正正规崽、顺顺当崽、认认真崽、仔仔细崽、稳稳当崽、勉勉强崽、平平安崽、飞飞快崽、安安iẽ^{55}崽； 2）lã^{41}lã^{41}mo^{55}崽、轻轻iẽ^{55}崽、慢慢iẽ^{55}崽。（33个）	都能说成“AABB崽	都不能说成ABAB	lɔ^{213}ɔ^{213}

烟台方言形容词词缀研究

丁圣君①

摘要： 烟台方言形容词词缀特色鲜明，具有较大研究价值。根据对烟台方言形容词使用现状的整理分析，从使用频率、意义搭配、构形结构、语义色彩、句法功能等几个方面对烟台方言形容词词缀进行描写。

关键词： 烟台方言；形容词；词缀；特点；用法

一、烟台方言形容词词缀概况

词缀，又称附加成分，包括前缀（词头）和后缀（词尾）。学术界对词缀的定义和范围的看法不尽一致，导致词缀的确定从来就没有一个统一的标准。词缀概念的接受也经历了一个较长的历史过程，确定词缀要综合运用自由、意义、语法、音节等多个标准。与西方语言相比，汉语还存在着大量的类词缀，具有自身的特点。在许多语言学著作中，词缀只是指构词词缀，不包括构形词缀（即词尾），但也有人认为词缀可以包括构形词缀。我们这里所说的词缀

---

① ［作者简介］丁圣君，2011级语言学及应用语言学专业硕士生，硕士研究生，研究方向：应用语言学。

就是构形词缀和构词词缀两种词缀的合称。

烟台方言的形容词词缀特点明显，与普通话相比具有很大的不同。这些词缀不仅数量丰富，而且在使用范围和具体形式上有自己的特点。烟台方言的形容词性词根前可附加摹状成分使形容词所表示的程度加深，其后可以加上单音、叠音或多音的后缀来更好地描摹事物的状态。前缀如：精：~瘦~湿~矮。巴：~涩~苦。后缀如：吧：紧~干~窄~紧~。烘烘：臭~~闹~~骚~~。不拉唧：酸~~~咸~~~。本文通过对所收集的语料的分析整理，按照形容词的结构对其进行分类并试图从语义、语法、语用和结构等几方面来分析烟台方言形容词词缀的特点。

二、形容词前缀（XA式）

烟台方言中的形容词前缀是烟台方言最具特点的部分之一，烟台方言形容词性词根前面可以加上摹状成分，这些成分的作用相当于普通话中的副词“很”“挺”。词根不同，附加的成分也不同。我们用XA式来代表此类结构，这里的X指的是附加的摹状成分，A指的是形容词性词根，表示事物最基本的性质，X和A都代表单音节。这种结构的形容词可以分为两类：

a类

巴：巴涩、巴苦

烈：烈苦

乔：乔白、乔骚、乔黄

透：透肥、透暄

生：生咸、生臭、生疼

齁：齁咸

细：细甜

响：响干
绷：绷紧、绷硬
丁：丁硬、丁艮
介：介紫
闲：闲清

b 类
精：精瘦、精窄、精鲜
溜：溜平、溜直、溜圆、溜宽头、溜鲜、溜稀、溜轻
通：通嫩、通红、通浑
铮：铮新、铮亮、铮清
血：血贵、血绿、血坏、血紫
稀：稀烂、稀碎、稀贱
死：死紧、死辣、死贵
怪：怪辣、怪热、怪冷、怪凉、怪烫、怪臭
够：够好、够烦、够坏、够穷、够黑

从语义特征来看，a 类形容词中的 X 多是一次性的构词成分，搭配具有固定性，可以对其进行穷尽式的描写。a 类中的 X 有的还具有实际意义，比如“齁咸”中的“齁”在烟台方言中可以单独使用，表示因食物太咸而造成嗓子难受。“生臭”中的“生”应该是“腥”的方言读音，因为烟台是沿海城市，传统的渔业生产中劳动者觉得鱼放久之后的腥味也是一种臭，于是用“生（腥）臭”来形容很臭。有的 X 语义已经虚化，我们在书写时很难找到对应的字，基本上是同音代替，如“丁硬”“介紫”“闲清”“乔白”中的“丁”“介”“闲”“乔”。这里的 X 虽然语义虚化，但其所表达的程度加深意义还是很明显的，也使形容词的形式更加丰富。b 类中的 X 和 a 类中的不同，它们具有非常强的结合能力，可以同时和

多个词根搭配，它们的词汇意义基本上已经虚化，具有类词缀的功能。比如“怪”就可以组成怪辣、怪热、怪冷、怪凉、怪烫、怪臭等词语，这种 XA 式的词语在普通话中也同样存在，如通红、通嫩，只是普通话中的此类词语远不如烟台方言中的丰富。b 类中的 X 也是表达语义程度加深的意思。

从语法特征来看，这种 XA 式形容词属于状态形容词，它们也具有状态形容词的特点，(1) 它们不能受程度副词修饰。比如，我们不能说“很焦酸”、“很通嫩”。(2) 不能受“不”修饰。比如我们不能说“不铮亮”、“不细甜”。(3) 不能带补语。比如我们不可以说“死辣得很”。

(4) 不能进入“越来越……”的格式。比如我们不能说“越来越齁咸”“越来越巴紧”。(5) 不能用于比较，不能用在“比”字句中。如我们不能说“这块馒头比那块乔白”。从句法角度看，这类 XA 式形容词可以做谓语、定语和补语。如：

做谓语

这鱼齁咸，没法吃。

你脸色儿乔黄，是不是哪不舒服。

做定语

你尝尝这饭好吃不，用通嫩的苞米做的。

细甜细甜的西瓜，真好吃。

做补语

他把肉剁得稀烂。

他把麦子晒得响干响干。

从结构特征来看，上述形容词前缀 X 起加深程度的作用，他们可以按照 XAXA 式重叠，重叠后，程度更强。一般有过分、令人不满之意。如：

焦酸焦酸苹果还没到时候儿，焦酸焦酸没法儿吃。

通浑通浑刚发河水，通浑通浑的，不直洗衣服。

介紫介紫受叫桌子挤得介紫介紫，都木了。

稀碎稀碎果子让老鼠啃得稀碎稀碎。

上述有些带积极意义和中性意义的形容词性词根可以儿化，然后按照“XA儿XA儿”格式重叠，重叠后程度加深，多表示非常、令人喜爱之意。使用时一般后加“的”。如：

通红儿通红儿的：这筐苹果通红儿通红儿的，一看就很好吃。

稀烂儿稀烂儿的：这锅粥炖的稀烂儿稀烂儿的。

尖细儿尖细儿的：乜家乜个小腰儿尖细儿尖细儿的。

这些形容词只是儿化而不重叠之后加“的”时也表示同样的意思，如：

溜平儿的：她把衣服叠的溜平儿的。

通嫩儿的：这个小黄瓜通嫩儿的，真好吃。

细甜儿的：这个西瓜细甜儿的。

在语用特征方面我们可以从感情色彩和与形容词的结合关系两方面来分析这类形容词词缀。从感情色彩上看，XA中的X有的表示喜欢的感情色彩，如“锃、响、细、酥”等，有的表示贬斥的感情色彩，如“精、齁、死、怪”等，有的则是表达中性色彩，如“溜、焦、绝、绷”等。从与形容词结合的关系上看，许多词缀X是有选择性的，它们通常只能与一对反义词中的一方搭配，而不能跟另一方搭配。以“精”“老”为例：在烟台方言中“精”可以组成“精瘦”、“精湿”、“精矮”却不能说“精胖”、“精干”、“精高”；“老”可以组成“老高”、“老远”、“老厚”、“老粗”却不能组成“老低”、“老近”、“老薄”、“老细”。这种现象，一是与前缀的褒贬色彩有关，一是与搭配习惯有关。

三、形容词后缀

（一）AX 式

AX 式的形容词即单音节后缀形容词，单音后缀是指在形容词性词根后面只有一个音节的后缀。这里的 A 指的是词根，X 指的是词缀，A 和 X 同样都是单音节的。烟台方言中的单音节形容词后缀 X 主要有“乎”、“巴”、“嗖”等。如：

乎：软乎、腾乎、热乎、晕乎

巴：紧巴、干巴、窄巴、挤巴

嗖：舒嗖、得嗖

头：宽头

在语义上，这里的词缀 X 起到了程度减轻的作用，使整个词所表示的程度比原来的词根 A 要弱，含有“稍微”、“有点儿的意思。比如，在烟台方言中如果我们说某物“软”那么我们可能并不知道它事实上有多么软，但如果我们说某物“软乎”，那么听话者就会明白它是有一点儿软。同样，“紧巴”就是有一点儿紧，并不是很紧，“宽头”是有一点宽，而并不是很宽。

在语法方面，这一类的 AX 式形容词的用法相当于性质形容词，可以受程度副词的修饰，如“挺软乎”“很热乎”“很紧吧”“非常舒嗖”，加上程度副词后其语义程度加深。在句法上可以做定语和补语。做定语如“热乎的饭菜”、“舒嗖的日子”，做补语如“他日子过得挺紧巴”、“小两口日子过得舒嗖的”。

在语用上，有的后缀 X 表达褒义，有的后缀 X 表达贬义。带后缀“乎”的形容词一般是褒义，有的可以儿化，儿化后可以加深喜爱的程度。如：锅里的饭还挺热乎儿的，赶紧吃；这个柿子挺软乎的，保准甜。带后缀“巴”的形容词带有贬义。如：炕上睡四个人挺挤巴；他日子过得挺紧巴。

（二）AXX 式

这种形式指的是叠音后缀形容词，由词根 A 加上叠音后缀组成的形容词。叠音后缀是指在形容词性词根后面加上两个音节相同的后缀，描摹事物状态使词根的程度加深。叠音后缀一般重读，附带某种感情色彩，使表达生动形象等。烟台方言中的叠音后缀相当丰富。如：

a

腾腾：红腾腾、慢腾腾、热腾腾

巴巴：干巴巴、紧巴巴、瘦巴巴

乎乎：热乎乎、黑乎乎、胖乎乎

森森：白森森、黑森森、苦森森

b

争争：黄争争、蓝争争、绿争争

嗖嗖：辣嗖嗖、甜嗖嗖、冷嗖嗖

英英：紫英英、绿英英

唧唧：咸唧唧、苦唧唧、酸唧唧

拉拉：湿拉拉、低拉拉、宽拉拉

烘烘：臭烘烘、骚烘烘、闹烘烘

溜溜：紫溜溜、酸溜溜、小溜溜

此外还有贱次次、甜西西、苦烈烈、宽头头、香喷喷、血淋淋、直勾勾、凉哇哇、新铮铮、油光光、熊咔咔等等。

从结构上，我们可以将烟台方言中的此类形容词细分为两类，a 类和 b 类表面看起来是一样的，都是由词根加叠音后缀组成，但是a类和b类的内部结构却很不一样。我们可以发现，b类形容词叠音后缀的来源主要是单音前缀倒序后重叠，即b类中的每一个AXX都有其相应的XA，如“黄争争”是由“争黄”单音前缀倒序重叠形成，“湿拉拉”是由“拉湿”单音前缀倒序重叠形成。a类中的叠音后缀的来源主要是单音后缀重叠，没有对应的“XA”式词，即“干巴巴”没有对应的“巴干”，它是由“干巴”这个单音后缀直接重叠形成的。

在语义方面，叠音后缀使得形容词所表达的语义程度加深。在语法方面，AXX式形容词的用法和状态形容词的用法相当：不能受程度副词修饰，主要语法功能是做谓语和补语，做谓语时不能带宾语或补语，后面必须加上“的”。如做谓语：这条鱼咸唧唧的；窗外黑森森的。做补语：小麦长得绿英英的；一场雨把快干的衣服弄得湿拉拉的。AXX式形容词有时也可以做定语，不过这种情况很少。如“酸溜溜的小枣”、“臭烘烘的鱼”。

在语用方面，叠音后缀也能表达不同的感情色彩，使表达更生动、更形象，增加语言的口语色彩和感情色彩，也起到了一种修辞作用。象“喷喷（香～～）、梁梁（高～～）、丝丝（甜～～）等，一般用来表示褒的感情色彩。中性后缀，如“溜溜”、“乎乎”等，如不儿化，常表贬义，如“这个菜使忌讳（醋）太多，酸溜溜的”，“胖乎乎的还想当什么舞蹈演员”；儿化后常表喜爱的感情，如“小国光苹果酸溜溜儿的，很有滋味儿”，“这个小孩胖乎乎儿的，真待人亲”（讨人喜欢）等。

（三）A不X式

A不X式指的是多音后缀，A指的是词根，是单音节的，X这里通常是一个双音节词。多音后缀是只附着在形容词性词根后面的词缀是由两个以上不完全相同的音节构成的。如：

不拉唧：酸不拉唧、脏不拉唧、傻不拉唧

不楞登：彪不楞登、潮不楞登

不溜秋：黑不溜秋

可见多音后缀主要表示消极的意义，使词的感情色彩转为贬义或者使其贬义色彩更浓。这类词一般只做谓语，如“那孩子彪不楞登的。”

四、结　语

现代汉语中的“很”、“非常”、“特别”、“尤其”等表程度的词汇很少在烟台方言中出现，而被独具地方特色的“老”、“稀”、“透”等替代。这是人民群众在劳动实践中创造的可以成为汉语这个大家族中的一个细胞。烟台方言中的许多双音节形容词，经过重叠，形成多音节形容词，做为一种修辞方式，使语言更加丰富、更加生动。

参考文献

［1］黄伯荣、廖序东．现代汉语［M］．北京：高等教育出版社，2007.

［2］张斌．现代汉语［M］．上海：复旦大学出版社，2005.

［3］胡裕树．现代汉语［M］．上海：上海教育出版社，2009.

［4］李荣．牟平方言词典［M］．南京：江苏教育出版社，1997.

［5］钱曾怡．烟台方言报告［M］．济南：齐鲁书社，1982.

［6］钱曾怡．胶东方音概况［J］．山东大学学报，1984，4.

宁夏回族常用语“下”构成的相关词组分析

郭菲菲[①]

摘要：现代汉语中“下”既可以做名词、动词，还可以做形容词和量词。不管做名词、动词、形容词还是量词，其意义和用法都源自于其做方位词时的意义。回族常用语“下多灾海”、“下油”、“下埋体”、“下汤”“下叶子（下茶）”等词中的“下”均为“下”的动词用法，这些词汇的意义和用法在现代汉语中并不常见。本文从回族常用语中选取六个有关“下”的词语，试着分析用法、组合方式、及所反映的回族文化特征。

关键词：回族常用语中“下” 用法 释义 举例 文化

引 言

“下”在甲骨文中用两条长短不一的弧线表示，上面的‘一’表示位置的界限，下面的一短横表示在下的意思，是指事字。“下”

---

① ［作者简介］郭菲菲，2011级语言学及应用语言学专业硕士研究生，研究方向：文化语言学。

本方位词，表示“下面”、“位置在下”。《现代汉语八百词》中一共收录了12种有关“下”的动词释义，不包括趋向动词。现归纳如下：

1）有高处到低处。可以带‘了、过’，可带处所宾语或施事宾语。Eg：下楼、下山。

2）（雨、雪）等的降落。Eg：下了雨就凉快了。

3）（向下）发布。投递。可带名词宾语。Eg：下命令、下通知。

4）进入（处所）。Eg：下车间、下乡、下地。

5）退场。Eg：这场戏你们从右边的旁门下。

6）投入。可带名词宾语。Eg：下面条、下本钱，下工夫。

7）比赛（指棋类）。Eg：下象棋。

8）卸除，取下。可带名词宾语。Eg：下了一扇窗户；把他的枪下了。

9）做出（结论，决断等）。Eg：下汴解；下结论；下定义。

10）使用。Eg：下笔；下刀；下毒手。

11）（动物）生产。Eg：下蛋、下小猪。

12）到规定的时间结束日常工作或学习等。Eg：下班；下课。

以上这些“下”的动词义，都是从其作为方位词的基本义引申的。其他义项围绕着这个中心基本义展开，形成了众多语义范畴，也是人们认识世界过程中的表现。“下”由最初的“位置在低处、下面”进而引申为表述空间上的位移，表示时间上的结束、信息的传达、以及工具的使用等。用图示表示如下：

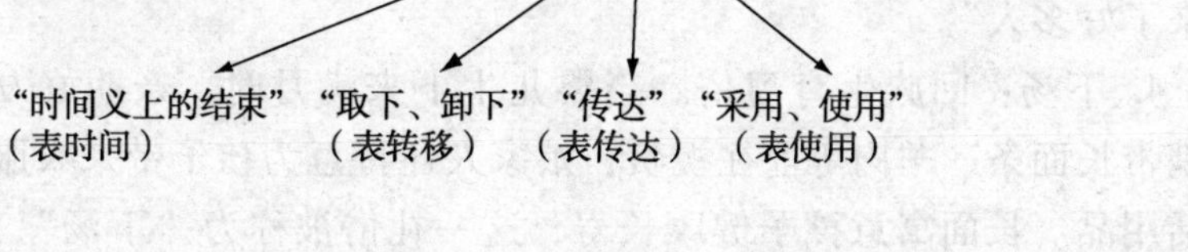

一　回族常用语中出现的有关“下”的动词用法举例

回族常用语中有关“下”（音为［xa^{33}］）及其相关词组很有特点。在宁夏南部山区中原官话区“下”一般发［xa^{33}］的音，除了语音上的差异外，还有一些特殊用法是现代汉语里没有的。例如“下多灾海”“下油”、“下埋体”、“下汤”、“下叶子（下茶）”等由“下”构成的词语，先来看看这些词语的释义：

1. “下茶”和“下叶子”是一个意思，都表示“敢做敢为、意志坚定”。如：“张老板做事能下茶”。据说这一用语源自古汉语“茶不移木”，是中国古代婚俗，古时婚嫁以茶为礼，称作“下茶”。“下叶子”是“下茶”的方言土话，宁夏南部地区回族多用此表达形式，也是魄力大，能下狠心的意思。如：“要想做成这个事，你得下叶子才行”；“这个娃这么瘦，要好好下叶子吃饭哩”；“快考试咧，我们还得下叶子复习功课呢”。

2. 下油：回族纪念亡灵的习俗。回族纪念亡灵过“耳麦里”（善行），在煎或炸油香（油饼），向锅里倒油时，要先举意（许愿），再口诵经文，然后将油倒入锅中，开始炸油香。这一程序叫“下油”。宁夏北部兰银官话区的银吴片，典型的如吴忠、同心西北部的回民，也称作“倒油”。例如：“在过也贴（布施）前，他总是先去下油（倒油）准备炸油香”。

3. 下埋体：“埋体”就是阿拉伯语 Mayyit 的音译词，“尸体”的意思，回族丧葬习俗。即由阿訇向坟坑内安放亡人的尸体。例句：“今儿主麻（星期五），寺里可以下埋体了”；“下埋体那天村里来了好多人”。

4. 下汤：回族生育习俗。当婴儿生下来满月时，亲朋好友们便携带长面条、羊肉等前往祝贺，娘家人还特意为孩子带来衣服等生活用品。长面寓意孩子健康长寿，这一礼俗被称为“下汤”，有的地方叫“做满月”、“贺满月”。

5. 下多灾海。“多灾海”波斯语 Doozakh 的音译，意为“地狱、火狱”。为伊斯兰教后世实施惩罚的处所，刑罚严酷、阴森恐怖，是专为作恶多端的坏人所设的归宿。回族谚语称：“高利贷的盘剥，多灾海是归宿”；“下多灾海”还表示对某人的憎恨，比如：“你这个下多灾海的，干尽了坏事”；”“现在不行善，等着后世下多灾海吧”。

二 宁夏回族常用语中“下”相关词组的语法分析

（一）从组合方式来看，均为“下+NP”结构

“油”、“埋体”、“汤”、“叶子”“多灾海”等均为名词，其中“多灾海”是波斯语借词，“叶子”是汉语方言词汇，意思是“纸牌”。“油”、“汤”都跟食品有关：“油”这里专指回民炸油香（油饼）专用的食用油，一般多胡麻油。胡麻油在西北使用广泛，这种油历史悠久且有很高的营养价值。古人认为胡麻油芳香浓郁、油质清澈，长期使用可去除一切痼疾，还能长生不老。在民间自古就被视为美味食品，做菜肴，制点心，只要是胡麻油加工的都被视为上品。胡麻油煎炸的油饼更是注重色、香，口感酥脆。“汤”在《说文解字》中意为“热水”，来源颇古，成语有“赴汤蹈火”。从组合方式来看，以上这几个词中的“下”都是动词。需要注意的是，当“下”后面的宾语表示具体事物时，此时为受事，是动作支配的对象。但是不能简简单单地把这种关系理解为狭义的动作与对象的关系。回族常用语中“下”相关词语的用法较为特殊，这是回族特有的词汇。

（二）表示物体运动的位移：从高处到低处，表动作

在一个物体由高至低位移时，需要选择一个参照物，参照物不同，表达方式也不同。“下油”、“下汤”则是以手为参照物的，表示将物体倒入其中，物体做的是向下的运动。“下油、下埋体、下汤”这三个词语是运动的对象。此处的“下”都有“把××放入”之意，从本义引申而来。而“下油”中的“下”具体指“把油倒入锅里的这一过程”。“下埋体”中的“下”有“放进、向下放置”的意思。“下汤”中“下”也有“把（长面条）放入汤里”的涵义，泛指这一动作的发生。此处“下汤”类似煮长面条，得“长寿”之意。

总之以上三个词语中的“下”均泛指从高处向低处的运动。

（三）表示心理主观因素

“下茶”（“下叶子”）、“下多灾海”中的“下”则与回族认知心理相关。汉语中表述果断、意志坚定、魄力大，是对某个事物的判断后的肯定或否定的思维方式。“下茶”（“下叶子”）是抽象出来的意义，都有“决断、意志坚定做某事”之义，相当于“下决心”。值得注意的是这里的“下”后面的宾语表示的意义已经发生了变化，不再是本义，而是通过抽象化的引申义表现出了更为复杂的语义。“下茶”（“下叶子”）通过事物的特性，抽象出其概括义，用“茶不移木”中茶的坚定特性来衬托人在处事方面的决心和意志。“叶子”一词多见于方言词汇，有纸牌的意思，后来多引申为“赌钱”。《现代汉语惯用语词典》里有这样一个例子：“昨晚上你到哪儿去了？害我到你家来，扑了个空。”“还不是发叶子。”“又赌博了？”“不玩这个，又有什么可玩的？”（叶辛《蹉跎岁月》）。宁夏回族常用语中说“下叶子”由方言词演化而来，意为某人做某事能下赌注，能下狠心，有魄力。由此可见，这里“下”的本义由

于引申义的侵占而退居次要地位了。

同样“下多灾海”是依据心理因素来表达的。地狱是常人避讳的地方，是表示不好的、不吉祥的地方。这种说法同样和回族的认知心理相关。在回族伊斯兰世界观中，人们对死亡的认知是分等级的。对于那些有善行、品德端庄的人而言，他们“无常”（死）后就可以升入天堂，而天堂能够提供人们今生渴望的所有事物。与天堂相对应的就是地狱或火狱。火狱是专门为那些做恶的人所设立的。《古兰经》专门对火狱的构造以及刑罚做了描述：“火狱有七道门，每道门将收容他们中被派定的一部分人。”（《古兰经》15：44）“没有食物，但有荆棘，既不能肥人，又不能充饥。”（《古兰经》88：6至7），人们可以从经典的描述中知道火狱的可怕之处。从认知心理角度来说，“下”和“地狱、火狱”这样的词语搭配起来表示一种避讳和贬义的隐喻。

三 讨 论

回族常用语中的“下”及其相关词组，有的与回族所信仰的宗教——伊斯兰教息息相关；有的则由方言词汇演化而来。众所周知，回族使用的汉语被认为是汉语的变体，回族虽然转用了汉语作为共同语，但由于与汉族在宗教信仰、风俗习惯、民族心理等方面的差异，使得在语言的使用上呈现出一系列不同于汉语的特点。回族文化以强大的伊斯兰宗教文化为纽带，回族所使用的语言中有大量的阿拉伯、波斯等借词，这些语言底层证实和记录了回回民族在形成过程中族源的多元演化轨迹。如“下埋体”这个词中，“埋体”就是阿拉伯语 Mayyit 的音译词，意为“亡人、尸体”，回族崇尚简朴的土葬。“下埋体”这个词组是典型的回族汉语模式：现代汉语语词 + 阿拉伯/波斯语借词。由于宗教信仰本位思想的熏染，回族许多常用语均带有强烈的伊斯兰文化色彩。试想，如果回族没有将伊斯兰信仰传承下来，这些富有宗教文化的回族汉语词汇还能否延续至今？宗教语言有自己一套独特的语汇、语音及句法形式。虽然它是在全民语言的基础上加工建立起来的，但已明显地不同于全民语言，其对全民语言的影响巨大，如很多宗教词语已经渗透到了全民语言中，语言与宗教的确有着极其密切的关联。[1] 高长江将这种关系简要的概括为：语言创造宗教，宗教也创造语言。语言对宗教的创造以其作为一个工具体系，作为一种符号来实现的；宗教对语言的创造是作为一种文化形态对语言文化的渗透与作用来实现的。[2]

以上例证证实，回族转用汉语之后，对汉语进行了本土化改造，赋予其鲜明的回族文化特色，同时也在某种程度上丰富了汉语的表现力。

四　结　语

回族常用语“下”及其相关词组，不仅丰富了现代汉语中“下”的词义使用而且独具特色，同时也为现代汉语“下”的研究有所补充。回族使用的汉语反映了回回民族特有的社会风貌。由于回回先民族源的复杂性、语言的多源性以及民族心理的趋同性，致使现代回族的语言呈现出许多富有民族文化特征的词汇和用法，回族常用语“下”便是其中缩影。

学界回族汉语的研究成果较多，但研究的深度还有待发掘，本文以现代汉语“下”构成的回族特色常用语词汇的分析入手，不失为一个新的尝试。

参考文献

[1] 吕叔湘现代汉语八百词［M］. 商务印书馆，1999.
[2] 何克俭等编回族穆斯林常用语手册［M］. 银川：宁夏人民出版

社，2003.

[3] 周宏溟．汉语惯用语词典［M］．北京：商务印书馆，1990.

[4] 张斌．现代汉语描写语法［M］．北京：商务印书馆，2010.

[5] 张其昀．运动义动词“上”、“下”及其宾语［J］．松辽学刊（社会科学版），1993，(4)．

[6] 高长江．符号与神圣世界的建构—宗教语言学导论［M］．吉林大学出版社，1993.

[7] 丁石庆．语言：由“此岸”通向“彼岸”的符号阶梯——宗教与语言学概论［J］．西北第二民族学院，2005，(3)．

[8] 高长江．宗教语言学导论［M］．吉林大学出版社，1993.

浅析汉语中外来类词缀的语义特征

——以“控”族词为例

于晓薇①

摘要：随着经济全球化的发展，各国文化的交流日益频繁。再加之网络媒介的迅速发展，汉语新词层出不穷，其中，外来词缀进入汉语派生词构词的现象屡见不鲜，本文以“控”族词为例，从外来词缀的界定，外来类词缀的分类、来源和形成途径等方面来浅析汉语外来词缀的语义特征，从而预测该外来词缀在汉语中的保存和发展趋势。

关键词：“控”　外来　类词缀　语义特征

引言：外来词缀的界定

关于汉语词缀的说法众说纷纭，拿西方的词缀（affixes）概念来比附汉语中的词缀概念，显然是不符合汉语以词根和词根复合构词法为主的特点的。另外，汉语界各家也对汉语词缀的定义有宽有

---

① ［作者简介］于晓薇，2011级语言学及应用语言学专业硕士研究生，研究方向：文化语言学。

窄，但从词缀的意义上来讲，各家几乎异口同声地强调现代汉语词缀意义已经虚化，至于是怎么虚化的，虚化到什么程度才算是一个真词缀，各家也未达成一致。本文将要讨论的外来类词缀（以“控”族词为例），定义为类词缀是因为其符合三个类词缀的重要特征：定位性、能产性、半虚化，同时将其定义为外来类词缀以区别于汉语自源的类词缀，并考虑到其意义的他源性。外来的类词缀相对于外来词的界定要明确许多，不用面临到底是借用了结构还是意义或是两者都借用了才算是外来借词；不用考虑语码夹杂到什么程度算脱离了夹杂成分，成为借词；更不用苦苦地辨析和寻觅某个词的词源来判定是自源词还是他源词。因为汉语的派生词相对于复合词为数不多，而外来的这些类词缀都是近几十年左右随着语言文化接触频繁和网络信息技术的兴起和语言本身的类推作用应运而生的，因而大多都能很容易地追本溯源。另外，通过对一些外来类词缀，如“主义”、“吧”、“门”、“控”族词的比较发现，这类词缀在词中新植入的意义都不是通过原来这个词本义经隐喻或是转喻演化而来的，完全是外来，所以仅仅从语义的角度就很好判定是否是外来的类词缀。

一　外来类词缀的来源及形成途径

根据上面提到的关于外来类词缀的界定，我们可以轻易地将“副、非、反、超、无”排除出外来类词缀的范畴，因为它们的意义是可以在现代汉语的词典里找到的，只是借用了外语派生词的结构来构成新词，可谓新瓶装旧酒。另外还有一类类词缀如“零、硬”，他们构成的词汇如：“硬设备”、“硬环境”、“硬指标”及“零风险”、“零距离”、“零起点”等跟我们下文要提到的“控”族词也是有区别的，这类类词缀的意义和其作为语素时使用的语素义有着隐喻或转喻的引申关系，虽然受到了外来词汇意义的推波助澜，但仍然具有汉语语素义虚化的色彩，并非是纯粹的外来类词缀。我们这里所说的外来类词缀可能产生的方式不尽相同，如“诈捐门”、“艳照门”中的“门”产生于对“watergate”（水门）仿译，并将“gate”剥离出来成为“门”而类推至各种丑闻事件的后缀；“吧”则是音译加意译过来的后缀；而这里要重点谈到的“控”族词的“控”则是经过两次借用，最后通过网络在年轻人中流传开来的。其所具有的共同特点是，都是在产生之初让人对其意义不甚了解，因为意义完全外来，只是借用音相同或是意义和外语词汇对应的一个或多个汉字，脱离汉字对其意义的束缚而产生的，是旧瓶装了新酒，这一类才是本文所要谈及的外来类词缀。

二　外来类词缀“控”及“控”族词的语义特征

现代汉语词典里“控”主要有三个意思。对外来词缀的“控”的使用最早出现在“萝莉控”这个词里，“萝莉”是俄罗斯著名文学家弗拉基米尔·纳博科夫（Vladimir Nabokov，1899－1977）的名著《洛丽塔》中女主角名字的音译，作品中出现的“Lolita complex”一词原本是用来形容男主人公对未成年少女的一种特殊偏好，后被日语取“complex”的前头音“con”借用于在日本网络媒体和动漫游戏中，并由此广泛流行开来，最常见的如“萝莉控”、“正太控”、“御姐控”、“冰山控”、“腹黑控”、“伪娘控”等，这都是出自于日本动漫游戏中的一些颇具性格标签的形象。而“XX控”也用来形容对某类事物或人等具有强烈的、不能自已的特殊偏好的人。显然和本段开头提到的现代汉语中的控1、控2、控3没有意义上的引申关系，因而归属于外来类词缀。

外来类词缀“控”语义在汉语中产生类推和扩张主要体现在以下两条主线上：

（一）概念义的扩展

自“控”作为词缀被流传开来，其理性意义也不断地发生扩展。这里用义素分析“控”其概念意义范围的不断扩展。

1. +［年轻人］+［程度深］+［迷恋］+［网络动漫游戏］

如：萝莉控 腹黑控 正太控

2. +［年轻人］+［迷恋］+［时尚新潮］

如：蕾丝控 流苏控 制服控 绯闻控 萌控

3. +［年轻人］+［喜欢］

如：文具控 星座控 帽子控 鞋控

由上不难发现“控”的义素在不断减少，因而其意义变得越来越宽泛了，程度深这个语义特征消失了，而适用范围由网络动漫游戏到新潮时尚，最后适用范围没有限制了。

（二）附加义的扩展

上文也提到“控”最初产生于一部俄国文学名著里对未成年少女有特殊迷恋的男主人公一种不太正常心理现象，因而带上一种偏贬义的色彩。另外，“控”最早被作为词缀被泛化是应用在日语的网络游戏动漫形象中，多带有网络语体的色彩。

1. 感情色彩的扩展：由偏贬义到中性，如伪娘控、大叔控、脑残控、宝宝控、路过控、女王控、男性发卡控、化妆控。这些控族词多表示对某种不太符合社会伦理纲常和道德标准的心理依赖或过度迷恋的情结，这大概源于控族词的产生源于“lolita complex”（一种对未成年少女的特殊偏好情结），是一种不太正常的心理状态，在心理学上有其解释。再如上文列举到的“路过控”，是用于描述人们一种对他人和社会冷暖缺乏关注的冷漠诟病和看客心理；“男性发卡控”就像“伪娘控”一样，描述了一种对男性发卡极度喜爱，对女性专用的饰物和装扮感兴趣的男性群体，是一种变态变性的心理；而“化妆控”则解释了“美女都是‘妆’出来的”这种现象，揭示现代女孩在各种高级化妆品漫天飞的时代，失却了原本淳朴自然之美及对自己面容的信心和安全感，也反映了社会对外表美的过度追逐而不注重其背后的东西的种种轻浮的诟病。以上“控”前面粘附的对意义稍显消极意义的词的选择取向转向中性色彩，如帽子控、蕾丝控、流苏控，这些是某些时尚女性的新潮追求，没有了贬义色彩。

2. 语体色彩的扩展：由带有网络语体色彩的词到生活中的一般词汇，如冰山控、腹黑控、Jeggings 控、萝莉控、女仆控、绝对领域控、魔兽控、通杀控、御姐控、塔罗牌控、猫耳控、银发控、星座控。像这些词，如果从来不接触网络游戏的人初次接触肯定会一头雾水，像魔兽、jegging 都是由年轻人玩的网络游戏而来的特殊词语，表示其对这种游戏的迷恋达到一种狂热的程度，这些词前粘附的网络领域的词后扩展到了生活化的词汇中，其使用的范围和对象从网络扩展到报纸、杂志、书籍中，甚至是人们的日常口语交际中，所形容的对象从年轻群体扩展到不同年龄、性别和阶级阶层的人，如“名牌控”、“徽章控”、“镜子控”、“绿茶控”、“高跟鞋控”、“制服控”、“明星控”、“怀旧控”等。

（三）“控”族词的的语义特征：

1. 歧义性、模糊性、隐晦性、虚拟性强，对背景的依赖性

因为“控”族词是外来的，且首先在网络媒介上流行起来，其语义必然带有晦涩难懂的地方，就像汉语里的某种领域里的隐语或黑话一般，如“腹黑控”，“冰山控”，如果我们不百度，单凭我们自己的知识领域或汉字牵强附会的理解是不成立的，“腹黑控”不是喜欢腹部发黑的人，而是动漫游戏里用于描述一个喜欢外表温柔，内心阴暗的大龄男子形象的人，而“冰山控”也不就是喜欢世界上各种冰山旅游胜地的人，而是用以形容喜欢网络上少言寡语，

外表冷酷的动漫人物的人。当然这里对控的喜欢、迷恋的意义都毫无影响，真正影响我们理解的是控前面的词语意义，以及控和前面这个词的语义关系，不像“XX 奴”如“房奴”，“房”和“奴”的关系是“被房奴役”，房是比喻上的施事者，而“XX 控”中，“XX”多是受事者，被喜欢和迷恋的对象，但这种对象可以是某种具体的事物，也可以是某种抽象的情愫，有时候难免造成模糊性和歧义性。如绯闻控到底是喜欢制造绯闻的人呢，还是喜欢搜集绯闻八卦分享给大家的人呢。百度后才知道，原来此词是出自美剧《Gossip girl》里的词，而“绯闻控”是用以形容喜欢这部美剧的年轻人模仿美剧里的主人公们时尚穿衣搭配，原来跟喜欢绯闻毫无关系，这就要结合此词产生的背景了。

2. 具有灵活性和非固定性（违法程度）

“XX 控”所“控”的对象可以是某种具体的事物，也可以是某种抽象的情愫，因而其前面可以代入名词、动词（怀旧控）、形容词（可爱控、成熟控、冷漠控、强大控）、甚至是短语（格子衬衣控）。由于上文提到的“XX 控”中，“XX”多是受事者，所以提供了让“控”进入 SVO 格式的可能，如“你控得还真是多”，“其实我最控白羊座”，“我什么都控”。

三　“控”族词流行的原因及流行趋势预测

（一）“控”本身语义的多变性，具有可伸缩性和弹性

从古代汉语中，《说文解字》对“控”的解释为：“控，引也”这是控的原意，后来在《西游记》中出现“控背”一词，控背为：控身，躬身行礼。从古代汉语发展为现代汉语，控的本意已经看不出来，意义发生了转移，并且发展为三个意义相互无关联的同音词。从历时角度可以发现“控”这个词词义的多变性和弹性、模糊

性，为其由于语音的耦合充当外来类词缀，为控增加新的一项或为新词产生提供了一定的先天条件。另外，进入汉语的外来词缀虽然最开始意义是比较虚的，但在发展到一定阶段后，汉语使用者都会将其语素化或将其变得符合汉语的语法特点（有些学者将其称为“逆语法化”），例如：“我很控星座啊”这里就把“控”当作动词用了，表示“迷恋、喜欢”的意思。近几十年一些外来词汇本土化的现象也证明了这种趋势。

（二）汉语词义不断丰富和细化的需求（与“XX癖”的比较）

汉语词典中的某个新词是否产生，除了社会的需求，和汉语词汇系统本身的深入、细化的发展是有关系的，采用义素分析法比较了“控”和“癖”（+［爱好］+［程度深］+［心理依赖］）的语义的区别特征，不难发现在喜欢和迷恋某事物的程度上，控的程度要比癖轻一些，且控发展到后来其贬义色彩逐渐消失，而癖的贬义色彩却一直保留下来，除了跟控做为网络上盛行、外来植入的词缀语义的灵活性有关，更值得注意的一点是，汉语语义系统里也存在此消彼长的关系，以达到语义的平衡，这符合语言的经济性原则。

（三）社会心理的推动力

1. 网络信息化和社会对创新性的追求

网络的发展使各国之间的文化交流变得异常便利，更新愈加迅速，借助网络这个平台发展起来的新词新语枚不胜举。“控”是由俄国的文学形象再经日本网络游戏和动漫文化的传播而迅速走红的，相信如果没有网络媒介的助力，像“XX控”“XX客”“XX门”这样的新词是很难成为流行语中的宠儿的，即使一时兴起，人们也很难理解这些词的起源及其文化背景，其进入现代汉语构词的几率也会降低。另一方面，年轻人为追求时尚、创意、个性，往往将自己喜欢的事物无限放大，以突出自己性格中的特质和“另类”。

2. 追求语言表达的经济性、简约性

能用“XX 控”来表示的意思何必用一个冗长的句子去表达呢，比如一个喜欢收集各式各样漂亮本子的人，我们就可以称其为“本子控”，此类网络词缀的走红与人们趋简避繁的普遍心理密切相关。

结　语

由于对“控”语义扩展变化的分析、对“控”族词语义特征及其流行原因的分析，我们对从语义角度对“控”族词的发展趋势做出相对乐观的估计，这种新词新义或许在不久的将来能够为更多的受众所理解和使用，甚至编入现代汉语词典成为控 4 也不是完全不可能的事情，但其是否能从众多的网络词汇中脱颖而出成为一个语素义被保存下来，还需要考虑其他很多因素，如考虑人们对此种表达的违法格式的接受程度，以及是否用汉语里本身的词扩大意义来代替表达这样一种语义现象。

参考文献

[1] 陈海峰．网络“控”族词［J］．语文建设．2009，(9)．

[2] 刘旭．释网络“控”族词［J］．商业文化（学术版）．2010，(7)．

[3] 李媛媛．网络“控”族新词及其所折射的文化心理［J］．山西大同大学学报（社会科学版），2010，(4)．

[4] 马庆株．汉语语义语法范畴问题［M］．北京：北京语言文化大学出版社，1998.

[5] 谢柯．网络语言“X 控”族词的特征及译法探析［J］．北京邮电大学学报（社会科学版）．2011，(3)．

汉语和土耳其语的语序对比

阿里·爱登①
AYDIN ALI GURBUZ

摘要： 本文论述了汉语和土耳其语基本语序的异同。土耳其语属于 SOV 语言，主语在谓语之前，宾语在动词之前。汉语属于 SVO 语言，主语在谓语之前，动词在宾语之前。在汉语和土耳其语中定语和状语都位于中心语之前。特别需要指出的是，土耳其语中没有补语，汉语中的补语，在土耳其语中一般作状语。此外，本文还比较了汉语和土耳其语多项定语在排列顺序上的异同。希望本文对学习汉语的土耳其人和学习土耳其语的中国人有所帮助。

关键词： 汉语　土耳其语　语序　对比

绪　论

土耳其语是土耳其共和国的官方语言，其在语言谱系分类中属阿尔泰语系突厥语族，关系较为密切的语言包括阿塞拜疆语、哈萨

① ［作者简介］阿里·爱登，土耳其人，2011 级语言学及应用语言学专业博士研究生，研究方向：汉语国际传播。

克语、乌兹别克语、维吾尔语等。土耳其语是一种典型的黏着语，通过添加各种后缀实现语法功能，语序相对灵活。汉语是一种典型的孤立语，缺少词形和形态变化，主要依靠语序和虚词来表达一定的语法意义，对语序的排列要求相对较高。①

现在国内学术界对汉语和土耳其语的语序对比研究还未引起重视，我们只找到了汉语和同为突厥语族的维吾尔语、哈萨克语的语序对比研究成果：扎宣提·热依木《汉译维中增减词语和调整语序问题浅谈》（1995 年）、张定京《汉语与哈萨克语的语序》（2004 年）、赵平《新疆汉语方言与维吾尔语的句类对比》（2006 年）、林青《汉维语语序对比研究》（2008）、李素秋《汉语和维吾尔语多重定语语序的个性差异》（2010）。

我们认为，汉语和土耳其语的语序对比研究应当引起大家的关注，因为语序尤其是多项定语、状语的语序是土耳其学生学习汉语的一个难点，学生的很多语病都与语序的使用有关。我们进行这两种语言的语序对比研究，可以分析土耳其学生特有的语序学习偏误，确定语序教学的重点和难点，增强教学的预见性和针对性，对在土耳其的汉语教学和在中国针对土耳其人的汉语教学有实际意义。

一　主语和谓语的语序

汉语中主语和谓语的正常语序是主语在前，谓语在后。汉语中无论什么句子，无论句子由多少成分构成，主语在前谓语在后这种排列规则是固定的，不可随意变动。如：

① 正清、周运堂.《土耳其语汉语词典》［M］商务印书馆.2008 年 12 月，第 1 页，编者的话。

（1）阿里看书。[1]　　　　＊看书阿里。[2]

Ali kitap okuyor.

阿里 书 看

（2）阿里常常看书。＊看书常常阿里。

Ali sık sık kitap okuyor.

阿里常常书看[3]

（3）上午阿里看书。阿里上午看书 ＊看书上午阿里。

Sabah Ali kitap okuyor.

上午 阿里 书 看

（4）阿里上午在图书馆看了三本书。上午在图书馆阿里看了三本书 。

＊上午在图书馆看了阿里三本书。（阿里不再是主语）

Sabah Ali kütüphanede üçtane kitap okudu.

上午 阿里 图书馆[4]三本 书 看[5]

从上述例子可以看出，汉语中主语在谓语之前的语序是固定的，表时间或地点的词语位置的改变对此没有影响。如果主语和谓语的位置颠倒，句子就会不成立或语义不通。

土耳其语中，主语和谓语的正常语序也是主语在前，谓语在后。主语一般在句首，谓语在句末，这是土耳其语一个重要的句法特点。土耳其语中无论什么句子，无论句子由多少成分构成，主语在前谓语在后这个排列规则是固定的。而且位于句末的谓语都有和

---

① 本文的土耳其语例句来自于《土耳其语口语》、《土耳其语》（第一、第二册）、《土耳其语汉语词典》。本文的中文例句来自于《土耳其语》（第一、第二册）。

② ＊表示这个句子是不合乎语法的。

③ okumak：读，“－yor”表示动作正在进行。

④ kütüphane：图书馆，“－de”表示在……地方。

⑤ okumak：读，“－du”表示动作已经完成。

主语一致的人称词缀，因此主语常常省略。谓语动词后还常加上主动、被动语态，以反映出主语的施受关系，当主语是受事主语时，主语往往不能省略。如：

（5）Babam köylüdür. 我爸爸是农村人。①

我的爸爸 农村人

（主语—谓语）

（6）Ali bey gazete okuyor. 阿里先生在读②报纸。

阿里先生 报纸 读

（主语—直宾—谓语）

（7）Hocamız bize yeni ders anlatıyor. 老师教我们新课文。

老师 我们的 新 课文 教 ③

（主语—间宾—直宾—谓语）

（8）Barış bey dün okulda öğle yemeğini yedi.

巴勒先生昨天在学校吃了午饭。

巴勒先生 昨天 学校④午饭吃了

（主语—时状—地状—直宾—谓语）

从上述例子可以看出，土耳其语中主语在谓语之前是确定的。这种句法结构成分的语序在语义平面上的对应语序是：主事在前，动作、状态等在后。语义成分不可颠倒，否则会导致句子不成立或语义不通。

二 谓语和宾语的语序

汉语中谓语和宾语的正常语序是谓语在前，宾语在后。谓语在

---

① köylü：农村，“dür”表示……的人。

② 参见注释3

③ anlatmak：教，“－yor”表示动作正在进行。

④ okul：学校，“da”表示在……地方。

前宾语在后这种排列规则是固定的，不可随意颠倒。

（9）马苏德练习书法。＊马苏德书法练习。

Mesut güzel yazı yazıyor.

马苏德 书法 练习①

（10）我们都吃午饭了。＊我们都午饭吃了。

Biz öğle yemeği yedik.

我们 午 饭 吃了

土耳其语中谓语和宾语的正常语序是宾语在前，谓语在后。这是土耳其语与汉语语序最大的不同，汉语宾语在谓语之后，而土耳其语宾语总是放在谓语之前，主语之后。土耳其语中宾语在前谓语在后这种排列规则是固定的，不可随意变动，否则会导致句子不成立、语义不通。

（11）Öğrenciler yeni sözleri ezberliyorlar. 学生在背诵新的课文。

学生们 新的 课文 背诵

（12）Ben kardeşime bir kitap aldım. 我给妹妹买了一本新书。

我 妹妹 一本 书 给

（13）Bugün biz meydanda futbol oynadık.

今天 我们 球场足球 踢②

今天我们在球场踢足球了。

（14）Ben öğleden sonra evde derslerimi hazirlayacagim.

我 下午 在家③功课预习④

我下午在家预习功课。

宾语在前谓语在后这种句法结构成分的语序在语义平面上的对

① yazmak：练习，“－yor”表示动作正在进行。

② oynamak：踢，“dık”表示动作完成。

③ ev：家，“de”表示在……地方。

④ hazi rlamak：预习，“cagim”表示动作完成。

应语序是：受事、对象在前，谓语在后。如上例中受事、对象"sözleri"（课文）、"kitap"（书）、"futbol"（足球）、"derslerimi"（功课）位于谓语"ezberliyorlar"（背诵）、"aldım"（给）、"oynadık"（踢）、"hazirlayacagim"（预习）之前。

三　定语和中心语的语序

定语是对名词性短语里中心语起修饰限定作用的句子成分，主要表示事物的特征和性质。汉语中定语和中心语的正常语序是定语在前，中心语在后。这种排列规则是固定的，不可随意变动。否则会导致句子不成立、语义不通。如：

（15）（一阵阵）（优美）的歌声传了过来。

Güzel bir şarkı sesi geliyor.

优美 一阵阵 歌声 传了过来

*歌声一阵阵优美的传了过来。

（16）他是（我们）的（数学）老师。

O bizim matematik öğretmenimiz.

他 我们的 数学 老师①

*他是数学老师我们的。

有定语修饰的名词性成分都是按定语在前中心语在后的顺序排列的。定语的语义一般指向它所修饰的中心语。上例中定语"一阵阵"、"优美"、"我们"、"数学"位于中心语"歌声"、"老师"之前，并修饰中心语"歌声"、"老师"。

土耳其语中，定语是表示事物特征的句中的次要成分，可以表示性质、所属、数量和次第等，它的位置比较固定，要直接放在所

① öğretmen：老师，"imiz"语法后缀。

修饰的成分前，否则就不能判断其是主语还是宾语的修饰成分。这种排列规则是固定的，不可随意变动，否则会导致句子不成立、语义不通。如：

（17）那个小孩，蓝眼睛、卷头发的，是哈桑的儿子。

O（mavi gozlu）、（kivircik sacli）kucuk cocuk Hasan in ogludur.

那个 蓝眼睛 卷头发的 小孩 哈桑 的 儿子

（18）他买了一件最新款的咖啡色大衣。

O son（model）（kahverengi）bir mont aldi.

他 最新 款式 咖啡色 一件 大衣 买了

有定语修饰的名词性成分都是按定语在前中心语在后的顺序排列的。定语的语义一般指向它所修饰的中心语。上例中定语“mavi gozlu”、“kivircik sacli”、“model”、“kahverengi”位于中心语“kucuk cocuk”、“mont”之前，并修饰中心语。

四　状语和中心语的语序

汉语的状语按语义类型可粗分为限制性和描写性两类。限制性状语用来表示时间、处所、程度、方式、手段、目的、范围、对象等，主要由时间名词、处所名词、介词短语或副词充当，对句子或谓语成分等加以限制，多数位于主语之后，谓语之前的位置，有时也可出现在主语前面。如：

（19）艾莎拉昨天没来公司。［昨天］艾莎拉没来公司。

Ayşe dün işe gelmedi.

艾莎拉 昨天 公司 没来

（20）阿里［在厨房的餐桌上］发现了一张纸条。

Ali mutfaktaki masada bir kağıt gördü.

阿里 在厨房的 餐桌上 一张 纸条 发现[①]

一部分限制性状语只能位于主语之前。如：

（21）［幸亏］我早点出发。

Allahtan erken çıktım.

幸亏 早点 出发[②]

描写性状语是从性质和状态方面对中心语事物加以描写或形容。描写性状语与谓语的正常语序是：状语在前谓语在后。这种排列规则是固定的，不可随意变动，否则会导致句子不成立、语义不通。如：

（22）他［不紧不慢］地说着。

O "aceleci" birşekilde konuşuyor

他 不紧不慢地 说[③]

＊他说着不紧不慢。

（23）这孩子［非常］讨厌吃胡萝卜。

Bu çocuk havuçdan yemekten çok nefret ediyor.

这 孩子 胡萝卜 吃 非常 讨厌

＊这孩子讨厌吃非常胡萝卜。

值得一提的是，土耳其语里没有补语。土耳其语的状语起着汉语补语、状语两个成分的作用。土耳其语的状语一般放在谓语前，既可以作限制修饰成分，也可以作补充说明成分。如：

（24）Bu karakter［ yanlış］ yazmıssın. 这个字写〈错〉了。

这 字 错 写

（25）Ali［heyecanlı ］bir şekilde［okul müdürünün elinden ］ödül belgesini aldı.

---

① görmek：发现，"dü" 表示动作已经完成。

② çıkmak：出发，m：我。

③ konuşmak：说" – yor" 表示动作正在进行。

阿里［激动］地［从校长手里］接过了获奖证书。

阿里 激动地 一份 从校长手里 获奖证书 接过了

（26）Müdürümüz［bu sabah］［trenle］İstanbula gitti.

经理［今天早上］［坐火车］去伊斯坦布尔。

经理 今天早上 坐火车 伊斯坦布尔 去。

一些状语还可以出现在句首，这常常有一些特别的作用，或者是强调状语，或者是照顾上下文的连接，或者状语较长、较多，放在句首可以使主语和谓语中心靠近，使句子结构紧凑，便于理解句意。如：

（27）为了尽早完成这项工作，我们向总公司申请再派两位职员过来。

［Bu işi erken bitirebilmek için］bizim şirket iki tane işci gönderdi.

这项工作 尽早 完成 为了，我们 总公司 两位 职员 派 过来。

（28）［Eski hikayelerde okunan peri sarayları gibi her delikten］, her kovuktan bir türlü ses çıkıyor.

就像在古代神话中所讲到的仙宫一样，每一个洞穴里都发出一种声音。

五 多项定语的语序

汉语和土耳其语定语可以由不同词类和短语构成，当这些不同词类和短语同现时便构成了多重定语，如：

（29）（他）的（一件）（刚从伊斯坦布尔买来）的（新）（羊皮）夹克 也带来了。

（1）（3）（ 4 ）（5）（ 6 ）

（Onun）（ istanbuldan）（yeni）（olmış olduğu）

他的 从伊斯坦布尔 新的 买来的

(koyun yünü) (bir tane) palto sunuda getirdi.

羊皮 一件 夹克 也 带来了。

在多项定语的排列顺序上，汉语一般叙述次序是①：

①表示领属关系的词语（表示“谁的？”）

②表示时间、处所的词语（表示“什么时候？什么地方？”）

③量词短语或指示代词（表示“多少？”）

④动词性词语和主谓短语（表示“怎样的？”）

⑤形容词性词语（表示“什么样的？”）

⑥表示质料、属性或范围的名词、动词（表示“什么？”）

在多项定语的排列顺序上，土耳其语句的基本语序一般是由远及近，从大范围到小范围，由次要意义到重要意义。

（一）汉语、土耳其语多项定语语序共性主要表现在：

1. 具有包含意义的定语成分位于被包含的定语成分之前。当修饰同一名词的多项定语之间具有包含和被包含的关系时，由于受到语义逻辑的限制，具有包含意义的定语成分要放到被包含的定语成分之前，其语序不能随意改变。

（30）国际学院 11 级对外汉语专业的学生开始了实习。

Uluslararası fakültesinin 2011. yabancı diller bölümünün

国际学院 11 级 对外汉语专业

öğrencileri derslere basladı.

学生 实习 开始了

2. 一般情况下，两个表示时间的定语同时修饰一个名词时，表示长时间的定语成分位于表示短时间的定语成分之前。如：

（31）这是今年冬天的第一场雪。

① 参看黄伯荣、廖序东主编《现代汉语》（下册），第 66 页，高等教育出版社，2007 年。

Bu sene kışın yağan ilk kar.

这是 今年 冬天 下 第一场 雪

上例中“今年冬天”作定语限定雪，但“今年冬天”本身是一个定中关系的结构，从语义上讲是领属关系，定语是大时间，中心词“冬天”是这个大时间的一部分，所以长时间的定语成分要位于表示短时间的定语成分之前。

（二）汉语、土耳其语多项定语语序差异主要表现在：

1. 土耳其语中数词位置固定，通常和核心词距离较近，而汉语中数词的位置有时候离核心词较近，有时候离核心词较远。例如：

（32）那两位顾客点了三份早餐。

O iki müşteri üçtane kahvaltı siparişi verdi.

那 两位 顾客 三份 早餐 点了

（33）他是一个活泼而开朗的人。

O acık goruslu ve zeki bir adam

他 是 活泼而聪明一个 人

（34）迎面开来一辆破旧的吉普车。

Karsıdan eski bir jip geliyor.

迎面 破旧 一辆 吉普车 开来

在土耳其语中，核心词前没有名词作定语时，数词或数量词一般紧邻核心词。如例（32）中的“iki”（两）、“üçtane”（三）都紧挨着核心词“müşteri”（顾客）、“kahvaltı”（早餐）。土耳其语里数量词同主谓词组、谓宾词组、偏正词组修饰限制中心词时，词组在前，数量词在后。如例（33）、例（34）中“bir”（一个）、“bir”（一辆）置于“adam”（人）、“jip”（吉普车）之前。

在汉语中，数词通常和量词连用，且位置比较灵活。如例（32）中“两位”、“三份”紧邻核心词“顾客”、“早餐”，与土耳其语语序一致。但例（33）、例（34）“一个”、“一辆”又分别置于“活泼而开朗”、“破旧”之外，与核心词较远。

2. 土耳其语中指示代词位置相对固定，通常置于谓词性短语之后，而汉语中指示代词可以位于谓词性短语之后，也可以位于谓词性短语之前，位置相对灵活。例如：

（35）顾客对于这种兜售假货的黑心商贩十分反感。

Müşteri ticaret yapmış olduğu bu sahıstan nefret ediyor.

顾客 商贩 兜售假货的 十分 反感

（36）阿里，刚才进来的那个穿灰色西服的高个子男人，你认识吗？

Ali yeni iceri giren gri elbiseli uzun boylu O adamı tanıyor musunuz?

阿里 刚才进来的 灰色 西服的 高个子 那个男人 认识吗？

例（35）中，指示代词“bu”（这种）放在动宾短语“ticaret yapmış olduğu”（兜售假货）之后。例（36）中，指示代词“O”（那个）放在动宾短语“gri elbiseli”（穿灰色西服）之后。述宾短语属于谓词性短语，所以土耳其语中指示代词和谓词性短语作定语共现时，通常置于谓语性短语之后。

汉语中，指示代词可以置丁谓词性短语之前，如例（37）、例（38）中“这种”、“那个”分别置于述宾短语“兜售假货”、“穿灰色西服”之前。但同时指示代词也可以置于谓词性短语之后，请看下例：

（37）百合昨天买的那条裙子款式特别漂亮。

Baihe dün aldığı o eteğin modeli çok güzel.

百合 昨天 买的 那 条裙子 款式 特别 漂亮

上例中“那条”处于主谓短语“百合昨天买的”之后。

3. 汉语里为了突出定语所表示的意义或起到补充说明的作用，特意放在中心语的后面，土耳其语一般放在中心语的前面。如：

（38）我买了一本汉语词典，最新出版的。

Matbadan yeni çıkmış olan cince sözlüğü satın aldım.

出版的 最 新 汉语词典 我 买了

（39）这是哈桑的儿子，刚从美国留学回来的。

Amerikada okuyan hasanın oğlu biraz önce geldi.

美国 留学 哈桑的 儿子 刚 回来的

结　论

汉语属 SVO 型语言，正常语序是主语在谓语之前，动词在宾语之前，即“主－谓－宾”格式，定语和状语均在中心语之前，而补语在中心语之后。汉语 6 种成分的基本语序为：主—［状］—谓—〈补〉—（定）—宾。

土耳其语属于 SOV 型语言，正常语序是主语在谓语之前，宾语在动词谓语之前，即“主－宾－谓”格式。土耳其语 5 种成分的语序排列为：主—（定）—宾—［状］—谓。

从汉语和土耳其语语序的对比中，我们可以看出汉语和土耳其语语序有共性也有差异。

（一）汉语和土耳其语语序的相同点

1. 主语在前，谓语在后。
2. 定语位于中心语之前。
3. 状语位于中心语之前。

（二）汉语和土耳其语语序的不同点

1. 在汉语中，谓语一般置于主语之后，宾语之前，处于句中的位置。而在土耳其语中，谓语一般置于宾语之前，处于句末的位置。

2. 汉语中有补语，土耳其语中没有，汉语中的补语，在土耳其语中一般作状语。

3. 多项定语的排列顺序有所差异。

参考文献

［1］黄伯荣、廖序东．现代汉语（增订四版）（下册）［M］．北京高等教育出版社，2007 年．

［2］李智育、周正清．土耳其语（第一、第二册）［M］．外语教学与研究出版社，2004 年．

［3］刘钊、李智育、Cem Aygün. 土耳其语口语［M］．外语教学与研究出版社，2007 年．

［4］林青．汉维语语序对比研究［D］．喀什师范学院 2008 级硕士论文．

［5］李素秋．汉语和维吾尔语多重定语语序的个性差异［J］．喀什师范学院学报，2010 年．

［6］王远新．土耳其语句子中状语的顺序规则及其认知特点［J］．语言与翻译（汉文），2006 年第 4 期．

［7］张定京．汉语与哈萨克语的语序［J］．语言与翻译，2005 年第 1 期．

［8］周正清、周运堂．土耳其语汉语词典［M］．商务印书馆，2008 年．

［9］力提普·托乎提．维吾尔语及其他阿尔泰语言的生成句法研究［M］．民族出版社，1991 年．

［10］Süer Eker《Çağdaş Türk dili》Eylül 2010 Ankara［M］．Türkçe YGS Hazırlık Ocak 2012 Fem yayınları.

鄂伦春语亲属称谓的结构及类型分析

宫海荣①

摘要： 在黑龙江省塔河县十八站、呼玛县白银纳乡田野数据的基础上，论文勾画出鄂伦春语亲属称谓的系统结构，分析其系统的架构与特征，运用摩尔根的“二分法”、罗维的“四分法”、默多克的“六分法”理论分析鄂伦春语亲属称谓的系统类型。分析结果表明：三种理论所概括的类型中，没有一种类型完全与鄂伦春语亲属称谓的系统特征吻合。鄂伦春语亲属称谓分别兼有摩尔根二分法的“说明式”与“类分式”特征，罗维四分法中的“直系型”与“分叉旁系型”特征，默多克六分法中的“苏丹式”与“爱基斯摩式”特征。

关键词： 鄂伦春语　亲属称谓　系统结构　类型

“在人类历史的长河里，大多时间里，人类生活在一个由亲属关系奠定的社会关系中。在传统人类学看来，研究任何一个社会的社会关系，必然要考虑亲属关系。亲属关系是研究一切社会活动的基础。它规范人类的婚姻形式、子女养育、居住场所、祖先崇拜、争端化解、土地所有、财产继承、联盟缔结等社会问题。”（Ladislavy Holy，1996，第1页）。正因如此，不同区域、不同领域的学者出于不同的学术思考、从不同的视角、运用不同的理论，诠释亲属

① ［作者简介］宫海荣，2010级语言学及应用语言学专业博士研究生，研究方向：人类语言学。

称谓系统，一个表达亲属关系范畴的概念系统。

自从 19 世纪摩尔根（Morgan，1871，1877）发起亲属称谓的研究，其后诸多欧美杰出文化人类学家、社会人类学家包括克劳伯（Kroeber，1909，1917）、里弗斯（Rivers，1907，1914，1917）、罗维（Lowie，拉德克利夫 - 布朗（Brown，1918，1930，1940）、默多克（Murdock，1949）、里奇（Leach），列维 - 斯特劳斯（Levi - Strauss），格林伯格（Greenburg）纷纷开始了对亲属称谓的讨论。研究主要分为两大阵营，语言学研究和人类学研究。亲属称谓的特殊性，导致了此种研究格局的形成。首先，结构形式上，亲属称谓是高度组织化的词类，这利于亲属称谓的形式逻辑分析；同时，亲属称谓的所指是人类个体之间的关系及群体结构，人际关系及群体结构在所有社会中都举足轻重，在一些社会中亲属关系甚至构成了社会的基本组织结构。从各自学科的研究内容出发，语言学家更多关注亲属称谓的内部结构特征，人类学家更加青睐于亲属称谓所反映的社会组织关系。这两种研究思路成为亲属称谓研究的主要争议所在。中国的亲属称谓研究，特别是少数民族语言的亲属称谓研究，个案研究丰富，语料翔实，与民族学、文化民俗、古文献、词源结合紧密。个案研究多集中在对亲属称谓系统的描写分析、核心称谓的词源考证、称谓与文化和社会组织如婚姻家庭习俗的研究，以及亲属称谓的泛化研究。但是，到目前为止，还未见到同时运用摩尔根的“二分法”、罗维的“四分法”、默多克的“六分法”理论分析某一特定语言中亲属称谓的研究。

据《鄂伦春族百年实录》记载，鄂伦春族是我国人口最少的少数民族之一。据 2000 年的人口普查结果显示，全国鄂伦春族总人口 8196 人。主要分布在内蒙古自治区鄂伦春自治旗的诺敏镇、乌鲁布铁镇、古里乡、托扎敏镇的七个猎民村和扎兰屯市南木鄂伦春民族乡，黑龙江省大兴安岭地区塔河县十八站乡和呼玛县白银纳乡，黑河市爱辉区新生乡和逊克县新鄂、新乡，伊春市嘉阴县乌拉嘎镇胜利鄂伦春民族村。鄂伦春语是阿尔泰语系满-通古斯语族的一个分支。纵观鄂伦春语的研究，亲属称谓主要作为词条散布在词汇表中，① 或出现在亲属称谓列表中。②

本文作者于2010年6月至7月间，参加了中央民族大学少数民族语言学系丁石庆教授组织的暑期调研项目，深入黑龙江省塔河县十八站乡、呼玛县白银纳乡、内蒙古自治区阿里河镇、古里乡、多布库尔乡、托河办事处、乌鲁布铁镇7个鄂伦春民族乡镇做田野调查。在整理黑龙江省塔河县十八站乡、呼玛县白银纳乡田野数据的基础上，论文旨在描写两乡鄂伦春语的亲属称谓系统及类型特征，以期为不同区域鄂伦春语亲属称谓的比较研究和鄂伦春语亲属称谓的人类学研究提供数据。

一、鄂伦春语亲属称谓系统描述

田野数据显示，黑龙江省塔河县十八站乡、呼玛县白银纳乡鄂伦春语亲属称谓是个相对庞大的系统网络。这个系统网络由纵向坐标上的辈分、年龄，横向坐标上的血亲、姻亲，直系、旁系，夫系、妻系，父系、母系，内亲、外亲，男、女等亲属关系变量构成。

纵向上，亲属称谓以己身为基准，上推五代下推三代共分九代。己身以上五代分别为父辈、祖辈、曾祖辈、高祖、曾高祖。其中父辈称为ama/amin（父亲），əɳ̊əə/ənin（母亲），祖辈称为ata-maa/atamEE（祖父，外祖父），ata/atEE（祖母，外祖母）；祖辈往

① 参阅胡增益：《鄂伦春语研究》，第241-262页，民族出版社，2001年，北京。

② 参阅《民族问题五种丛书》内蒙古自治区编委会：《鄂伦春族社会历史调查》第二集，第244-245页，内蒙古人民出版社，1984年，呼和浩特；内蒙古自治区编辑组《中国少数民族社会历史调查资料丛刊》修订编辑委员会：《鄂伦春社会历史调查》（一），第36-40页，民族出版社，2009年，北京。

上三代，称谓的形式出现混淆。① 己身以下，下推三代。分别称为 utə/utɔ 或 urkəəkəən（男孩的意思）+ utə/utɔ（儿子），ʊnaadʒi（女孩的意思）；ɔmɔlEE（孙辈），tɔmɔlEE（曾孙辈）。详见表1：

表1　鄂伦春语亲属称谓系统的纵向层次

曾高祖	高祖辈	曾祖辈	祖父	父亲	兄	儿子	孙子	曾孙
t^{h}əxə ʃxə/ at^{h}awu	at^{h}awu/ wutəxəə /t^{h}əxəʃxə	utatʃi/ at^{h}awu	atama/ atamEE	ama/ amin	aha/ axin	（urkəə kəən） utə/utɔ	ɔmɔlEE	tɔmɔlEE
			祖母 ata/ atEE		姊 əhə/ əxin		孙女 ɔmɔlEE	曾孙女 tɔmɔlEE
					己身			
			外祖父 atama/ atamEE	母亲 əɲəə/ ənin	弟 （urkəə kəən） nəxun	女儿 ʊnaadʒi	外孙子 ɔmɔlEE	曾外孙 tɔmɔlEE
			外祖母 ata/ atEE		妹（ʊ naadʒi） nəxun		外孙女 ɔmɔlEE	曾外孙女 tɔmɔlEE

（注：表1以己身的直系血亲的称谓为基础制成。）

横向上，如前文所述，鄂伦春语亲属称谓分为直系、旁系，血亲、姻亲，父系、母系，夫系、妻系，内亲、外亲，男、女等范畴。以上变量不同程度地决定每一代亲属范畴的划分。例如，己身同辈称谓可将亲属分为直系血亲的兄弟姊妹——aha/axin 兄、（urkəəkəən）nəxun 弟、əhə/əxin 姊、（ʊnaadʒi）nəxun 妹；旁系血亲的兄弟姊妹—由 t^{h}aara 姑舅亲、t^{h}uwʌn 姨表亲、ujəlEE 叔伯亲后

① 发音合作人对祖辈以上的亲属称谓形式，意见不一。已有的数据显示，亲属称谓形式出现了交叉混乱现象。因此，祖辈以上的亲属称谓不作为本项研究的内容。

面跟有血亲兄弟姊妹的称谓构成；姻亲配偶的兄弟姊妹——kadʊm aha/axin 兄，kadʊm əhə/əxin 姊，(urkəəkəən) pənər 弟、(ʊnaaʤi) pənər 妹。

表 2　鄂伦春语己身同辈亲属称谓的横向分布

长幼年龄	性别	汉语称谓	直系兄弟姊妹称谓	旁系兄弟姊妹称谓			姻亲兄弟姊妹称谓	
				叔伯亲称谓	姑舅亲称谓	两姨亲称谓	夫方亲属称谓	妻方亲属称谓
长	男性	兄	aha/axin	ujəlEE aha/axin	t^haara aha/axin	t^huwʌn aha/axin	kadʊm aha/axin	kadʊm aha/axin
	女性	姊	əhə/əxin	ujəlEE əhə/əxin	t^haara əhə/əxin	t^huwʌn əhə/əxin	kadʊm əhə/əxin	kadʊm əhə/əxin
幼	男性	弟	(urkəəkəən) nəxun	ujəlEE (urkəəkəən) nəxun	t^haara (urkəəkəən) nəxun	t^huwʌn (urkəəkəən) nəxun	(urkəəkəən) pənər	(urkəəkəən) pənər
	女性	妹	(ʊnaaʤi) nəxun	ujəlEE (ʊnaaʤi) nəxun	t^haara (ʊnaaʤi) nəxun	t^huwʌn (ʊnaaʤi) nəxun	(ʊnaaʤi) pənər	(ʊnaaʤi) pənər

下文将以己身为基点，按照纵向的辈分，针对由直系、旁系，血亲、姻亲，父系、母系，夫系、妻系，内亲、外亲，男、女，辈分，长幼等变量相互组合成的七个子系统，具体描述鄂伦春亲属称谓系统的结构。

1. 己身对同代亲属的称谓——系统 1

此系统中，直系血亲的兄弟姊妹，分别有各自的称谓形式，

aha/axin（兄），（urkəəkəən）nəxun（弟），əhə/əxin（姊），（ʊnaaʤi）nəxun（妹）。旁系亲属中的兄弟姊妹称谓分三个类别。

三个类别各有自己的标志词，具体如下：

（1）母方姊妹的子女即两姨亲/姨表亲用 t^{h}uw∧n 表示；

（2）父方姊妹的子女、母方兄弟的子女即姑舅亲用 t^{h}aara 表示；

（3）父方兄弟的子女即叔伯亲用 ujəlEE 表示。

旁系亲属中的兄弟姊妹称谓词的构成是由以上标志词后跟有相应的直系兄弟姊妹称谓构成。例如："叔伯哥"是 ujəlEE aha/axin。详见表3：

表3　己身对同代亲属的称谓

直系兄弟姊妹称谓			旁系兄弟姊妹称谓		
			叔伯亲称谓	姑舅亲称谓	两姨亲称谓
年长者称谓	哥哥	aha/axin	ujəlEE aha/axin	t^{h}aara aha/axin	t^{h}uw∧n aha/axin
	姐姐	əhə/əxin	ujəlEE əhə/əxin	t^{h}aara əhə/əxin	t^{h}uw∧n əhə/əxin
年幼者称谓	弟弟	urkəəkəən nəxun	ujəlEE urkəəkəən nəxun	t^{h}aara urkəəkəən nəxun	t^{h}uw∧n urkəəkəən nəxun
	妹妹	（ʊnaaʤi）nəxun	ujəlEE（ʊnaaʤi）nəxun	t^{h}aara（ʊnaaʤi）nəxun	t^{h}uw∧n（ʊnaaʤi）nəxun

2. 己身以下第一代亲属的称谓——系统2

这个层面的称谓包括己身对自己的子女及其配偶的称谓，己身对自己的兄弟姊妹子女的称谓。

表4　己身以下第一代亲属的称谓

直系称谓		旁系称谓	
儿子（urkəəkəən）utə/utɔ	儿媳妇 kuxin	侄子 ʤyj	外甥 ʤəə
女儿 ʊnaaʤi	女婿 kurəxəən	侄女 ʤyj	外甥女 ʤəə

如表4所示，直系亲属称谓区分性别，而旁系亲属称谓不区分性别。即侄子和侄女使用同一称谓 ʤyj，外甥和外甥女使用同一称谓 ʤəə。

3. 己身以下第二代亲属的称谓——系统3

己身以下第二代亲属的称谓即对儿女的下一代亲属的称谓。这类亲属同属于一个范畴，不分性别，不分内外，统一使用一个称谓 ɔmɔlEE。

表5　己身以下第二代亲属的称谓

性　别	内　　亲	外　　亲
男	孙子 ɔmɔlEE	外孙子 ɔmɔlEE
女	孙女 ɔmɔlEE	外孙女 ɔmɔlEE

4. 己身以下第三代亲属的称谓——系统4

己身以下第三代亲属的称谓即孙辈的下一代亲属的称谓同上。这类亲属同属于一个范畴，不分性别，不分内外，统一使用一个称谓 tɔmɔlEE。

表6　己身以下第三代亲属的称谓

性　别	内　　亲	外　　亲
男	曾孙子 tɔmɔlEE	曾外孙子 tɔmɔlEE
女	曾孙女 tɔmɔlEE	曾外孙女 tɔmɔlEE

5. 己身以上第一代亲属的称谓——系统5

父母称谓除外，这一系统包括己身对其父母的兄弟姊妹及其配偶的称谓。依据年龄上长于父母与否，称谓呈现不同的分布。这一点使鄂伦春族的亲属称谓有别于汉语、达斡尔、满语等周边民族的亲属称谓系统。

年长于父母的亲属称谓不分父系母系，姻亲血亲，只分性别。如表7所示：年长于父母的男性亲属，即父母之兄、父母的姊之夫统称为 amaxaa；年长于父母的女性亲属，即父母之姊，父母的兄之妻统称为 əɳəxəə。

表7　年长于父母的亲属称谓

		父系男性	母系男性	父系女性	母系女性
年长者	血亲 父/母的兄姊	大伯父 amaxaa	大舅父 amaxaa	大姑母 əɳəxəə	大姨母 əɳəxəə
	姻亲 父/母兄姊的配偶	大姑父 amaxaa	大姨父 amaxaa	大伯母 əɳəxəə	大舅母 əɳəxəə

与之相对，在年幼于父母的亲属称谓中，父系亲属的称谓分姻亲血亲，分性别，专名专用，母系亲属的称谓不分姻亲血亲，分性别，舅父与姨父共用同一称谓 naatʃʊ；姨母与舅母共用同一称谓 naatʃʊxan。详见表8：

表8　年幼于父母的亲属称谓

		父系男性	母系男性	父系女性	母系女性
年幼者	血亲 父/母的弟妹	叔父 atʃxə	舅父 naatʃʊ	姑母 najnee	姨母 naatʃʊxan
	姻亲 父/母弟妹的配偶	姑父 awuʃεε	姨父 naatʃʊ	伯母 uumə	舅母 naatʃʊxan

6. 己身以上第二代亲属的称谓——系统6

己身以上第二代亲属的称谓即对父母的上一代亲属的称谓，包括祖父、祖母、外祖父、外祖母。这个层面的称谓只分性别，不分父系、母系。

表9　己身以上第二代亲属的称谓

性　别	内　　亲	外　　亲
男	祖父 atama/atamEE	外祖父 atama/atamEE
女	祖母 ata/atEE	外祖母 ata/atEE

7. 己身的姻亲称谓系统——系统7

在姻亲称谓系统中，称呼配偶方的兄弟姊妹，不分夫方妻方，只分性别、年龄。以年龄长幼为分界，大于己身者的男性即夫之兄、妻之兄由 kadʊm + aha/axin 表示，大于己身者的女性即夫之姊、妻之姊由 kadʊm + əhə/əxin 表示；小于己身者的男性即夫之弟、妻之弟由（urkəəkəən）+ pənər 表示，小于己身者的女性即夫之妹、妻之妹由（ʊnaadʑi）pənər 表示。配偶方的父母称谓，不分夫方妻方，只分性别。夫妻之父统称为 kadʊm ama/amin，夫妻之母统称为 kadʊm əɳəə/ənin。父母称儿媳或女婿的父亲即亲家为 kʊdaa，父母称儿媳或女婿的母亲即亲家母为 kʊdaku。姊妹的配偶互称彼此为 patʃa，相当于汉语东北方言中的“连桥”；兄弟的配偶互称彼此为 ɔɔjan，相当于汉语东北方言中的“妯娌”。参看表10：

表 10　己身的姻亲称谓系统

大于己身者的称谓					小于己身者的称谓		同辈称谓		
男	岳父	公公	夫之兄	妻之兄	夫之弟	妻之弟	丈夫	连桥	亲家
	kadʊm ama/ amin	kadʊm ama/ amin	kadʊm aha/ axin	kadʊm aha/ axin	(urkəə – kəən) pənər	(urkəə – kəən) pənər	ətir – kəən	patʃa	kʊdaa
女	岳母	婆婆	夫之姐	妻之姐	夫之妹	妻之妹	妻子	妯娌	亲家母
	kadʊm əɲəə/ ənin	kadʊm əɲəə/ ənin	kadʊm əhə/ əxin	kadʊm əhə/ əxin	(ʊnaa – ʤi) pənər	(ʊnaa – ʤi) pənər	atir – kan	ɔɔjan	kʊdaku

二、鄂伦春语亲属称谓系统的类型特征

在亲属称谓的研究文献中，不乏对跨不同地域、不同语言与文化的亲属称谓的比较研究。这方面的主要代表有摩尔根（Morgan，1864）、罗维（Lowie，1932）、默多克（Murdock，1949，1970）、克劳伯（Kroeber，1909）、格林伯格（Greenburg，1966，1980）等。前三位学者的研究集中在对不同语言的亲属称谓的类型划分，后两位学者集中探讨不同文化、不同语言所共享的亲属称谓范畴划分的原则。下文将运用摩尔根的“二分法”、罗维的“四分法”、默多克的“六分法”理论讨论分析鄂伦春亲属称谓的类型。

1. 摩尔根“二分法”意义上的鄂伦春亲属称谓类型

早期亲属称谓的研究者，19 世纪由美国人类学家摩尔根提出，人类的亲属称谓可分为类别式和说明式两大类。类别式称谓“对亲属从不加以说明，而是把他们分为若干范畴，不论其与自身的亲疏如何，凡属同一范畴的人即以同一称谓称之”。说明式称谓“对于

亲属，或用基本亲属称谓来说明，或将这些基本称谓结合起来加以说明，由此使每一个人与自身的亲属关系各个不同。”①

基于摩氏定义，我们可以将说明式亲属称谓的特点理解为专名专指，将类别式亲属称谓的特点理解为同名异指。依据这个标准，考察前文所描述的鄂伦春语亲属称谓中七个子系统的称谓，我们发现，在每个子系统中，都有一定的类别式称谓，同时在一些子系统中，存在说明式称谓。这一点可以通过统计各子系统中称谓实体与称谓名称之比来证实。如果比值是 1，那么就说明该子系统的类别是说明式；否则，就存在不同程度的类别式称谓。比值越大越靠近类别式。

表 11　称谓实体与称谓名称比

	系统 1		系统 2		系统 3	系统 4	系统 5			统 6	系统 7		
							直系称谓	旁系称谓					
实体：名称	4：4 直系称谓	16：12 旁系称谓	4：4 直系称谓	4：2 旁系称谓	4：1	4：1	2：2	8：2 年长者称谓	8：6 年幼者称谓	4：2	8：4 年长者称谓	4：2 年幼者称谓	6：6 同代称谓

观察表 11 的数据，可得出每个子系统都存在比值非 1 的数值，因此，我们说在每个子系统都存在不同程度的类别式称谓；子系统 1、2、5、7 中分别含有比值为 1 的数值，在此基础上，我们说子系

① 路易斯·亨利·摩尔根著，杨东莼，马雍，马巨译：《古代社会》下册，第 49 页，北京：商务印书馆，1981 年.

统1、2、5、7存在说明式称谓。所以，类型上，鄂伦春语亲属称谓兼具说明式和类别式的特征。

纵观鄂伦春亲属称谓的整个系统特征，与大多数北方其他亲属称谓系统如蒙古语、达斡尔语、满语、汉语的亲属称谓系统相比，相同的一点是如同以上语言的亲属称谓系统，鄂伦春亲属称谓系统中含有一定比例的说明式亲属称谓；不同的是鄂伦春亲属称谓中类分式亲属称谓类型的存在，特别是其子系统5——已身以上一代亲属的称谓形式在长幼两个层次上体现的不同分布状态。

下面，我们将运用罗维的四分法来分析解释子系统5的特征。

2. 罗维"四分法"意义上的鄂伦春系统5的亲属称谓类型

罗维和科克霍夫（Lowie and Kirchhoff，1932）的四分法，是针对己身的上一代亲属的称谓及其子女们的称谓变异归纳出来的四种类型。具体如下：

（1）世辈型，辈分相同而且性别相同的所有亲属都使用同一称谓。如父亲、父亲的兄弟、母亲的兄弟拥有同一个称谓。称谓上，只分辈分与性别，不分直系与旁系亲属，不分父系与母系亲属。

（2）分叉旁系型，区分直系与旁系亲属范畴，同时，所有的旁系亲属称谓都区分父系亲属和母系亲属，男性亲属与女性亲属。汉语的亲属称谓属于这一类型。

（3）分叉和并型，区分性别范畴、父系与母系范畴，不区分直系与旁系范畴。例如，父亲的姊妹、母亲的兄弟、姊妹的儿子、姊妹的女儿分别有各自不同的称谓。母亲的姊妹与母亲合并称谓，父亲的兄弟与父亲合并称谓，兄弟的儿子与己身的儿子合并称谓，兄弟的女儿与己身的女儿合并称谓。

（4）直系型，只区分直系亲属与旁系亲属范畴，如英语的亲属称谓。英语中对己身上一代亲属的称谓，即父母及父母的兄弟姊妹称谓系统，只区分亲属的直系与旁系范畴，男性与女性范畴，因此这个系统只有四个称谓"uncle（男性长辈）"/"aunt（女性长辈）”与“father（父亲）”/“mother（母亲）”。类似的亲属称谓还有我国的维吾尔族亲属称谓，只是接近直系型，并不完全一致。

在鄂伦春亲属称谓系统中，己身以上一代的亲属，包括父、母、父母的兄弟姊妹及配偶、共十八个亲属实体，而称谓名称仅十个。年长者的称谓名称仅两个，amaxaa 与 əɳəxəə，这两个称谓只区分性别，不区分其他范畴；年幼者的称谓有六个，分别为 əʧxə、awuʃɛɛ、naaʧʊ、najnee、naaʧʊxan、uumə。在年幼者称谓中，父系的亲属，完全专名专指；母系的亲属仍存在一定的类分式，naaʧʊ 既指代母亲的弟弟，又指代母亲妹妹的配偶；naaʧʊxan 既指代母亲的妹妹，又指代母亲的弟弟的配偶。

从直系血亲“父亲”、“母亲”的称谓专名专指，年长者的旁系亲属只区分性别范畴，不作其他范畴区分，我们可以推断，鄂伦春亲属称谓中，系统5——己身以上一代亲属的年长者称谓属于罗维“四分法”理论的“直系型”称谓。依据年幼者称谓区分性别，父系与母系，程度不等地区分血亲与姻亲，这三点推断年幼者的称谓系统属于罗维“四分法”理论的分叉旁系型，尽管相比之下父系亲属与母系亲属的划分程度不等。

3. 从默多克的六种亲属称谓类型看鄂伦春亲属称谓的类型

在罗维四分法的基础之上，人类学家默多克在众多的亲属称谓系统中归纳出以下六种亲属称谓系统类型。

苏丹式亲属制

图1表明，苏丹式亲属制的每个亲属都专名专用，是一种完全说明式的亲属称谓，多存在于强调等级制度的社会中，如拉丁语、古英语、汉语、土耳其语的亲属称谓。

（注：图1－6中▲符号代表男性，●符号代表女性，英文字母代表亲属称谓名称。）

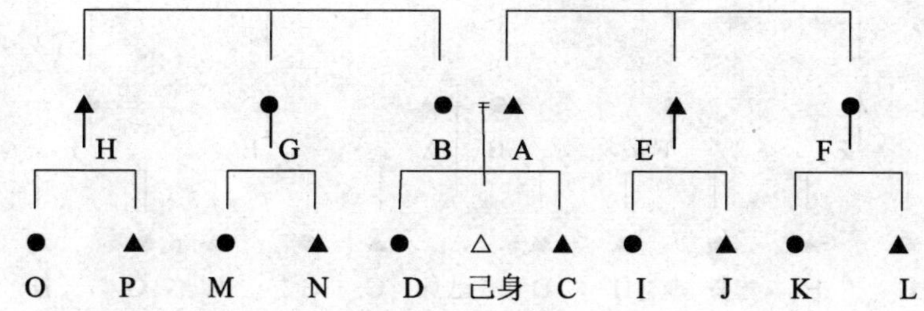

图1　苏丹式亲属制

夏威夷式亲属制

从图2看，夏威夷式亲属制只区分性别和辈分，在六种类型中是区分最少的亲属制典型的制度，仅在夏威夷的亲属称谓中存在。

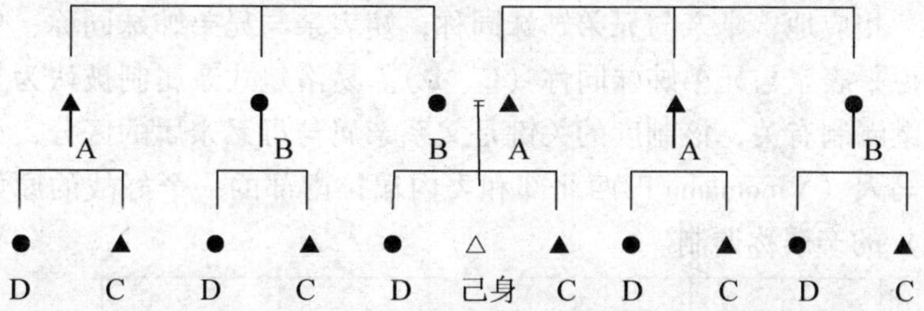

图2　夏威夷式亲属制

爱基斯摩式亲属制

爱基斯摩式亲属制中，核心家庭成员从其他亲属中分离出来，专名专用；同辈分的旁系双边亲属合并称谓——同一性别、同一辈分的父系母系亲属合并称谓，如图2所示。例如，英语中，己身称谓使用一个称谓uncle称呼父亲的兄弟与母亲的兄弟及父母亲姊妹的丈夫，aunt称呼父亲的姊妹与母亲的姊妹及父母亲兄弟的妻子。多出现在强调核心家庭而非大家族观念的社会中，如英语的亲属称谓。

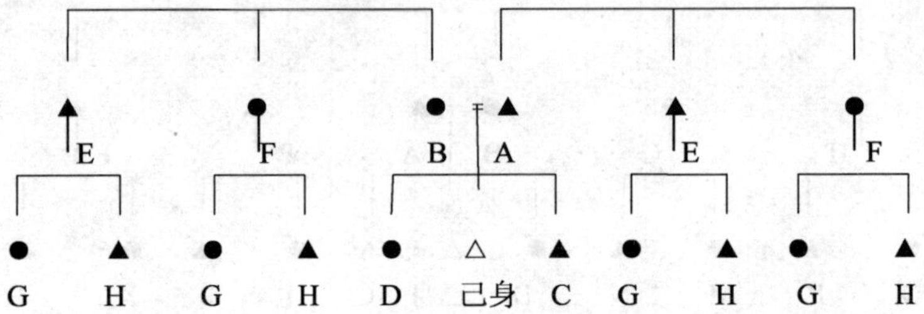

图3 爱基斯摩式亲属制

易洛魁式亲属制

易洛魁式亲属制建构在分枝合并的原则上。区分父系亲属和母系亲属，但是父亲与父亲的兄弟合并称谓，母亲与母亲的姊妹合并称谓。相应地，堂亲与兄弟姊妹同称，姨表亲与兄弟姊妹同称；也就是说平表亲与兄弟姊妹同称（C、D）。易洛魁式亲属制被认为与单系继嗣制有关，该制度的关键是父系亲属与母系亲属的区分，如亚诺马人（Yanomamo 巴西北部和委内瑞拉南部的一个好战的原始部落）的亲属称谓制。

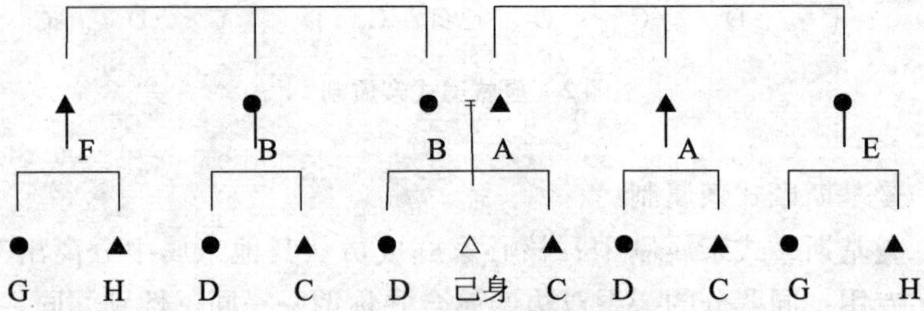

图4 易洛魁式亲属制

奥马哈式亲属制

如图5所示，与易洛魁亲属制相似的是，奥马哈式亲属制对父母及父母亲属的范畴划分一致；即区分父系亲属和母系亲属，父亲与父亲的兄弟合并称谓，母亲与母亲的姊妹合并称谓。不同的是，对父母的兄弟姊妹的子女的范畴划分不同。平表亲与兄弟姊妹同称，但是交表亲，却有特殊的对待。己身对母亲的兄弟，与母亲兄弟的儿子使用同一个称谓；对母亲的兄弟的女儿与母亲使用相同的称谓。舅舅与舅表兄弟同称——出现了跨辈同称现象（skewing）。人类学上认为这是强调父系亲属团体的结果。母亲与自己的兄弟同时被看成其父系团体的亲属成员。这种亲属制多存在于特别强调父系亲属制的社会中，如Dani和Igbo的亲属称谓。

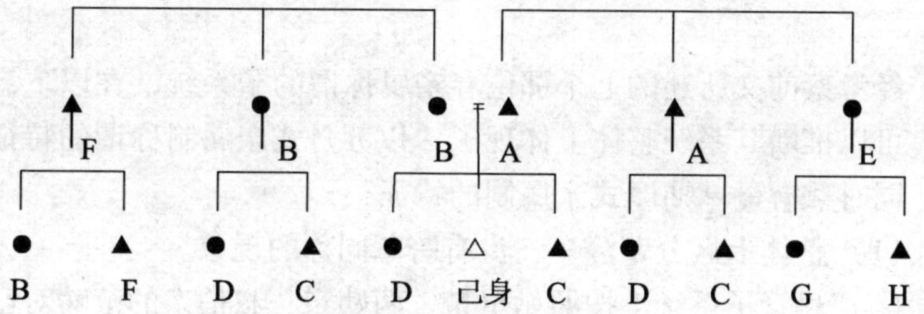

图5　奥马哈式亲属制

克劳式亲属制

与奥马哈式亲属制相对，克劳式亲属制强调母系亲属团体。将父系亲属中的跨辈女性亲属合并称谓，即父亲的姊妹与父亲的姊妹的女儿同称；父亲的姊妹的儿子与父亲同称。这种称谓制主要出现在强调母系亲属的社会中，如阿坎Akan（居住在加纳、科特迪瓦等西非地区的民族）的亲属称谓。

按照以上六种类型来判断鄂伦春亲属称谓的类型，很难将其完全归入以上的任何一种类型。国内先前的文献也体现了这一点，例如，丁石庆（1998）对达斡语亲属称谓的研究，也发现了同样的类型。

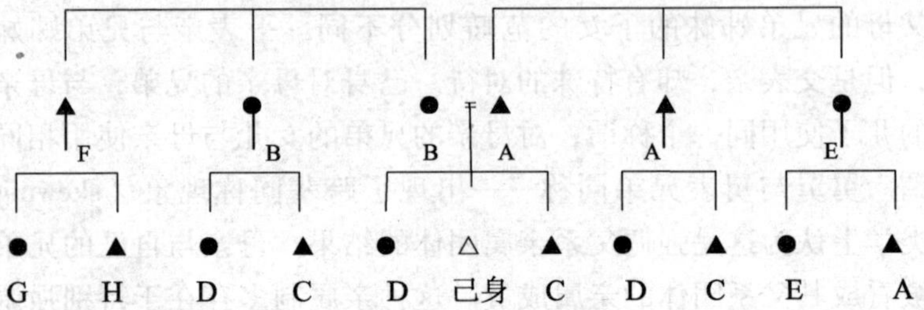

图6　克劳式亲属制

经考察前文所述的七个鄂伦春亲属称谓的子系统，在以下意义上，可以推断其系统整体上体现了“以苏丹式亲属制称谓的特征为主，同时兼有爱基斯摩式亲属制的特征”：

（1）整体上区分辈分——没有跨辈同称的现象。

（2）尽管子系统1按照姑舅亲、两姨亲、叔伯亲的范畴对己身同代的旁系亲属——即己身旁系的兄弟姊妹称谓进行了划分，但是这种划分与奥马哈、易洛魁、克劳式称谓制中的任何一种划分都不同。

以上（1）（2）两点排除了奥马哈、易洛魁、克劳式称谓制的可能性。

（3）核心家庭成员的亲属称谓专名专指，从其他亲属群体中分离出来，这一点，排除了夏威夷式亲属制的可能性。

（4）系统1，2，5，7不同程度存在说明式称谓，据此可推断鄂伦春亲属称谓以苏丹式亲属制为主。

（5）核心家庭成员的亲属称谓专名专指，从其他亲属群体中分离出来。七个系统中各自不同程度存在类分式称谓，尤其是在系统5中，长者称谓将同性别的父系亲属与母系亲属合并称谓。以上两点，表明鄂伦春亲属称谓兼有爱基斯摩式亲属制称谓的特征。

结　语

通过运用欧美亲属称谓类型学研究的著名理论——摩尔根的“二分法”，罗维的“四分法”，默多克的“六分法”分析鄂伦春亲属称谓，发现以上三种理论在多种语言亲属称谓比较研究的基础上所总结出的各种亲属称谓系统类型中，没有一种完全与鄂伦春语亲属称谓的系统特征吻合。鄂伦春亲属称谓兼有摩尔根二分法的“说明式”与“类分式”特征；兼有罗维四分法的“直系型”与“分叉旁系型”特征；兼有默多克六分法中的“苏丹式”与“爱基斯摩式”特征。

民族志的文献表明，由于历史的原因，鄂伦春民族与其周边的蒙古族、达斡尔族、满族、汉族在历史上交往频繁，社会文化生活方式等方面不同程度地受到以上民族的影响，并且与以上民族都有融合。在加之，以上蒙古、达斡尔、满、汉民族的文化传统之一，即拥有庞大的亲属关系网络。这一网络，强调人群之间的血缘亲疏与辈分等级制度，表现在亲属称谓系统中，即明确的说明式特征。通过与这些民族的亲属称谓系统相比较，发现鄂伦春亲属称谓系统中不同程度地借用了这些民族的亲属称谓词汇，结合现代鄂伦春语亲属称谓系统兼有类分式与说明式的特征，我们试推断，由于历史的原因，受到以上民族文化的影响，鄂伦春亲属称谓系统经历了从早期的类分式为主的称谓系统，朝说明式的亲属称谓系统转变的过程。到目前阶段，这一过程尚未完成。

鄂伦春亲属称谓的个案表明，某一社会文化的亲属称谓系统并非完全如摩尔根所说，是个相对稳定的静态系统，而是一个动态的变化过程。历史上不同民族之间的交往融合是不可避免的。交往融合过程中，民族之间在社会文化习俗包括语言方面的相互影响是必然的。作为社会关系网络构建的基本元素，亲属称谓也不例外，必然要受到民族交往与融合的影响。

尽管也许这仅仅只是个案或特例，但是，这一个案或特例说明，在研究一个民族的亲属称谓系统时，特别是那些如鄂伦春族一样在历史上经历了诸多社会变迁，与周边民族有过交往史或融合史的民族的亲属称谓系统，仅仅从共时的、静态的角度描写，甚或仅仅依据共时的描写结果，推断亲属称谓系统所体现的文化特征，包括婚姻、家庭等习俗，在人类语言学意义上是不充分的。我们认为，亲属称谓的研究，应该是在共时描写研究的基础上，结合横向的共时比较与纵向的历时比较研究，参照民族志、民族交往史、社会人类学、文化人类学等学科的文献对亲属称谓做立体交叉研究。

参考文献

[1] 胡增益．鄂伦春语研究［M］．北京：民族出版社，2001 年．

[2] 刘剑三．从姑舅姨称谓看海南语言间的相互影响［J］．民族语文，2010 年第 2 期．

[3] 路易斯·亨利·摩尔根．古代社会（上下册）［M］．杨东莼、马雍、马巨译．北京：商务印书馆，1981 年．

[4] 内蒙古自治区编辑组．鄂伦春族社会历史调查（一）［R］．北京：民族出版社，2009 年．

[5] 内蒙古自治区编委会．鄂伦春族社会历史调查（二）［R］．呼和浩特：内蒙古人民出版社，1984 年．

[6] 内蒙古自治区、黑龙江省政协文史资料委员会．鄂伦春族百年实录［C］．北京：中国文史出版社，2008 年．

[7] 史禄国．北方通古斯的社会组织［M］．吴有刚等译．呼和浩特：内蒙古人民出版社，1985 年．

[8] 杨军．文化人类学［M］．长春：吉林人民出版社，2003 年．

[9] 张宁．克木语亲属称谓词研究［J］．民族语文，2007 年第 5 期．

[10] George Peter Murdock. "Bifurcate Merging, a Test of Five Theories" [J]. American Anthropologist, N. s. 49, 1947.

[11] Ladislav Holy. Anthropological Perspectives on Kinship [M]. Pluto Press, 1996, London.

父亲称谓词特点初探

李　瑶[①]

摘要：本文通过搜集我国境内主要语系[②]语言的父亲称谓词，总结其在音节、构词等方面特点：藏缅语族语言父亲称谓词以双音节附加式合成词为主，侗台语族的则以单音节单纯词居多，苗瑶语族单双音节词并存，汉语北方方言以单纯词和重叠式合成词为主，汉语南方方言特别是粤语区、闽语区、吴语区以“阿+词根”类合成词居多。阿尔泰语系、南岛语系语言父亲称谓词以双音节单纯词为主，南亚语系语言则多为单音节单纯词。

关键词：亲属称谓　父亲　a音节　词头

亲属称谓词作为语言中最基本、最核心的词汇之一，一般与本民族的婚姻制度、社会习俗紧密相连，往往能够体现本民族的特色。本文通过搜集我国境内主要语系语言的父亲称谓词，总结出其在构词、音节上的一些特点，比较了各语系语言之间父亲称谓词的异同。

---

① ［作者简介］李瑶，2010级汉语言文字学专业硕士研究生，研究方向：汉语与少数民族语言比较。

② 注：本文语言的系属关系依据《中国的语言》（孙宏开、胡增益、黄行主编，商务印书馆，2007年）。

一　藏缅语族语言父亲称谓词的特点

藏缅语族主要包括藏语支、彝语支、景颇语支、缅语支、羌语支等5大语支，在我国境内主要分布在西藏自治区、青海省、四川省、云南省等省区。我们搜集到藏缅语族中45种语言（97个语言点）的父亲称谓词，据此我们总结出藏缅语族语言父亲称谓词有如下特点：

1. 音节上，父亲称谓词以双音节为主，约有79个语言点（约占81.44%）。单音节的有14个点（约占14.43%），单双音节皆用的有4个点（约占4.12%）。在双音节词中，首音节为a（包括ɑ、A、ʔa、ia等）的有65个语言点（约占67.01%）。首音节除了a类外，还有ɔ、ə、i、kǎ、na、jɔ̃、tɤ、ŋə等音节。例如，双音节藏语拉木椤话a dʑa、怒苏语北部方言ɑ^{31}phɑ^{55}，单、双音节皆用拉坞戎语业隆话va^{55}/ŋə^{33}va^{55}（对称）、阿昌语陇川话teʔ^{55}/ɑ^{31}ph^{ʔ31}，单音节普米语桃巴话suã^{55}、仙岛语po^{35}、堂郎语bʌ^{53}。

2. 从构词上看，藏缅语族语言父亲称谓词以“词头+词根/词干”的附加式合成词居多，有75个语言点的父亲称谓词为该构词方式（约占77.32%）。单纯词有18个语言点，重叠构词的有6个语言点。例如：普米语桃巴话suã^{55}、仙岛语po^{35}、木雅语噶贡山βɐ^{53}βɐ^{33}、羌语桃坪话pi^{55}/pɑ^{55}pɑ^{33}。

附加式合成词中的词头（又称前缀、前加成分）以“a”（也包括ʔa、ɔ、ə）为主。例如，藏语德格话a^{35}pha^{53}、纳西语ə^{31}bɑ^{33}。在有的语言里亲属称谓词中的词头“a”表示名词的“人称”、“数”，例如’景颇语a^{55}-表示第一人称单数，a^{55}wa^{55}“我的父亲”。① 也有的词头“a”加在表示对长辈的对称的名词前，表示

① 傅爱兰．藏缅语的a音节［J］．民族语文，1996，（3）．

尊敬。例如，傈僳语 $\alpha^{31}b\alpha^{31}$。① 或表示亲密关系。例如，阿哲彝语 $A^{33}bo^{21}$。② 另外，有的语言用词头来区分直称和泛称，例如，载瓦语中 a^{55}、i^{55}加在父亲称谓词根前分别表示直称、泛称，$a^{55}va^{21}$直称、$i^{55}va^{21}$泛称。一般来讲，词头"a"和词根结合紧密，词根离开词头没有独立的意义，也不能独立运用。例如，哈尼语 $a^{31}da^{33}$、怒苏语 $ʐa^{33}pha^{31}$。③ 但有的词根离开词头可以独立运用，但形式发生变化。例如，景颇语 $k\breve{a}^{31}w\alpha^{31}$ 表示泛称父亲，去掉前加成分 $k\breve{a}^{31}$，$w\alpha^{515}$④表示直称父亲。⑤

父亲称谓词与母亲称谓词组成父母时，作为并列复合词中的构词语素，在有的语言中父亲、母亲都去掉词头"a"，有的语言两者都保留词头"a"，有的语言去掉其中一个词头"a"。例如，尔苏语 $a^{55}ba^{55}$父亲 + $a^{55}ma^{55}$母亲→$pha^{33}ma^{55}$父母（都去掉词头"a"），白马语平武话 $\alpha^{13}b\alpha^{55}$父亲 + $\alpha^{13}m\alpha^{53}$母亲→$\alpha^{13}p\alpha^{53}\alpha^{13}m\alpha^{53}$父母（都保留词头"a"），史兴语 $ʔa^{31}dʑi^{31}$父亲 + $ʔa^{31}mi^{55}$母亲→$ʔa^{31}dʑi^{31}mi^{55}$父母（保留一个词头"a"）。

3. 从语支上看，各语支内部一致性的强弱不同。一致性是指语言之间父亲称谓词在语音、构词等方面一致的程度、差异大小。语言间父亲称谓词差异小，一致性就强。反之，一致性弱。根据搜集的语言材料，藏语支内部语言间的一致性最强，彝语支其次，缅语支、景颇语支、羌语支内部一致性相对不强。语支之间，藏语支、彝语支差别不大，一致性较强，而两语支与缅语支、景颇语支、羌语支差别相对较大。

4. 从词汇来源上看，同一语支内既有同源的，也有异源的。

---

① 木玉璋．谈谈傈僳语中的词头 a－［J］．民族语文，1982，(2)．

② 王成友．试论阿哲彝语词头 A－［J］．民族语文，1994，(5)．

③ 马学良主编．汉藏语概论［M］．北京：民族出版社，第428页，2003.

④ 注：α变为紧元音，音节的声调由低降调变为高降调。

⑤ 戴庆厦．景颇语亲属称谓的语义分析［J］．民族语文，1991，(1)．

例如：景颇语支景颇语 wa^{51}、独龙语 ɑ^{31} pɑi^{53}①，缅语支缅语 a^{55} phe^{33}、载瓦语 a^{55} va^{21}、阿昌语 a^{31} phɔ^{31}②。有的语言虽属于不同语支但父亲称谓词关系相对较近，例如载瓦语潞西 a^{55} va^{21}、景颇语盈江恩昆土语 kǎ^{31} wa^{31}。另有一些汉语借词，例如，阿昌语潞西 tiɛ^{31}（借自汉语的“爹”）。

5. 从词根上看，藏语支父亲称谓词词根以 pa 为主，且声母以不送气清唇音居多，例如，门巴语文浪话 a^{55} pa^{55}；彝语支以 bɑ、da 为主，不送气浊辅音声母较多，例如，彝语赫章话 ɑ^{33} bɑ^{33}、纳西语东部方言 ɑ^{31} dɑ^{33}；缅语支以 phɔ 为主，声母多为送气清辅音，例如阿昌语陇川 ɑ^{31} phɔ^{ʔ31}、勒期语 a^{33} pho^{53}。羌语支语言之间差异较大，父亲称谓词的主要词根有 pa、ta、suã、va、ji 等。景颇语支内部统一度较低，主要词根有 bɑ、bo、pu、pǎi、phɯ、wa 等。

6. 有的语言中父亲称谓词区分对称（面称）、引称（背称）。例如，拉坞戎语观音桥话 ə^{33} vi^{53}（引称）、a^{55} pa^{53}（对称），彝语喜德 a^{21} bo^{33}（引称）、a^{44} ta 33（对称）。

7. 父亲称谓词充当句子成分时，一般保持原形。例如，

彝语威宁方言 ŋu^{21} li^{13} A^{21} bA^{33} A^{21} mA^{33} ʂo^{13}. 我来找爸爸妈妈。③

与人称代词组合时，一般保持原形。但有的语言省去词头“a”。例如，

门巴语 ŋo^{35} ɑ^{13} pɑ^{53} 我的父亲

载瓦语 ŋa^{55} 我 + a^{55} va^{21} 爸爸 → ŋa^{55} va^{21} 我爸爸

有的语言表示不同的人称领属在词根前面附加不同的词头，例如，

① 马学良主编．汉藏语概论［M］．北京：民族出版社，第363页，2003.

② 马学良主编．汉藏语概论［M］．北京：民族出版社，第404页，2003.

③ 陈士林、边仕明、李秀清编著，曲木铁西、胡素华修订．彝语简志．中国少数民族语言简志丛书修订本·卷贰［M］．北京：民族出版社，第112页，2009.

怒苏语①：$iɑ^{35}$ $bɑ^{31}$（我的）父亲 $ȵo^{31}$ $bɑ^{31}$（你的）父亲 $ʔȵo^{31}$ $bɑ^{31}$（他的）父亲

二 侗台、苗瑶语族语言父亲称谓词的特点

（一）侗台语族

侗台语族又称壮侗语族，主要分布于亚洲东南部，由壮傣语支、侗水语支、黎语支、仡央语支等组成。本文搜集到侗台语族 19 种语言②（34 个语言点）的父亲称谓词。通过分析语料，我们认为该语族父亲称谓词有如下特点：

1. 音节上，父亲称谓词以单音节为主。单音节的语言点有 29 个，约占 85.29%。双音节的仅有武定傣语、绿春傣语、怀集标话等点。音节结构简单，多数是“辅音 + 元音”的音节类型。例如，武鸣壮语 po^{6}、傣语西双版纳方言 $pɔ^{6}$，武定傣语 $ʔa^{1}po^{6}$、绿春傣语 $ʔa^{2}ti^{2}$。

2. 在构词上，父亲称谓词以单音节单纯词为主。有的语言中父亲称谓词可加前加成分，表示长辈、尊敬或者构成面称。例如，壮语 $ta^{6}po^{6}$，在壮语中词头 ta 一般是加在长辈亲属前③；水语 $ʔo^{3}$ pu^{4}，父加前加成分 $ʔo^{3}$ “阿”，构成直接称谓，用于面称。④

3. 侗台语族内部各语支之间父亲称谓词一致性较强，差异相

---

① 孙宏开、刘璐编著，孙宏开修订．怒族怒苏语简志．中国少数民族语言简志丛书修订本·卷贰［M］．北京：民族出版社，第 811 页，2009.

② 注：蔡家话系属待定，本文暂且将其归在侗台语族。

③ 孙宏开、胡增益、黄行主编．中国的语言［M］．北京：商务印书馆，第 1104 页，2007.

④ 孙宏开、胡增益、黄行主编．中国的语言［M］．北京：商务印书馆，第 1217 页，2007.

对较小。相比较而言，壮傣语支、侗水语支、仡央语支间父亲称谓词差别较小，黎语支与其他三语支差别相对较大。各语支内部语言的父亲称谓词差别都不大，一致性较强。

4. 词根上，壮傣语支语言父亲称谓词词根以 po、pɔ 为主，侗水语支语言的以 pu 居多，仡央语支以 pa 为主，黎语支的该词根主要是 pha。壮傣、侗水、仡央语支该词根声母一般为双唇不送气清塞音，黎语支为双唇送气清塞音。壮傣、侗水语支语言该词根韵母多是圆唇后元音，仡央、黎语支的该词根韵母多为展唇前元音。例如，布依语羊场话 po^{5}、侗语车江话 pu^{4}、布央语 pa^{33}、黎语海南五指山 pha^{55}。当然也有例外，侗水语支的拉珈语金秀话 $pɛ^{5}$（父亲）的韵母就是展唇的前元音，仡央语支的仡佬语 $phɒ^{44}$（父亲）韵母是圆唇后元音。

（二）苗瑶语族

苗瑶语族是汉藏语系最小的语族，主要分布在我国贵州、湖南、四川、广西、云南等地。本文搜集到苗瑶语族 7 种语言（25 个语言点）的父亲称谓词。我们认为苗瑶语族语言父亲称谓词有如下特点：

1. 单音节为主。单音节的有 18 个点（约占 72%），双音节的有 7 个点（约占 28%）。例如，苗语养蒿话 pa^{35}、巴哼语贵州黎平滚董 $a^{22}pa^{53}$。双音节词的首音节一般为 a，例如，勉语大坪话 $a^{1}ba^{1}$、巴那语湖南城步 $ʔa^{44}ʐa^{13}$。

2. 苗瑶语族内部语支之间差异相对较大，语支内部一致性相对较弱。特别是苗语支的语言，父亲称谓词在语音上的差别很大，词汇来源、历史层次可能不同。例如，苗语吉卫话 $mɑ^{5}/pɑ^{2}$、苗语腊乙坪话 $ɑ^{35}tɕɑ^{44}$。

3. 词根上，苗语支内父亲称谓词词根以 pa 分布最广，另外，苗语还有 tsɿ、vai，布努语以 po 为主。例如，苗语养蒿话 pa^{35}、苗

语大南山话 tsi^{55} 或 vai^{24} 、布努语布努方言 po^{3} 。瑶语支父亲称谓的主要词根有 tie、fa，例如，勉语金秀话 tie^{5}、勉语梁子话 fa^{3} 。畲语支的词根主要是 pa，例如，畲语莲花方言 $a^{1}pa^{1}$ 。

4. 从词汇来源上看，苗瑶语支父亲称谓词形式多样，来源不同，历史层次不一。既有本语支固有的用法，也有借用其他语言的词汇。相比较而言，勉语支、畲语支汉语借词较多。例如，广西金秀长垌乡中村勉语 tie^{5}可能就是借用汉语的“爹”，而苗语大南山话的 tsi^{55} 、vai^{24}可能是苗语固有的词汇。

三　汉语方言父亲称谓词的特点

据《汉语方言地图集·词汇卷》（曹志耘主编 2008）第 46 图，我们总结出汉语方言父亲称谓词的特点：

1. 汉语方言父亲称谓词主要有 6 大类，即“爸”类、“爹”类、“大”类、“爷”类、“父”类、“伯叔”类。例如，北京 pa^{51} pa^{0}、青岛 ꜀tiə、忻州 $tɑ^{313}$ 、涟水 ꜁i、福州 hou꜆、金华 pəʔ꜇pə꜇ʔ。“爸”类主要包括爸、爸爸、阿爸、依爸等，“爹”类主要包括爹、爹爹、阿爹、我爹、爹崽等，“大”类主要包括大、大大、阿大、俺大等，“爷”类主要包括爷、爷爷、阿爷、爷子、大爷、爷等，“伯叔”类主要包括伯、伯伯、阿伯、叔、叔叔、阿叔、阿哥、阿兄、老、阿老、阿家、老子等。

官话方言区父亲称谓词相对较简单，以爸、大、爹类为主。“爹”分布较广，主要是东北官话区、北方官话区、西南官话区；“大”类主要分布在中原官话区、兰银官话区、江淮官话区、晋语区中北部；“爸”类主要分布在北京官话区。

南方方言父亲称谓词相对繁杂：湘语区“爷”类（主要分布在湘南、湘北）、“爹”类（主要分布在湘西）称谓较为集中；赣语区以“爸”类（主要分布在赣中南部）、“爹”类（主要在赣东北部)、“爷”类（主要在赣西北部）父亲称谓居多；吴语区父亲称谓类型复杂，上海以“阿伯”类为主，苏南以“爹”类居多，浙江多数是“爹”类、“伯叔”类。闽语区父亲多称作“阿爸”类，个别地方称作“阿伯~阿哥”（建瓯、建阳）“依爸”（永泰、长乐）“爸团”（安溪、南安）“阿爹”（陆丰、东源）等。粤语区父亲称谓以“阿爸”“阿伯”“阿叔”类为主，也有的点称作“阿爹”（高州）。总体来看，官话区父亲称谓词一致性强于汉语南方方言。

2. 汉语方言的父亲称谓以单音节和双音节为主。官话区以单音节居多，南方方言以双音节为主。双音节的称谓词，北方方言重叠式合成词占多数，南方方言附加式合成词居多，而且“阿+词根”的形式较多，主要分布在上海、浙江、福建、广东、广西、台湾等地。例如[①]：方言区语言点父亲北方方言区北京 fu⊃ tɕhin，pa⊃ pa，pa 青岛 pa⊃ pa，⊂tiə 太原 pa⊃ pa，⊂ta ta 涟水 fu⊃ tɕhin，⊆i 吴方言区苏州⊂ ɦiɑ，læ⊇ ȵiã⊆ kɑ，⊂ tiɑ⊂ tiɑ 金华⊆ ia，pəʔ⊃ pəʔ⊃，⊂ tia ⊂tia，pa⊃ pa 舟山⊂a ⊂tia 湘方言区长沙 fu⊃ tɕhin，⊆ia ⊂ia 赣方言区南昌 ia⊃，ia⊃ ⊂lau tsɿ 粤方言区广州 a⊇ tɛ，a⊇ pa 闽方言区厦门⊂ a pe⁼，lau⁼ pe⁼，⊂niũpe 海口⁼a ⊆ʔdɛ⊃，a⁼ ʔba，a⁼ hia，a⊇ kua 客家方言区梅县⊂ a ⊂pa，⊆ia e

① 胡士云．汉语亲属称谓研究［M］．北京：商务印书馆，第105页，2007.

四　阿尔泰、南岛、南亚语系语言的父亲称谓词

（一）阿尔泰语系语言

一般认为，“阿尔泰语系包括突厥、蒙古、满—通古斯3个语族。主要分布在中国、土耳其、蒙古人民共和国、苏联、伊朗、阿富汗以及东欧的一些国家。”① 在我国主要分布在新疆、青海、甘肃、内蒙古、黑龙江等地。通过搜集整理阿尔泰语系21种语言的父亲称谓词，我们发现有如下特点：

1. 阿尔泰语言语言父亲称谓词以双音节为主，一般为单纯词（又称根词），且多数是以“ɑ”音节或其变体开头。例如，维吾尔语 ɑtɑ/dɑdɑ、喀喇沁蒙古语 ɑ：b/ɑ：bɑ：、满语 ama。也有个别语言是音节的重叠。例如，东部裕固语 baba。

2. 各语族内部一致性较强，差别不大。三大语族之间，从音值上看，差异明显。突厥语族以 ada 为代表，蒙古语族以 ɑbu 为代表，满—通古斯语族以 ama 为代表。

（二）南岛、南亚语

南岛语系在我国主要分布在台湾省等地，主要有阿眉斯语、排湾语、布农语、泰耶尔语、赛夏语等十几种语言。南亚语系在我国主要分布在云南、广西等地区。主要有佤语、德昂语、布朗语、克木语、京语等语言。

通过整理南岛语系15种语言的父亲称谓词，我们发现其父亲称谓词以双音节单纯词（又称原形词、简单词）为主，内部一致性

---

① 中国大百科全书·语言文字卷编委会．中国大百科全书·语言文字卷［M］．北京：大百科全书出版社，1988.

较强，以 * ama 为代表。台湾省的东部父亲称谓以 * ama 类为主，例如，阿眉斯语 wama、排湾语来义土语 ʔama、噶玛兰语 tama、雅美语 jama。台湾岛西北部的泰耶尔语、赛夏语、巴则海语可能受到闽语、客家话的影响，父亲称谓词以 aba 类为主，例如，泰耶尔语 ʔabaʔ、赛夏语 jabaʔ、巴则海语 ʔabaʔ。

南亚语系语言父亲称谓词以单音节单纯词为主，音值上内部差异性较大，词汇来源复杂。例如，佤语帅佤 kɯiŋ、德昂语 kun、克木语 jǒŋ、京语 bo^{45}、莽语 $ʔon^{51}$ 等。

结　语

各语系语言的父亲称谓词存在差异，特点较鲜明。藏缅语族父亲称谓词以双音节为主，附加式合成词居多，多数语言的父亲称谓词带有词头 a，该语族内部一致性与其他语族相比较强（仅次于侗台语族）。侗台语族父亲称谓词以单音节单纯词为主，内部一致性较强，差异相对较小，词头不丰富。苗瑶语族父亲称谓词以单音节单纯词为主，但也有一些双音节附加式合成词，双音节词语言点的比例大于侗台语族、小于藏缅语族。汉语北方方言父亲称谓词单双音节并存，单音节居多，双音节多为重叠构词，一般没有词头。汉语南方方言特别是东南沿海，双音节词为主，一般是“前加成分+词根”的构词方式。阿尔泰语系、南岛语系语言父亲称谓词以双音节单纯词为主，南亚语系语言父亲称谓词以单音节单纯词为主。据以上分析列表如下：

父亲称谓词比较简表

特征 语言		音节	构词	一致性	主要词根	首音节 a①
藏缅语族		双音节为主	附加式	较强	pa/da/phɔ	普遍
侗台语族		单音节为主	单纯词	很强	po/pu/pha	极少
苗瑶语族		单音节为主	单纯词为主	不强	pa/tsɿ/po/fa	较少
汉语方言	南	双音节为主	附加式	不强	pa/ia/pe	较多
	北	单音、双音节	单纯词、重叠	较强	pa/tiə/ta	极少
阿尔泰语系		双音节	单纯词	较强	ɑtɑ/ɑbɑ/ama	普遍
南亚语系		单音节为主	单纯词	弱	kɯiŋ/kun/jǒŋ	极少
南岛语系		双音节为主	简单词②	强	ama	普遍

通过比较，我们发现，藏缅语族、南方汉语方言、南岛语系、阿尔泰语系语言中父亲称谓词中的首音节 a 分布较普遍，那么，它们之间关系各是什么？是共性特征，还是语言接触形成的？是同源关系，还是偶合？苗瑶语言中单双音节并存，单音节占优势，那么，哪一种形式更早一些？侗台语族语言的单音节父亲称谓词是固有的，还是受其他语言影响形成的？这些都是有待解决的问题。

参考文献

[1]《中国少数民族语言简志》编委会、《中国少数民族语言简志丛书》修订本编委会．中国少数民族语言简志丛书修订本（六卷本）［M］．北京：民族出版社，2003—2009.

① 注：由于本文讨论的语言既有粘着语又有孤立语，语法类型不同，有的语言中“－a－”算作前缀，有的语言只是作为一个音节。在此我们统一称作“首音节 a”。

② 何汝芬、曾思奇、田中山、林登仙．高山族阿眉斯语简志［M］．北京：民族出版社，1985.

［2］孙宏开、胡增益、黄行主编．中国的语言［M］．北京：商务印书馆，2007.

［3］戴庆厦．浪速语研究［M］．北京：民族出版社，2005.

［4］戴庆厦、蒋颖．波拉语研究［M］．北京：民族出版社，2005.

［5］黄布凡、周发成．羌语研究［M］．成都：四川人民出版社，2006.

［6］黄布凡等主编．藏缅语族语言词汇［M］．北京：中央民族学院出版社，1992.

［7］中央民族大学苗瑶语研究室．苗瑶语方言词汇集［M］．北京：中央民族学院出版社，1987.

［8］曹志耘主编．汉语方言地图集·词汇卷［M］．北京：商务印书馆，2008.

［9］岩田礼．汉语方言解释地图［M］．东京：白帝社，2009.

［10］胡士云．汉语亲属称谓研究［M］．北京：商务印书馆，2007.

［11］丁石庆．达斡尔族亲属称谓的文化透视［J］．黑龙江民族丛刊（季刊），1998，（1）．

［12］徐丹．下游史兴语的某些特点［J］．民族语文，2009，（1）．

［13］黄布凡．木雅语概况［J］．民族语文，1985，（3）．

［14］郭熙．对汉语中父亲称谓系列的多角度考察［J］．中国语文，2006，（2）．

［15］陆绍尊．普米语方言研究［M］．北京：民族出版社，2001.

［16］田静．藏缅语性别后缀产生的途径和历史层次［J］，语言科学，2010，（6）．

［17］李云兵．布干语人称代词的格范畴［J］．民族语文，1999，（3）．

［18］张元生、马加林、文明英、韦星朗编著．海南临高话［M］．南宁：广西民族出版社，1985.

［19］毛宗武、李云兵．巴哼语研究［M］．上海：上海远东出版社，1997.

［20］李荣主编．现代汉语方言大词典（分卷本）［M］．南京：江苏教育出版社，1993—1998.

［21］周耀文、罗美珍．傣语方言研究［M］．北京：民族出版社，2001.

［22］梁敏、张均如、李云兵．普标语研究［M］．北京：民族出版社，2007.

无棣方言亲属称谓语使用初探[①]

刘晓凤

摘要：无棣方言亲属称谓语特色鲜明，内部差异明显，根据亲属称谓语使用不同，可以分为三部分。无棣方言亲属称谓语知晓率、使用率呈现出不同变化趋势，与语言本体、经济及地理因素、社会制度及文化传统、普通话推广等因素相关。

关键词：无棣方言　亲属称谓语　内部分区　使用差异

引　言

无棣县隶属于山东省滨州市，位于山东省最北部，东北与河北省沧州市海兴县、黄骅市以河为界，北临渤海湾，东南紧接滨州市沾化县，南靠滨州市阳信县，西临德州市庆云县。无棣县总面积1998平方千米，截至2004年底，全县总人口43.71万人，其中有少数民族15个，5478人。现辖海丰、棣丰2个街道办事处，水湾、埕口、小泊头、碣石山、柳堡、车王6镇，信阳、佘家巷、西小王

---

① ［作者简介］刘晓凤，2010级语言学及应用语言学专业硕士研究生，研究方向：社会语言学。

3 乡，共 593 个行政村，568 个自然村。

无棣方言属于冀鲁官话沧惠片黄乐小片（刘淑学，2006）。目前，对于无棣方言的研究较少，且大都局限在语音领域，词汇角度的论著鲜见，即使提到也只是作描写性罗列。无棣方言亲属称谓语特色鲜明，且内部存在差异，有必要对其细致描写。

随着城市化推进及普通话推广，无棣方言亲属称谓语的使用也发生着改变。究竟哪些称谓语的使用发生改变？它们如何变化？这些变化在不同人群中有何差异？产生变化的原因是什么？预示着什么趋势？这些都是本文想要解答的问题。

一、无棣方言概况及语音系统

无棣方言以有无［tʂtʂʰ ʂ］声母而分南、北两个次方言片（王海清，2006）。这两个次方言片中的方言韵母、声调完全一致，只在声母上有所区别。北部次方言片的突出特点是把翘舌音［tʂtʂʰ ʂ］读成［tstsʰs］，而南部方言片两组声母则明显对立。南北次方言片大致以德惠河为界。北部方言片包括海丰街道办事处，水湾镇北部、信阳乡、车王镇、柳堡镇、小泊头镇、埕口镇、碣石山镇。南部方言片包括棣丰街道办事处、水湾镇南部、佘家巷乡、西小王乡。

无棣方言语音系统共包括 22 个声母，36 个韵母，4 个声调。

声母：p pʰ m f v t tʰ n l ts tsʰ s z tɕ tɕʰ ɕ ȵ k kʰ x ŋ 零声母

韵母：ɿ i u y a ia ua ə iə uə yə ɛ iɛ uɛ　ɔ iɔ uɔ ei uei əu iəu ã iã uã yã　i u y aŋ iaŋ uaŋ yaŋ əŋ iəŋ uŋ yŋ

声调：阴平 212 阳平 43 上声 44 去声 31

二、无棣方言亲属称谓语调查记录

笔者以《汉语方言词语调查条目表》（2003）为调查词表。调查对象分别来自无棣县6镇3乡以及两个街道办事处，每个调查地各有两位调查对象。他们大都在调查地出生长大，年龄均在40周岁以上。调查采取调查员按《调查条目表》提问，调查对象回答，调查员记录的方式。

调查记录表中，无棣方言对称一栏若只标有“/”，则指人们通常使用对方姓名代替称谓语；若有多个称谓语，中间以“/”隔开，则表示该称谓语在无棣方言内部有多种说法。无棣方言叙称一栏若空白，则指叙称与对称相同。

表一

调查词表—长辈	无棣方言对称	无棣方言叙称
曾祖父	老爷爷	
曾祖母	老奶奶	
祖父	爷爷	
祖母	奶奶	
外祖父	姥爷	
外祖母	姥姥	姥姥/姥娘
父亲	爹	
母亲	娘	娘/娅
岳父	爹	丈人
岳母	娘	丈母娘
公公	爹	公公
婆婆	娘	婆婆

续表

调查词表—长辈	无棣方言对称	无棣方言叙称
继父	爹	后爹
继母	娘	后娘
伯父	伯	
伯母	大娘/奶	
叔父	叔/伯伯	
叔母	婶子/婶婶	
舅父	舅	
舅母	妗子/妗妗	
姑妈	姑	
姨妈	姨	
姑父	姑父/叔/伯	
姨父	姨父	
姻伯	伯	
姑奶奶	姑奶奶/老姑	
姑爷爷/姑爷爷/爷爷		
舅奶奶	舅奶奶	
姨奶奶	姨奶奶	
小+姑/舅/叔/姨	小/老+姑/舅/伯伯/姨	

表二

调查词表—平辈	无棣对称	无棣方言
夫		女方名字+家/爷们儿
妻		男方名字+家/娘们儿

续表

调查词表—平辈	对称	叙称
大伯子	哥	大伯哥
小叔子	/	小叔子
大姑子	姐	大姑子姐
小姑子	/	小姑子
内兄弟	/	连桥/一担挑
内兄	哥	大舅子
内弟	/	小舅子
大姨子	姐	大姨子姐
小姨子	/	小姨子儿
哥哥	哥	
嫂子	嫂子	
弟弟	/	弟弟
弟媳	/	弟妹
姐姐	姐	
姐夫	姐夫	
妹妹	/	
妹夫	/	妹夫
堂兄弟	/	堂兄弟/叔伯兄弟
堂兄	/	堂哥/叔伯哥
堂弟	/	堂弟/叔伯弟弟
堂姊妹	/	堂姐妹/叔伯姐妹
堂姐	姐	堂姐/叔伯姐
堂妹	/	堂妹/叔伯妹妹

续表

调查词表—平辈	无棣对称	无棣方言
表兄弟	/	表兄弟
表兄	表哥	表哥
表嫂	表嫂子	表嫂子
表弟	/	表弟
表姊妹	表姊妹	表姐妹儿
表姐	表姐	表姐
表妹	表妹/表妹妹	表妹/表妹妹

表三

调查词表—晚辈	无棣对称	无棣方言
子女	儿女	
儿子	小/秃	小/秃
儿媳妇	小家/秃家	小家/秃家
女儿	妮儿	
孙子	小/秃	孙子儿
孙媳妇	小家/秃家	孙子儿媳妇
重孙	小/秃	重孙子儿
重孙女	小/秃	重孙媳妇
外孙	外孙（sheng）	外孙（sheng）
外孙女	外甥女（sheng）	外甥女（sheng）
外甥	/	外甥
外甥女	/	外甥女
侄子	/	侄儿

续表

调查词表—晚辈	无棣对称	无棣方言
侄女	/	侄女
内侄	/	妻侄
内侄女	/	侄女

表四

调查词表—平辈	无棣对称	无棣方言
连襟	/	连桥/一担挑
亲家	亲家	亲家
亲家母	姐/妹	亲家母
亲家翁	哥/弟	亲家爹
带犊儿	带/歌/弟	带犊子

无棣方言中的亲属称谓语与普通话口语中的词汇有一定差异，根据差异类型不同，可以分为以下几类。

一，无棣方言中为单音节，普通话中为双音节。如伯父、叔父、舅父用无棣方言可以分别称呼为伯、叔、舅，而普通话分别为伯伯、叔叔、舅舅。

二，语素不同，有的完全不同，如“爹和爸爸”、“娘和妈妈”、“小/秃和儿子”、“妮儿和女儿”、“伯伯/老伯伯和叔叔”、“奶和大娘”、“妗子/妗妗和舅妈”。有的则是部分不同，如“小姨和老姨”、“姑奶奶和老姑”等。如下表所示：

表五

调查词项	无棣方言	普通话口语
外祖母	姥娘	姥姥
父亲	爹	爸爸
母亲	娘/娅	妈妈
儿子	小/秃	儿子
女儿	妮儿	女儿
叔父	伯伯/老伯伯	叔叔
伯母	奶	大娘
舅妈	妗妗/妗子	舅妈
小姨	老姨	小姨
姑奶奶	老姑	姑奶奶
姑爷爷	老姑夫	姑爷爷

三，无棣方言亲属称谓语中，亲属称谓分类较普通话更为细致。如，“堂兄弟”在无棣方言中仅指同一个曾祖父的兄弟，与同祖父的“叔伯兄弟”严格区分开来，“堂姐妹”、“叔伯姐妹”情况与此相同。

三、无棣方言亲属称谓语的内部差异

无棣县不同乡镇的亲属称谓语存在较大差异，具体如下：

姥娘：西小王乡、佘家巷乡、海丰和棣丰街道办事处南部部分村落对外祖母的叙称为“姥娘或姥姥”。其余乡镇无此用法。

娅：柳堡镇、碣石山镇对母亲的叙称为娘或娅。其他乡镇无此用法。

小：西小王乡、佘家巷乡、海丰和棣丰街道办事处、信阳乡、水湾镇、车王镇称晚辈男性为“小”。其余乡镇此用法较少。

秃：柳堡镇、碣石山镇称晚辈男性为“秃”，如称儿子、孙子、侄子。其余乡镇无此用法。

妮儿：西小王乡、佘家巷乡、海丰和棣丰街道办事处、信阳乡、水湾镇、车王镇称晚辈女性为“妮儿”。其余乡镇此用法较少。

伯伯、老伯伯：小泊头镇、埕口镇两镇部分村落称叔父为“伯伯”或“老伯伯”，此处“老”取“排行最小”的义项。碣石山镇有称叔父为叔、称叔父为伯伯两种用法。其余乡镇称叔父为叔。

大娘/奶：小泊头镇、埕口镇称伯母为“大娘”。其余乡镇称伯母为“奶”，根据排行不同又分为“大奶”、“二奶”等。

老姨/老姑[1]/老舅：小泊头镇、埕口镇称小姨为“老姨”，称小姑为“老姑”，称小舅为“老舅”。碣石山镇、车王镇部分村落有此用法，其余乡镇无。

老姑[2]：佘家巷乡、西小王乡称姑奶奶为“老姑”。其余乡镇无此用法。

总的来看，根据亲属称谓语使用的不同，无棣县可以大致分为三部分：东北部乡镇小泊头镇、埕口镇两镇，对伯母、叔父、排行最小的姑舅姨的称谓特殊，与其他乡镇有明显区别；北部碣石山镇、柳堡镇对晚辈男性的称谓特殊、对母亲的叙称特殊；南部车王镇、信阳镇、水湾镇、西小王乡、佘家巷乡、海丰和棣丰街道办事处对晚辈男性、晚辈女性、外祖母的叙称称谓特殊，此外，“老姑”指称姑奶奶的用法为西小王乡、佘家巷乡仅有。

四、无棣方言亲属称谓语使用的社会差异

1. 调查内容及调查方法

无棣方言亲属称谓语在不同社会群体中的知晓率、使用率及语言态度出现了不同程度的差异。究竟哪些称谓语的使用发生改变？它们如何变化，使用增多，减少还是指称范围改变，或是换用普通

话词汇，这些变化在不同人群中变化有何差异？这些是本文想要解答的问题。

调查主要采取个人深入访谈法及问卷调查，并以观察法、网络调查法辅助调查。一部分调查对象来自实地调查，在小泊头镇小泊头村、柳堡镇郭义村、佘家巷乡磨西庄村、棣丰街道办事处河沟村，采取随机分层抽样（按年龄分层），每处各5名，年龄在12—70之间。网络调查对象来自人人网，通过人人网搜索引擎限制初中就读学校搜索合适调查者，如限制初中就读学校为小泊头中学等，共发出问卷50份，回收有效问卷10份。

本文选择了无棣方言与普通话差异较大的称谓语作为主要调查内容。调查词项为外祖母、姑奶奶、母亲、父亲、舅妈、叔父、姨妈（排行最小的）、儿子、女儿、表哥、表嫂、表姐、表姐夫。问卷题目设置按称谓语的对称和叙称形式分别分为以下两种类型，“当您和 * *（按调查词项，如父亲）交谈时，您怎么称呼他/她？”或“当您向别人提起 * *（调查词项，如母亲）时，您怎么称呼他/她？”

2. 调查结果

以下，将无棣方言亲属称谓语分为东北分区特征词、北部分区特征词、南部分区特征词，三区共用词汇，对调查结果予以总结。

共用词汇：

爹：知晓率高，使用率因年龄、城乡背景、对普通话的态度不同而有所差异，年龄因素是导致差异的主要因素。80年代以前出生的被试称呼父亲大都使用“爹”，少数成长于县城或对普通话持积极态度的被试，称呼父亲为“爸爸”。80年代以后出生的人大都称父亲为“爸爸”，他们偶尔使用“爹”称呼父亲，这时一般是为了活跃气氛。

娘：与“爹”的知晓、使用情况大致相同。

妗子、妗妗：绝大部分被试称呼舅妈时，采用“妗子或妗妗”，部分15岁以下的被试，采用“舅妈”一词。从一位10岁被试那里了解到，她的三舅妈在县城城区工作，她称呼她为“舅妈”；而二舅妈在农村，她称呼其“妗妗”。

表哥、表嫂、表姐、表姐夫：老年、中年被试大都按“表哥、表嫂子、表姐、表姐夫”称呼使用。部分中年被试、大部分青年被试则省略“表”字，另有少数称呼表嫂、表姐夫分别为“姐、哥”；但是，在使用叙称的场合中，他们仍按“表哥、表嫂子、表姐、表姐夫”使用。

大奶：知晓率高，使用率高。该称谓语为北部、南部分区通用称呼伯母。年龄、文化程度、城乡背景差异不明显。

东北分区特征词：

老姑[1]/老姨/老舅/老伯伯：该分区称呼排行最小的姑、姨、舅、叔用此称谓，年龄、文化程度、城乡背景差异不明显。其余乡镇未受其影响，无此用法。

伯伯：该分区内称呼叔叔用此称谓，年龄、文化程度、城乡背景差异不明显。其余乡镇未受其影响，无此用法。

大娘：该分区内称呼伯母用此称谓，年龄、文化程度、城乡背景差异不明显。其余乡镇的被试称，最近几年，当地也开始称无亲属关系的年长女性为大娘。

北部分区特征词：

禿：知晓率低，使用率低。仅在柳堡镇、碣石山镇老年人中使用，中年人知道该称谓，但不使用。其余乡镇未受其影响，无此用法。

娅：知晓率低，使用率低。仅在柳堡镇、碣石山镇老年人中使用，中年人知道该称谓，但不使用。其余乡镇未受其影响，无此用法。

南部分区特征词：

姥娘：知晓率低，使用率低。老年人使用较多。中年人大都知道该称谓，但是一般不用。年轻人很少知道，长年在外读书的大学生群体更是无人知道该词。据调查对象说在“外祖母家”这一语境下使用相对较多，如“走姥娘家”（去外祖母家做客的意思）、“姥娘家是哪里?”。

小：知晓率高、使用率高，年龄、文化程度、城乡背景差异不明显。本无此方言词汇的柳堡镇、碣石山镇也开始逐渐使用。

妮儿：知晓率高，使用率因年龄、城乡背景、对普通话的态度不同而有所差异。车王镇、信阳乡、水湾镇、西小王乡、佘家巷乡称呼晚辈女性时仍常用此称谓，海丰和棣丰街道办事处使用相对较少，可能受县城普通话使用较多影响。

老姑^2：西小王乡、佘家巷乡称姑奶奶为“老姑”，年龄、文化程度、城乡背景差异不明显。其余乡镇未受其影响，无此用法。

3. 讨论

方言亲属称谓语知晓率、使用率变化不一，一部分下降，一部分升高，一部分无显著变化。知晓率、使用频率明显下降的称谓语包括爹、娘、秃、娅、姥娘，而妗子、妗妗，表哥、表嫂、表姐、表姐夫等则出现了下降趋势。知晓率、使用频率上升的称谓语为小、大娘。知晓率、使用频率没有明显变化的包括大奶、大娘、妮儿、老姑^1/老姨/老舅/老伯伯、老姑^2。从中可以看出以下规律。

一，从称谓语本身看，感情色彩积极与否、表达效果如何直接影响其生命力。“秃”含“头发掉光”的意义，“娅”与“鸭”、“丫”同音，中年一代就避而不用，年轻一代不仅不用，知道的也少了。“小”这一称谓语充满了长辈对晚辈的宠爱，易拉近距离，人们乐于使用；同时，又弥补了北部分区对晚辈男性称呼的缺失，故能扩散开来。

二，经济因素、地理因素也间接影响亲属称谓语的发展变化。无棣县城区在无棣县最南端，南部各乡镇来往交流频繁，称谓语使用大致统一，并越来越多地影响到北部柳堡镇、碣石山镇。而东北角的小泊头镇、埕口镇与河北省常有经贸文化交流，受其影响反倒比本县南部乡镇更大，其亲属称谓语的特征词故能保留至今。

三，表亲称谓语亲疏淡化，去疏就亲。中国古代十分讲究亲疏有别，随着社会制度的变革、文化传统的消失，亲属称谓语“亲疏有别”这一原则正逐渐淡化，一部分人愿意选择“去疏就亲”。此外，计划生育政策的执行，使得独生子女增多，表亲是独生子女重要的亲属，他们更愿意选择拉近关系的“哥、姐”，而不用“表”字。

四，对待普通话和方言的语言态度，也影响亲属称谓语的使用，这一点，与普通话相应称谓语语素完全不同的那些表现得尤为明显。认为方言“土，应放弃”的被试表示自己尽可能地使用普通话，或教导下一代使用普通话；对方言和普通话发展持无所谓态度的人，一般选择使用方言；希望方言得到保留和发展的人，对弃用无棣方言特色称谓语持强烈的否定态度。

五、结　语

总的来看，无棣县根据亲属称谓语特征词的不同，可以分为东北分区、北部分区、南部分区三部分。无棣方言亲属称谓语变化趋势不一，包括使用增多、减少、无明显变化。其规律可循，与其表达效果、使用环境经济及地理因素、社会制度及文化传统、普通话推广及个人因素息息相关。从现在的发展趋势来看，无棣方言亲属称谓语中感情色彩消极的称谓语将逐渐被淘汰，表示表亲的亲属称谓亲疏差别淡化，南部分区亲属称谓语向北部分区扩散。

由于时间仓促和能力所限，本文对无棣方言亲属称谓语使用差异的调查还不够细致，未涉及不同场合、不同话题使用情况的调查。现有调查也并未作细致的定量分析。留待以后完善。

参考文献

[1] 刘淑学．冀鲁官话的分区（稿）[J]．方言，2006（4）．

[2] 王海清．无棣县方言语音研究 [D]．山东师范大学硕士学位论文，2002：4—5.

[3] 中国社会科学院语言研究所方言研究室资料室．汉语方言词语调查条目表 [J]．方言，2003（1）：6—27.

蒙古语委婉语社会交际功能概说

贾吉峰①

摘要：委婉语是人类运用语言过程中的一种普遍现象，是从词语运用技巧及表达效果方面对词语的分类和运用。人们在日常交际中，考虑到某些生活习惯、习俗差异以及民族差异的原因，就必须使用委婉语以避免尴尬或不愉快。因此本文从语用学的角度，试图通过具体的例子探究在特定的语言环境下蒙古语委婉语的交际功能。

关键词：委婉语　蒙古语　委婉方式　交际功能

一　委婉语的概念界定

委婉语是语汇的一个重要组成部分，是从词语运用技巧及表达效果方面对词语的分类和运用。委婉语的产生和运用是人类社会发展的文明标志，同时也是提高交际效果的需要。那么，什么是委婉语呢？委婉语是人们在谈论那些令人不快或尴尬的事情时，所使用的较为礼貌的说法。换言之，委婉语是一种用无害的或悦耳的词语代替那些直接的、唐突的词语，用善意的话语把事实掩盖起来的修

① ［作者简介］贾吉峰，2011 级语言学与应用语言学专业博士研究生，研究方向：人类语言学。

饰手段。

蒙古语是蒙古族人民最重要的交际工具。在日常交际过程中，正确、恰当地使用蒙古语委婉语，可以保证人际关系的良性发展。本文拟对蒙古语委婉语的社会交际功能进行探讨。

二 委婉语的社会交际功能

1. 避讳功能

人都有求吉利、避凶灾的心理。对于“死亡”这样的词语，在各种语言中表达的都是一种不可抗拒的生理现象，因为这种现象牵涉到社会的一切成员，所以它又是一种难以避免的社会现象。死亡是一种不幸，一种灾祸，人生最大的不幸莫过于死。人的本能总是想尽一切办法长久地活着，所以各种语言都会使用委婉词语来代替“死”这个词。人们在语言行为中把“死”字隐去，而使用委婉词语去表示，目的除了避免重提这个可怕的字眼外，有时是为了尊重死者，有时是为了怀念死者，有时是为了赞颂死者。“死亡”，无论是在汉语中，还是在蒙古语中都属于不吉利的话题。因此在许多场合，在提到与“死亡”有关的话题时，人们通常使用这样的一些词语去代替“死亡”一词。汉语中，《礼记·曲礼》上说：“天子死曰崩，诸侯死曰薨，大夫死曰卒，士死曰不禄，庶人死曰死。”此外，对皇帝和皇后死的委婉语还有：“晏驾、弃群臣、山陵崩”等。在蒙古语中对皇帝及上层人物的死称：“taγalal tekügsgü、qaliqu、nasu nügčigü”等，对老者、长者的死称“寿终”（nasun qotuγ küičekü），丧父称“失怙”，丧母称“失恃”，丧妻称“断弦、失俪”（qani ban altaqu），对未成年死称“夭折”（J̌aγurmaγ nasulaqu、uqur nasulaqu）等。可见，根据不同年龄、身份关于“死”的委婉语的使用也要有所区别。在现代蒙古语中还产生了一批适应新的交际需要的关于“死”的委婉语，如：就义（J̌irum－I küičedkegü）、永别（ünite salaqu）、长眠（mÖngke nuisuqu）、去世（nasu berebe），汉语中还有“捐躯、告别人生、与世长辞、去见马克思”等。

委婉语的产生与禁忌现象有关。汤加人将禁忌称作“塔布”，塔布一般包括行为禁忌和语言禁忌两个方面。陈原认为：“语言塔布实质上包括两个方面，一是语言的灵物崇拜（语言拜物教），一是语言的禁用或代用（委婉语词和粗鄙语词）。”① “灵物崇拜”指的是把没有生命的东西当做崇拜的对象，赋予它一种本身不具备的超人的神力，而“语言的灵物崇拜”赋予语言能够赐福或降福的一种神奇能力。由于古人害怕降祸，当有些事物和现象遭到禁忌时，就连指称这些事物或现象的词语也不能直接提及，以免引祸上身，于是这些不能被提及的词语就成为“禁忌语”。为了解决在交际中有时又必须表述这些遭到禁忌的内容的现实问题，人们就创造了一种替代品——委婉语。如：古人因敬畏猛兽毒蛇，称老虎为“兽王”或“大虫”，称蛇为“长虫”。蒙语称蛇为：“loos—un eJ̌en”（龙王），称狼为“tngri—yin noqai”（天狗）、“kÖdege—yin ebügen”（野叟）、“γaiqal”（怪物）、“modon seküldu”（木尾巴的）、“kÖdege—yin küke”（青狗）等。（这些禁忌别称分别来自察哈尔、鄂尔多斯、布里亚特、科尔沁等地区的方言）这样一种恐怖与崇敬的复杂心理，与祖先崇拜、君主崇拜相结合，形成了古代游牧民族原始信仰的基础。用委婉语忌讳不祥、不雅与不洁。可见，委婉语是由于禁忌或避讳的需要而产生的。这样做，既满足了交际的需要，又避免了招来灾祸，给人一种心理上的安慰，从而实现了避讳的功能。

① 陈原．社会语言学［M］．北京：商务印书馆，343 页，2000.

2. 避俗功能

人们在进行日常交际活动中，对于人体的某些部位（如生殖器)、性生活、大小便、生育等，如果直言不讳地表达，往往会让人感觉很不舒服，即使对于听话者来说也会觉得对方很粗俗。于是蒙语中就产生了很多委婉的表达来化解这种尴尬。如："那种事"被称作"teimü kereg"、"姘居"被称作"neilegü"、"下身"被称作"door – a beye"。"阴部"被称作"niγuča"、"解手"被称作"beye Ĵasaqu"，"气色不好"被称作"čirai altaqu"、"脚不灵"被称作"kül γar maγutai"等。另外，蒙语委婉语还充分反映了畜牧生产和游牧经济文化方面的鲜明特色。比如，蒙语中对五畜生产幼崽也禁忌使用粗话，对马、牛、羊、山羊、骆驼五畜产崽分别依次婉称为：unaγalaqu、tuγullaqu、quraγalaqu、iŠiglegü、boduγulqu。同时，蒙古民族对于五畜的粪便不与脏物相提并论，认为吃草动物的粪便如同草料一样，是一种燃料，为避免粗俗，将牛、羊、驼、马的粪便婉称为：arγal、qurγul、qumool 等。通过这种表达方式，不但听话人感觉到自然，而且能够充分体现说话人的素质。

3. 礼貌功能

中国是世界闻名的礼仪之邦，好礼，有礼，注重礼仪是中国人立身处世的传统美德。"礼"作为道德规范，反映在个体修养上，讲究"礼貌"；反映在处理人际关系上，讲究"礼让"。蒙古族是一个崇尚礼仪的民族，在蒙古语中也存在着大量反映礼仪文化的委婉语。人们在人际交往中形成的重礼、守礼、行礼的风气，主要体现在敬老尊师、宾主礼让、尊人卑己等言行上，并传承延续成为人们的传统美德。称呼他人时，在称谓前冠以"kündüdü（尊)、erkim（贵)、baγŠi（师)、ačidü（恩)、arildü（仁)、mergen（贤)"。而称呼自己时，则使用"megüs minu beye"。这些尊称和谦称一定程度上也可称之为敬谦委婉语。敬谦语以褒扬他人、贬抑自己的情感色彩为鲜明标志，同时实现了其礼貌功能。

4. 掩饰功能

在交际中使用委婉语有时是为了表述人们不愿意直说的事实。例如：称 tarγun、mariyatai、miqaliγ（肥胖）为 elbeg telbeg、tügüreng、ǰoǰaγ ar（丰满）；称 yasun gelkiye bolqu、qataγsan borča matu（骨瘦如柴）为 narin γowaliγ γoida saiqan、yooǰaliγ、soγdaγar（苗条）；称 yadaγü kümün、yadayučud（穷人）或 yadaγu arad（贫民）为 tabun batulaγatu erüge（五保户）或 tegümǰi monggü yinkümun（接受救济金者）；称 küčürgegü（强奸）为 ičiküri、γotuγaqu、ǐigegü（羞辱）等。此外，生活中还称 ŠamŠiqu、idegü（贪污）为 naida－－in monggü－－i dora taγa 或 alban－－ü monggü－－i dora taγa（滥用公款）；称 Šorong、kintan、qar－a ger（监牢、监狱）为 küdelmuri ber ügerčeilegü－－in γaǰar（劳动改造之地）等。以上只是其中的一部分，但却能够见微知著，让人们对委婉语的掩饰功能有一个清晰、全面的认识。

三 结 语

委婉语是一种语言现象，同时也是一种社会文化现象，在社会交际中发挥着重要作用。蒙古语委婉语和其他语言中的委婉语一样，都是运用语言来协调人际关系的重要手段，在社会交际中担负着“润滑剂”的重要作用。Enright 说：“如果没有委婉语，世界的运转会因摩擦而停止，人间将充满仇怨。”① 可以预测，随着社会的不断发展进步，委婉语的交际功能将越来越突出。作为一种社会文化现象的语言，其使用要受交际对象、话题和语境等因素的影

① Enright D J. Fair of Speech：The Use of Euphemism ［M］. NewYork：Oxford University Press，1985.

响。而作为具有丰富文化内涵的委婉语同样也要受这些影响的制约，因此，研究蒙古语委婉语对于深入了解蒙古族的社会文化和风俗习惯，以及蒙古人民的社会交际规则都有比较重要的学术价值和应用价值。

参考文献

[1] 道尔吉．试论蒙汉委婉语的文化内涵［J］．内蒙古大学学报（人文社会科学版），2003，（6）．

[2] 王立廷．委婉语［M］．新华出版社，1998.

[3] 娜仁图雅．蒙古族民间禁忌（蒙文）［M］．内蒙古人民出版社，1998.

[4] 王殿珍．“死”类词语的文化内涵［J］．世界汉语教学，1998，（3）．

[5] 温显贵．死亡用词的文化考索［J］．湖北大学学报（哲学社会科学版），2000，（6）．

[6] 束定芳．委婉语新探［J］．外国语，1989，（3）．

[7] 田儿胜．委婉语的语用分析［J］．福建外语，2001，（2）．

[8] 徐海铭．委婉语的语用学研究［J］．外语研究，1996，（3）．

[9] 温洪瑞．委婉语的使用动机与特点［J］．山东外语教学，2002，（8）．

[10] 徐学文、曹都．汉蒙词典［Z］．内蒙古教育出版社，1977.

韩国语敬词与礼文化的“荣辱与共”

李　丹[①]

摘要： 韩国语的敬语是一种社会现象，它与韩国传统的礼文化融合为一体，伴随礼文化的产生而产生。由于韩国受中国传统儒家礼文化的影响，伦理思想、行为规范等方面都与中国有许多相同之处。承载着中国儒家礼仪文化的汉字被韩国借用以后，使得韩国语敬语词汇中有三分之二左右的词汇是汉字敬词。在历史发展的长河中，韩国儒家礼文化的形式和内容随着时代的变迁，会有所改变，但其文化的基本理念，诸如“君臣父子夫妇长幼朋友之大伦，修身齐家治国平天下之大经”，“忠孝仁爱，信义和平”等等，已经深深地根植于韩国文化之中，成为韩民族精神的基石，这种民族礼文化的传承和传播正是通过敬语的使用得以体现。

关键词： 韩国语敬词　韩国礼文化　礼文化的传承和传播

① ［作者简介］李丹，2011 级语言学及应用语言学专业博士研究生，研究方向：人类语言学。

引　言

张公瑾先生曾在《文化语言学发凡》中说到，语言应被看成是一种文化现象，着眼研究语言与文化总体的相互依存和同步发展关系，会使语言的价值获得最广泛的社会意义，也会使语言学获得空前的生命力①。也就是说语言与文化“相濡以沫”相互依存，协同发展。研究语言，必须考虑语言的文化价值。而词汇正是语言表层文化价值的具体体现。从发展的观点看，语言和历史同步，现存语言是各个历史时期的因素积累起来的综合体系。历史上存在过的各种文化现象，都要在语言中留下投影。韩国语的敬词作为韩国语敬语系统的一个组成部分，其发展与韩国传统的礼文化同步。考查不同历史时期韩国语敬词与礼文化的关系，不仅有利于韩国语敬语词汇的学习，对跨文化交际也会起到一定的积极借鉴作用。

一　韩国语敬词和礼文化的关系

韩国语敬词是韩国“礼”文化的表现形式，敬词为表，礼文化为里，两者融为一体协同发展。作为韩国语敬语法系统组成部分的敬词，受韩国语黏着语语言特征的制约，汉语借用过去的敬词语义功能在韩国语中就要通过有标记的语法功能来体现。韩国语敬语系统在历史发展的长河中经历了敬语词汇、敬语词汇和语法形态并存、敬语词汇和语法形态共融的发展过程。

礼文化是中国传统的核心内容。“礼”来源于远古氏族群体的

① 张公瑾．文化语言学发凡〔M〕．昆明，云南大学出版社，46页，1998.

巫术礼仪。后来，神权和王权结合，“礼”发展成为规范君臣、血统婚姻等关系的行为仪则。儒家学说建立后，“礼”被制度化、系统化，使之成为确立贵贱尊卑等级秩序的制度。“礼”的本质是“分”，“分”就是分阶级、分等级、分男女、分贵贱、分长幼。这种“礼文化”的正名思想正是敬语文化的体现。中韩两国隔海相望，韩国在接受了中国儒家传统“礼”文化后，反应这种“礼”文化思想的敬词也被借用到韩国。韩国将其与本国固有的文化和语言特征相结合，形成了反应韩国“礼”文化现象的敬语系统。这种敬语伴随着韩国“礼”文化的产生而产生。随着韩国“礼”文化内容的变化而变化，在历史发展的长河中不断出现更错交替的现象。

二　韩国敬词与礼文化的平行发展关系

（一）韩国敬词的萌芽和礼文化的产生期

据《三国史记》记载，早在新罗初已有巫，称第二代王南解为次次雄，而“次次雄”就指巫。被认为具有“超自然力”，故受到普遍尊重、爱戴。由此，我们可以推测韩国的“礼”文化起源于巫术礼仪。韩国古代社会祭政一致，将“熊、貊”作为守护神、祖上神崇拜，和神同义语的“고마”代表“君王”的尊称就产生了①。最初在伽倻国 4 代王和 9 代王被称作“尼叱旀”和“钳知王”。“旀、钳”是“고마”的标记，后来又先后被记作“俭、今、金、黔、甘、咸、监、感、邯、含、剑”。借用字“熊、君、貊、黑、

① 千素英．古代国语의语义研究〔M〕．高丽大学校民族文化研究所，121 页，1990. 转载李丙焘（1976）韩国古代史研究萤雪出版社

玄、孔”表示“君、首”的意思，是对“首长”的尊称①。除此之外，韩国先民把“先祖”、“祖上”、“祖宗”看做是“天”一般的存在，也就是说把祖先幻想成为“天”的代理，带有“至尊”的性质。这就意味着，在韩国古代历史上确实存在过王者担任祭政兼任的状况。后来，韩国出现的关于对首长的尊称“吉士、古支、居西、渠帅、仇首、居柒、阏智、乙支”《三国史记》。正是礼文化等级制度的体现。这种等级制度反应了儒家“礼”文化的核心“分”思想。运用到语言和行为交际中正是孔子在《论语》中提到的“动之以情，晓之以理”，“礼”通“理”。“礼”是外在的，“理”是内在的，内在的如“男尊女卑，长幼有序，内外有别”。伦理思想通过外在的敬谦语形式和伦理行为规范来体现。

三国时期（公元前1世纪－676年），韩国对汉字的掌握和理解程度达到较高水平。汉字依次传入到高句丽、百济、新罗。在汉字传入过程中，汉字敬称也就诞生了。承载着韩国礼文化的中国汉字的借用在韩国的传播中，书面语记录上经历了誓记体、吏札、乡札、口诀等几个发展阶段。韩国关于汉字的借用是韩国式的借用。在借用过程中充分体现了韩国语语法形态变化的特征如“尼师今、麻立、慈充、次次雄、角干”，《三国史记》和《三国遗事》有如下记载：“初南解薨，儒理当立，以大辅脱解素有德望，推让其位，脱解曰神器大宝，非庸人所堪，吾闻圣智人多齿，试以饼噬之，儒理齿理多，乃与左右奉立之，号尼师今。”《三国史记·新罗本记卷一》后来的《三国遗事·卷一·王历一》中也说：“尼叱今或作尼师今。”“今”、“尼师今”是“齿理”的音译②。三国时期官名后边有一个后缀［kan/han］干。例如：“麻立干金大问云麻立者方言

① 张儉（史21，46），钳耳大侯（史7），黔牟（史10）黔用（史574）黔弼（史50），孔恭（遗106），温君解（史5）等都属于是“고마”系的名字。同上123页.

② 廉光虎、池水涌．韩国语敬语形式的研究〔M〕．沈阳：辽宁民族出版社，36页，2003.

谓橛也。”（《三国史记·卷一》）“麻立干”表示“橛王”、“首露”（《三国史记·卷一》）（《三国史记·卷二》）“麻立”是“首”的表音，即“머리”表示官级。三国史記亦作“翰”，例如：“李濟賢曰新羅時其君稱“麻立幹”其臣稱阿幹鄉裏人稱幹連名呼蓋相尊之辭（吏讀便覽）。“干”亦可谓之“邯”位号曰“居瑟邯”或作“居西干”为王者之尊称也。《三国遗事》“干”、“邯”、“翰”作为尊称的标记来源于中国的汉字词汇“豻”。孔子编著的《尚书》中有“豻貊之屬”的记录。”① 从以上韩国对官级的汉字敬语称谓上我们可以看出三国时期，儒家学说的“君君臣臣父父子子”作为人伦之大伦，儒家“家国一致”说，即国家是家庭的延伸和扩大，“仁”和“礼”相结合而成的“三纲五常”作为伦理道德的基本规范也被广泛接受。所以，“子孝于父”则必然会做到“臣忠于君”。不仅要求“家国一致”而且要“忠孝一致”。对国家忠孝的直接反应就是关于国君和官员的尊称称谓。据《三国史记》等史籍记载，由于地理条件的优势，高句丽成为中国最早输入中国礼文化的国家。高句丽小兽林王 2 年建立了国家的最高学府太学，教授儒教经典。中国礼文化的“孝”思想使得高句丽更加崇拜祖先。后来这种“礼”文化传到百济，受儒教“五经”思想的影响，精通德教“五经”的“博士”尊称称谓就产生了。这种“礼”文化后来又渗透到百济人的生活习俗中。衣食住行中有男女、长幼等区分，伦理思想中有“忠，孝，烈”之分。

新罗时期第三代儒理王把官员分成 17 等级，从一品到九品都用结尾词“飡”。例如：一品官员“伊尺飡”或云“伊飡”，“阿飡”或云“啊尺干”或云“阿粲”（三国史记 38）现在看来大概是大官的意思。除了“干”，还有“支”、“兄”、“加”也用来表

① 千素英．古代国语·语义研究〔M〕．高丽大学校民族文化研究所出版，119 页，1990.

示官级。还有反映社会关系的“郎、君、臣、父、公主”等极少数固有词的出现。动词敬语形式有“在（계시）”由“教”字来表示。例如：“音乎手母牛放教遣（放了执母牛缰绳的手）”《献花歌》①。语法形态上出现了表示对主体尊敬、客体尊敬、听者尊敬的词尾。这种用汉字标记的韩国语式词尾如：“臣隐爱赐尸母史也（臣是慈爱的母亲）”《安民歌》该句里的“赐”就是后来韩国语中对主体尊敬的格词尾“시”。可见，儒家的礼文化“分贫富、分尊卑、分等级、分贵贱、分男女、分长幼”的正名思想在三国时期已经形成。

韩国语的敬语词汇对王者的尊称最早起源于韩国的巫术礼仪，随着中国儒家文化在韩国的传播，儒家文化的分思想使得人们的地位、贫富、身份等分出等级，用语言直接体现就是敬语称谓。包括官职敬语称谓、社会敬语称谓、亲属敬语称谓。这些反应儒家礼文化思想的汉字敬语称谓在某种程度上可以说是汉语的称谓的借用，但是，借用不等于是照搬，而是韩国式的借用。借用过程中结合韩国语的黏着语形态特征。

（二）韩国敬谦语的繁荣和礼文化的兴盛期

新罗统一三国以后（公元676—935年），特别是盛唐文化逐渐进入新罗，新罗与中国的文化交流日益广泛、深入境地的发展。一些唐朝的官名称谓“郎中、伺中”等敬称传入新罗。除此之外，三国时期的关于“王”的尊称词汇继续被使用，语法形态标记方面表示对主体、客体、听者尊敬的韩国式汉字标记形态已经泛化。由于采取了积极吸收唐文化的政策，新罗在政治、经济、学术、艺术等方面十分繁荣，设立了最高教育机关——国学。儒学在三国统一以

① 廉光虎、池水涌．韩国语敬语形式的研究〔M〕．沈阳：辽宁民族出版社，44页，2003.

后作为统治手段发挥了很重要的作用。儒学的名分思想和节用思想对服色、车骑、器用等有很大的影响。比如，人们的军旅、冠礼、婚嫁、物品、日常行为等，都分出尊卑等级。语言表现差异为："天子死曰"붕어（崩御）"，诸侯曰"훙서（薨逝）"，王公、贵人大夫曰"殉教（훈교）"。帝王官宦们的自谦称谓根据官衔的大小称：짐（朕）、고（孤）、과인（寡人）、하신（下臣）、미신（微臣）、우신（愚臣）、하관（下官）、소인（小人）、부재（不才）等等。因此，三国以前关于社会等级称谓的敬词相对较多。

新罗灭亡之后，高丽建国（公元918－1392）。这时，出现的敬称有"先生、居士、长老、翁、拔都、国师、王师①"等。语法形态上还出现了表尊敬的命令词尾，用汉字标记的语法形态为"受势"和"少时"例如："约明日至曰辖乌受势"（- 오쇼셔）"相别曰罗戏少时"（여희쇼셔）。其中，"长老、国师、王师"是佛教尊称用语。据史料记载，高丽把佛教作为国教，用以支配高丽的思想和信仰。因此，大量的佛教用语被输入进来，这些佛教词语都是汉字词。在政治方面，高丽实行了科举制度，用汉文考试，这样使汉文更加发达起来。同时他们注重吸收儒学思想，把儒教作为政治理念实施了仁政，推崇王道政治，制定了宗庙、社稷、幻躯、赤箭等国家制度，设立了最高教育机关——国子监和科举制度。隶宗和仁宗印刷了大量的《孝经》和《伦语》，使其普及到民间，儒教不仅用于政治理念还用于伦理教育之中。高丽时期的有关学者认为"圣人之道，不过日用伦理，为子当孝，为臣当忠；礼以齐家，信以交朋；修以必敬，立事必诚而已。"② 可见，当时的韩国儒教学派对仁爱、诚敬、忠恕、孝悌、信义等价值是相当尊重的。在高丽中晚期是儒佛比较调和的时期。佛教敬称被大量借入到朝鲜语中。

① 姜宪圭．韓國語語源研究史〔M〕．韩国：集文堂，72－83页，1988.

② 郭齐勇．中国儒学之精神〔M〕．上海：复旦大学出版社，104页，2009.

朝鲜时期（公元1392—1910），大约在15世纪，体词敬谦词汇有“님금（大王）、어버이（父亲大人）、어마님（母亲大人）、어바이（父亲大人）、부모님（父母）、하나님（上帝）、부톄님（菩提）”、“그듸（您）”。谓词形式有“좌시다（吃的敬语）、이받다（献的敬语）”语法形态方面出现了对客体尊敬的格词尾“그어긔”、呼格词尾“하”、“님금하（大王啊）”根据年龄、地位、亲属关系来选择的语法形态“阶称”概念略显雏形。从以上的敬谦词的形态我们可以得知这些敬词是在15世纪中叶，朝鲜世宗大王（1419—1450年在位）和一些学者于1443年创造出了韩国独特的文字——训民正音之后产生的。在训民正音创制之前，古代韩国全盘使用汉字；在训民正音之后，形成了以汉字为基础，保存有大量汉字音和汉字词的体系文字。以上汉字敬词也体现了这一特征。朝鲜时期事大思想尤为严重，儒学者们崇尚汉文化，竭力使用汉字。家庭的伦理道德思想“长幼有序”在“아바님（父亲大人）、어마님（母亲大人）、어버이（父亲大人），부모님（父母）、형님（大哥）”得到充分体现。“님금（大王）”也体现了“为子当孝，为臣当忠”的伦理道德。朝鲜时期，韩国施行“抑佛崇儒政策”，继续发扬立足于义理精神的儒教传统。儒教在韩国真正得到重视、传播、普及和大发展。这一时期，文庙奉祀的定例化和制度化，朝鲜朝性理学在朝鲜朝儒学得到广泛的传播和深入的研究，16世纪出现的相关敬谦词汇有“御膳、内官、进赐、上典、大监、孺人、主事、生员、书房、令监（영감）、初任（나으리）、公主（공주）、玉体（옥체）。”表示对听话人尊敬的“阶称”已经基本形成，分为“基本阶、对等阶、尊敬阶”。

由于国家制定的儒学典章制度、受儒家文化熏陶的个人修养和家庭礼仪、礼学的影响，在韩国历史上，17世纪被称为“礼学的世纪”，该文化影响下的敬语词汇表达也枝繁叶茂。如“贵人（마님）、大殿（대전）、中殿（중전）、陛下（폐하）、阁下

(각하)、殿下（전하)、丈夫、（남편)、大夫（서방님)、丈夫(령감)、夫人（녀편네)、大人（안해)、夫人（마누라)"。敬谦的目的是表敬，此时出现的谦词有“소생（小生)、소자（小子)、우제（愚弟)、우처（愚妻)、가돈（家豚)、졸고（拙稿)、폐사(弊社)、졸견（拙见)、누옥（陋屋)”等。”语法形态方面对听话人尊敬的“阶称”发展成为“基本阶、对等阶、微敬阶、最尊敬阶”。18世纪以后敬词有的已经被泛化。语法形态方面大量的词尾走向了合成化，数量比以前增多，阶称系统基本形成。19世纪发展成现代语的阶称范畴。

（三）韩国敬谦语的可持续发展和礼文化的缓冲期

19世纪末开始出现的国文运动，大力推动了韩国语的发展，词汇方面随着政治、经济、文化等诸方面的开化运动，很多褒义词变成贬义词或者中性词。如“令监”（原指李朝时期堂上官，后来泛指男性老人)、“生员”（原指科举中通过了小科终场的文人，后来泛指一般文人)、“玉体”（原指国王及王后的身体，后来泛指一般长辈身体)。敬语名词方面，二十世纪初，出现了“말”和“진지”是“话”和“饭”的敬语名词外，还有“病患、吩咐、生辰、诞辰、还次、齿牙”。在非亲戚称呼语中也出现了尊敬词的后缀“-氏、-娘、-君”和前缀“令-、贵-”，还有二十世纪初出现，到二十世纪三四十年代才开始广泛使用的敬语称谓“여사(女士)、미스터 mister（先生)、미쓰 miss（小姐)”。敬语代词第一人称有“저、저희”，第二人称有“그대、당신”，第三人称有“그이”。谦让词有“小人、小妾、贱品”。敬语动词尊待主体的有“계시다（在)、돌아가다（死)、잡숫다（吃)、주무시다（睡觉)、진노하다（发怒)、운명하다（殒命)”。尊待主体的对下动词中有“뒈지다（死)、씨부렁대다（乱说)、처먹다（乱吃)”等。尊待客体的谦让动词中有“모시다（陪)、뵙다（拜见)、

알외다（禀告）、여쭙다（告诉）、올리다（给）、하직하다（告别）”，这些词大部分早在中世纪就开始使用了。表示尊卑关系的词缀“-마마”表示“某某娘娘”的褒义后缀，“-네”接在称呼语后面，表示复数关系的褒义后缀，还出现了表尊敬的感叹词“여봅시오”。

中国的辛亥革命是儒家思想由繁荣到衰落的转折点，儒家的三纲五常思想被无产阶级的民主主义思想所代替，19 世纪初的新文化运动加速了中国“礼文化”走下坡路的进程，从此，敬词的辉煌开始“退潮”。与中国毗邻的朝鲜（1897 年—1910 年）在走向近代化的过程中，受到了中华民国初期打倒儒教运动的影响。在康有为的变法自强论和孔教运动的影响下，韩国也开展了孔教运动。20 世纪初普及西洋式近代教育制度和不认可传统教育制度，在这种形势下加速了儒教体制的崩溃。在西洋文明的强烈冲击下，韩国也曾出现过一股激烈批判和否定儒教的所谓“儒教亡国论”的思潮，认为只有抛弃儒教，韩国才能走向近代化。与此同时，儒家的一些“礼”文化也遭到一些人的排斥。但是儒教并没有从此走下坡路。朝鲜时期，有相当一批儒教学者则认为，韩国亡国的原因不在儒教，而在于没有真正地去实践儒教的真理。所以，他们主张要认真研究和把握儒教的本质，真正地去实践儒教，以匡救亡国之根，并因此提出了“儒教勃兴论”。韩国礼文化在一些外文化的影响下，发展受到影响。但是，由于国内一些拥护儒家礼文化的势力尚存，在他们的推动下，礼文化还是沿着一定的轨迹继续前行。

三 结 语

现当今虽然礼文化下的等级划分已不存在，但是，儒家礼文化传承下来的道德、礼仪、习俗已经融入到人们的生活中。随着时代的发展，某个历史背景下所产生的敬谦词由于历史和礼文化的变迁已不再被使用，阶称的标准也有所变化或趋于简化。但是，由于韩国社会对儒家文化的推崇、成均馆大学的儒学教育制度完善、韩国儒教学会、孔子学会、礼学会，以及众多的东洋文化、东洋哲学、东洋思想研究会、所、院等成立及儒文化的传播和研究。使得韩国的儒家文化更趋于组织化、体系化、现代化、大众化。反映儒家礼文化的敬语和敬谦行为更趋于标准化和规范化。

参考文献

［1］廉光虎、池水涌．韩国语敬语形式的研究［M］．沈阳：辽宁民族出版社，36 页，2003.

［2］千素英．古代国语语义研究［M］．高丽大学校民族文化研究所，119 页，1990.

［3］郭齐勇．中国儒学之精神［M］．上海：复旦大学出版社，104 页，2009.

［4］姜宪圭．韓國語語源研究史［M］．韩国：集文堂，72—83 页，1988.

［5］金京振．中韩宗教思想比较研究［M］．北京：中央民族大学出版社，2010.

［6］张公瑾．文化语言学发凡［M］．昆明：云南大学出版社，46 页，1998.

苗语空间方位词及其文化蕴涵

吴秀菊①

摘要：苗语空间方位词是苗族空间认知经验范畴化的结果。作为空间观念原型的基本方位词，从结构上、参照系上等方面来看，苗族空间认知活动具有具象性、系统性的特点。从文化蕴含来看，苗语方位词体现了苗族赖以生存的地理环境、风俗习惯、生活伦理等方面的特点。

关键词：苗语　方位词　空间认知　文化蕴含

空间方位词标注空间方位和事物所处的相对位置，和时间词一起构成最基本的时空体系，在所有文化和语言系统中是不可或缺的。苗语空间方位词有其鲜明的地域特点和独特的民族文化特色。本文主要以苗语东部方言湘西凤凰勾良苗语的语料为对象，来讨论苗语空间方位词的分类，进而探讨方位词的语法功能及其在苗民族的社会生活中所蕴含的文化意义。

本文将首先从音节结构上对苗语方位词进行分类，然后从认知语言学的角度，根据它们所依存的不同参照系进行新的归类和来源分析。

---

①［作者简介］吴秀菊，2011级语言学及应用语言学博士研究生，研究方向：语言类型学。

一 从结构上进行分类

根据音节结构特点，苗语的方位词可以分为单纯词和合成词两类。

单纯方位词是最基本的方位词，都是单音节。苗语单纯方位词主要有：

lɔ^{35}	“上”	tɯ^{35}	“下”
nɯ^{22}	“前”	ʧai^{35}	“后”
ɳʌŋ^{33}	“里”	pɔŋ^{35}	“斜面”
po^{35}	“底部”	taŋ^{44}	“低洼处”

合成方位词由两个语素构成。从语素的虚实性质来看，可以分为两类，一类是由两个实语素构成的复合式方位词，另一类是由前缀和实语素构成的附加式方位词。见下表：

复合式方位词	附加式方位词
kɯ^{214}（方）nɯ^{22}（前）“前面”	tɔ^{42}（缀）hɔŋ^{42}/（下）qɔ^{214}（缀）tɯ 35（下面）”
kɯ^{214}（方）ʧai^{214}（后）“后面”	tɔ^{42}（缀）ɳʧaŋ^{214}（中）“中间”
kɯ^{214}（方）n̥hɛ^{214}（日）tã^{42}（出）“东方”	tɔ^{42}（缀）ntau^{214}（里）“里面”
kɯ^{214}（方）n̥hɛ^{214}（日）m̥hɔŋ^{35}（没）“西方”	qɔ^{214}（缀）pjɛ̃^{22}（侧边）“旁边”
kɯ^{214}（方）ȵɯ^{22}（生）阳间	qɔ^{214}（缀）jɔŋ^{42}（边沿）“边沿”
kɯ^{214}（方）tɔ^{44}（死）阴间	qɔ^{214}（缀）pɔŋ^{35}（面）“斜面”
kɯ^{22}（肢，量词）ȵi^{44}（左）“左边”	mɔ^{55}（助）nʧaŋ^{214}（中）“中间”
kɯ^{22}（肢，量词）ʧa^{55}（右）“右边”	tɕi^{214}（缀）lɔ^{44}（田）“田里”

复合式方位词前一语素是中心成分，后一语素是修饰成分。前

一语素主要有两个，一个是由名词本意为道路的kɯ^{42}虚化而来，并且发生调变的kɯ^{214}，引申为具有方向性的“路径”和“路线”。另一个是修饰身体四肢的量词kɯ^{22}，它们与后面的语素构成的方位词一般表示方向。另外，kɯ^{214}加上部分形容词也可以用来表示一些比较抽象的空间概念，如：kɯ^{214} ȵɯ^{22}（阳间），kɯ^{214} tɔ^{44}（阴间）。

附加式方位词由前缀或助词tɔ^{42}、qɔ^{214}、mɔ^{55}加上表示方位概念的语素构成，一般表示位置。tɕi^{214}加上某些名词还可以表示“在……当中/里面”的意思。

汉语合成方位词常在方位词后边加上“边”、“面”、“头”、“方”等后缀，如“左边”、“后面”、“前头”、“东方”等。而苗语词序结构与汉语恰恰相反，而是在方位词前加实词kɯ^{214}“路”、或前缀tɔ^{42}、qɔ^{214}、tɕi^{214}等来表示方位的。

苗语名词的修饰语除了数量词居于名词中心词之前外，其余的固有语序都是修饰语位于名词中心语之后。一般都遵循SVO语言所有定语后置为主的原则。

苗语方位词在语法方面除了合成词的词序与汉语相反之外，还有以下几点特殊的地方：具体的实物名词修饰单纯方位词可以表示该事物的处所或方位，其结构为：单纯方位词+名词。例如：

lɔ^{35}ntau^{35}	树上	tɯ^{35} pɛ^{55}	桌下
nɯ^{22} pjaɯ^{42}	屋前	ʧai^{214} pjai^{42}	脑后
po^{35} wã^{22}	锅底	ci^{21} ʒaĩ^{55}	山顶
hɔŋ^{42} au^{214}	下游	pɔŋ^{35} pja^{214}	悬崖的面上
tsɯ^{55} qɯ^{22}	岭脊	tɔŋ^{44} tɔ̃^{214}	低洼处的池塘

而具体的实物修饰合成方位词表示事物的处所或方位时，则存在两种语序：“名词+方位词”和“方位词+名词”。其中附加式方位词多出现在“方位词+名词”语序中，如：

qɔ^{214} pjɛ̃^{22} ʧhɛ̃^{22} tsɿ^{35} 车子旁边　　mɔ^{55} ȵʧaŋ^{214} lɔ^{42} 田的中间

（缀）旁边车子　　　　　　　（助）中间田

$q\text{ɔ}^{214}$ $j\text{ɔ}\eta^{42}$ au^{214}　河边　　$q\text{ɔ}^{214}$ $p\text{ɔ}\eta^{35}$ $t\text{ɕ}\text{ɔ}\eta^{55}$　墙上

（缀）边沿 河　　　　　　　（缀）面 墙

不过也能使用“名词+方位词”语序，只是频率不高，但是这种情况下，名词不能由单音节词充当，如果是单音节名词，则前面往往有前缀，如：

$kh\text{ɯ}^{35}$ po^{33} $t\text{ɔ}^{42}ntau^{214}$　口袋里　　$\text{ʧ}h\varepsilon^{22}$ $ts\text{ɿ}^{35}$ $q\text{ɔ}^{214}$ $pj\tilde{\varepsilon}^{22}$　车子旁边

口袋　　里面　　　　　　　车子　　旁边

复合式方位词多出现在“方位词+名词”中，如：

$k\text{ɯ}^{214}n\text{ɯ}^{22}t\text{ɕ}i^{22}p\varepsilon^{55}$　桌前　　$k\text{ɯ}^{214}$ $\text{ʧ}ai^{35}$ $s\text{ɔ}^{42}f\text{ɔ}^{42}$　沙发后面

前面　　桌子　　　　　　　后面　　沙发

$k\text{ɯ}^{214}t\text{ɯ}^{35}ntau^{35}$　树子下面　　$k\text{ɯ}^{42}$ $\text{ɳ}\text{ɔ}\eta^{44}$ $qhau^{42}pja^{35}$　洞穴里面

下面　　树子　　　　　　　里面　　洞穴

通常在“名词+方位词”语序中，一般需要用结构助词 $n\text{ɔ}\eta^{42}$ “的”来连接名词与方位词：

$kh\text{ɯ}^{35}po^{22}$（$n\text{ɔ}\eta^{42}$）$t\text{ɔ}^{42}ntau^{214}$　口袋里

口袋　　的　　里面

$\text{ʧ}h\varepsilon^{22}ts\text{ɿ}^{35}$（$n\text{ɔ}\eta^{42}$）$q\text{ɔ}^{214}$ $pj\tilde{\varepsilon}^{22}$　车子旁边

车子　　的　　旁边

$t\text{ɕ}i^{22}p\varepsilon^{55}$（$n\text{ɔ}\eta^{42}$）$k\text{ɯ}^{214}$ $n\text{ɯ}^{22}$　桌前

桌子　　的　　前面

$s\text{ɔ}^{42}f\text{ɔ}^{42}$（$n\text{ɔ}\eta^{42}$）$k\text{ɯ}^{214}\text{ʧ}ai^{35}$　沙发后面

沙发　　的　　后面

此外，苗语方位词可以重叠表示程度的加深或极化，通常方位词的第一个音节包括表方向的 $k\text{ɯ}^{214}$（方）和 $t\text{ɔ}^{42}$、$q\text{ɔ}^{214}$ 等前缀在重叠部分可以省略。例如：

wu^{33} $\text{ɳ}o^{214}$ $\text{ȵ}i^{214}$ $k\text{ɯ}^{214}$ $n\text{ɯ}^{22}$（$k\text{ɯ}^{214}$）$n\text{ɯ}^{22}$ ai^{214}. 他走在最前面的地方。

他 走 在（方）前（方）前 那

$kɯ^{214}ʧai^{214}ʧai^{214}$最后面 $tɔ^{42}hɔŋ^{42}hɔŋ^{42}$最下面

（方）后 后（缀） 下 下

$qɔ^{214}tɯ^{35}tɯ^{35}$最下面 $qɔ^{214}$ $jɔŋ^{44}jɔŋ^{44}$最边沿

（缀） 下 下（缀） 边沿 边沿

二 从所依存的参照系上进行分类

人们对所置身的空间方位的直接感知，是人类认识客观世界最基本的认知方式，不管哪个民族用他们的语言对方位进行如何不同的描述，但是它对于空间方位的判断都是基于以自身或以所处的环境为参照点来认知的。这种参照点分为绝对参照点和相对参照点两种。绝对参照点以太阳为参照点，相对参照点分为自身参照点、环境参照点和他物参照点几种。

（一）以太阳为参照点

在人类的认知中，最先感受到的就是自身和周边空间环境的关系，要给自身定位，必须有参照物，而辨别方向和方位的唯一参照就是天空中东升西落的日月。世界上几乎所有的民族都是以太阳为参照系来作为定位四方的标准的，于是就产生了“东”、“南”、“西”、“北”这组绝对的空间方位词概念。苗族人关于东、西方位的概念就是直接对太阳运行路径的直接描述：把东方直呼为 $kɯ^{214}$ n̥ $hɛ^{214}tã^{42}$（日出之路），简称 $kɯ^{214}ntso^{42}$，$kɯ^{214}tã^{42}$。把西方直呼为 $kɯ^{214}$n̥$hɛ^{214}$m̥$hɔŋ^{44}$（日没之途），简称 $kɯ^{214}ʧɔ^{42}$、$kɯ^{214}$m̥$hɔŋ^{44}$。把东和北、东和南之间夹角的方位都叫做 $qɔ^{214}$ $ʂɔ^{44}$ n̥$hɛ^{214}$ $tã^{42}$，西和北、西和南之间夹角的方位都叫做 $qɔ^{214}$ $ʂɔ^{44}$ n̥$hɛ^{214}$ m̥$hɔŋ^{44}$，其中 $qɔ^{214}$ $ʂɔ^{44}$表“偏离，倾斜”的意思。而苗族把南方叫做 $kɯ^{214}tɔ^{22}$，北方叫做 $kɯ^{214}tɕo^{44}$，我们无从考证其来源，在此不做讨论。如图

(1) 所示：

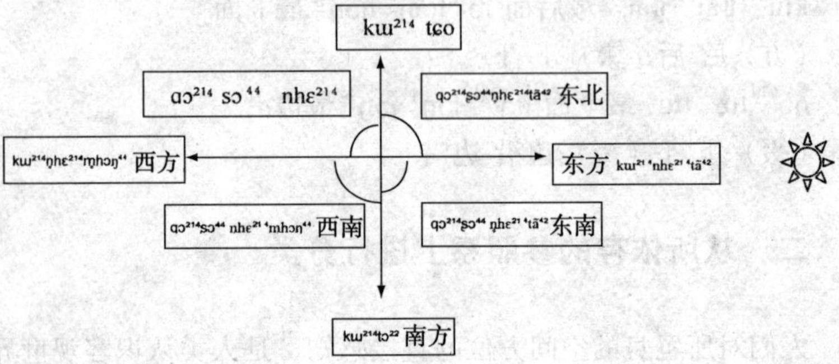

图（1）

（二）相对参照系

1. 以自身为参照点

苗族人有着自己完整独特的方位词概念。当观察者以自身为参照系的时候，自身身体的前—后、左—右、上—下三大剖切面就构成了一个三维空间系统。当这种认知结构映射到语言空间里，基本标志就是以“前、后、左、右、上、下”方位词对方位进行判断。如下图所示：

以上方位词中的 $lɔ^{35}$（头顶）、$tɯ^{35}$（脚板）、$ʧa^{55}$（右手）、$ȵi^{44}$（左手）直接来源于人体的四个部位。这类方位词还有如下特点：

(1) 由有方向性意义的 $kɯ^{214}$ 加上单纯方位词合成的空间方位词：

$kɯ^{214}lɔ^{35}$（上面），$kɯ^{214}tɯ^{35}$（下面），$kɯ^{214}nɯ^{22}$（前面），$kɯ^{214}ʧai^{44}$（后面）。

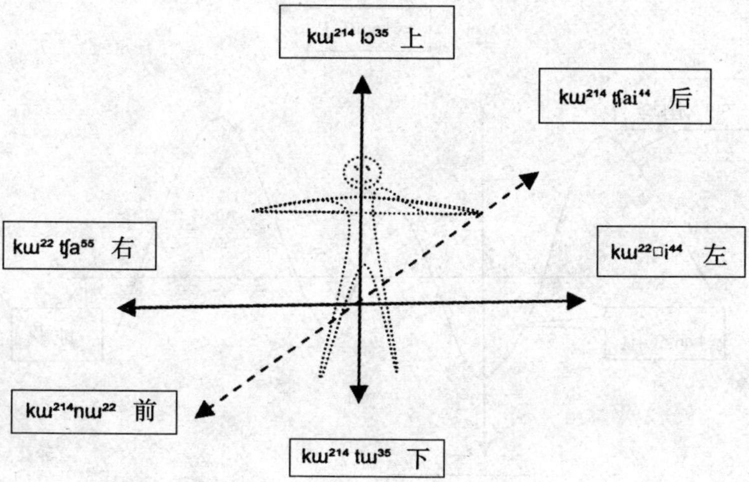

图（2）

（2）由身体的某个具体部位引申为空间方位：

kɯ^{22}（枝，肢）是肢体量词，kɯ^{22} ʧa^{55}（右手），kɯ^{22} ȵi^{44}（左手）本是身体的具体部位，现在已成为表左右方向的方位词。

2. 以环境为参照点

以坏境为参照系来认知空间方位的方式，和以自身为参照系的方式都是属于一种相对的观察方式。不同的是以环境为参照系是以观察者所处的自然环境来判断和确定空间方位的。由于苗族人多数山居，多以山川河流为环境参照系。所以苗族的语言中空间方位词有着很多的山川文化色彩。苗族人就是以自己在平地上脚下所处的位置为地平线，用方位词 lɔ^{35} 和地平线上隆起的 qɯ^{22}（山峰山岳）来组合构成 lɔ^{35}qɯ^{22}，本义为“山上”而引申出“上面”之义。以方位前缀 tɔ^{42} 和地平线下的 hɔŋ^{42}（山冲山谷）来组合构成复合方位词 tɔ^{42}hɔŋ^{42}，本义为“山谷”，引申为“下方”的。如图所示：

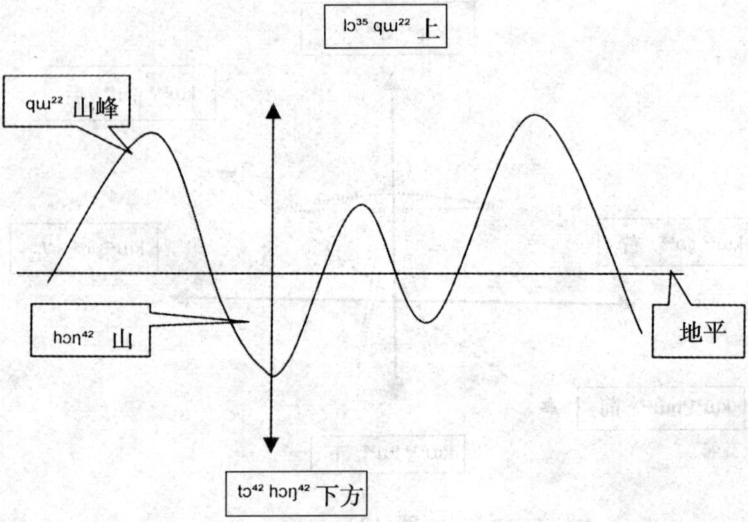

图（3）

苗语中由“山川坐标系”派生出来的表方位的词汇特别发达：kɯ^{214} ʒãi^{55}（上面），qɔ^{214} ʦɯ^{55}（山梁上），qɔ^{214} taŋ^{44}（山谷里），qɔ^{214} cɛ̃^{214}（山顶上），qɔ^{214} po^{55}（底部），qɔ^{214} qo^{35}（山沟里），qɔ^{214} tu^{22}（溪沟里），qɔ^{214} qo^{35}（山谷里），cɛ̃^{214} qɯ^{22}（山巅），tɯ^{35} qɯ^{22}（山脚），pɔŋ^{35} qɯ^{22}（山腰），ʨɔ^{42} qɯ^{22}（山侧），ʒaĩ^{55} qɯ^{22}（上寨），hɔŋ^{42} ʧɛ^{44}（下寨），ʒaĩ^{55} au^{214}（上游），hɔŋ^{42} au^{214}（下游）等等。

3. 他物参照点

他物参照系是以自身以外的事物为参照系的相对参照方位。以他物参照系为参照所产生的方位词一般不能单独使用，其必须附着在其他的处所名词之前，和这些他物参照系所属的名词一起构成方位词，苗语的这类方位词很发达，能够描述任何具体的方位。如：nɯ^{22} qɯ^{22}（山前），ʧai^{35} ʒaĩ^{55}（岭后），pjɔ^{214} qɯ^{22}（村尾），pjei^{42}

ʒɔŋ^{22}（寨头），ʒaĩ^{55} tɕɔ^{214}（上村），hɔŋ^{42} ʧɛ^{44}（下寨），lɔ^{35} ntau^{35}（树上），tɯ^{35} ʒaɯ^{214}（岩脚），ci^{214} qɯ^{22}（山巅），tsɯ^{55} ʒaɯ^{214}（岩台），tɕɔ^{42} pjaɯ^{42}（屋侧），pɔŋ^{35} pja^{35}（崖壁），tɔŋ^{35} pjaɯ^{42}（屋脊），po^{55} wã^{22}（锅底），ȵɔŋ^{35} pja^{35}（洞内），wa^{55} ʧhai^{214}（园外），ʃei^{35} ʧɛ^{35}（碗口），ȵo^{55} lɔ^{44}（田角），ʃei^{42} ʒaɯ^{214}（石缝），pa^{55} pja^{44}（岩穴），ci^{55} taɯ^{214}（地底），pho^{44} pjɯ^{42}（屋顶），po^{35} au^{214}（河面），wa^{55} ʧhai^{214}（寨围）。

4. 对规则几何形体方位的感知描述

苗族人对视觉感知的各种规则的几何形体，都有自己相应完整的空间方位词来表达：qɔ^{214} taŋ^{35}（上底），qɔ^{214} po^{55}（下底），qɔ^{214} pɔŋ^{3}（立面），qɔ^{214} tɕɔ^{42}（侧面），qɔ^{214} ci^{214}（顶部），kɯ^{42} ȵɔŋ^{44}（内部），kɯ^{42} ʧai^{35}（外面），kɯ^{42} wa^{55}（外围），tɔ^{214} ȵʧaŋ^{214}（中间），mɔ^{55} ȵʧaŋ^{214}（中心），tɔ^{42} ntu^{213}（当中），kɯ^{42} ȵɔŋ^{44}/qɔ^{214} ȵɔŋ^{44}（里面），kɯ^{214} ʧai^{35}/qɔ^{214} ʧai^{35}（外面）。其中 kɯ^{42} ȵɔŋ^{44} 和 kɯ^{42} ʧai^{35} 指方向，qɔ^{214} ȵɔŋ^{44} 和 qɔ^{214} ʧai^{35} 则指方位。

根据以上对方位词的分类，首先可以发现苗语基本方位词从不同的角度表明了苗族人空间认知的具象性，大部分词本来不表示抽象的方位意义，其方位意义是由某一形象意义发展而来的；其次可以发现苗语基本方位词是聚合而成的词群，表现了苗族丰富而完备的空间认知经验，说明了苗族对空间对象的系统认知。

三　苗语方位词所蕴含的文化意义

方位词不仅用于表示方向和空间位置，其在漫长的发展过程中都是和人们的生活息息相关的，所以多少都带有不同程度的文化色彩。在苗族的社会生活中，不同的方位代表着不同的文化寓意，往往可以用来区别地位的尊卑贵贱和方位的吉凶祸福，以及地名命名等等，这种文化现象，表现了苗族生活的地理环境、社会关系、习俗和伦理等方面的特点。

（一）体现在环境命名方面

在苗族生活的地区，不管是山川河流，还是寨落村庄，很多的地名命名都和方位词有关，苗族人民根据各种环境在时空中的方位特点，用方位词对其进行形象生动的描述。于是就产生了很多的和方位词有关的地名，人们往往一听到这些地名，基本上就可以知道这些地方的地理环境特点。如下面的地名：ʦɯ^{55} kɔŋ^{55}（形似铁三脚般的台地），taŋ^{44} pja^{35}（四面山崖的低洼地），po^{55} taŋ^{44}（底部平坦的低地），lɔ^{35} tu^{22}（山溪之上），tɯ^{35} pja^{35}（崖脚），hɔŋ^{42} lɛ^{22}（田姓人居住的山谷），pɔŋ^{214} ʃo^{214}（生长蕨菜的山腰），tɕŋ^{214} taŋ^{44} qha^{44}（麻姓人居住的山冲），taŋ^{44} au^{214} ɕo^{214}（冒着热水的山沟），haŋ^{42} tɕo^{42}（老虎冲），taŋ^{44} tɕo^{214}（芭蕉湾），ʒãi^{55} qɯ^{22}（水的上游），hɔŋ^{42} qɯ^{22}（山的下面）

（二）体现在建筑居所方面

苗族人散居在我国的西南山区，由于山区地理环境的特殊性，所以建筑的选址在大局上一般不讲究一定要南北朝向，而是根据地形依山就势而建。整个村落错落有致，层次分明，朝向也几乎差不多。但是在房屋内部却非常讲究一定的空间布局，在房屋的每一个方位都有一定的文化蕴意，代表着居所的老幼辈分之分，或主客之别以及吉凶祸福等。苗族是“尊崇右、上、东”的民族，上方和右方在辈分、主客的礼仪交往及座位安排上占着尊贵和高上的优势。下图是一幅苗族房屋的居室和各个方位的布置图：

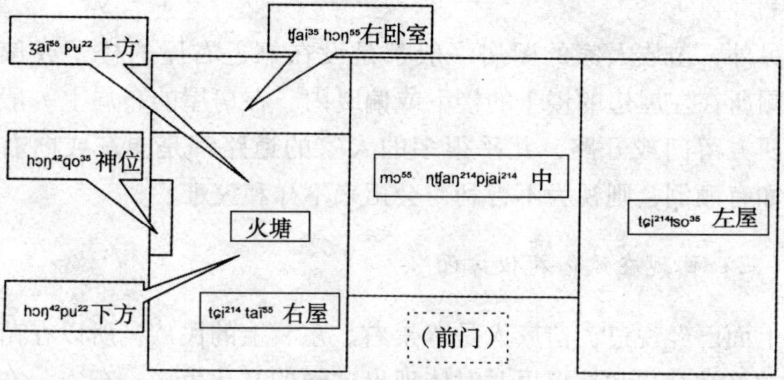

图（4）

苗族住宅中，中堂左右两间，右间称 tɕi^{42} tãi^{214}，左间称 tɕi^{42} tso^{35}。右间是长辈坐卧之处，中设一个正方形的 qhau^{33} tɯ^{22} “火塘”，火塘靠右边一方，称 hɔŋ^{42} qo^{35} “神位”，是苗族人的祖龛之处，以烧香祭祖、敬奉家神。火塘后方，是长辈卧榻，一般只有最老辈的人或当家人才能睡。左卧室是晚辈人或客人睡的地方。围火塘而坐时，长幼有序，主宾有别，hɔŋ^{42} qo^{35} “神位”一方，一般不坐人，长辈坐火塘的后方，苗族称为 ʒãi^{33} pu^{22} “上方”，晚辈坐火塘前方，苗族称为 hɔŋ^{42}pu^{22} “下方”，宾客坐前方或左方，而不能坐在火塘右边的 hɔŋ^{42} qɔ^{35}和 ʒãi^{55} pu^{22}的地方，如果坐了，会被认为不懂礼节，主人心里也不高兴。宾客如果是在中堂落座时也只能面对中堂，背朝堂屋门外，不能坐在上方，面向大门外而坐，就是坐了也要按辈分大小自右向左而坐。在苗族人房屋观念中，神位和火塘放在左屋的苗族也有，这种形式叫 ȵi^{214} tɕi^{42} tʃɔŋ^{42} pjaɯ^{42} “房屋颠倒住”，这种方式主要存在于湘西腊尔山区苗族社区中的欧、贺等姓[①]。

另外，苗族人家的厨房一般都是设在靠近右屋的楼子或偏厦内，厕所在左屋边的楼子的楼下或偏厦内。在房屋的布局上一般忌讳向西方留门或开路，几乎很多的人家的道路都是向东或向右开的。如有颠倒，则视为不吉利，会招来不祥和灾难。

（三）体现在风俗礼仪方面

上面已经说过，苗族人是尊崇右、东、上的民族，所以在苗族社会的日常交往和礼仪里时时体现出这样的文化色彩。东方、右方和上方在苗族的意识里是尊贵、地位、旺盛、厉害、吉利、力量的象征。苗语里的 tʃa^{55}“右”就是 tʃa^{55}“厉害”的意思，努力就是 tɕi^{42}tʃa^{55}（使……为右）的意思，“这个人太厉害了”苗语就是这样表达的：ɔ^{42}mjɛ^{55}nai^{42}tʃa^{55}qwɔ^{35}（这个人右极了）。tʃa^{55}的本意是强的意思，ȵ̥ãi^{44}的意思是弱的意思。

另外，苗族口语也往往用方位词来表示对人的褒贬，如称英雄好汉为 qɔ^{214}pjai^{42}ɕaŋ^{214}（头等湘人），qɔ^{21}ntɛ^{35}ɕaŋ^{214}（盖子湘人）；对那些低级下流的人则是以 qɔ^{214}pjɔ^{214}ɕaŋ^{214}（末等湘人），qɔ^{214}kɯ^{44}nfshei^{42}（末等的人）等。在座位的座次，站立的排序上一般也是按照从右到左，由老到幼，由高到低排列的。右方的尊贵在建筑居所上已经说明，在此不必赘述。苗族风俗里还有“天上雷公大，地上舅辈大”的尊舅习俗，常常用 ʒãi^{55}tɕhu^{214}lɔ^{35}lã^{22}（高亲上戚）和 ʒai^{55}pi^{55}tɕhɯ^{35}pɯ^{22}（高贵的繁衍地）来形容舅方亲戚的高贵。在中堂里接待客人时也是主人坐在中堂后方，面向屋前，客人在背向屋外坐着的，只有舅辈才有资格高坐在神龛和中堂之前。苗语里除了称东方为 kɯ^{42}n̥hɛ^{214}tã^{42}（日出之路）之外，还叫做 qɔ^{214}qɯ^{214}n̥hɛ^{214}ȵ̥a^{44}（天红之首），意为世界的源头。苗族人认为太阳是凤鸟

---

① 龙云清．山地的文明［M］．贵阳：贵州民族出版社，2004：15.

（鸡）的舅舅，每天鸡都要咏唱三排诗歌迎接舅舅出门，然后吟唱着三阙诗歌送别舅舅归家。苗族人尊舅崇凤，所以东方这个属于凤鸟舅舅的神秘地方对于苗族来说，就更有宗教和文化上的敬仰色彩，再加上中国地理东南倾的特殊性，苗族的母亲河长江也是西东流向，苗族人在由长江中下游向西逆流迁徙的历史长河中，就更加形成了对“东方故土”的怀念情结。所以苗族人古代埋葬时一般都要把死者的脚朝东方，寓意死者能够回到东方故土。这种葬俗直到近代才逐渐改变。西方从感觉上则是代表着衰败、萧条、消极、凄凉的意思，从大自然的客观角度上来说，西方往往也会给人以迷茫、惶恐、黑暗、末日的感觉色彩，这和人类的心理审美有关。所以苗族人驱鬼仪式“泼水饭”都是选在夜里泼往太阳落山的地方，把一切不吉利和不祥统统推向西方这个消极的方位。

四　结　语

本文除了从传统的音节结构对苗语方位词进行分类以外，依据参照点的不同加以鉴别，主要有观察者、地理环境、他物、太阳等几类，并初步研究了方位词的语法功能，对它们所蕴含的文化意义和功能也开展了探讨。苗语方位词反映了苗族对于客观环境中空间的认知体验，它除了表示自然界的空间概念之外，还渗透在苗族生活中有关环境和民俗的方方面面，形成了苗族语言里独具民族特色的空间方位文化。

参考文献

［1］储泽祥．现代汉语方所系统研究［M］．武汉：华中师范大学出版社，5 页，2003.

［2］李云兵．花苗苗语方位结构的语义、句法及语序类型特征［J］．语言科学，2004，（4）．

[3] 罗常培. 语言与文化 [M]. 北京：北京出版社，2004：15.

[4] 王辅世，王德光. 苗语方位词的归类问题 [J]. 民族语文，1982，(4).

[5] 张德鑫. 方位词的文化考察 [J]. 世界汉语教学，1996，(3).

[6] 张济民. 贵州威宁苗语的方位词 [J]. 贵州民族研究，1998，(1).

试析地名与生态环境的关系①

——以册亨地名为例

张景嵋

摘要：地名是表称特定地域的文化符号，拥有“中华布依第一县”称号的册亨县位于贵州省西南部，特殊的地理位置、优越的生态环境都不同程度地体现在地名中。本文通过分析册亨地名的特点，探讨地名与生态环境的关系，对地名所反映的生态环境有了更为深刻的解读，进而了解当地人们的生产生活状况。

关键词：地名　生态环境　关系

一　概述

地名是具有指位性和社会性的个体地域实体的指标，是人们对特定地域的反映和认识，不仅反映了当地人们的思想意识和文化背景，而且在很大程度上折射出特定地域的历史发展和文化风貌，例如地理环境、历史演变、民族以及物产等。拥有“中华布依第一县”称号的册亨县地处贵州省布依族居住最为集中的南北盘江流域，全县23万余人，布依族占到75.6%，也是贵州省县级区域内

① ［作者简介］张景嵋，2011级语言学及应用语言学专业博士研究生，研究方向：应用语言学。

布依族人口比例最多的地方。册亨是贵州布依语的第一土语区，当地布依族解放前有以麽经用汉字音来自创的文字，但没有得到普及，解放后，创制了以拉丁字母为基础的布依族拼音文字。册亨县地名既有汉文化区域命名的共性特征，又有其独特区域文化特点。这是册亨县特殊的地理位置、优越的生态环境以及独特的历史文化底蕴共同造就的。

二 册亨地名特点

地名是语言的重要组成部分，同样具有其特有的语音、词汇、语法方面的特点，而且折射出一定区域内人们的生产生活状况和自然生态环境。在对册亨县地名的统计中，我们发现册亨地名中相当一部分是用汉字转写的布依语地名，少部分是汉语地名，它们虽然同为汉字书写形式，但仍具有不同的特点，呈现如下主要特征：

1. 双音节地名占了绝大多数

册亨县地名从语音结构来看可分为双音节地名、三音节地名和四音节地名三类，其中以双音节地名占多数，其次是三音节地名，而四音节地名只有 9 个。值得说明的是，在册亨县的地名中，三音节地名在对山、河等自然地理实体命名的地名中占了绝大多数，往往存在两种形式：一种是在双音节地名前加一个音节表示该地名所指地理实体的方位、规模或历史等，如“上洛卡”、“下洛卡”、“大板坝”、“上新寨”；另一种是在双音节地名后加一个音节而最后一个音节往往表示对前面双音节的解释的地名，如“郭家洞”、“者楼河”、“营盘山”。而双音节地名绝大多数为专名加通名（或通名加专名），即 AB 式或 BA 式，少数是 AA 式，即两个音节结合成一个完整的意义，作为地理实体的专称。

2. “上”“下”“大”“新”等对地名阐释更为具体

在册亨地名中存在着这样“上”“下”“大”“新”“沟”等一

些特别的命名语素，它们不仅具有地名特定的指称左右，而且更为形象地阐释了册亨地名的独特的词汇特色。

册亨有相当一部分以方位词为命名语素的地名，这类地名绝大多数成组出现，有些也少数单个出现。其中以“上”或“下”为命名语素的地名最多。这类地名主要是在“上”、“下”、“里”、“外”、“大”、“小”、“高”、“脚”等词后加一个完整的地名构成。最少的是“里”、“脚”、“中”，含“脚”的地名虽然有两个，但“脚巴”都是布依语地名的专称，“坡脚”有汉语中表示方位的意思。

地名中的形容词“大”和“小”与村寨规模有关，通常由形容词“大”、“小”加村寨或村寨通名构成。含“大”的地名不少与地名所指村寨规模有关，如“大洛卡”、“大板坝”、“大寨”等。含“小”的地名不多，仅有一个与所指村寨规模有关，如“小寨”。在村寨名称中，人们几乎不用“小”来指称自然村寨，因为经济不断发展的原因，自然村寨规模也在扩大，极少村寨名中保留“小”的地名要素是为了便于当地人们的生产生活，没有更名。“新”作为地名构词语素表示该地名所指的景观或村寨是后起的或稍晚于某个景观建成的，含“新”的地名有24个，其中仅“新寨”一名有6个，此外还有“纳新”、“新安”、“新建”等。

3. 构词上主要是“通名+专名”/“专名+通名”两种形式

“通名+专名”式地名，即通名前置的地名，它多是布依族语地名。它在词汇构造方面与汉语正好相反，即通名（或中心语素）在前，专名（或修饰语）在后。布依语地名常见的通名为“纳”（意为“田”）、“坡”（即“山坡”）、“者”（意为“山堡、山梁”）、“坝”（意为“口”）、“弄”（意为“森林”）、“尾”（意为“沟、渠”）、“冗”（意为“寨子”）、“板”（意为“寨子”）。

一些含汉语方位词的地名系布依语“通名+专名”类地名前置方位词“上”、“中”或“下”构成，这类地名从构词形式的角度来看，也可看作布依—汉共同构词的形式，如“上纳界”、“下板牙”等等。事实上，这类地名用布依语称说时连方位词都是布依语。

有些地名前半部分属于布依语的“通名+专名”式，其后接一个汉语通名往往作为对布依语通名的解释，或作为整体地名的通名。而有一些不是对前一个通名的解释，而是以整个地名的通名出现，如“纳场寨”。

“专名+通名”式地名，即通名后置的地名，它主要是汉语地名。汉语地名常用的通名为“寨”、“坡”、“湾”、“山”、“坪”、“堡”、“沟”等等，以“寨”作为通名的地名最多，其中大部分属于“专名加通名”。其次是“山”、“坡”“沟”作为通名的地名。

三　册亨地名与自然生态环境的关系

册亨县地势由西北向东南倾斜，因地处云贵高原向广西丘陵过渡的斜坡带上，地势起伏不大。属南亚热带季风气候，年平均温分布由西北向东南逐步递增，降水丰富，降水分布由西北向东南递减，光照时数均在1500小时左右，为全省日照最多的地方之一，是不可多得的光能资源丰富的县份。红壤分布广，在红壤分布的广大地区，延绵或断续的山体与走廊或河谷交错分布，构成县内低山侵蚀山地及河谷、阶地、峡谷等复杂地貌景观。水稻土在许多村寨集中成片，如威旁、冗贝、冗渡、巴金、者楼、高洛、板街、者告、板坝、板用、大伟、乃言、龙林、者岳、洛凡等。册亨县矿产资源丰富，植被类型繁多，植物资源丰富，野生动物种类繁多。

地名源于人们对当地某种自然或人文现象的概括，它在形成、演变、分布等方面必然受到当地自然与人文环境的制约，这种环境特征又可以通过地名或多或少地显示出来。同时，地名作为一种社会现象、地理事物和历史文化，不是静止和孤立的，而是在与外部环境的相互联系中发展变化。这种变化贯穿在地名运动的整个过程，地名的稳定性则是相对的。地名一经产生，就进入了接踵而至的演变过程，但这种演变往往落后于所指地域的变化以及人们对该地域认识的发展。在册亨的地名中，植物资源丰富得到了应证，以果木来命名的地名不再少数，且种类多样，如“纳相”，盛产樱桃的村寨；“纳桃”，田上面有很多枣树的寨子；“者骂”，山腰上盛产板栗、桃子、李子、瑟琶等水果的寨子；“坝赖”以板栗树多而取名的村寨。“些便桃”，长满桃树的平地的寨子；“些便棚”，长橙子树较多的寨子；“崩杠”以夜蒿树取寨名；“浪乃”即是生长野生线麻的山堡。“浪碧”，意为长满胖婆娘树[①]的坡地；“洛晚”，住在大叶榕树脚下的寨子。寨子在大榕树脚，标志是大叶榕树；“冗贝”，意为马柳桃树较多的寨子，冗贝以前是原始森林，马柳桃树较多，其中有一颗长在冗贝与秧凡交界丫口上的马柳桃树，高五、六米，隔冗贝寨子千多米，但枝丫却伸到下坝（现坡脚组），于是就以这颗大马柳桃树（發贝）来取寨名“冗贝”；“八窝”，意为住在青冈树林口或边上的寨子；“板用”，意为生长红血藤的寨子；“者岳”，意为周围山坡上都有油茶的地方。因寨子住在一个半山腰上，山下有河，寨子四周的山坡上都是油茶子树，人们即以此取寨名叫“西油”；“乃言”，原名“打言”，意为居住在河边红椿树林中的寨子；“荣庆”，意为住在长有“过江龙”藤蔓植物的地方等。此外，在地名中我们也看到少量以动物来命名的地名，如坡妹，布依语叫“mbosmoil”，直译是井熊，相传从前马熊经常在那口井里喝水，即称“熊井”；邑凡，布依语为“byasfaanz”意为黄麂经常出没的岩石山顶上或山梁；干劲坡，古老时布依语叫“naanghyanl（浪艳）”意为山梁上野猫出没的地方，由于人烟稀少，野生动物多，特别是野猫最多，因为以野猫多而取名为“浪

① 胖婆娘树：一种大叶乔木，皮厚，呈灰白色。

艳”（野猫山梁）；燕子洞等。过去，先民们为了抵御猛兽的侵袭和歹匪的抢劫，多选择在地势较高的地方居住，以便于防范自卫。由于古时候地域广袤，人烟稀少，到处都是原始森林，虎豹成群，很多山名、水名都和虎豹豺狼有关，从者孟到册阳之间就有好几处。如“昂古浪”，意为老虎经常出没的丫口；“尾念”即野貓沟；“稿念”即野貓梁；“么念”即野貓井等。者孟的引水渠是从“么念”即野貓井引来。解放后，野貓井水小了，改从“么淆”即地下貓水的地方引来。

但地名里自然因素的影响体现在人们为趋利避害而进行的对地理位置的不断选择中，这种选择使同一地名先后指代不同的地域。在不利的自然条件下（如气候、水文条件的恶劣）威胁下，包括政区治所在内的某些居民地，不得不迁到位置优越、环境稍好的地方，地名指代的地域空间也同时发生了变化。如“坝或”原寨址因青冈树多而得名，在现寨址后背山顶上，由于旧寨址地处半山腰，水资源枯竭，田地又在山脚沟边，不利于生产生活。后因社会治安混乱，土匪猖狂，殃及百姓，民不聊生，全寨才迁往坝或现寨址。“南俄”，在没有人烟居住之前整片荒地长满了芦苇，约乾隆四十年（1776 年），一韦姓搬到此居住，把这片芦苇开垦成良田。为了纪念这坝田的来之不易和这片原始芦苇而取寨名。“伟江”，意为这个寨子住在小溪边香樟树多的地方，解放前，由于森林的砍伐，香樟树逐年减少，后来又长出很多叫做“faixjiangc”的树木（汉名叫白金条树），这种树容易生长，漫山遍野都有，于是后人改寨名为“伟蒋”。“沙艾”寨子坐落在百口河边的一个回水湾处，每年雨水季节，南盘江涨水时，水位上涨，涨至沙艾寨脚。河道湾处水势汹涌澎湃，泥沙回荡无常，形如一锅翻滚的酒槽，“沙艾”寨因此得名，沙艾寨以前不在现在寨址，原址在离现址约 1 公里的半山腰上，建寨前，遍地长着灰苞树①。者楼，布依语为“xeehlauz”，其中布依语“xeeh”是山上的平地或缓坡地，词义为意为山上平地中的楼房。从布依语地名“xeeh”可以看出其寨地理环境，寨子往往位于地势较高、视野开阔的山堡或山梁上。“伟江”原因寨子住在小溪边，香樟树又多而得名。解放前，由于森林的砍伐，香樟树逐年减少，后来又长出很多叫做 faixjiangc 的树木（汉名叫白金条树）。这种树容易生长，漫山遍野都有，于是后人改寨名为“伟蒋”。

在册亨地名中，有相当数量的关于沟河的地名，在现有的396个自然地理实体统计中沟河的地名数量达到86个，占到自然地理实体统计数量的21.6%，仅次于有关山的地名数量，此外，在村寨地名中，不少村寨也以寨子周边的潭、塘、沟、河来命名，如“坝朝”，意为建在水潭边上的寨子；“冗洪”，意为深龙潭（现叫黄泥洞）边上的寨子；“夯达”，意为住在（冗渡河）河尾的寨子；“板王”，意为下面有一个河塘的寨子；“百弼”意为河口边的水芭茅地；“坝长”，因坝长沟而得名；“八达”，意为小河流入江的会河口，即河口。在册亨境内，汇入南、北盘江的河口处较多；“岩架②”，意为经常被河水、江水冲涮过的垭口；“坝朝”，意为寨子住在水回旋后形成的洼地边上，后来人们将这片洼地开垦为农田。“冗渡”寨进出都要过寨门前的一条河，古时候没有石桥，寨民用一块一尺五、厚五寸的木枋搭桥过河，加之生产黄豆，便以这条河

① 灰苞树：布依语叫“dumhdauh”，一年生草本植物，呈灰白色，茎上有刺，4月开花，5月成熟，苞可食用，味道可口。

② 岩架有一座山从北向南倾斜至北盘江岸，东面是北盘江，西面是者楼河入江口，在江、河夹角处形成了一个半岛。半岛北端是一个丫口，南端是一个小山坡。每到夏天汛期时，江水猛涨，经常翻过丫口，垭口经常被江水冲涮。汛期时，小木船能从丫口上通过。

和生产黄豆合起来取名；“平万①”，意为住在弧形河道上、坪子地边的寨子；“洛凡”，意为左右环河的低洼坪子地，因为这个寨子是坐落在背靠岩山、左右环河的低洼地；“洛达②”，意为河的源头在高山上的一块洼地出；“纳梭③，布依语为 nazsos，意为河滩岸边的田坝；“外么”，意为这个寨子在新开凿的水沟边；“百口”，意为诸多河流汇聚和多条道路交叉的地方，百口是县内最长的秧坝河、龙林河、弼佑河三大河流汇聚的地方。以上这些地名为我们解读当地的生产生活状况有重要的作用。册亨县所处的地理位置、气候、植被条件使水稻成为当地的主要粮食作物。稻作农耕离不开水源，册亨沟谷发育成熟、延绵或断续的山体与走廊或河谷交错分布，人们往往在水源充足、土地肥沃的地方建寨生活。

在不少地名中，地名本身就包含对地形的描述，这些地名蕴含了丰富的自然生态内容，让地名具有了独特的历史文化底蕴。如“浪沙”，意为像绳子一样长在天块上面的山堡。因其地形似一只展翅的蝴蝶，当地人叫蝴蝶龙。蝴蝶龙周围有一坝梯田，每丘都像绳子或彩带一样围绕着蝴蝶龙，其中最上面一丘最长，犹如一条马驮

---

① 者楼河流经平万寨前，环绕寨子一大半。寨子背面有一座山从北向南倾斜至河边，形成一块坪子地。寨民把坪子地开垦成一坝田，寨民们根据山形、河水流向及田名，取寨名。

② 洛达寨子住在海拔较高的一块洼地上。寨子下面有一条小河，弯弯曲曲的由南往北流入北盘江。沿小河边住着五个小寨子，这五个寨子是：洛达、大洛统、小洛统、挂榜、坝傲（含从坝傲分出的平进寨）。五个寨子比较团结，山林地界共有，五寨中可随便到任何地方耕种都可以，无任何纠纷。居住在南端，地势较高，又是小河源头的这个寨子，人们根据山形及河流源头称其叫“洛达”。

③ 庆坪乡境内的木耳洞有一股地下水，从洞口流出成河，当地人叫“纳梭河”，纳梭寨建在河岸边。纳梭的布依先民们发现这个地方的喝水永不干涸，且河边坝子土质肥沃，是种植庄稼的好地方，于是就在河边驻扎，开垦良田，建村立寨。由于村寨在河边要经常涉水过河去种田，人们选择了水流平缓的地方安放石墩过河，布依族把有石墩过河的地方叫“梭”，开出的田叫“纳梭”，意为河滩岸边上的田坝。因寨子坐落在河岸边的田坝上，便以田和河为名取寨名叫“板纳梭”或“补纳梭”，意为“纳梭寨”或“纳梭寨的人”，简称“纳梭”。

绳；“竹林”，布依语原叫“hoomcruez”，意为翻覆的船只，因地形像一艘翻覆后底朝天的船只得名；“纳贤”，意为狭窄、细长的田地，寨名因耕种的田地狭窄、细长而出名。“巧马”，意为马头或马脑壳；“威旁”，因对门有一座山，古代山上设有营盘哨卡，驻兵把守，山势雄伟陡峭，像威武的卫士，因此而得名；“团坡”，布依语为“daanzbooms”意为山堡上的寨子，因村寨背后有一座椭圆形山坡得名；“马午”，意为五匹正在奋蹄飞舞的骏马，因马午寨坐落在四面高山环绕的一个夹壁沟里，视野不开阔，犹如坐井观天，山势陡峭，形如五匹奔腾骏马骁勇而至，相聚于此；“纳院”寨意为是槽子田，四面有高山环绕，田在其凹地之中，寨子又在田边周围，因此以地形取寨名；“挂榜①”，意为依靠别人吃饭，其实是形象地说明当地的生存现状是靠山吃饭；“纳岩”，意为丫口上的大田，因纳岩寨子下边有一块约两亩的大田坐落在丫口上得名；昂涛“原名”“昂桃”，早期因者景辖地土地肥沃，山间坡地山丫口桃李遍坡，桃红李白，果实累累得名，后因秧坝河是册亨县最大的河流，从昂桃辖区内穿过，常年水清洁净，波涛翻浪。山上森林覆盖，林海波涛，与河水相映成趣，便把“昂桃”改写成“昂涛”，沿用至今；高寨，布依语为“byasndingl（邑令）”意为山顶上一片红色的寨子，因坐落在高山上，地理位置特殊，土壤呈褐红色，气候宜人得名；“纳碰”意为只有一条路到田坝上的寨子；“边坡”因这个寨子在坡的半边，又是在乱石立子中开辟出来的；“板弄”，意为大森林中的寨子；“顶肖”，意为建在森林里的寨子；“岩云”为有风的丫口；盘海，原名为“巧嗨”，因该寨地处北盘江畔，划的山界抵山顶，下至江边，左右土地辽阔，犹如一片绿海，上世纪七十年

① 从洛达朝北望去，看见有一条山脉走向从南向北，山脉下面有两座山错落从西向东往河沟倾斜。挂榜寨子坐落在下面一座山的半山腰，平进寨子住在上面一座山的半山腰。

代，盘山公里（双江公路）经过寨子上面，每天早上，站在平路上举目远眺，茫茫一片云山雾海，因此以景和路取寨名叫“盘海”等。

参考文献

[1] 褚亚平、尹钧科、孙冬虎著. 地名学基础教程 [M]. 测绘出版社. 2009 年 8 月版.

[2] 册亨县文联编. 册亨布依族地名文化 [M]. 2010.

[3] 周国茂主编. 文化资源开发与布依族地名可持续发展 [M]. 贵州民族出版社.

试分析 2009 年、2010 年年度十大流行语

周　欢[①]

摘要：流行语是社会语言中比较独特的一种语言现象，它的产生和发展与社会文化息息相关。关注流行语，不仅可以从中探究语言发展的现状与趋势，而且可以挖掘其反映的社会文化内涵。本文以 2009 年、2010 年的年度十大流行语为研究对象，分析流行语的社会文化因素，进而探究流行语的语言学价值。

关键词：流行语　社会　语言　文化

引　言

（一）流行语的涵义

随着现代社会信息传递媒介的快速发展，每年都会产生大量的流行语，这些流行语会覆盖人们生活中的方方面面。但是，不管流

① ［作者简介］周欢，2011 级语言学及应用语言学专业硕士研究生，研究方向：文化语言学。

行语如何发展，始终都属于一种语汇现象。那么，究竟什么是流行语呢？

关于流行语的界定，目前学术界众说纷纭，莫衷一是。胡明扬认为：“流行语指的是在某些人中间，主要是在青少年中间，在某个时期广泛流行，过了一段时间又为新流行的词语所代替而悄然消失的词语。”① 刘大为认为：“流行以语言为载体时就形成了流行语。”② 进入新世纪以来，流行语的内涵有所丰富，其外延也相应地有所拓展，这时期，学者们将流行语界定为：“流行词语是语汇中特殊而敏感、变化极快的词语层面，是在某一时期社会上广泛流行的城市人（主要是城市青年）的惯常用语，或某一阶层、行业的习惯用语。”③ 本文中所讨论的流行语指的是后者，是一定时段、一定范围内出现频率明显高于以往的词语。

（二）流行语的研究现状以及年度十大流行语的评比

1. 流行语的研究现状

流行语是社会发展的产物。改革开放以来，特别是上个世纪末以来，人们对流行语的研究逐渐增多，发展至今，其研究现状大致有以下三个特点。

第一，文献多。学术界对于流行语的研究已有近30年的历史，可以说，其研究成果，既有量的突破，又有质的飞跃。但是，在众多的文献中，著作类相对较少，大多是论文类。在笔者所搜集到的文献中，只有4部是关于流行语的著作，其余的都是论文研究成果。而且，在这4部著作中，劲松的《社会语言学研究》是其个人

---

① 胡明扬、张莹．70——80年代北京青少年流行语［J］．语文建设，1990，（1）．

② 刘大为．组合流行语考察［J］．汉语学习，1993，（2）．

③ 孙曼均．北京的流行词语与当代北京城市文化［J］．语言文字应用，1998，（5）．

的一本论文集，流行语问题只是作为其中的一个章节来展开论述。而其余3部：周勇闯的《中国流行语》、刘海润的《最新流行语小词典》以及熊忠武的《当代中国流行语辞典》，都是对流行语的材料收集和简单释义，没有进行系统性的研究。

第二，理论研究多。从笔者所搜集到的文献资料中可以看到，在流行语研究初期，学者们更多的是将研究重点放在理论层面，探究流行语涵义的界定、分类、来源、地位、发展趋势等，而对活生生的语言现象及其社会文化，没有给予应有的重视。例如，张琳的《流行语研究》，李娜的《近十年流行语研究述评》，姜颖的《流行话语的泛化趋势》，以及刘大为的《组合流行语考察》等等，都是基于流行语的理论层面进行研究。进入到新世纪后，逐步出现了一些新视角的研究文章，例如，劲松的《流行语新探》、侯敏的《2010年度新词语解读》等，这类文章将一段时间内出现的新的语言现象与社会文化生活紧密结合起来，从而真实地显现了当前社会的原貌。

第三，研究视角宽窄不一。从研究视角上来看，对流行语的研究主要有两个，要么以众多流行语为视角，要么以某个词为研究对象。例如，劲松的《流行语新探》，李琳的《流行语研究》等，就是以众多的流行语作为研究材料，并在此基础上总结出流行语的特点、来源等问题。侯敏的《2010年度新词语解读》和胡莉莉的《解析2009年流行语》，是以一年内出现的流行语为研究内容，其数量大约在500左右。而姚巧巧的《从社会语言学角度看汉语流行语“蚁族”》则是单一地以“蚁族”一词为研究内容展开讨论。

综上所述，尽管目前的学术界对于流行语的研究还存在着一些不足之处，但是前人的研究依然为我们的后续研究提供了丰富宝贵的成果，也拓宽了我们的学术视野。因此，基于目前的研究现状，我们认为，对于流行语的研究仍旧有比较大的可为空间。

2. 年度十大流行语的评比

每年一月份，素有“语林啄木鸟”之称的《咬文嚼字》都会公布上一年度的“十大流行语”。在此之前，语言文字专家会从该年度众多的流行语中挑选出十个具有代表性，并且覆盖社会生活方方面面的词语入选。语言文字专家指出，每年的年度十大流行语，都是在广大读者热情推荐的基础上，经过语言文字专家的反复评议，最终确定。多半是从上一年受关注程度最高的社会事件、文化现象以及网络传播中“衍生”而来，具有鲜活、生动等特点，反映出我们社会中的热点关注和大众心态。

从历年来的评选结果看，年度十大流行语的评选原则主要有以下几方面：第一，不管最早出现在哪年哪月，只看它在本年度的流行频度。第二，不以网络流行为唯一依据，更要看在社会上的影响。第三，注重词形结构的稳定性，即兴式的谐音词一般不选。

（二）研究2009年、2010年年度十大流行语的意义

首先，研究年度十大流行语，有利于客观地反映出百姓的社会生活。流行语是社会现象和文化生活在语言上的体现，与社会和文化有着密切的联系。通过对某一时期的语言现象进行分析，挖掘语言背后的内容，有利于更好地还原一个时期的社会风貌。

其次，研究年度十大流行语，有利于丰富并规范汉语的词汇。语言是不断变化发展的，其中，相对于语音和语法方面而言，词汇的变化要更为明显一些。这在某种程度上，就丰富了汉语的词汇。但是，并不是所有新出现的流行语都会被语言使用者所接受，从而进入规范汉语的行列中。因此，年度十大流行语的评比和研究就是对新出现的流行语的一个选择和甄别的过程，也是当前汉语规范化工作的要求。

最后，研究年度十大流行语，有利于挖掘语言与文化之间的关系。流行语的文化含量和文化价值，要比一般词汇丰富和高得多，通过对流行语的这种属性的研究，可以从一个侧面揭示社会、文化以及社会价值取向的某些变化和发展。

（三）研究内容与方法

本文以2009年、2010年的年度十大流行语为研究内容，采用文献法搜集相关的文献资料。在遵循前人研究成果的基础上，另辟蹊径，从文化语言学的角度，以近两年的十大流行语作为切入点，深入挖掘这些流行语背后的语言学价值和社会文化价值，从而揭示语言与文化之间的密切关系。

一 盘点2009年、2010年的十大流行语

（一）2009年、2010年十大流行语的内容

1. 2009年十大流行语

表1：2009年十大流行语

意义 流行语	
不差钱	并不纠缠于钱多钱少，有调侃的色彩。
躲猫猫	本指一种儿童游戏，现指隐瞒事实，逃避监督，暗箱操作。
低碳	降低二氧化碳的排放量。
被就业	用来讽刺虚报高校就业率的行为，强调意志遭遇强迫。
裸	本义为不穿衣服，现指只有事物本身，没有任何附加物或附加条件。
纠结	本义是互相缠绕，现指解不开的心结或思绪的极度混乱。
钓鱼	违反法律精神，别有用心地诱人上钩。
秒杀	以远远低于成本的价格买到指定商品。
蜗居	指像蜗牛壳一样狭小的房子，也可指精神空间上的狭窄。

续表

意义 流行语	
蚁族	指高学历低收入的群体。虽然弱小，但胸怀理想，有挑战意识。

2. 2010年十大流行语

表2：2010年十大流行语

意义 流行语	
给力	给予力量，引申为“酷”、“棒”、“爽”。
神马都是浮云	什么都不值得一提。
围脖	即微博，是“微型博客”的简称。
围观	关注。不再含有贬义色彩。
二代	“代”指世系相传的辈分。二代，即第二代。
拼爹	拼的是爹的地位和实力。
控	用来指极度喜欢某种事物的人。
帝	某些领域中成就大、造诣高的人。
达人	指见多识广，对某方面懂得透彻的人。
穿越	即“穿越时空”的简称，是文艺作品中一种展开情节的流行手段。

（二）2009年、2010年十大流行语的特点

1. 流行性

流行性是流行语的一个显著特点。流行语是语言的一种动态现象，在经过一段时间的传播后，要么自行消亡，退出历史舞台；要

么被接纳为一般词汇而进入语言词汇系统。在这个过程中，上述两种结果是不会被改变的，只是有的流行时间很长，有的维持时间很短。其实，流行时间的长短只是相对而言的。综观历年出现的流行语，其生命都很短暂，这和现代人们求新求异的心理有关系。当一个流行语流行一段时间后，人们逐渐失去对它的新鲜感，使用的频率也逐渐降低，从而被新的流行语所取代。

2. 幽默性

对于一个社会来说，流行语能够反映社会冷暖和百姓的大众文化，会对当前社会发展现状通过概括性的语言表现出来。面对生活中的社会现象、社会事件和民众的普遍状态，人们都会通过语言来表露自己的价值观，传达当代人的心理。而在或轻松或严峻的社会现象中，人们更多地会以一种达观的态度来面对，尤其是针对社会中的一些消极因素，更会以具有调侃意味和讽刺意味的流行语来抨击。于是，流行语的幽默性便从中滋生出来。

3. 时代性

时代性是流行语的一个显著特点。从流行语中，我们可以清晰地看到时代的变化。可以说是时代造就了流行语，反过来，流行语也给时代增添了活力，丰富了人们的语言生活。不同时代的流行语反映着不同时代的社会特征。从流行语的发展变化中可以看出，流行语都有鲜明的时代烙印。比如，文革时期的流行话语与改革开放后的流行话语就明显地存在着风格和内容上的迥异。在现代社会信息高速发达的时代背景下，流行语的更新换代速度会日益加快，新的流行语则会应运而生。

二　2009 年、2010 年十大流行语的社会文化因素分析

综观 2009 年、2010 年的年度十大流行语，可以看出以下几方面的特点：

（一）反映出社会人员的多元性

在现代社会中，不同的人有不同的价值观，也在价值观中彰显着自己的个性。因而，纷繁复杂的总体人群会划分出许多个充满个性的小群体，把它们用一个固定的词语来指称，就形成了一类表人群的词语。2009 年和 2010 年的年度十大流行语当中，这类词语特别多，形成了许多词语群。甚至出现了语法化的趋势，成为了具有词缀性质的形式。其中，以 2009 年的“族”和 2010 年的“帝”、“控”、“达人”表现最为明显。

“族”最初是以“蚁族”的形式出现在人们的语言生活中的。“蚁族”指的是学历高收入低的群体。这些人一般在大城市中奋斗，居住在城市的边缘地区。他们与蚂蚁有相似之处，虽然弱小，但是胸怀理想，充满活力，具有挑战的意识和顽强的意志。该词流行开来之后，一系列的“族”都出现在了人们的生活中。这些词语从不同角度反映出了社会群体的多样性。从“海囤族”中，可以看到物价上涨时人们那不安、焦躁和忙碌购买商品的身影；从“滞婚族”中，可以看到人们对婚姻消极而且无奈的态度；从“零帕族”中，可以找到轻松应对生活和工作中的压力，保持积极乐观心态的人。此外，还有买不起房，只好住在集装箱里的“柜族”；聪明善学，经常在网上观看国内外名校课程的“淘课族”；为他人跑腿做事以收取小额劳务费的“跑腿族”，等等。

“帝”的基本词义是封建社会最高统治者的代名词。但是，在 2010 年，“帝”所指称的身份更加平民化了。与“族”不同的是，“帝”、“控”、“达人”这些流行语往往指称的是某个人，而不是某个群体。

“帝”往往指的是在某一领域做到极致，取得卓越成绩的人。在 2010 年的五部贺岁电影中主演了三部的“贺岁帝”（葛优）；从 300 块钱摆地摊开始摆脱贫困走上致富路的“练摊帝”；在戏中一人饰演多个非主角角色的“龙套帝”，等等，这些“帝”的身份都是普通百姓，因而，“帝”更多地是在强调某个领域所取得的成就。而“控”将强调的重心放在对事物的迷恋程度上，专指极度喜欢某种事物的人。如，超喜欢长头发的人叫“长发控”，随时随地要更新微博的人叫“微博控”，拿着世博护照遍场馆跑盖章的人叫“敲章控”，疯狂参加圣诞活动的叫“圣诞控”。其实，这种“xx控”的结构来源于日本，而日语中的这个“控”则源自英文单词complex（情结）。由于日语中的“控”与complex开头读音相近，于是，日本人就用“控”来表示具有某种情结的人。二者间的关联不难理解：如果对某个事物特别喜欢，就是在一定程度上被控制了。“达人”一词，中国古代就有，指通情达理的人。但是，现今的“达人”是指见多识广，对某方面懂得透彻的人，如，在综艺节目《职来职往》中出任嘉宾的叫“职场达人”，东方卫视举办的选秀节目叫《中国达人秀》，还有一系列的“网络达人”、“淘宝达人”、“理财达人”等。

在这些表示一类人群的流行语中，大部分是社会中的普通人。但每一个“族”、“帝”、“控”、“达人”的背后，都是一道独特的社会风景，是他们，共同构成了这个百态的社会，也书写了这一年的历史。

（二）反映出社会民生的真实性

近些年来，由于传播媒体广泛多样，各种社会事件和现象都会在较短的时间内被大众所熟知，大家谈论得多了，反映这些社会事件的流行语也就多了起来。当一个事件或一种社会现象出现时，人们不再像讲故事似的去描述它，而是将其概括成一个新词，从而形成了该时期的流行语。2009年的年度十大流行语中就有“躲猫猫”、“钓鱼”、“被就业”、“蜗居”、“低碳”；2010年的年度十大流行语中有“二代”和“拼爹”事件。

"躲猫猫"和"钓鱼"，分别产生自云南省晋宁县看守所在押人员死亡事件和上海打击黑车的"钓鱼执法"事件。"躲猫猫"也从一个儿童游戏衍变为一个喻义"隐瞒事实，逃避监督，暗箱操作"的新词。而"钓鱼"则指违反法律精神，别有用心地诱人上钩。"被就业"一词的出现是讽刺高校虚报就业率的行为。由于"被"字体现出了个人意愿遭到强迫的含义，于是，面对社会上种种不公平的现象，便衍生出诸多"被 xx"的现象。例如，职工"被全勤"，举报人"被自杀"，交择校费的家长"被自愿"，等等。"蜗居"意为住所像蜗牛壳一样狭小。这一词语的流行，与2009年热播电视剧《蜗居》有关。在房价居高不下的时代背景中，年轻人买不起房的现实在社会中引起了广泛关注。而所谓"低碳"，是指降低二氧化碳的排放。二氧化碳的大量排放影响到了全球的可持续发展，在2009年12月的哥本哈根联合国气候变化大会上，人们将"低碳"一词提出来。其实，"低碳"的诞生正是源于目前"高碳"的恶劣环境。

在现如今的社会中，存在着各种各样的"二代"：官二代、富二代、穷二代、文二代（作家子女）、星二代（明星子女）、农二代（农民工子女）、独二代（独生子女的后代），等等。其实，"二代"现象如此普遍和流行，也在一定程度上揭示了一些社会问题，富人的孩子还是富人，穷人的孩子依然是穷人，似乎每个孩子的命运在出生时就已经由父辈决定了，社会人员结构板结化现象十分严重，而造成这一不合理社会现象的原因就发人深省了。无独有偶。"拼爹"指的是拼的是爹的地位和实力。"我爸是李刚"，"我叔是金国友"，都是典型的拼爹语言。这类词语的流行，反映的是大众对社会不良现象的不满情绪。

（三）反映出民众态度的多样性

当下社会中，人们表达心声的途径增多，言论更为自由，面对现实生活中的或喜或悲的情况，民众们往往认为传统的语言无法更好地抒发内心的感受，便创造新的语言，并将其作为自我解压的渠道和自我调侃的方法。于是，就产生了一系列的流行语。例如，2009年的流行语中，有“不差钱”、“纠结”；2010年的流行语中，有“神马”、“给力”、“围观”。

“不差钱”本是东北地区的方言。在2009年春晚中，小品《不差钱》的上台使之在全国流行开来。而在实际的使用中，多带有调侃的色彩，指并不纠结于钱多钱少。其实，相对于钱多钱少的问题，更重要的，是表明了另类慷慨的态度。

“纠结”本来是一个动词，表示互相缠绕。“纠结”一词的走红源于动画片中一个角色的大呼“纠结啊”。此后，这一词语衍生出多种用法。既可以作名词，表示解不开的心结；又可以作动词，表示陷入复杂而尴尬的境地；还可作形容词，表示思绪的极度困惑和混乱。现实生活中，当人们遇到棘手的事情，理不出头绪的时候，就会以“纠结”来形容自己的状态。正是由于人众普遍都存在这种状态，才会使得这一流行语具有如此强的生命力。

“神马都是浮云”，是说什么都不值得一提，什么都是转瞬即逝的事物。它的流行，源于2010年国庆期间的网络“小月月”事件。一位网友感叹：“神马网络豪放女，浮云！都是浮云！”流行语“神马都是浮云”便由此产生，它可用于抱怨、感叹，还可用于表达超然的心态，成为许多人的口头禅。面对生活中的许多事情，当没有能力去争取到的时候，也只能以“神马都是浮云”来聊以自慰了。

“给力”出自网友配音的日本动画片《西游记—旅程的终点》。孙悟空的一句：“这就是天竺吗？不给力啊！”该动画受到网友追捧。2010年11月10日，“给力”登上《人民日报》头版头条，这被视为权威媒体认可网络词语的标志性事件，美国《纽约时报》也特地设专栏介绍了“给力”一词。“给力”一词通常传达的都是积极的情绪。

无事围观，在鲁迅笔下，曾是一种中国人的国民弊病。但如今的流行语“围观”，却不再含有贬义的色彩，而单纯地指“关注”。《南方周末》曾发表文章《关注就是力量，围观改变中国》。广州亚运会期间，从抵制番禺垃圾焚烧，到呼吁改变地铁惠民方式，自发的公民“围观”引人瞩目。这种“围观”精神的呼吁，是希望更多的民众去关注民生、关注生活，从而提高整个民众的道德素质，创造一个更加良好健康的生活环境。

从这些流行语中，除了“给力”传达的是积极的情绪之外，不难解读出一种幽默又带有讽刺的意味以及宽厚且无奈的心态。但是这些心态的表达，并不是要说明民众的麻木，对社会的不关心。恰恰相反，正是通过对内心真实感受的传达，才表明了对社会所寄予的希望。

（四）反映出新事物滋生的快速性

社会的发展与进步需要有大量的新事物参与其中，当这些新事物以语言为载体出现时，就形成了这方面的流行语。在2009年和2010年的年度十大流行语中，代表新事物的主要有“秒杀”、“围脖”、“穿越”、“裸”。

“秒杀”源于一种游戏中的技巧策略，以较少的力量消灭掉较多的敌人。引申开来之后，表示以远低于成本价的价格买到指定商品。现在被广泛应用到网络商家和股市。这在以前的生活中，是不曾出现过的。由于是新事物最初在人们的生活中亮相，才使得“秒杀”被广为流传。

“围脖”是“微博”的谐音。2010年被称为“微博元年”。随着微博在人们生活中占有举足轻重的地位，围绕着“围脖”这一流行语，又产生了一系列的流行语。在政界，无论是人大代表还是普通网民，只要是“微民”，都可以微博问政、微博议政。文化领域已呈现出“微文化”的态势，“微博控”们运用“微博体”，写着“微小说”，看着“微电影”，读着“微新闻”；生活中，用人单位可以“微博招聘”，面临就业的学生们可以投递“微简历”。不仅如此，微博的产生还带动了相关职业岗位的出现——“微管”。这些，都形成了一个“微世界”，生活在“微时代”的人们正在经历着由微博引发的各个方面的“微革命”。

传统的“穿越”，对象是空间；现在的“穿越”，则是“穿越时空”的简称，是文艺作品中一种展开情节的流行手段。穿越电影、穿越电视剧、穿越小说等共同的特点，使人物会不断地往来于不同的时空。这种时空的错乱，容易造成受众的误解和费解，于是，“穿越”又有了“玄”“乱”“令人莫名其妙”等意思。

“裸”的本义是不穿衣服，流行语用的是引申义，即只有事物本身，而没有任何附加物或附加条件。比如，“裸婚”是不买房、不买车、不戴婚戒、不办婚礼、不度蜜月，只领取结婚证书。“裸官”指家属孩子存款都在国外，一个人留在国内做官。“裸退”指干部退休后不再担任官方、半官方以及群众组织中的任何职务。

和其他流行语不同，这类流行语之所以流行，很大程度上是因为它们是刚出现的新事物。因此，这些流行语通过使用后，最终的结果就不得而知了，可能会长期存在于人们的生活当中，也可能只是在语言历史中昙花一现，随即被其他新的事物所取代。但无论如何，都不能否认这些流行语的客观存在。毕竟，它们的出现与存在，代表着一个时代。

三 面对年度十大流行语的应有态度

（一）承认流行语是一种语言现象，并能挖掘语言与文化之间的关系

年度十大流行语是新的一年中所出现的语言现象，也是当前一年社会现象的反映，其中承载着大量的信息。作为社会变化的晴雨表，流行语如同语言与文化之间的一面镜子，在凸显语言动态变化的同时，也凸显了社会生活中的动态变化。

同样地，从流行语与社会文化二者之间的关系，我们也能挖掘出语言与文化之间的关系。二者相互影响，相互制约。语言是文化的客观反映，文化又是语言发展的来源和平台。因此，我们既要从社会文化生活的变化来观察语言的变化，也要从语言的变化去探讨社会生活的变动。研究流行语的时候，可以将流行语置于社会的时代大背景中，研究其所反映的时代特征、社会文化价值等。

（二）正视流行语在丰富汉语词汇量、反映人民社会生活方面的独特贡献

流行语是社会时代变化的产物，一方面，流行语是词汇丰富发展的一条管道，不断地给汉语词汇这个大家族中输入更多新鲜的血液；另一方面，流行语在记录社会事件、社会现象的同时，也在潜移默化中记录下了各种文化及其发展，反映了当代民众的意识和当下社会的进步。因此，我们应该更多地从积极的一面去看待流行语，这样，不仅能使我们对流行语有一个客观而全面的认识，而且也会为促进流行语的应用提供一些启示和借鉴。

（三）切勿盲目追求流行，导致流行语泛滥

年度十大流行语的评比顺应了当今的语言形势，尽管其存在与流行是客观事实，但是，这并不说明被评选出的年度十大流行语就已经进入了规范汉语的行列。而且，有的流行语在内容和形式上还存在诸多不足，都是需要疏导和规范的。因此，切忌不可以因为盲目追求流行风尚，就滥用流行语。流行语的规范，不仅要经过社会的过滤，而且要从语言学的角度审慎把关，严格使用，从而使流行语得到健康的发展。

结　语

以上是我们对2009年和2010年年度十大流行语所进行的分析。从分析的结果来看，尽管流行语是一种普遍存在的语言现象，但是却包含了丰富的社会文化内涵，当然，也要遵循一定的规范，不可盲目求新求异。在流行语的内容、形式以及传播媒介等方面，仍需做大量努力，以确保流行语能够健康发展。本文只是以2009年和2010年的十大流行语，共计20个词为例，归纳并分析了其中的社会文化因素，今后，我们将继续关注年度十大流行语的评比，探究其中蕴含的语言学价值和社会文化价值，使分析结果更有说服力，也希望语言学界能有更多的人关注流行语，从而彰显出流行语的独特魅力。

参考文献

［1］侯敏．2010年度新词语解读［J］．语言文字应用，2011，（4）．

［2］胡莉莉．解析2009年流行语［J］．黑河学刊，2010，（3）．

[3] 胡明扬、张莹. 70——80年代北京青少年流行语[J]. 语文建设，1990，(1).

[4] 姜颖. 流行话语的泛化趋势[J]. 边疆经济与文化，2010，(2).

[5] 劲松. 社会语言学研究[M]. 北京：民族出版社，2009.

[6] 李娜. 近十年流行语研究述评[J]. 鞍山师范学院学报，2007，(6).

[7] 李明洁. 流行语的符号本质及其意指结构[J]. 语言文字应用，2011，(4).

[8] 李明洁. 从语录流行语到词语流行语[J]. 修辞学习，2009，(3).

[9] 刘大为. 组合流行语考察[J]. 汉语学习，1993，(2).

[10] 刘海润. 最新流行语小词典[M]. 上海：上海辞书出版社，2002.

[11] 孙曼均. 北京的流行词语与当代北京城市文化[J]. 语言文字应用，1998，(5).

[12] 熊忠武. 当代中国流行语辞典[M]. 长春：吉林文史出版社，1992.

[13] 姚巧巧. 从社会语言学角度看汉语流行语"蚁族"[J]. 阜阳师范学院学报，2010，(5).

[14] 袁津津. 解析网络流行语中的网络舆论走向[J]. 调查研究，2009，(2).

[15] 张琳. 流行语研究[D]. 天津师范大学研究生学位论文，2003年.

[16] 周勇闯. 中国流行语2007发布榜[M]. 上海：文汇出版社，2007.

抽象与形象：隐喻在词义变化中的作用

——以近年流行词分析为例

朱德康①

摘要：在语言各要素的变化中，词义的变化是最为明显的，大多数学者都认为隐喻是词义引申的重要方式，隐喻使语言充满了创造性、形象性和生动性，但隐喻为何如此重要，词义变化中的隐喻作用机制是不是都是一样的，对于这些问题，之前的研究少有涉及，本文试图从隐喻作用过程中的抽象化与形象化作用来说明其不同的内在机制。

关键词：隐喻　抽象与形象　词义变化　流行词

引　言

由于网络媒体在人们社会生活中的应用越来越多，语言传播的速度空前加快，由此带来的后果是语言的发展变化也越来越快，越

① ［作者简介］朱德康，2011级语言学及应用语言学专业硕士研究生，研究方向：应用语言学。

来越明显。反映在词汇变化上，则是大量所谓流行语[①]的出现。而所谓的流行语，其实大多数都不是新造词，而是语言中既有词语的创新性用法，即是词义变化的结果。网络普及带来的另一个后果则是，以往需要几十甚至几百几千年才可能发生的词义变化，现在几乎可以在一夜间就能完成。创新不难，难的是创新后的高频使用，只有高频使用才能造成“约定俗成”的结果。从这个角度来说，一千年才达成的词义变化与一夜间达成的词义变化其内在机制是相同的，都经历了“个体创新→高频使用→新义的约定俗成”这样一个过程。

以往学者在谈到词义变化的机制及方式时，都指出隐喻是词义引申的主要方式（董为光，1990）。但是，我们在阅读相关文献时，不禁产生以下疑问：隐喻为什么可以成为词义引申的主要方式？是什么决定了词义引申选择了隐喻这一方式？所有的以隐喻为引申方式的词义变化的内在动因都是一样的吗？针对这些问题，基于以上我们对于词义变化特别是流行语的思考，我们决定以近年出现的一些流行语为例，考察词义变化中的隐喻作用的内在机制。

一　关于隐喻

（一）词义变化和隐喻

语言是人们认知和沟通主客观世界的媒介，但随着社会的变革和发展，人们的认知也在不断发展，语言也相应发生着变化，包括语音、词汇、语法多个层面，其中词汇的变化是最显著的，而词汇变化的一个主要内容则是词义变化，人们正是为了研究语义变化而

① 文中所引用流行词取自2008~2010年年度十大流行词和常用网络语言，网络语料均来源于人民网搜索引擎搜索标题得到的结果。

开始关注隐喻现象。

隐喻的研究有着很长的历史，大致可分为三个时期：从最初的修辞学研究，到后期的语义学研究，再到现在的从认知角度进行研究。Richards 将隐喻中“两种互相作用的思想”分别用本体和喻体来指称，“隐喻”则是用来指本体和喻体互相作用而构成的特殊语言现象（王松鹤等，2006）。美国语言学家 Lakoff 和 Johnson 认为隐喻不仅仅是语言修辞手段，而是一种称之为“隐喻概念体系（etaphorical concept system）”的思维方式，是人类认识世界的一种本体思维方式（Lakoff & Johnson 1980）。隐喻使得人们可以把存在的事物看作喻体去指向那些不存在的或抽象的事物，从而使两个事物之间相互关联。例如：

（1）Time is money.（时间就是金钱）

（2）Time flies.（时光飞逝）

（3）鲁迅的杂文是锋利的匕首。

例句（1）中 time 和 money 都是有限的、珍贵的，因而人们用金钱来表示时间，Lakoff 和 Johnson 认为其属于基本概念隐喻；例（2）中从 fly 联想到极速飞过，用以形容抽象的时间的流失，将这一动作由抽象变形象；例（3）中说杂文是匕首是因为两者都有尖锐性和攻击性。以上三句话所表达的两者之间都有相似的形象或特征，隐喻正是利用词汇抽象化意义上的关联性，利用两者内在的关系，将已有的、具体的事物与无形的、抽象的事物联系起来从而丰富甚至改变语义，同时也使得语言变得十分生动形象化。

从前人的研究可以发现，隐喻在词汇语义演变中发挥着重要作用，甚至于人们时时刻刻都在运用隐喻，不使用隐喻，我们便不可能流畅连贯地说上三句话（英国语言学家 I. A. Richards 转引自詹蓓，2003）。那么又是为什么使得隐喻如此重要呢？以往的研究者其实都没有有意识地探讨过这个问题。即使有学者指出隐喻的构成要素，却也还没有触及到人们为什么选择隐喻这种表达方式这个深层次问题。通俗一点说就是，大家已经知道了我们经常使用隐喻，也知道使用隐喻的好处，但是，很少有人告诉我们，隐喻为什么会具有这些好处？同时，还有另外一个问题就是，词义变化中的隐喻作用机制都是一样的吗？这一点似乎也还没有人讨论。

（二）语言经济原则

社会不断发展，新事物新思想不断产生，如果每出来一个新事物或新思想就发明一个新的符号来表示，必将使该语言过于繁杂，而使用该语言的人也将不堪重负。为避免这种境况的出现，人们总是倾向用已有的认知图式来加工和认知新的事物或思想，这就牵涉到已有词语的词义引申或变化。例如：

（4）英王室大婚遭恶搞　山寨婚礼视频受哈里王子热捧。（人民网）

（5）“苏珊大叔”秒杀“旭日阳刚”网友：上春晚，必须的。（《华西都市报》）

例句中“山寨”、“秒杀”都是借用现有词语，加以语义改造而形成的。“山寨”原义是指旧时绿林好汉占据的山中营寨，也可以指山区中的村庄（将表示原义的标为“山寨$_1$”，下同），但在现实中，“山寨”产生了新的语义变化，具有了“仿造、模仿”的意思。

二　隐喻的结构分析

（一）抽象化与形象化在隐喻中的结构作用

语言经济性原则要求我们在表达时能尽量用已有具体的词汇来表达未知的或者抽象的事物，因而我们必须借助已有词汇的语义特征来联想并表达新事物新思想，可以说，就说话人的表达而言，越简洁就越经济，而形成经济表达的重要途径之一就是高度抽象化，也就是说，越抽象越经济。但是，抽象程度太高就会引起理解上的问题。因为从听话人理解的角度来说，越具体的东西越容易理解，也就是说，对于听话人而言，说话人话语的形象化程度越高就越容易接受。说话人是为听话人而说话的，所以，她（以下以“她”指说话人，“他”指听话人）必须充分考虑听话人的理解诉求。这种情况下，说话人若为自己考虑，语言表达则追求抽象化；若为听话人来考虑，则追求形象化；若二者兼顾，则需要同时考虑抽象化与形象化，力求二者出现均衡的状态。正是这种对抽象化与形象化均衡的追求，才导致隐喻的产生。实际语言中，隐喻表达中抽象化和形象化的程度多是均衡的，但是，既然抽象化和形象化着眼于不同角度，则二者也必然会有失衡的情况。即有些隐喻的产生，是抽象化作用的结果；也有一些隐喻的产生，则是形象化作用的结果。

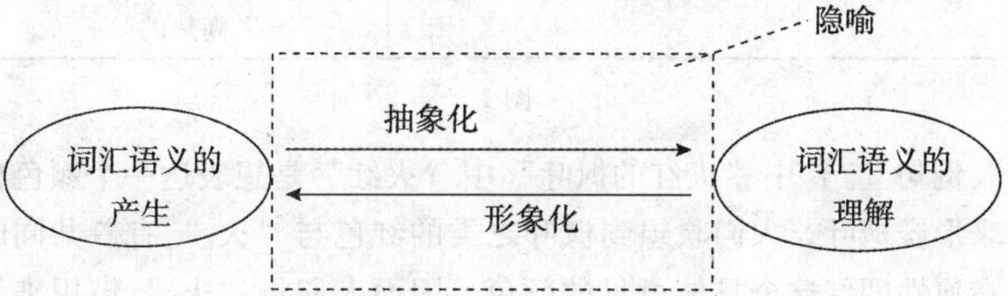

图 1

下面以“火”为例来做一个具体的说明，例如：

（6）昨晚那栋楼着火，现在烧的只剩空架子了。

（7）秋天去北京的香山，你会发现火红的枫叶十分漂亮。

（8）他们第一次约会，就擦出了爱情的火花。

（9）听到这个消息，老板怒火中烧，两个眼睛都冒火了。

（10）你何必这么火急火燎的？

（11）早期的《实话实说》节目很是火，那时大家都在讨论。

(12) 处于敌对状态的双方谁都不愿意先开火。

例句（6）中的火是其本义火焰，一种自然现象，从对“火$_1$”的表象我们能得出一些感性认识，即“火是红的，火是高热的”这些概念，从“火$_1$”的表象特征引申得到“火”的一些抽象特征如因为“火$_1$”是高热的，所以“火”是危险的，又因为“火”在过去对于人们的生存发挥重要作用，“火”又是兴旺的，受欢迎的（娄捷，2006），下文借助这些形象或者抽象的属性特征（如图2）来分析上文中的例句。

<table>
<tr><td rowspan="5">火</td><td rowspan="2">内在属性（抽象化）</td><td>危险的</td></tr>
<tr><td>受欢迎的</td></tr>
<tr><td rowspan="3">外在属性（形象化）</td><td>火焰</td></tr>
<tr><td>红色的</td></tr>
<tr><td>高热的</td></tr>
</table>

图1

例句（7）中“火红的枫叶”中“火红”是想表达一个颜色概念来形容枫叶，人们联想到枫叶之类的红色与“火$_1$”有着共同的外在属性即红这个具体可见的颜色，因而人们将“火$_1$”借用来修饰红。例句（8）中“火花”也是相似的借用，自然现象的“火花”是由两个物体碰撞摩擦而得，例句中指的是两个人在情感上的碰撞，由此产生的感情共鸣与这里的火花有着异曲同工之妙，因而“火”被人们借用来表达这个抽象的情感状态。可见例句（7）和（8）都是因为形象化的表达需要而借用了旧词“火$_1$”从而引申出了新的词义。

在例句（9）和（10）中的“火”用来形容人们的一种情感或者行为状态，诸如生气、紧急等，人们愤怒、生气或者因某事紧张急迫时体温都有升高，面目甚至呈现红色（眼睛冒火），而“火”

代表着红色与热，具体到例句（9）中还可以发现将人当做了一个容器，火在人这个容器中烧起来（怒火中烧），为了表达得形象化，于是用“火”来表示与愤怒、紧张等相似的情感状态，人们理解起来也更加容易。

“$火_1$”本义是火焰，尤其在古代因为人们技术的落后，“$火_1$”的作用是十分重要的，如可以用来夜间照明、烧烤食物、驱赶野兽等，可以想象“$火_1$”是受到人们欢迎的，因而借助“$火_1$”的这一引申后的抽象特征，在例句（11）中受欢迎这个抽象特征被人们借用来表达《实话实说》节目很是受到大众欢迎的概念。

从“火”的物理概念范畴出发，我们知道“火”是高热的，人们又将其引申为危险的，例句（12）中的“开火”意为开枪或者开炮，也可理解为发动进攻（战争），开枪或者开炮都需要应用“火”，甚至能在开枪或者开炮时看到火焰，战争对于人而言同时也是危险的，因而本文认为这里的“火”兼具了“$火_1$”的形象化特征与抽象化特征。

从“火”的例子可以看出人们最初在借助或引申已有词汇语义时有时主要是形象化的需求，有时主要是借助的已有词汇语义的抽象特征，大部分是综合两个需要，正是由于这些原因，关于“$火_1$”的隐喻得以被广泛运用。

（二）抽象化

出于语言表达经济性的原则，或者也由于语言中缺乏现成的词汇或表达方式，人们常借助一事物来表达另一事物。在这一过程中，常常是引申已有事物的某些抽象特征来表达另一事物，同时也可能使得词汇本身所包含的抽象语义关系更为丰富。例如：

（13）我们每天早上8点上课，12点下课。

（14）小王每天都会上网聊天，连吃饭时间到了都不愿意下线。

（15）互联网里信息是互通的，你可以上传信息，也可以下载信息。

(16) 有关水的网络词语：潜水，灌水，水贴等。

(17) 无良诊所自制成本几十元“山寨药”卖千元。(人民网)

(18) 新浪微博表白插件山寨 Facebook 捅破“暗恋”这层纸。(人民网)

(19) 韩某公司推出雷人创意：旧西服改成提包做环保。(《重庆晚报》)

(20) 企业发最雷人放假通知：春节前后请假扣三倍工资。(《北京晨报》)

例句（13）~（15）则是一个关于“上—下”的意向图式，“上—下”本是一个空间概念，当人们把自己对“上—下”的感性认识映射到其他事物上时，便促使“上—下”发生词义演变。

人类早期的生活经验使得人们在思想上总认为上面的是好的，而下面的总是坏的。例如天堂在上面，地狱在下面；皇帝成为皇上，百姓自称在下；我们说帮助人为拉人上岸，连累别人是拖人下水。而从例句中我们发现，上课、上网等用上表达的是一些积极活动，而下课、下线都则相对是一种消极活动，因而人们将“上—下”的抽象空间图示运用到现实的抽象认知活动上而产生了关于“上—下”图式的隐喻表达。

例句（16）所提到的“水”本是自然界中的一种物质，具有透明、流动等属性特征，人们可以在水里游泳，潜水，也可以将水用于日常生活如喝水等等，但唯独不应该也不能够用于网络中，可事实上有关“水”的用语被网友们广泛应用。如潜水，沉，泡，水贴等等。“潜水”指在论坛里自主活动但不公开言论；“沉”本是一个东西（如石头）沉入水里，这里是指论坛里的帖子因少有人关注而被慢慢挤到后面；“泡”本义是人们将某种东西长时间放置于某一液体里，网络中常见人说泡在网上，则是将整个互联网比作了液体（水）；“水贴”在现实生活中本没有这个说法，这里是一个抽象化的表达，指一个充满了无意义言论的帖子。从上面例子可以看出人们借助了有关水$_1$的概念的一些抽象化特征，用来表达一些难以形容的抽象概念，从而产生了一系列以“水”为源域的隐喻。

再比如“山寨”本是指旧时绿林好汉占据的山中营寨或者山区中的村庄，“山寨$_1$”的语义特征有据点、偏僻闭塞、不守王法等。而现在为人们所熟知的“山寨”起源于广东话，最初用来指称那些仿制国外知名电子产品的小工厂，如山寨mp3，山寨手机等，其与“山寨$_1$”有着规模小、受歧视、违法等共性的语义特征，因而人们可以将“山寨$_1$”的源概念映射到所要表达的目标概念。如例句(17)，就有着很强的贬义。后来人们又将“山寨$_1$”映射到了科技文化领域，我们发现此时其贬义意味正在逐渐消退，如例句（18）中的“山寨”并非违法乱纪，更准确的说法是基于中国人使用习惯上的模仿或者说是一种微创新，到例句（4）中已经看不到贬义的存在了，人们更多的是借助“山寨$_1$”中模仿这一抽象特征，进而产生了大量“山寨”的隐喻表达。

例句（19）~（20）中的“雷”本是名词，作为一种自然现象，打雷时电闪雷鸣、震耳轰鸣的景象令人印象深刻，可以概括出它的一些表象特征如声音大，其抽象特征可概括为突然性的被动反应等，这一抽象特征和人们遇到突发或者不可思议的事情时的心理状态是相似的，因而现在人们通常将“雷”在语法上变作形容词用于表示对新事物的一种惊讶反应这一语境下，同时使得表达更加形象化，易于理解。

当然，本文所指的抽象化不仅指借用已有事物的抽象属性特征，同时也可指词汇本身所包含的抽象语义关系，如“被+X”结构：

（21）孙立平：我们要幸福不要“被幸福”。（《南方都市报》）

（22）南方某市对辖下县市的小康达标情况进行民意调查，当地政府对受访群众威逼利诱，要求按事先下发的标准答案回答，那

些原本在小康达标水平之下的群众，一夜之间就“被小康”了。(凤凰网)

(23) “谁动了我的年假”——超过半数职场人“被全勤”。(人民网)

按《说文解字》所述，“被”本为被子的意思，后又由覆盖之义引申为遭受、蒙受的意思，作为被动标记，而“被＋X”结构主要表达的是对事实的一种否认（何洪峰等 2010），具有双层语义关系，即“（a）隐含语义结构是 $\varnothing_{NP}+\varnothing_{VP}+NP$，即某单位/人（$\varnothing_{NP}$）评价/代替/宣称/强制等（$\varnothing_{vp}$）某人/事物（NP）；（b）表层语义结构是 NP＋被＋$X_{VP/AP/NP}$，即某人/事物（NP）＋被＋行为/性状/归类（X）”。运用隐喻我们仅仅用一个“被”就可将“被逼”、“无奈”等抽象语义关系表达出来，这也符合语言的经济原则。

（三）形象化

如上文所述，抽象化是语言表达的一个重要动力，但抽象化的同时人们还需要增加理解度，因而形象化的表达需要也是十分重要的。如：

(24) 科技日报：就让方舟子囧一囧。(《科技日报》)

(25) 年会囧照“被上网”网友希望事前“被告知”。(《新闻晨报》)

(26) 关我鸟事，我是来打酱油的。

(27) 恐龙，青蛙，大虾等。

例句（24）和（25）中的“囧”，声 jiong（三声），属生僻汉字，同冏，本义“光明”，但现在被人们应用到了其他语境下，诸如郁闷、悲伤、无奈、尴尬、窘迫等。之所以发生这个现象与人们的形象化表达需要是分不开的。因为人们最初在心中早已形成一个特定的表达沮丧、失意的面部表情图式，而“囧”与这个表情图式在图画上是十分相似的，出于形象化的表达需要，“囧”被人们借用来表达这一系列的心理状态，且因其表达生动易于理解，在生活中迅速流行。

例句（26）中的“打酱油”是08年的网络流行语，可以想象“打酱油”本是一件十分悠闲的事，人们想象中通常都是父母吆喝小孩出去打瓶酱油。“打酱油”之所以盛行，源于广东电视台就陈冠希事件采访一路人所说，“打酱油”在这里表达了一种事不关己的抽象语义。但“打酱油”之所以被广泛使用主要是基于其本义所指事件图式所透出的一种悠闲，路过的表象特征，借助这一特征，人们十分容易理解“打酱油”这一词汇，如考试后某学生称“打酱油”了，就是指随便考考，无所谓，与“路过”这一含义是类似的。

例句（27）中的恐龙、青蛙、大虾等在网络中都是用来指人的。据字典的解释，恐龙本是一种古代的爬行动物，青蛙则是一种两栖动物，眼大、嘴扁而宽，不管解释怎样，在人们想象中恐龙和青蛙都是丑陋的，而在网络里被指称丑陋的女性网民和男性网民；大虾则是一种躯体长且弯曲的节肢动物，被用来指称长时间上网的网民，因为长时间上网会使得背部弯曲。人们出于表达的形象化需求，于是用外观或特性上相似的动物来指称人。

以上例句中所列举的事例都是出于表达的形象化需要，同时人们也认识到了二者之间一种相似性联系，产生了以表象图式为主的隐喻，借助于一些已有的具体的词汇形容另一事物，从而达到一个更好的表达效果。

（四）形象化与抽象化相互作用

上文虽将形象化和抽象化区分并分别加以分析，但大多数词汇的语义变化都是抽象化与形象化需求的共同作用，因为这二者本身就是隐喻作用过程中的两个方面。事实上大部分词汇的语义演变都是二者共同作用的结果，这里以“秒杀”为例来分析：

(28) 肯德基“秒杀门”案开庭提前将优惠信息推上网?(人民网)

(29) 劳资双方最后时刻达成协议纽约门卫罢工终被“秒杀”。(《解放日报》)

(30) 美国明星队秒杀八一这场表演赛真刀真枪。(《钱江晚报》)

“秒杀”本是网络游戏中的一个词，指两个或以上玩家游戏时，一方实力较强，另一方在还没有来得及反应的情况下就被瞬间杀死，其内在的抽象特征可以概括为短时间内达到某种目的或者效果。在(28) ~ (30)中“秒杀$_1$”泛化为了其他意思。例(28)中的“秒杀”是指电子商务中的购买，特指有限时间和有限商品数量情况下的抢购;(29)中的“秒杀”指在时间将尽时的一种行为状态，例句中指取消;(30)中的“秒杀”指体育比赛中的战胜，特指最后时间将要结束的情况下一招制胜。例句中不管是在网络购物中还是在体育比赛中，都强调了最短时间内达到某种效果，如买到了、取消了或者胜利了这样的结果，这与“秒杀$_1$”的快速取胜这一抽象化的结构特征是相似的，正因如此，“秒杀”在这些语境下使用显得更加传神，被广泛应用于网购、比赛等社会生活领域里而产生了大量以“秒杀$_1$”作为源概念的隐喻。

通过对比的方式我们也可以看出隐喻之于词义引申是十分重要的，若我们将上文“火”、“秒杀”和“囧”等流行词替换成相同语义的其他词语表达就可以很清晰地看出，以下面几个句子为例:

(8) 他们第一次约会，就擦出了爱情的火花。

(8’) 他们第一次约会，他们之间内心就产生了爱慕之情。

(9) 听到这个消息，老板怒火中烧，两个眼睛都冒火了。

(9’) 听到这个消息，老板十分愤怒，两个眼睛发生了一定的变化。

(12) 处于敌对状态的双方谁都不愿意先开火。

（12'）处于敌对状态的双方谁都不愿意先开枪（发动战争）。

（15）互联网里信息是互通的，你可以上传信息，也可以下载信息。

（15'）互联网里信息是互通的，你可以把信息传到网络中，也可以由网络中获得信息。

（20）企业发最雷人放假通知：春节前后请假扣三倍工资。

（20'）企业发最令人难以相信的放假通知：春节前后请假扣三倍工资。

（25）年会囧照"被上网"网友希望事前"被告知"。

（25'）年会令人尴尬的照片在不知情的情况下被上传网络网友希望事前"被告知"。

（26）关我鸟事，我是出来打酱油的。

（26'）关我鸟事，我是路过的，跟我没关系。

（29）劳资双方最后时刻达成协议纽约门卫罢工终被"秒杀"。

（29'）劳资双方最后时刻达成协议纽约门卫罢工终于在最后一刻被取消了。

从上面例句可以看出替换后的语言表达显得既累赘又不够生动传神，鉴于抽象化与形象化表达的共同需要，人们更愿意运用隐喻把存在的事物看作喻体去指向那些不存在的或抽象的事物，从而使人们能够更生动形象地去表达并理解概念，因而隐喻成为人们对词汇语义引申的一个重要途径。

三　结　语

本文首先对隐喻形成的内在动因做了分析，认为人类语言表达的抽象化和形象化的要求决定了隐喻的产生。从术语本身来说，"隐喻"其实只是一个标签，就词义变化来说，我们关注的是这个标签背后对词义变化起作用的深层次机制。按照本文的分析，虽然同样是隐喻现象，有的情况下起主导作用的是抽象化需求，有的情况下起主导作用的则是形象化需求，当然，更多的时候是二者呈现出均衡的结合状态。

按照以上理论，我们着重分析了“雷”、“山寨”、“囧”、“秒杀”等流行语，认为在“雷”、“山寨”等词的词义发展中，是抽象化决定了隐喻的产生，也就是说，源概念和目标概念在抽象属性及关系的表达方面的相似性决定了这些词隐喻意义的产生。而“囧”的新义的出现，则主要是形象化起作用的结果。

不过，我们也必须承认，形象化和抽象化本是隐喻作用过程的两个方面，就像一张纸的正反面，严格上并不能将他们完全分开，事实上绝大部分词义的演变都离不开两者的共同作用。但是，不可分开并不代表不可分开分析，且我们认为，恰恰是分开分析才能真正弄清楚具体某个词义变化现象背后的深层动因，而这些细致研究无疑也会增强我们对于隐喻理论的更深层次的理解，而不是简单地停留在“这是一种隐喻用法”、“这是隐喻作用的结果”等模糊的、贴标签式的论调上。

当然，本文的讨论也还只是初步的，虽然是在有意识地探讨人们使用隐喻的内在动因或机制，细致剖析隐喻的内部结构，但由于受学识和时间所限，我们的讨论还只是初步的，还有好多问题，比如抽象化和形象化在隐喻产生中，孰先孰后，到底是谁决定谁？这些问题，都将会是下一步研究的重点。

参考文献

［1］董为光．词义演变过程中的心理因素［J］，语言研究，1—10页，1990，(1)．

［2］弗里德里希·温格瑞尔，汉斯尤格·施密特著，徐国萍，赵微译．认知语言学导论（第二版）［M］．上海：复旦大学出版社，130—143页，2009.

［3］王松鹤、于林龙．自然语言语义变化中隐喻研究的几个重要历史阶段［J］．佳木斯大学社会科学学报，56——58 页，2006，（3）．

［4］刘念．网络流行语的语言经济性原则［D］．武汉大学硕士学位论文，2004.

［5］娄捷．从“火”的意义演变看隐喻认知［J］．语言理论研究，34—36 页，2006，（3）．

［6］周统权．上与下不对称的认知研究［J］．语言科学，39—50 页，2003，（1）．

［7］王同伦．“山寨”语义泛化的隐喻机制［J］．扬州大学学报，111—115 页，2009，（6）．

［8］何洪峰、彭吉军．论 2009 年度热词被“X”［J］．语言文字应用，81—88 页，2010，（3）．

［9］常楠．网络流行语中的隐喻现象研究［D］．山东大学硕士学位论文，2008.

［10］李文莉．隐喻的无意识性——语义泛化与意象图式［J］．修辞学习，6—9 页，2003，（3）．

［11］詹蓓．英汉动物喻体喻用含义的对比分析［J］．外语研究，33－36 页，2004，（3）．

80 年代以来汉语姓名的发展变化及其动因

邢　璐①

摘要： 姓名既是一种社会现象，也是一种语言现象。本文以 80 年代、90 年代以及 00 年以后②这三个十年，各 500 个姓名样本为语料基础，对比分析了改革开放三十年来汉语姓名的发展变化，并在此基础上阐释了造成这些发展变化的动因。我们认为，80 年代以来汉语姓名命名趋向双字化，叠字名不断减少，高频字有所改变，命名方式更加丰富。本文试图从社会文化因素和个体心理因素两方面阐释造成这些变化的主要动因。

关键词： 80 年代以来　汉语姓名　发展变化　动因

引　言

姓名作为区别社会成员的文字符号，伴随着人的一生。中国自

---

① ［作者简介］邢　璐，2010 级中国少数民族语言文学专业硕士研究生，研究方向：彝缅语族语言文化研究.

② 注：本文所提到的“00 年以后”均指 2000 年至 2010 年。

古就是一个重名号的国度，古人有云："名出者，其人之魂也，其人之生命所系也。"伴随着社会的进步和中华民族传统文化的发展，现代人也更加注重姓名对于人生的重要作用。因此，姓名的内涵变得更加丰富多彩。

对于姓名的研究一直是语言学和社会学界关注的课题。以往语言学者对于姓名的研究主要是从人名用字的声、韵、调的搭配，修辞手法，名字的意蕴以及人名用字与文化心理的角度等方面进行探讨。随着改革开放的深入，中国的经济和文化事业得到了不断发展，人们也开始关注 80 年代以来汉语姓名的发展变化，但论述的角度基本都是汉语姓名发展趋势的描述，很少有人根据这些现象来挖掘其发展变化的主要动因。本文正是基于这一研究现状，以改革开放三十年来的汉语姓名作为切入点，阐述了 80 年代、90 年代以及 00 年以后，汉语姓名的发展变化，并从社会文化因素和个体心理因素两个方面进一步探讨了汉语姓名发展变化的动因。

一　80 年代以来汉语姓名的发展变化

（一）趋向双字化

双音化是汉语词汇的发展趋势之一，这一特点同样也体现在 80 年代以来汉语姓名的命取上。我们对姓名样本中名字部分所含字数进行了相关统计：80 年代单字名 222 个，占总数的 44.4%；双字名 276 个，占总数的 55.2%；三字名 2 个，占总数的 0.4%.90 年代单字名 140 个，占总数的 28%；双字名 357 个，占总数的 71.4%；三字名 3 个，占总数的 0.6%.00 年以后单字名 37 个，占总数的 7.4%；双字名 448 个，占总数的 89.6%；三字名 15 个，占总数的 3%.如表一所示：

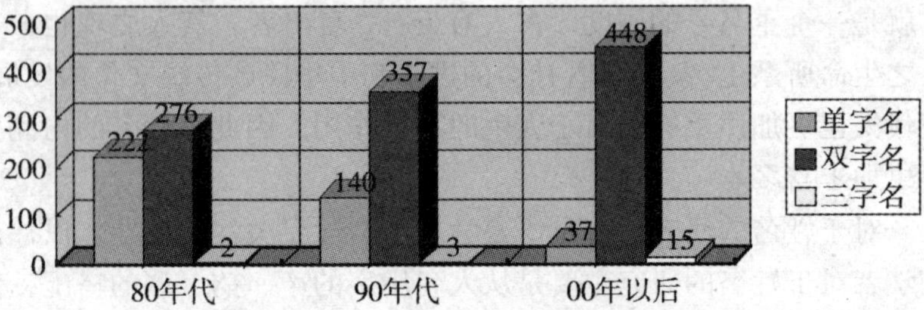

表一：80 年代以来 1500 个姓名样本名字字数统计表

从表中我们可以看出在这三个十年中单字名的数量逐渐减少，双字名数量显著增加。此外，三字名也有不断增加的趋势。

（二）叠字名不断减少

叠音是具有汉民族特征的语言形式之一，在姓名中使用带有亲昵的感情色彩，以这种形式命名的几乎都是女性，用字一般选用表达美好意义的形容词，读起来语音前重后轻，给人以亲切轻盈之感。但这种叠音名在名主年少时尚显娇小可爱，到了中老年还这样叫，就会显得不大得体了。而且，用的人多了，也容易产生重名的现象。

我们将姓名样本中的叠字名数量和所占总数的百分比进行了相关统计，得到以下数据：

表二　80 年代以来 1500 个姓名样本叠字名数量统计表

叠字名 / 时期	数量（共 500 个）	占总数的百分比（100%）
80 年代	31 个	6.2%
90 年代	16 个	3.2%
00 年以后	4 个	0.8%

正如表二所示，叠字名在60、70年代尚属少见，但到了80年代便开始大量出现，达到顶峰。90年代以后叠字名数量开始呈减少趋势，00年以后叠字名几乎不出现在人们的视线中，但其形式内容较之于80、90年代却更加新颖。例如，80年代、90年代使用最多的叠字名有“维维、婷婷、洋洋、莹莹、晶晶、琳琳、程程、媛媛”等，人名用字的选择始终是在一些常用字范围内不断重复，在1000个姓名样本共47个叠字名中也只有“范多多”等少数几个姓名实现了对传统的突破。00年以后虽然只有4个叠字名，但像“魏格格”、“刘嘟嘟”这种寓意新奇、大胆创新的名字，也只有这个时期才能出现。

值得一提的是，在姓名样本中，还有一种“音叠而形不叠”的情况，例如“路露”、“陈晨”、“张章”、“杨阳”等。这种形式大多是姓氏与名字巧妙地组合，构成叠音形式的姓名。这种姓名在字形上虽然不同于上文提到的叠字名的形式，但读起来同样给人以亲切、可爱之感，而且这样的用字搭配也不易造成重名现象。

（三）高频字有所改变

80年代姓名中出现的高频字有“娇、梅、婷、玲、娜、静、楠、伟、宇、峰、旭、军、磊、涛、建”等，另外，双字名中间字用“晓”或者“小”的特别多，女名用“丽娜、丽娇”的也很多。到了90年代，姓名中的高频字在80年代的基础上开始有所变化，但并不十分明显，出现了诸如“诗、博、鹏、馨、慧、文”等高频字，其中尤以“文”字较为突出，仅在90年代500个姓名样本中就有18个与“文”字搭配组成双字名的，如“文静、文达、卓文、思文、佳文、文志”等。高频字在双字名的组合中也有所变化，如“静”常与“文”搭配组成词“文静”，“宇”也不再只出现于单字名里，而是经常与其他字搭配，如“宇航、庆宇、宇学、新宇、欣宇、宇哲”等。00年以后出现的高频字主要有“天、轩、浩、博、子、一、嘉、涵、雨、怡”等，从500个姓名样本中，我们发现这一时期姓名用字的范围越来越广，很多之前几乎不出现在姓名中的字，开始被人们所使用，高频字出现的频率越来越小，这也在一定程度上避免了重名现象的产生。此外，这一时期人们在命名用字的选择上也发生了变化，例如，同是“yǔ”这一读音，“禹”基本替换了80、90年代的“宇”，如“思禹、禹含、禹辰、禹行、禹彤、禹池、智禹、习禹”等；再如，同是“jiā”这一读音，“嘉”出现的数量也远远比“佳”多，如“嘉祎、嘉鑫、嘉怡、嘉蔚、嘉语、嘉豪、嘉容”等。

通过对不同时期高频字的比较可以发现，80、90年代女性命名大多选用与花或者美丽相关联的词，而男性大多选用与自然界有关，寓意刚毅或坚强的词。而到了00年以后，女性名多与优美、优雅联系在一起，而男性名则多与智慧、才华联系在一起。80年代，还有一些姓名带有政治色彩的痕迹，例如“国辉、庆军、卫红”等，而90年代以后的姓名中就几乎没有这样的用字了。

（四）命名方式更加丰富

80年代以前的很长一段时间里，按字辈命名的方式非常普遍。我们从收集到的80年代500个姓名样本中发现，按字辈命取的姓名，例如“杨国辉、杨国宇、杨国静”虽然存在，但数量却很少。可见，80年代在命名方式上已经突破了传统的命名方式，按字辈命名已经退出主流，不再被广泛使用。但这并不等于按字辈命名的方式不存在了，00年以后的500个姓名样本中就有“于建浩、于建新”这一组姓名是按家族的字辈排行命名的。此外，80、90年代还出现了三字名，如“杨晨雨诺、周潘思蕴”，虽然在80、90年代共1000个姓名样本中只有4个，但是这也算是一种开创性的突破了。

00年以后是创新表现最为突出的时期，姓名的命取方式呈现出了多样化的趋势，主要表现在以下三个方面：

1. 生僻字大量出现，词类更加丰富

00年以后，人们命名趋向求新取义，生僻字被广泛运用到姓名中。生僻字如“芷倩、芷萱”的“芷”，“芊熠”的“芊”，“岱轩”的“岱”，“祉芮”的“祉”和“芮”，“浩岐”的“岐”，“张忝”的“忝”，“羿男”的“羿”等等。此外，文言词如“劢”、“衎”“翀”，历史词如“镛（古代乐器）”、“玥（古代珍宝）”等也出现在单字名中。

这一时期，词类也变得更加丰富，人们除了选择名词、形容词及少部分动词以外，也开始将虚词、数词等词类用于姓名中。值得一提的是，00年以后，虚词“子”在名字中出现的频率特别高，仅500个人名样本中就有23个，占总数的4.6%，如“子明、子慧、子淳、子宸、子涵、子阳、子彬、子豪”等；另外，虚词“若”有“若冰、若文、若菲、若西”，“予”有“淇予、馨予、予彤”，还有“马之一”中的“之”，“令其”中的“令”，“以宁”中的“以”等。与此同时，带有数词“一”字的名字也很多，共有26个，占总数的5.2%，例如“一铭、佳一、一鸣、一纯、一琳、一沣、兆一、一彤、一蒙”等。

2. “父姓母名”以不同的方式出现

“父姓母名”构成姓名的方式主要有以下几种：一是“父姓+母姓”组成姓名，例如“孙李、刘杨、赵卓、王姚”；二是“父姓+母姓+单字名”组成姓名，例如“崔李旭、胡李傲、任孟晴、刘佟一”；三是“父姓+单字名+母姓”组成姓名，例如“陈佳康”、何思陈、刘爱杨”；四是“父姓+母姓+双字名”组成姓名，例如“张单泽云、山田彩佳”。此外，还有将母亲的姓氏拆开组成名字的，例如“崔木子、李沐旸”等。

在姓名样本的统计中我们发现，80年代，“父姓母名”的命名方式以前两种为主，到了90年代，形式更加新颖，出现了第三、第四种情况，00 年以后，由于三字名的广泛出现，“父姓母名”的命名方式以第四种情况较为普遍。

3. 外来名不断淡化，名字更加体现中国文化特色

80 年代开始，姓名中开始出现外来名，那时候最为流行的洋名是“丽娜”，仅 500 个姓名样本中就有 12 个，占总数的 2.4%。90 年代，外来名的形式更加丰富，出现了诸如“苏珊、苏菲、安娜、马莉、凯莉、约翰”等多种多样的洋名。00 年以后，外来名在姓名中仍然存在，但已不再受到青睐。相反，很多姓名从四字成语或诗词歌赋中提炼出来，更多地体现了中国传统文化特色，有的还具有浓烈的文学色彩。有的借用成语，如“张若愚（大智若愚）、蒋浩然（浩然正气）”；有的借用诗词，如“赵剑锋（宝剑锋从磨砺出）、李春辉（谁言寸草心，报得三春晖）”；有的借用典故，如“李鹏飞（语出《庄子·逍遥游》‘大鹏展翅九万里’）”。

二 80 年代以来汉语姓名发展变化的动因

（一）社会文化因素

姓名是每一个社会成员的身份符号，同时也反映着时代气息与社会文化现状。每个时期姓名的特点都受到这一时期总体的社会文化因素影响。上文已经论述的 80 年代以来汉语姓名的发展变化，不论是继承还是创新，都会受到社会文化因素的影响，具体来说，主要包括以下几个方面：

1. 教育事业的大力发展，文化水平的总体提高

1978 年国家恢复高考，实行九年义务教育制度后，教育的普及也得到了国家和政府的高度重视，这些都在相当大的程度上使国人的文化水平得到了总体提高。文化水平提高了，人们认识的字多了，知道了每个字读什么音、怎么写、表达什么意义，在起名的过

程中就自然会使用一些像“馨、嘉、祎、鹏、轩、涵”这样比较雅致优美的汉字了。

尤其是 00 年以后，70 后甚至 80 后的人群成为父母，他们大都受过学校的正规教育，而且有相当一部分人接受的是高等教育，文化水平总体上比上一辈人要高很多，更加注重名字对于一个人的重要意义，给孩子起的名字必然是承载了丰富的文化内涵，蕴涵了更为新颖独特的寓意，因此 00 年以后的姓名用字范围更加广泛，内容也更为丰富、文雅。由于单字名只有一个字，无法完全表达命名者这样的文化审美情愫，所以迅速减少，与此相对，双字名和三字名在这一时期便不断增加。

2. 女性地位上升

中国传统文化中的“男尊女卑”观念可谓众所周知，这一点自然也会体现在姓名中。随着改革开放的不断深入，女性不论是在受教育方面，还是在家庭、工作中都得到了应有的重视。尤其是现代女性，她们具有较高的文化水平和较强的能力，性格坚强独立，不再依附家庭，她们不但在家庭中承担一定的责任，而且在工作中也能够独当一面。因此，女性的地位大大提高。体现在姓名上，主要表现为以下三种情况：一是 80 年代女性姓名中出现了一批具有男性特点的名字，例如“王伟、李磊、李威、张宇、杨国辉、宋英杰”等；二是 80、90 年代都出现的带有“男”字的女性名字，比如“胜男、亚男、越男”等；三是 00 年以后出现的“父姓母名”姓名样式，如“胡杨沐歌、张冷子轩、张单泽云、刘佟一、任孟晴”等。

3. 东西方文化融合，传统文化受到重视

80 年代至今随着改革开放的步伐逐渐加快，成果逐渐明显，中国开始走向世界，与世界各个国家的交往也越来越密切。因此，西方文化融入到了我国传统的文化当中，在各个方面都对国人起着潜移默化的影响。体现在姓名上，80、90 年代出现的洋名主要为音译词，其方式大多是从外文（主要是英语）中直接音译过来。此外，还有00年以后不断出现的四字姓名，可能也在一定程度上是受到日本姓名文化的影响，但具体深层的原因还有待进一步考证。

00年以后，随着我国经济、文化事业的不断发展和综合国力的增强，汉语在世界的地位越来越重要，国学更加受到国人的重视，人们更加关注中国传统文化精髓。因此，在取名的过程中，或借用诗词歌赋、或引经据典，出现了很多既能表达美好寓意，又充满文学色彩的姓名。

（二）个体心理因素

姓名体现了命名者对名主所给予的希望，因此也受到个体文化心理因素的影响。改革开放三十年来，中国在向世界打开大门的同时，国人也不断地走了出去，接纳并吸收了丰富的外来文化，思想不断解放，视野不断开拓。个体，尤其是知识分子的文化素养与心理都发生了极大的变化，在姓名上主要表现为从求简心理发展到求新心理。

80年代，由于刚刚经过了动乱的“文革”十年，人们在心理上开始追求宁静和质朴的生活状态，简约和简单成为人们追求的目标，这种心理状态被广泛映射到汉语命名上，从而导致单字名大量出现，而且表达的多是纯静、爽朗、刚毅的寓意，如“王静、白玉、白雪、陈爽、李婷、张强、王晓刚”等。到了90年代，随着改革开放的不断深入，人们心理上开始逐渐追求标新立异，单字名已经无法满足人们这种需求。同时，80年代单字名的盛行也导致了大量重名现象的产生，因此人们开始趋向使用双字名，单字名数量逐渐减少。

00年以后，很多70、80后的父母，他们的性格与思维中本身就注入了打破常规、求奇创新的独特气质，人们更加追求个性的解放，求新心理更为普遍，因此在姓名中出现了生僻字、文言词、历史词、虚词和数词，叠字名也出现了像“嘟嘟”这样的拟声词。在这一时期，求简心理依然存在，比如“马之一”双字名的笔画两个字加起来才 4 画。但是，我们也应看到，这种求简心理已不再占据主流，而是依附在求新心理之上，就拿“马之一”这一姓名来说，无论是从笔画数量、用字的选择，还是寓意的表达上都可谓独具匠心，给人以新奇之感。

结 语

本文通过对 80 年代以来 1500 个汉语姓名样本的对比分析，发现自 80 年代以来汉语姓名逐渐趋向双字化，叠字名减少，采用的高频字有所改变，命名方式开始多样化。经过进一步的分析研究，我们初步认为造成这些发展变化的动因主要包括社会文化因素和个体心理因素。在社会文化因素方面，教育事业大力发展，人们文化水平的提高，女性地位的上升以及东西方文化的融合，传统文化越来越受到人们的重视都在很大程度上促进了上述改变的形成；而在个体心理因素方面主要是由于人们心理从求简到求新的转变。

当然，对于汉语姓名未来的发展趋势，由于篇幅的限制本文并没有做出细致地分析，但通过对 80 年代以来汉语姓名的取样分析，我们不禁猜想，在当今文化融合的年代里，汉文化不断与外来文化和少数民族文化交融，汉语姓名今后的发展趋势又将如何？会不会有突破性的改变，出现四字名，乃至五字名、六字名？这些都有待进一步研究。

参考文献

[1] 冉苒. 取名与心理 [M]. 贵阳：贵州人民出版社，2002.

［2］赵瑞民．姓名与中国文化［M］．北京：中国人民大学出版社，2008.

［3］完颜绍元．中国姓名文化［M］．上海：上海古籍出版社，2001 年．

［4］杨扬．汉语人名文化放谈［M］．北京：新华出版社，2004 年．

［5］张荷、詹王镇．三十年汉族人命名趋势研究［J］．佳木斯大学科学学报，2010，（1）．

［6］朱金娥．汉族人的姓名特点与变迁［J］．语文学刊，2011，（1）．

［7］余荣宝，魏红．从姓名看社会文化心理［J］．襄樊职业技术学院学报［J］，2007，（3）．

［8］朱益嫣．“90 后”学生姓名的用字分析［J］．现代语文，2009，（5）．

［9］张书岩．从人名看 50 年的变迁［J］．语文建设，1999，（4）．

［10］王开扬．关于个人取名的语言学思考［J］．语文建设，1999，（4）．

试分析济南丧葬习俗中语汇的文化内涵

魏甜甜[①]

摘要： 本文以济南丧葬习俗中的语汇为依托，挖掘出它所蕴含的制度文化内涵“五服制度”以及精神文化内涵“他界观”、“祖先观”。

关键词： 济南丧葬　语汇　文化内涵

引　言

丧葬，在世界各地都是一种普遍现象，但是在不同的民族和地区则会有不同的仪式，于是，就有不同的特定词语的表现。这些词语就像一面镜子，折射出这个地区居民特定的思维方式、心理习惯和礼仪风俗。济南作为历史文化古城之一，也形成了自己独特的丧葬习俗。本文运用文化语言学对文化分层研究的方法，从制度文化和精神文化两个层面来描写济南丧葬习俗中语汇的文化内涵。

① ［作者简介］魏甜甜，2011 级语言学及应用语言学专业硕士研究生，研究方向：应用语言学。

一 济南的人文历史概况

济南，因地处济水之南而得名，是我国著名的文化古城之一。它位于山东省中部偏西，地处泰山隆起北缘，黄河下游南岸，面积8177平方公里。济南是中华文明的重要发祥地之一，原始部落的首领“舜”就诞生与生活在济南，也是史前文化——龙山文化的发祥地。

在秦朝，济南属于济北郡，称为历下邑。汉代初期，设立济南郡，这是“济南”一名出现之始。隋朝，改济南郡为齐州，治所在历城。宋开国后，济南沿称齐州。金代，济南仍为府，属于山东东路。从元代开始，济南文风日盛，到了明清两代，济南经济发展较快，清康熙以后，济南已成为具有一定规模的城市。

济南自古受儒家“慎终追远”的传统影响，丧俗为木棺土葬，儿女侄孙均戴孝，儿女服孝期为三年，侄孙辈服孝期一年，子女在一年内不得剃头理发和化妆，称“哀戚毁容”，家中三年内过年不贴春联。

正是受传统文化的影响，济南地区的丧葬仪式办得格外隆重，仪式繁多，至今，济南郊区仍保留着厚葬的传统，作为文化符号的民俗语汇就有着其特殊的功能。

二 济南丧葬习俗中的语汇例释

（一）器物类：

哭丧棒：哀杖，旧俗出殡时孝子手上拿的棍子，济南郊区多用柳木，要用剪成齿形的白纸条缠上。

招魂幡：旧俗出殡时打在棺材前的狭长旗子。

孝衣：旧俗死了尊长后期带孝期间穿的白色衣裳。

照明灯：旧俗丧葬时点起来放到坟里的灯。

轱辘钱：郊区的人称成串的纸钱，出殡时由女婿拿着，边走边撒，直到坟头。

纸钱：迷信的人烧给死人或鬼神的黄色长方形纸片，上面打有铜钱的形状。

纸人子：旧俗丧葬时扎的祭祀用的纸人金童玉女。

纸马：旧俗丧葬时扎的祭祀纸马，死者男性扎马，女性扎牛。

褟头儿：女子带孝时戴在头上的孝布。

附鞋：旧俗人死后将带孝的人的鞋子用一层白布缝上。

孝袍子：旧俗人死后孝子穿的白色袍子。

孝帽子：男子带孝时戴的白色帽。

灵位：旧时写着死者名字作为供奉对象的木牌。

（二）行为类：

温锅：旧时丧葬仪式，棺材进入墓穴之前，孝子到坟里烧纸，另外的人将盐水罐子和照明灯放到里面。

送浆水：旧俗人死后要在土地庙（城区是城隍庙）羁押三天，死者的亲属在三天内要每天送三次饭。在桶里放水和小米等，一面烧纸钱、泼水，一面叫着死者的名字。

送三：旧俗出殡那天到十字路口烧纸钱等，传说是给死者上西天的盘缠，因出殡一般在人死之后的第三天，所以称送三，送三回来就出殡。

大回灵：旧俗丧葬后，送葬的人把除棺材外的其他丧具、祭品原样抬回来，到门口放下，称为大回灵。

哭丧：号丧，人死后守灵的人和来吊唁的人大声地哭。

撒帖：举办丧事时给亲友送帖子。

遇七：死者去世后以七天为期的祭祀活动，一般要到七天。

带孝：人死后亲属穿孝服或戴黑纱表示哀悼。

报丧：把死讯告知死者的亲友。

陪灵：郊区说守灵。

守灵：人死后死者的亲属守在灵木或者灵柩前。

圆坟：旧俗发丧后三天到坟头去烧纸加土。

预备预备他：给他准备准备后事。

倒头饭：人死后亲人在他交投上方的一碗饭，饭上直插一双筷子。

净面：人殓前由死者的儿女用棉球蘸酒擦脸，同时喊：爹（或妈）给你净面俩。

开吊：人死后出殡前的吊唁仪式，一般要两三天。

吊问：人死后，亲友到死者家中慰问亲属，哀悼死者。

三　济南丧葬习俗中的语汇体现的文化内涵

（一）济南丧葬习俗中的语汇反映的制度文化

制度文化是人类文化总体中的一部分，是文化的制度层次，是人们改造社会的活动方式及其全部产物，是人们在社会生活中形成的制度、风俗以及相关的理论、规范等。

丧葬习俗作为一种民俗，是在本地区人们长期的物质和精神生活中形成的，也能够规范个体间的行为，维持社会秩序，调节社会心理。最突出的表现就是在丧葬习俗中丧家必须穿戴丧服。而丧服则被分为“五等”，即“五服制”。

在丧礼中，晚辈给长辈穿孝主要是为了表示孝意和哀悼，本出自周礼，是儒家的礼制，后来，又被人们引申为替亡人“免罪”。每个家族成员根据自己与死者的血缘关系，和当时社会所公认的形式来穿孝、戴孝，称为“遵礼成服”。

“五服”，即五种不同的孝服：斩榱、齐榱、大功、小功、缌麻。

第一等叫“斩榱”，是五服中最重要的一种，一般为男子及未嫁女为父母、儿媳对公婆、长房长孙对祖父母、妻对夫都要穿斩榱。

第二等叫做“齐榱”，孙子、孙女为其祖父、祖母；重子、重女为其曾祖父、曾祖母穿孝服；为高祖父、高祖母穿孝服均要遵“齐榱”的礼制。

第三等叫“大功”，为伯叔父母、为堂兄弟、未嫁的堂姐妹、已嫁的姑、姐妹，以及已嫁女为母亲、伯叔父、兄弟服丧都要穿这种“大功”衣服。

第四等叫“小功”，这种丧服是为伯叔父母、堂伯叔父母、未嫁祖姑、堂姑、已嫁堂姐妹、未嫁族姐妹，和外姓中为表兄弟、岳父母穿孝都用这个档次。

第五等叫“缌麻”，凡是为曾祖父母、族伯父母、族兄弟姐妹、未嫁族姐妹，和外姓中为表兄弟，岳父母穿孝都用这个档次。

可以看出，五服制度是用来体现血缘关系的尊与卑，亲与疏的差异的。虽然现在济南地区的丧葬习俗中丧服已经有了很大的改变，但是“五服”作为判定亲人间关系远近这一制度核心内容依然保留下来，尤其是在郊区，“五服”的概念渗透在坊间的人情往来当中。比如丧葬仪式中的“报丧”，丧主必须向五服内的亲属告知死讯，五服内的亲属也得去丧主家“帮忙”，即帮忙打理丧葬仪式中的各种事务。不难看出，在丧葬仪式中，具有亲属关系的个体与个体间的关系通过“五服”制度得到了规范，这也是虽然时代不断变迁，但“五服制度”仍然被人们遵守传承的原因。

（二）济南丧葬习俗中的语汇反映的精神文化

“精神文化作为观念形态的东西，离不开人类的语言。语言与精神文化密切相关，主要体现在语言记录、体现象征着文化。任何一种精神文化都会在语言中留下痕迹。

为死者举行仪式，本身这一行为就是人们精神文化的一种体现，在操办整场仪式当中，也会出现各种不同的步骤和程序，比如“送浆水”、“净面”等，这些行为，同样涵化着人们的精神观念。

1. 他界的永生——他界观

通过列举济南丧葬仪式中的语汇，可以看到在器物类里出现了“纸钱”、“纸人”、“纸马”等一系列词语，从这些词语当中，可以看出当地居民信奉“他界观”。

他界观，就是人死后通往另外一个世界。在另一个世界里，人也像生前生活的世界一样生活，各种生活用具都不可缺少。表现在丧葬仪式中，就是各种纸扎冥器。

济南旧俗丧葬仪式，有“送三”的做法，即出殡当天到丧主家附近的十字路口烧纸钱，传说是给死者上西天的盘缠，因为出殡一般在人死之后的第三天，所以称为“送三”。纸钱，即是另一个世界的货币，而已逝的先人在他界的所有花费，需要生者为他安排妥当。除此之外，也要为其准备好各种生活用具，交通用具等，所以在济南地区的丧葬仪式中，各种纸扎的冥器都是必须要准备的物品。

2. 他界的永生——祖先观

在以孝治天下的儒家文化影响下的汉族文化传统里，尊敬祖先，崇拜祖先的观念自然渗透到生死观念之中，因此，祖先崇拜是丧葬习俗的核心。

比如，“寿衣”一定要是传统的式样，哪怕改朝换代、时过境迁，平时再也不穿民族的传统服饰了，等到临死的那一天，也还得要恢复原来的装束。因为按照传统的观念，人死之后就要去见远古的老祖宗，如果老祖宗到时候认不出自己的子孙，就不让他认祖归宗。

“生，事之以礼，死，葬之以礼，祭之以礼”，之所以对待死者如此讲究礼制，就是源于对祖先的无限崇拜。在济南的丧葬习俗中，从坟墓的选取到最后的“圆坟”，每一项都谨慎仔细，坟墓的朝向、位置也需要经风水先生测算，因为在人们的思想观念当中，如果坟墓的位置选取不当，就会惊扰到已逝的祖先，导致家宅不宁。同样，如果某户人家家庭矛盾较多，人们也会联想到是家中已逝的老人坟墓的位置选取不当所致，因而会有“迁坟”的举动。虽然这样的做法有迷信之嫌，但是渗透在当地居民脑海中的“祖先观”却可见一斑。

再如语汇中的“遇七”，是指死者去世后以七天为期的祭祀活动，一般要到第七天。这样的祭祀行为也是人们“祖先观”的一种表现，人们认为已逝的祖先具有无限的能力，只有敬之以礼，才能得到庇佑。所以也就不难理解人们经常在困难得到解决时感慨“祖宗保佑”了。

结　语

随着社会的发展，济南的丧葬习俗也在发生改变，总的趋势是反映这种习俗的词语在逐渐消失，但有些作为民俗符号的方言词语仍活跃在人们的口语，或保留在文献中，是研究传统文化的珍贵语料。

参考文献

［1］张公瑾、丁石庆．文化语言学教程［M］．北京：教育科学出版社，2004.

［2］钱曾怡．济南方言词典［Z］．江苏教育出版社，1996.

[3] 曲彦斌．中国民俗语言学［M］．上海文艺出版社，1996.

[4] 周振鹤、游汝杰．方言与中国文化［M]，1986.

[5] 陈华琴．现代汉语惯用语及其文化内涵分析［D］．［硕士学位论文］中央民族大学，2007.

[6] 济南市史志编纂委员会．济南市志．中华书局出版，1997.

城市达斡尔族语言使用的特点及其成因

德红英①

摘要： 新中国成立后，特别是改革开放20多年来，达斡尔族人口城市化有了较快发展，城市化进程也逐步加快，人口的流动和迁徙频繁，城市达斡尔族的母语使用出现了新的变化。据初步调查，城市达斡尔族由于远离民族聚居区、居住分散、与其他民族文化接触频繁、异族通婚、语言环境的变化等原因，母语使用能力弱化、母语使用能力呈代际性差异、母语使用人口占总人口的比例下降、母语使用范围缩小、兼用汉语或广泛使用汉语现象明显，这种现象不仅存在于城镇达斡尔族内部，也存在于整个民族内部以及其他少数民族中。因此各少数民族的城市语言生活研究已经是一个非常现实的问题。

关键词： 城市化　达斡尔族　和谐语言

城市化给达斡尔族带来了机遇，带来了发展，同时，城市达斡尔人也为所在城市注入了新的活力。然而在城市化进程中，由于远离民族聚居地方、居住分散、吸纳其他民族文化、与异族通婚、语

---

① ［作者简介］德红英，2010级语言学及应用语言学专业博士研究生，研究方向：人类语言学。

言环境的变化等原因，保留自己民族语言的程度正在趋于减少。在城市里如何继续保留、传承达斡尔语值得研究者关注。在此，我们根据问卷调查、访谈资料对于城市达斡尔族语言使用的特点及成因作如下分析和论述。

一　城市达斡尔族语言使用情况的问卷分析

（一）使用达斡尔语的范围

1. 使用达斡尔语的场合

表1　不同城市讲达斡尔语场合情况问卷调查统计表

场合 / 各城市		家里	同族人见面	朋友间	亲戚间	公共场所	没回答	总人数
北京市	选择人数	35	39	7	26	1	31	97
	比例（%）	36.08	40.21	7.22	26.80	1.03	31.96	100
呼和浩特市	选择人数	70	71	20	52	2	21	138
	比例（%）	50.71	51.45	14.49	37.68	1.45	15.22	100
哈尔滨市	选择人数	12	4	0	7	0	0	23
	比例（%）	52.17	17.39	0	30.44	0	0	100
乌鲁木齐市	选择人数	10	14	2	3	0	5	27
	比例（%）	37.04	51.85	7.41	11.11	0	18.52	100
齐齐哈尔市	选择人数	53	74	27	52	9	29	117
	比例（%）	45.30	63.25	23.08	44.44	7.69	24.79	100
海拉尔区	选择人数	41	46	11	36	3	12	110
	比例（%）	37.27	41.82	10.00	32.73	2.73	10.91	100
塔城市	选择人数	35	59	15	39	8	19	110
	比例（%）	31.81	53.63	13.63	35.45	7.27	17.27	100

续表

场合 各城市		家里	同族人见面	朋友间	亲戚间	公共场所	没回答	总人数
齐齐哈尔市梅里斯区	选择人数	30	34	3	17	3	15	69
	比例（%）	43.48	49.28	4.35	24.64	4.35	21.74	100
尼尔基镇	选择人数	79	71	27	47	13	12	137
	比例（%）	57.66	51.82	19.71	34.31	9.49	8.76	100
巴彦托海镇	选择人数	114	98	55	81	7	9	231
	比例（%）	49.35	42.42	23.81	35.06	3.03	3.90	100

表1是对多项选择问卷的统计。从该表统计看，城市达斡尔人使用达斡尔语限于家庭内部和达斡尔人之间，这里列出的“朋友间”、“亲戚间”也基本是达斡尔人之间。回答在公共场合使用达斡尔语的比例都很低，聚居区（塔城、尼尔基、巴彦托海镇、梅里斯区）和距离聚居区较近城市（齐齐哈尔）的达斡尔人中有极少数人在公共场合使用达斡尔语，大概是指达斡尔人在达斡尔族学会、达斡尔族联谊会、达斡尔族举办各种娱乐文化活动时使用达斡尔语。其他城市的达斡尔人基本没有在公共场合使用达斡尔语的。实际上，达斡尔语在城市里发挥公共语言功能的机会很少。

2. 达斡尔族之间交往时使用达斡尔语情况

表2　不同城市达斡尔族交往时使用达斡尔语情况问卷调查统计表

各城市		经常	一半	很少	几句	不用	没回答	总人数
北京市	选择人数	10	6	36	9	27	9	97
	比例（%）	10.31	6.19	37.11	9.28	27.83	9.28	100
呼和浩特市	选择人数	51	16	36	9	26	0	138
	比例（%）	36.96	11.59	26.09	6.52	18.84	0	100
哈尔滨市	选择人数	7	1	2	2	10	1	23
	比例（%）	30.44	4.35	8.70	8.70	43.46	4.35	100

续表

各城市		经常	一半	很少	几句	不用	没回答	总人数
乌鲁木齐市	选择人数	4	2	14	1	6	0	27
	比例（%）	14.82	7.41	51.85	3.70	22.22	0	100
齐齐哈尔市	选择人数	45	14	23	13	18	4	117
	比例（%）	38.46	11.97	19.66	11.11	15.38	3.42	100
海拉尔区	选择人数	33	16	32	8	20	1	110
	比例（%）	30.00	14.55	29.09	7.27	18.18	0.91	100
塔城市	选择人数	20	15	53	9	7	6	110
	比例（%）	18.18	13.64	48.18	8.18	6.36	5.46	100
齐齐哈尔市梅里斯区	选择人数	18	7	21	5	17	1	69
	比例（%）	26.09	10.14	30.43	7.25	24.64	1.45	100
尼尔基镇	选择人数	78	15	11	20	12		137
	比例（%）	56.93	10.95	8.03	14.60	8.76	0.93	100
巴彦托海镇	选择人数	100	41	58	7	25	0	231
	比例（%）	43.29	17.75	25.11	3.03	10.82	0	100

由表2看出，回答在城市中和达斡尔族交往时经常使用达斡尔语的比例尼尔基镇较高，其次是巴彦托海镇，最低的是北京市，只有10.31%，不同城市的比例由聚居区到散杂居区而逐步降低。

3. 在家里使用达斡尔语情况

表3　不同城市达斡尔族家里日常交流使用语言情况问卷调查统计表

项目 各城市	日常交流用语情况	达斡尔语	汉语	蒙古语	维吾尔语	哈萨克语	没回答	总人数
北京市	选择人数	35	75	4	0	0	9	97
	比例（%）	36.08	77.32	4.12	0	0	9.28	100
呼和浩特市	选择人数	54	108	13	0	0	0	138
	比例（%）	39.13	78.26	9.42	0	0	0	100

续表

项目 各城市	日常交流用语情况	达斡尔语	汉语	蒙古语	维吾尔语	哈萨克语	没回答	总人数
哈尔滨市	选择人数	3	20	0	0	0	0	23
	比例（%）	13.04	86.96	0	0	0	0	100
乌鲁木齐市	选择人数	6	25	1	2	9	2	27
	比例（%）	22.22	92.59	3.70	7.41	33.33	7.40	100
齐齐哈尔市	选择人数	48	105	0	0	0	1	117
	比例（%）	41.03	89.74	0	0	0	0.85	100
海拉尔区	选择人数	36	79	24	0	0	3	110
	比例（%）	32.73	71.82	21.82	0	0	2.73	100
塔城市	选择人数	42	92	0	3	46	12	110
	比例（%）	38.18	83.63	0	2.72	41.81	10.90	100
齐齐哈尔市梅里斯区	选择人数	23	58	0	0	0	3	69
	比例（%）	33.33	84.06	0	0	0	4.35	100
尼尔基镇	选择人数	97	68	2	0	0	3	137
	比例（%）	70.80	49.64	1.46	0	0	2.19	100
巴彦托海镇	选择人数	117	146	10	0	0	11	231
	比例（%）	50.65	63.20	4.33	0	0	4.76	100

表3是对多项选择问卷的统计。从该表统计看，大多数城市达斡尔族家里日常使用汉语交流，达斡尔族聚居地方的达斡尔人家里使用达斡尔语交流的比例比较高。少数达斡尔族家里也使用蒙古语、维吾尔语、哈萨克语交流。

（二）用达斡尔语交流的机会

表4　不同城市用达斡尔语交流的机会问卷调查统计表

项目 各城市	日常交流用语情况	很多	很少	偶尔	没有	没回答	总人数
北京市	选择人数	9	32	22	25	9	97
	比例（%）	9.28	32.99	22.68	25.77	9.28	100
呼和浩特市	选择人数	31	53	27	27	0	138
	比例（%）	22.46	38.40	19.57	19.57	0	100
哈尔滨市	选择人数	3	20	0	0	0	23
	比例（%）	13.04	86.96	0	0	0	100
乌鲁木齐市	选择人数	3	11	7	6	0	27
	比例（%）	11.11	40.74	25.93	22.22	0	100
齐齐哈尔市	选择人数	39	33	21	18	6	117
	比例（%）	33.33	28.21	17.95	15.38	5.13	100
海拉尔区	选择人数	16	43	32	16	3	110
	比例（%）	14.55	39.09	29.09	14.55	2.72	100
塔城市	选择人数	15	50	34	9	2	110
	比例（%）	13.64	45.45	30.91	8.18	1.82	100
齐齐哈尔市梅里斯区	选择人数	17	19	15	15	3	69
	比例（%）	24.64	27.53	21.74	21.74	4.35	100
尼尔基镇	选择人数	83	32	10	11	1	137
	比例（%）	60.58	23.36	7.30	8.03	0.73	100
巴彦托海镇	选择人数	104	46	61	20	0	231
	比例（%）	45.02	19.91	26.41	8.66	0	100

聚居区（尼尔基镇、巴彦托海镇、梅里斯区、齐齐哈尔市、呼和浩特市）使用达斡尔语交流的机会比例较高，其中塔城市也是民族聚居区，但它的情况例外，只有13.64%，与它的生活环境相关，历史上与哈萨克族频繁接触，绝大多数人说哈萨克语和汉语。距离聚居区较远的城市达斡尔人使用达斡尔语交流的机会较少。语言使用与民族人口数多少有关，一般人口多的民族使用的语言占优势，其他民族与其接触、交流，学习并且使用其语言。

（三）掌握达斡尔语的能力

表5　不同城市受访者掌握达斡尔语程度问卷调查统计表

各城市 \ 项目		能听、说	听可以，说差些	听、说比较差	会几句	不会	没回答	总人数
北京市	选择人数	32	19	14	11	15	6	97
	比例（%）	32.99	19.59	14.43	11.34	15.46	6.19	100
呼和浩特市	选择人数	69	20	17	13	18	1	138
	比例（%）	50.00	14.49	12.32	9.42	13.04	0.72	99.99
哈尔滨市	选择人数	7	19	1	0	0	2	23
	比例（%）	30.44	82.61	4.35	0	0	8.70	100
乌鲁木齐市	选择人数	7	6	9	3	1	1	27
	比例（%）	25.94	22.22	33.33	11.11	3.70	3.70	100
齐齐哈尔市	选择人数	68	18	8	13	10	0	117
	比例（%）	58.12	15.38	6.84	11.11	8.55	0	100
海拉尔区	选择人数	40	34	12	9	13	2	110
	比例（%）	36.36	30.91	10.91	8.18	11.82	1.82	100
塔城市	选择人数	29	51	12	7	8	3	110
	比例（%）	26.36	46.36	10.91	6.36	7.27	2.73	100
齐齐哈尔市梅里斯区	选择人数	31	11	11	9	6	1	69
	比例（%）	44.93	15.94	15.94	13.04	8.70	1.75	100

续表

项目 各城市		能听、说	听可以，说差些	听、说比较差	会几句	不会	没回答	总人数
尼尔基镇	选择人数	107	12	6	6	3	3	137
	比例（%）	78.10	8.76	4.38	4.38	2.19	2.19	100
巴彦托海镇	选择人数	123	61	39	4	3	1	231
	比例（%）	53.25	26.41	16.88	1.73	1.30	0.43	100

表6　不同城市受访者父母掌握达斡尔语程度问卷调查统计表

项目 各城市	日常交流使用语情况	能听、说	听可以，说差些	听、说比较差	会几句	不会	没回答	总人数
北京市	选择人数	68	3	2	3	5	16	97
	比例（%）	70.11	3.09	2.06	3.09	5.15	16.50	100
呼和浩特市	选择人数	120	7	1	4	4	2	138
	比例（%）	86.96	5.07	0.72	2.90	2.90	1.45	100
哈尔滨市	选择人数	16	2	0	3	1	1	23
	比例（%）	69.57	8.70	0	13.03	4.35	4.35	100
乌鲁木齐市	选择人数	17	4	3	0	0	3	27
	比例（%）	62.96	14.82	11.11	0	0	11.11	100
齐齐哈尔市	选择人数	94	8	0	5	2	8	117
	比例（%）	80.34	6.84	0	4.27	1.71	6.84	100
海拉尔区	选择人数	82	14	4	1	4	5	110
	比例（%）	74.54	12.73	3.64	0.91	3.64	4.54	100
塔城市	选择人数	72	21	4	2	4	7	110
	比例（%）	65.45	19.09	3.60	1.80	3.60	6.36	100
齐齐哈尔市梅里斯区	选择人数	45	6	11	3	4	0	69
	比例（%）	65.21	8.70	15.94	4.35	5.80	0	100
尼尔基镇	选择人数	113	7	12	2	2	1	137
	比例（%）	82.48	5.11	8.76	1.46	1.46	0.73	100

续表

项目/各城市	日常交流使用语情况	能听、说	听可以，说差些	听、说比较差	会几句	不会	没回答	总人数
巴彦托海镇	选择人数	178	28	23	0	2	0	231
	比例（%）	77.06	12.12	9.96	0	0.86	0	100

由表5、6看，大中城市的达斡尔人回答能听能说的比例约30%，而呼和浩特市回答能听能说的比例为50%，小城镇的达斡尔人回答能听、说的比例约50%，说明离达斡尔族聚居地方较近的达斡尔人掌握达斡尔语的程度更强些。

表7　不同城市受访者子女掌握达斡尔语程度问卷调查统计表

项目/各城市		能听、说	听可以，说差些	听、说比较差	会几句	不会	没回答	总人数
北京市	选择人数	3	2	3	8	22	11	49
	比例（%）	6.13	4.08	6.13	16.33	44.99	22.44	100
呼和浩特市	选择人数	9	19	20	24	35	4	111
	比例（%）	8.11	17.12	18.02	21.62	31.53	3.60	100
哈尔滨市	选择人数	0	1	1	5	12	1	20
	比例（%）	0	5.00	5.00	25.00	60.00	5.00	100
乌鲁木齐市	选择人数	3	0	4	7	6	0	20
	比例（%）	15.00	0	20	35	30	0	100
齐齐哈尔市	选择人数	8	13	14	14	49	12	110
	比例（%）	7.27	11.82	12.73	12.73	44.54	10.91	100
海拉尔区	选择人数	4	17	15	23	30	7	96
	比例（%）	4.17	17.71	15.63	23.96	31.25	7.29	100
塔城市	选择人数	12	24	14	18	16	10	94
	比例（%）	12.77	25.53	14.89	19.15	17.03	10.64	100
齐齐哈尔市梅里斯区	选择人数	4	11	12	11	18	1	57
	比例（%）	7.02	19.30	21.05	19.30	31.58	1.75	100

续表

项目 各城市		能听、说	听可以，说差些	听、说比较差	会几句	不会	没回答	总人数
尼尔基镇	选择人数	35	20	8	16	6	8	93
	比例（%）	37.63	21.51	8.60	11.68	6.45	8.60	100
巴彦托海镇	选择人数	36	48	46	29	25	0	184
	比例（%）	19.57	26.09	25.00	15.76	13.59	0	100

由表7看，即使居住的城市不同，受访者子女掌握达斡尔语的程度基本相同，能听说达斡尔语的比例较低。这与表5、6相比，城市达斡尔人掌握达斡尔语程度随着代际降低而下降，而且下降的幅度是很大的。

表8　不同城市受访问者掌握哪种语言更好问卷调查统计表

项目 各城市		达斡尔语	汉语	蒙古语	其他	没回答	总人数
北京市	选择人数	23	79	7	0	14	97
	比例（%）	23.71	81.44	7.22	0	14.43	100
呼和浩特市	选择人数	58	113	15	0	0	138
	比例（%）	42.03	81.88	10.87	0	0	100
哈尔滨市	选择人数	7	19	1	0	2	23
	比例（%）	30.44	82.61	4.35	0	8.70	100
乌鲁木齐市	选择人数	3	26	0	19	0	27
	比例（%）	11.11	96.30	0	70.37	0	100
齐齐哈尔市	选择人数	55	107	1	2	0	117
	比例（%）	47.01	91.45	0.85	1.71	0	100
海拉尔区	选择人数	34	83	25	0	1	110
	比例（%）	30.91	75.45	22.73	0	0.91	100

续表

各城市 \ 项目		达斡尔语	汉语	蒙古语	其他	没回答	总人数
塔城市	选择人数	20	94	1	42	6	110
	比例（%）	18.18	85.45	0.91	38.18	5.45	100
齐齐哈尔市梅里斯区	选择人数	19	65	0	0	2	69
	比例（%）	27.53	94.20	0	0	2.90	100
尼尔基镇	选择人数	91	67	3	0	7	137
	比例（%）	66.42	48.91	2.19	0	5.11	100
巴彦托海镇	选择人数	94	165	21	0	6	184
	比例（%）	51.09	89.67	11.41	0	3.26	100

表8是对多项选择问卷的统计。从该表统计看，聚居区的达斡尔人掌握达斡尔语更好的比例较高，而远离聚居区的达斡尔人掌握达斡尔语更好的比例较低，很多达斡尔人较好地使用汉语、蒙古语或者其他语言。

（四）学习、使用达斡尔语的态度

表9　受访者对学习、使用达斡尔语态度问卷调查统计表

各城市 \ 项目		很有必要	有些必要	没必要	没回答	总人数
北京市	选择人数	64	18	0	15	97
	比例（%）	65.98	18.50	0	15.46	100
呼和浩特市	选择人数	96	36	4	2	138
	比例（%）	69.57	26.08	2.90	1.45	100

续表

项目 各城市		很有必要	有些必要	没必要	没回答	总人数
哈尔滨市	选择人数	16	4	1	2	23
	比例（%）	69.56	17.39	4.35	8.70	100
乌鲁木齐市	选择人数	24	1	2	0	27
	比例（%）	88.89	3.70	7.41	0	100
齐齐哈尔市	选择人数	50	34	31	2	117
	比例（%）	42.74	29.06	26.49	1.71	100
海拉尔区	选择人数	81	22	5	2	110
	比例（%）	73.64	20.00	4.54	1.82	100
塔城市	选择人数	82	21	1	6	110
	比例（%）	74.55	19.09	0.91	5.45	100
齐齐哈尔市梅里斯区	选择人数	44	21	4	0	69
	比例（%）	63.77	30.43	5.80	0	100
尼尔基镇	选择人数	106	23	2	6	137
	比例（%）	77.37	16.79	1.46	4.38	100
巴彦托海镇	选择人数	180	45	1	5	231
	比例（%）	77.92	19.48	0.43	2.16	100

表10　受访者对子女学习、使用达斡尔语态度问卷调查统计表

项目 各城市		很有必要	有些必要	没必要	没回答	总人数
北京市	选择人数	41	8	0	0	49
	比例（%）	83.67	16.33	0	0	100

续表

项目 各城市		很有必要	有些必要	没必要	没回答	总人数
呼和浩特市	选择人数	64	35	12	0	111
	比例（%）	57.66	31.53	10.81	0	100
哈尔滨市	选择人数	11	6	2	1	20
	比例（%）	55.00	30.00	10.00	5.00	100
乌鲁木齐市	选择人数	18	2	0	0	20
	比例（%）	90.00	10.00	0	0	100
齐齐哈尔市	选择人数	36	33	41	0	110
	比例（%）	32.73	30.00	37.27	0	100
海拉尔区	选择人数	64	25	7	0	96
	比例（%）	66.67	26.04	7.29	0	100
塔城市	选择人数	63	29	2	0	94
	比例（%）	67.02	30.85	2.13	0	100
齐齐哈尔市梅里斯区	选择人数	37	20	0	0	57
	比例（%）	64.91	35.09	0	0	100
尼尔基镇	选择人数	72	10	5	6	93
	比例（%）	77.42	10.75	5.38	6.45	100
巴彦托海镇	选择人数	142	42	0	0	184
	比例（%）	77.17	22.83	0	0	100

从表9、10统计看，不同城市达斡尔人对于学习、使用达斡尔语的必要性，是有充分认识的。

二 城市达斡尔族语言使用的特点

根据上述问卷统计分析和深度访谈，总结出目前城市达斡尔族语言使用现状的特点如下。

第一，母语使用人口减少。据2000年人口普查，达斡尔族城镇人口占总人口的52.25%，排在国内56个民族的城市人口比例的第6位。据1998年的调查，呼和浩特市、海拉尔市居住的达斡尔族转用和基本转用汉语者分别达到53.40%和33.40%。据我们在呼和浩特市、海拉尔市、北京市、乌鲁木齐等城市的调查，能比较完整掌握达斡尔语的人占48.34%。91.07%的城市达斡尔人在学校里学习汉语文，大部分城市达斡尔族家里日常使用汉语交流的比例占70%以上，达斡尔族聚居地区的达斡尔人家里使用达斡尔语交流的比例高些。

第二，母语适用范围缩小。语言使用的范围逐渐缩小，达斡尔语更多的是在达斡尔人之间使用。在达斡尔族聚居地区，达斡尔人在家里和其他一些公共场合中仍然使用达斡尔语，其中在公共场合中使用达斡尔语的比例越来越低。而在达斡尔族非聚居区，达斡尔人仅在家里使用母语，或者与家乡亲友通话、见面时使用母语。

第三，母语使用能力弱化。城市达斡尔族母语使用能力呈区域性差异。母语使用能力在具体的不同区域内又呈现出不平衡的态势。通常情况下，聚居区的达斡尔族母语使用能力较强，而远离聚居区的达斡尔族母语使用能力则较弱，散杂居区比聚居区语言兼用现象普遍。达斡尔族聚居的城市，如莫力达瓦达斡尔族自治旗尼尔基镇、鄂温克族自治旗巴彦托海镇、齐齐哈尔市梅里斯达斡尔族区、新疆塔城市等地，由于这些地区达斡尔族人口相对集中，数量较多，彼此间接触频繁，存在良好的语言文化环境，因此还较好地保存和使用着母语，母语使用能力相对来说较强。散居区的达斡尔族母语使用能力相对较弱，杂居区内的语言使用情况比聚居区复杂。由于各民族杂居，使用各自的民族语言，还兼用其他民族语言。

同时城市达斡尔族语言使用能力也呈代际性差异。不同代际的人们掌握达斡尔语程度是不同的。据田野调查，具有能听、说达斡尔语程度的比例随代际降低而降低，一般来说，年龄越大的人越充分地使用和保留着母语，其中一部分中年人具有母语听的能力，而母语说的能力下降；年轻一代，特别是 18 岁以下的人口，在城市社会化的过程中，汉语成为他们交际的主要工具，母语的交际功能有所减弱。城市少数民族语言功能的这种代际性特点，不仅表现在城市家庭语言方面，也表现在整个民族群体内部。

三 研究方法的非线性思考

任何事物的发展都有例外，并不是完全线性发展的，但又万变不离其宗。本人在做城市达斡尔族语言使用现状问卷统计分析时，发现总结不同城市达斡尔族语言使用的共性和个性差异是很复杂的，具有随机性和非线性。如果按照聚居区和非聚居区的划分这个标准进行比较研究，根据上述问卷分析可知不同城市达斡尔族使用达斡尔语的个性：

根据问卷统计分析得知，聚居区（塔城、尼尔基、巴彦托海镇、梅里斯区）和距离聚居区较近城市（齐齐哈尔）的达斡尔人交往时使用达斡尔语的比例较高，距离聚居区较远的城市达斡人交往时使用达斡尔语的比例较低。聚居区（尼尔基镇、巴彦托海镇）的达斡尔人在家里使用达斡尔语的比例高，其他城市的达斡尔人在家里使用汉语的比例相对较高。聚居区（尼尔基镇、巴彦托海镇、梅里斯区、齐齐哈尔市、海拉尔、呼和浩特市）的达斡尔人掌握达斡尔语的能力强些。

如果按照这个想法推断，那么聚居区（尼尔基镇、巴彦托海镇、梅里斯区、齐齐哈尔市、呼和浩特市）使用达斡尔语交流的机会比例较高，反之较低。但是事实上并非如此，如表4，塔城市也是民族聚居区，但它的情况例外，使用达斡尔语交流的机会只有13.64%，我们说影响语言能力的因素有很多，与该地的历史、人口流动、经济发展、民族构成等因素息息相关。语言使用也与民族人口数的多少有关，一般人口多的民族使用的语言占优势，其他民族与其接触、交流，学习并且使用其语言。塔城市的达斡尔族由于其独特的地理环境和民族关系，在历史上与哈萨克族频繁接触，绝大多数人说哈萨克语、维吾尔语、汉语。并不能单纯按照聚居区与非聚居区这个标准研究城市达斡尔族语言使用的变化。要从多角度、多方位进行研究，既要研究普遍存在的共性和个性差异，也要研究局部的共性和个性差异，力图全面解读城市达斡尔族语言使用变化的复杂原因。

四　影响城市达斡尔族语言使用变化的因素

引起城市达斡尔族语言使用变化的因素是多方面的，有主客观因素，也有个体语言能力差异的因素。这些因素相互作用相互影响，不能把达斡尔族语言使用的变化归因于一个或几个因素。这充分体现了语言使用与发展过程中的随机性和非线性特点。本文尝试运用浑沌学的非线性理论从城市这个特殊角度对此进行粗略分析。探讨城市中到底有哪些因素影响达斡尔族语言使用的变化。

首先，城市中达斡尔族居住格局的变化带来语言使用的变化。

城市居住格局不同，民族间杂居程度加大，高度杂居的城市社会环境，重构着城市各民族语言的分布及使用社区，制约着各民族语言使用功能。民族居住格局指的是特定区域内不同民族在空间上的排列与组合情况。[①] 通俗地说，就是居住情况。这种城市人口分布的重组以及社会经济文化背景的变迁，成为制约城市少数民族语言使用特点变化的重要因素。

城市达斡尔族的居住格局一般呈散居、杂居的分布局面，这种高度散杂居的分布局面，决定了汉语成为各民族的交际共通语，并在客观上制约了达斡尔族语言的使用范围和使用频率，使得达斡尔语的使用范围缩小，使用频率降低，而汉语得到了广泛认同和广泛使用。

其次，城市语言环境的变化带来语言使用的变化

一种语言能否传承，关键是看它是否存在使用的环境，如果没有使用的环境和机会，那么它就会逐渐丢失。城市中通用语和标记都是汉语和汉字，新闻媒体、网络、高科技的广泛应用，使用的语言和文字也是汉语，获得信息的途径主要都是汉语和汉字；城市生活的快节奏、高效率要求信息的传递快速而准确。达斡尔族身居都市，也不得不选择一种通用、经济、高效传递现代科技文化信息的族际交际共通语。而汉语以其悠久的历史，众多的使用人口，较强的经济、科技、文化的承载力而得到各民族的广泛认同，成为城市各民族选择和学习的第一语言。而达斡尔语在城市社区，由于其自身不同程度的局限性，使其使用的人口、功能等有不同程度的减少和削弱，其发展也因此受到一定的限制。而为了跟城市社区的大多数人和谐相处，平衡发展，跟上城市的节奏，他们在城市生活中开始广泛认同并使用汉语普通话。根据我们对于城市一些达斡尔人的访谈，城市达斡尔族年轻人在学校使用汉语学习和交流，在工作中也主要使用汉语交流，由于在城市缺少使用达斡尔语交流的环境和机会使得母语逐渐丢失，逐步转用汉语。

---

① 马宗保．多元一体格局中的回汉民族关系［M］．银川：宁夏人民出版社，2002年．

再次，城市从业方式的多样性，交际的需要

城市中达斡尔族一部分是干部、知识分子，从事国家行政管理和教学科研工作；一部分是商人，在城市或往来于城乡之间从事交通、贸易等第三产业；一部分是进城务工者，在城市的各个领域从事服务性的工作；还有一部分是学生，在城市读书等。他们文化教育水平相对较高，在他们的工作和学习生活中由于交际的需要，经常使用汉语或民汉双语，但更主要的是使用汉语。而在农牧业区的少数民族，由于从业方式的单一，交往范围的有限，使他们往往借助于民族语单语就能完成生产、生活的所有过程。这些因素潜在地提升了城市中国家交际共通语一汉语的使用地位和使用功能，影响着达斡尔族母语的使用功能及其发展。

第四，户型结构的变化带来语言使用的变化

现在绝大多数家庭结构为核心家庭，即一个家庭由一对夫妻带一个或两个孩子组成，孩子从出生到上学前的语言学习主要来自这少数人员组成的家庭传授，这种传授是无意识的，是在潜移默化中进行的。对于孩子来说，父母操何种语言对他们今后的语言习得大有影响。如果双亲是达斡尔族，这个家庭使用达斡尔语的机会不仅比单亲是达斡尔族的多，而且社会交往中接触的亲朋好友也多是达斡尔族，孩子在这种环境中长大，或多或少习得达斡尔语是很自然的。如果单亲是达斡尔族的家庭，那么，孩子在这种环境中自然习得达斡尔语的机会就少得多。但是城市达斡尔族人口居住分散，人口数量较少，彼此间交往的机会较少，因此族内通婚的可能性越来越小，加上达斡尔族的婚姻观较开放，并不单纯看重民族成分，尤其是年轻人，他们更看重缘分、感情等因素，族际通婚现象在年轻人中较为普遍，很多家庭是多民族大融合，由此造成的影响就是在家庭内部，达斡尔语并不是唯一交流的语言，在语言选择上，往往处于弱势。达斡尔语作为家庭成员之间交流的语言的使用比例随着代际的降低而减小，家庭中使用共同语——汉语的比例随着代际的降低而逐渐增大，少部分家庭使用达汉双语。

第五，城市中达斡尔族人口变化带来语言使用的变化，城市中达斡尔族人口的增长，其原因主要有两点：一是大批少数民族干部、知识分子、学生进入城市，参加各项建设事业和进入各类学校学习。二是大批农民、牧民流入城市，从事工业、商业、服务业等活动。城市达斡尔族人口结构变化有两条路径：一是达斡尔族进入原来达斡尔族人口较少的各类城市，使城市的达斡尔族人口的比例增大。二是原来达斡尔族人口多的小城镇，后来随着汉族人口的不断增多，逐渐扩大为小城市，达斡尔族人口的比例也随之下降。

城市化进程使达斡尔族聚居区外出务工的人员增加，而外地非少数民族的经商者则进入聚居地区，缩小了达斡尔族语言的使用范围，减少了达斡尔族语言的使用人口。由于地区发展的不平衡，达斡尔族地区的大批劳动力涌向城市打工，使用汉语，同时，由于达斡尔族地区本身发展的需要，会吸引一些外来资金，也带来了一些外地人口。人口流动，不仅改变了达斡尔语使用的环境，也拆散了达斡尔族紧密互动的人际网络，接触到会讲达斡尔语的人机会减少，达斡尔语的流失也就日趋严重。人口外移对语言流失有极其重要的影响。

第六，达斡尔族人口流动形式带来语言使用的变化

达斡尔族人口流动形式可分为以下几种类型：

聚居区－散居区－杂居区、聚居区－散居区、聚居区－杂居区、聚居区－散居区－聚居区、杂居区－散居区、散居区－杂居区、杂居区－散居区－聚居区、散居区－杂居区－聚居区。

聚居区如：尼尔基镇、巴彦托海镇、梅里斯区、齐齐哈尔市、海拉尔、呼和浩特市等。

散居区如：哈尔滨市、北京市等。

杂居区如：塔城市等。

一般来说由散杂居区到聚居区的达斡尔人语言能力会逐步增

强，而由聚居区到散杂居区的达斡尔人语言能力会随着诸多因素的影响有所退化、甚至遗忘。由聚居区到聚居区、散杂居到散杂居的语言能力变化不大。散居区到杂居区的语言能力有所提高，相反则退化。其中由聚居区流动到散居区的达斡尔人语言能力与由聚居区流动到杂居区的相比，其语言能力下降的幅度更大些。杂居区内的语言使用状况常常比民族聚居区更加复杂。不同的杂居区由于地域范围的大小、民族的分布、人口比例、文化发展等条件的不同，各杂居区的语言使用状况也不尽相同。

D××，**女，32 岁，达斡尔族，访谈地点：北京市，访谈时间：**2010 **年** 8 **月** 3 **日**

我父母都是达斡尔族，家里说达斡尔语。15 岁时去巴彦托海镇姑姑家居住，在海拉尔上高中，和姑姑家的人说达斡尔语，后来去北京上大学、打工，现在有些不常见的达斡尔语不会说了，但能听懂。

A×，**男，54 岁，达斡尔族，访谈地点：尼尔基镇，访谈时间：**2009 **年** 11 **月** 21 **日**

我是在齐齐哈尔长大的，达斡尔语简单的能说，72 年因父亲工作调动，搬过来的，这儿的达斡尔族和我年龄相仿的见面都说达斡尔语，我认识的汉族中也有会说达斡尔语的，有时候也讲。慢慢的我的达斡尔语说得也就好了。

此外，除了城市中蕴含的特殊因素影响语言使用外，还有语言使用者本身的因素，如使用者离开聚居区的时间长短、城市居住的时间长短、语言习得途径、语言习得的年龄、语言习得的能力、语言记忆能力等因素都会影响语言使用的变化。

总之，浑沌学理论给语言研究提供了一种新的科学思维方式，提醒人们把语言研究放到社会大环境中去进行，不能脱离它的社会人文背景。语言不是封闭的线性系统，不要刻意追求脱离实际的

“确定性”，不应该把“非确定性”排除在研究视野之外①。语言是开放的、演化的、受到各种干扰的复杂系统，单一的民族语言现象渐渐被双语或多种语言现象所替代。我们应当承认城市化进程中少数民族语言使用功能的变化是客观的、必然的趋势，是语言功能适应社会变化所做的调整，和谐社会需要和谐的语言，各民族语言与时俱进的同时也要力图营造和谐的城市语言文化氛围。

参考文献

［1］沈林等．中国城市民族工作的理论与实践［M］．北京：民族出版社，2001.

［2］中国都市人类学会编．城市中的少数民族［M］．北京：民族出版社，2001.

［3］张继焦．城市的适应——迁移者的就业与创业［M］．北京：商务印书馆，2004.

［4］周大鸣、马建钊．城市化进程中的民族问题研究［M］．北京：民族出版社，2005.

［5］丁石庆．双语族群语言文化的调适与重构——达斡尔族个案研究［M］．北京：中央民族大学出版社，2006.

［6］丁石庆主编．社区语言与家庭语言——北京少数民族社区与家庭语言情况调查研究之一［M］．北京：民族出版社，2007.

① 张公瑾、丁石庆，浑沌学与语言文化研究［C］，中央民族大学出版社，2005年.

荔波莫语使用者群体语言态度研究

安晓茜①

摘要：莫语使用者分布在贵州省黔南布依族苗族自治州荔波县、独山县一带。该群体族属布依族，多为双语人或多语人，莫语和布依语是其家庭交际用语，莫语和汉语方言是其社会交际用语。该群体对莫语和汉语方言的功能认同和情感认同较为积极，对周边同语族语言水语的兼用程度并不高。

关键词：荔波莫语群体　母语使用情况　语言态度

“莫语”又称“莫家话”，是分布在贵州省黔南布依族苗族自治州荔波、独山一带一部分布依族使用的语言，因该语言的使用者大部分以“莫”为姓而得名。使用莫语的人群其族属为布依族，但语言属于侗台语族水语支的一种，由于长期与使用布依语的人杂居在一起，他们中的大多数是莫、布、汉多语人。为了了解荔波莫语使用情况，2011 年 7 月中旬我们在贵州省荔波县以自然村落为单位进行调查，其中在甲良镇金对村、甲良镇新场村、播尧乡地莪村、方村乡双江村这四个点选取了 536 位莫语使用者作为调查对象，调查过程中主要采用观察法、抽样调查、问卷调查和重点访谈等形

① ［作者简介］安晓茜，2011 级语言学及应用语言学专业博士研究生，研究方向：应用语言学。

式。本文主要依据以上途径获得材料从母语使用基本情况及其特征，莫语使用者对语言的功能认同，莫语使用者的语言情感认同和语言态度形成原因这四个方面研究荔波莫语群体语言使用的认识和评价。

一　被调查者母语使用情况

贵州省荔波县的民族分布基本呈大杂居小聚居的特点，本次调查布依族（水族）语言使用情况问卷共收集有效问卷536份，其中能使用莫语的布依族占总被调查人数的93.28%，共500人。除布依族外，还有部分苗族和水族，少数侗族和壮族也能使用莫语。莫语属于侗台语族水语支，由于长期与使用布依语的人杂居在一起，其语言中布依语借词较多，但语音结构又与侗水语更接近，有很多侗水语同源的词汇。在调查中自报以莫语为母语的被调查者375人，占数据总数的69.96%。以布依语为母语的106人，占总数的19.78%，这部分人有的是同时学会莫语和布依语的，而且觉得差别不大，无法区分从小最先学会的是哪一种。以汉语方言（当地人称客话）为母语的33人，占总数的6.16%。初略统计，将前两项相加，481人熟练使用莫语，占89.74%。使用莫语的布依族均以莫语作为主要的交际工具，母语在各种主要的交际场合均发挥着重要的交际功能，特别是家庭内部用语。他们不仅在村内使用莫语，与邻村同族，有时甚至与其他民族也使用莫语。

虽然荔波甲良、播尧等的布依族多使用莫语，但也有部分使用布依语，使用布依语的人与使用莫语的人互相之间可以实现无障碍通话。在调查的自然村落里，还有少数水族、侗族、苗族与布依族杂居在一起，由于在村寨中经常要接触到布依族，附近的村寨也以布依族居多，所以他们在本村寨里特别是在家庭中仍然使用自己的民族语，但是在村寨集体活动中重要事务上都是使用莫语，因此不同程度上他们也具备了一定的莫语使用能力。以水语为例，水语主要作为家庭成员之间和同村水族成员之间的交际用语，杂居在布依族村寨小组的水族和布依族也能用莫语进行交流，在本村寨以外，水族碰到同族交流也经常使用本民族语，但与其他民族交流时则主要使用汉语方言，主动使用本民族语的情况并不多见。汉语方言是当地各民族的兼用语言。地莪村的党支部书记吴永飞告诉我们，随着村新开发集镇——地莪村移民新市场的开辟，水族和苗族将更多地和布依族接触并进行交流，莫语的使用机会可能会更多；新市场没开发之前，他们交往较少，即使偶尔有交流的机会，也多使用汉语方言。水族在集市以及县城等多数场合用本民族语言进行交流的机会很少，水语在莫语使用地区仅仅限于家庭内部和村寨内部本民族成员之间，离开本村与其他民族交流时，一般只使用汉语方言交际。由于和布依族交流比较频繁，他们有时也能用莫语作一些简单的沟通。在地莪村中仅在地莪组和长坝组的河左有10%的汉族与布依族杂居，而在河右90%都是布依族（我们的调查主要集中在河右）。其余的散居在部分小组，与其他少数民族杂居在一起。汉语方言是他们日常生活主要交际用语。我们在调查问卷中没有汉族的被调查者，根据村干部所言，散居在少数民族中的少数汉族已经不同程度地掌握了莫语，有的还能使用简单的水话。

总体而言，莫语使用者群体几乎熟练掌握莫语，在传统的生活领域中，家庭成员和本民族成员之间主要以莫语作为交际工具，与其他民族交际时则主要使用汉语方言。

二　莫语使用者的功能认同

语言使用者在社会交际中的语言态度受母语文化和兼用语言文化的制约，同时语言态度反过来又会影响到语言使用者学习母语和兼语的心理状态和语言行为。在语言交际中选择哪一种语言，对母语的忠诚和放弃，以及对兼用语言的学习，这些都与语言态度有着密切的关系。

语言的社会交际功能认同主要考查语言人对于母语交际的自信心，与不同交际对象和在不同交际场合语言的选用和使用的倾向性。

表1　莫语群体对语言社会交际功能的认同（N＝536）

指标/语言	自己最熟悉	跟家人交流最方便	本地赶场最方便	学校与同族学生交流最方便（N＝202①）	外地打工与老乡交流最方便（N＝160②）
莫语	434	450	210	116	98
汉语方言	72	67	273	54	42
普通话	20	4	37	32	20
其他语言	10	15	16		

从表中数据可以看出，绝大多数人认为自己对民族语的掌握十分熟练，在自己的生活领域使用起来也最为方便。莫语使用者群体对自己的母语交际能力有较强的自信心。这是由于他们中多数人长期以母语作为主要交际工具的缘故。

根据不同的交际对象选用不同的语言，这是双语或多语人普遍存在的语言使用特征，一方面与语言使用习惯有关，同时也反映出双语或多语人对特定语言社会交际功能的价值认同。在荔波县这四个有代表性的使用莫语的村寨内，家人之间最方便的还是使用莫语，即家庭成员的交际主要使用母语。在跨社区的公共场所，与本民族成员之间以及与其他民族之间的交际则面临语言选用的问题。

① 该问题仅针对母语为莫语的在校学生，N＝202。

② 该问题仅针对母语为莫语有外出打工经历者，N＝160。

超过三分之一的人认为使用莫语是尊重对方的语言习惯的一种表现，可拉进双方心理距离。一是布依族大多已经习惯说莫语，二是与其他少数民族生意来往多了，水族和侗族有的也能应付日常生活中的交际用语，虽然不是十分流利，但买卖无障碍。但是若碰到不会莫语的人，则无法交谈或深入交流，因此，有过半数的人认为汉语方言应充当集市上最主要的交际语言，不需要语码转换，交流更方便。除此之外，部分被调查者表示他们在跨社区场合选用汉语方言一是出于面子问题，怕别人听了本民族语笑话自己。在当下少数民族当中有不少人存在着轻视本民族语言文化的心理，认为少数民族落后，本民族语言难听，在公共场合使用本民族语言会让自己丢脸，别人会看不起。二则是过多地考虑旁人的感受。考虑到在场的其他民族听了听不懂的民族语会作何反应，为了不引起别人反感，有时在可以使用母语交际的地方也选用汉语方言。而普通话在村寨的普及率还达不到人人会说的标准，所以几乎不用，但大多数人听得懂，所以偶尔在赶场的场合会有人使用不标准的普通话。选用普通话部分人认为集市是一个正式的场合，但也有人认为是出于一种谐谑语言的心理。

至于“你觉得在学校与同族学生交流最方便的是什么语言”和“你觉得在外打工时与老乡交流使用什么语言最方便”只有在校学生和有外出打工经历的人分别回答了这两个问题。根据数据可见：学生在课后更愿意用本民族语与本民族的孩子交谈，同时也有学生告诉我们课堂上老师的教学大都是围绕汉语展开的，所以在课后选用汉语方言与伙伴交流也很自然。外地人口流动性大，常常聚集了不同的民族，老乡更是本民族同胞之间见面为表亲切和拉进关系，展示自己是“本民族”身份的人，所以更愿意选用莫语与之交谈。在这两个固定职业的人群中，有一些认为普通话最方便，说明普通话的普及率仅在学生和外出工作的人中比较高。

三　莫语使用者的情感认同

语言情感认同主要考查语言人在不同环境中语言选用方面的情感倾向以及对语言人所能接触到的不同语言情感价值判断。我们通过家庭和社区语言生活中长辈对晚辈在语言行为方面的情感约束，和非母语环境中语言人对同族在语言选用及语言转用方面的态度来考查这一问题。

（一）对语言行为的情感约束

表2　莫语使用群体对改用汉语的行为倾向认同（N＝536）

指标/态度	A1	A2（N＝349①）	A3（N＝328②）	A4
很反感	25	10	19	38
有点不舒服	87	50	57	108
很自然	112	106	99	171
也跟着改用汉语	166	104	87	68
没有这种情况	146	79	66	151

说明：A1："在外地跟本民族同胞交流时，对方改用汉语，你会觉得"；A2："子女上学回家用汉语跟你交流，你会觉得；" A3："子女从外地打工回家跟你用汉语交流，你会觉得"；A4："村里有人外出当兵、工作、打工回家完全改说汉语，你觉得"。

家庭对语言人在语言行为方面有一定的情感约束。人是家庭的成员，其行为总是要受到家庭的约束，语言行为也是其中的一个方

① 该问题仅针对母语为莫语有子女者，N＝349。

② 该问题仅针对母语为莫语有子女在外地或子女曾经在外地打工者，N＝328。

面。在传统家庭中，对母语的忠诚是家庭对语言人的基本要求，放弃母语就意味着背叛，其行为会受到家庭成员的严厉谴责。也就是说，语言人在家庭使用什么语言进行交际在很大程度上要受到家庭情感的制约。基于对本民族语的强烈情感，村民并不愿意孩子忘却母语，所以在“子女回家用汉语跟你交流，你会觉得”这一问题时，部分被调查者感到有点不舒服甚至反感。他们希望自己的孩子能够好好习得本民族语，在家与他们使用，这样保证民族语不会失传。但是在现代社会仅仅掌握母语已经不能够很好地适应社会的发展需要了，为了孩子更好地与外界交流，将来可以找一份好工作，村民表现出来对“子女回家用汉语跟你交流”的总体态度是：顺其自然，他说汉语我也跟着说汉语。选择“没有这种情况”的村民说孩子回家几乎和他们讲莫语。还有大多数人因为不清楚或没有过这种情况发生所以未选，部分未选的被调查者表示：孩子应该在条件允许的情况下尽量多学习汉语及其他语言。有的家长还告诉我们，目前学校教学语言均为汉语，有些课程还采用普通话授课，这对于从小习得莫语的孩子来说很不利，因此，让孩子多讲汉语对于他们提高学习成绩会有所帮助，我们现在很重视学校教育和孩子将来的发展。

与此同时，社区语言的选用同样受到情感因素的制约。在外地跟本民族同胞交谈时，语言的选用往往由于语言环境不同，对交际对象以及交际环境中其他人的情绪也会产生影响。据了解以前村里有人外出当兵、工作、打工返乡回乡，如果此人口音上有些许变化都会引来村里人甚至邻村人的议论，更有可能遭到家人和亲友的指责。但现在人们的语言观念已经有了很大的改变，越来越多的人对外出人员的语言行为表示理解。这些都表现出村民们的对汉语的包容态度，说明莫语使用群体的语言观较为开放同时汉语兼用度很高。

（二）非莫语环境中的语言态度

表 3　莫语群体在非莫语环境中对母语使用的评价（N＝536）

A5 指标	很亲切	有点亲切感	没什么特殊感觉	感到别扭	未选
人数	339	38	79	2	78
%	63.25	7.09	14.74	0	14.55

“在学校、县城、在外打工时听到本民族语的感觉”，考察群体在非莫语环境中对自己母语使用的态度，并设定了 4 个指标，分别是很亲切、有点亲切、没什么特殊感觉和感到别扭。

对于多数人来说，在其它语言的氛围中听到讲自己民族语言都会有一种亲切感。荔波县城主要使用汉语方言，即使少数民族聚在一起，多数情况下也用汉语交流。在这种氛围中，少数民族能听到自己本民族的语言，通常都会感到亲切。即当别人在非莫语大环境中用自己的母语——莫语跟自己交流时，被调查者普遍感到亲切。

（三）对语言自身的主观评价

表 4　莫语群体对语言自身的主观情感评价（N＝536）

A6 指标	莫语	汉语方言	普通话	其他	都好听	未选
人数	214	87	163	2	44	26
%	39.93	16.23	30.41	0	8.21	4.85

A6：“在接触到的语言中最好听的是”，问题设置为了考察群体对语言自身的主观情感评价。在接触到的语言中，有 8.21% 的人认为都好听，这部分人没有选出一个心目中的最佳答案，持中立态度，还有 4.85% 人也是因为拿不定主意未选，有 1 人觉得是水语，

还有 1 人开玩笑似地说日语最好听。

表 5　莫语作为第二语言使用的态度评价（N = 536）

A7 指标	很高兴教对方	教对方简单的词语	不愿意教对方	未选
人数	406	65	43	22
%	75. 75	12. 13	8. 02	4. 10

A7："是否愿意教其他民族学习莫语"，在我们问及此问题时，有一名村民说自然习得的方式更好，而且认为不会有其他民族的人愿意以教学的方式来学习一种民族语。对于语言人怎样看待本民族语作为第二语言的态度，大家一方面希望教别人学习自己的民族语言，极力希望将自己的本民族语言传承下去，在生活中得到应用；另一方面少数人觉得不好意思教或者教不好而不懂选择该不该教。

（四）对兼用水语的态度

在语言功能认同上，莫语依然是村民选用的第一语言，是主要的交际工具和信息载体，而兼用汉语方言范围广频率高。在语言感情认同上，人们普遍认为应该熟练掌握莫语。但由于社会发展对外开放，自然习得汉语方言和在一定程度上不得不学习和使用普通话，自然主义和实用主义语言观成为主流。对外来语言和文化的包容接受是造成此地区汉语兼用程度高的原因之一。在调查中我们发现，另一种民族语的兼用程度远远低于汉语，为了了解对周边另一种民族语的使用态度，我们设置了几个问题，针对母语为莫语的布依族对水语的态度来提问。

对水语的熟练程度，仅有 2. 05% 的人能与母语为水语的人熟练交谈；8. 21% 能基本交谈；13. 06% 的人能听懂但不会说；13. 25% 的人只能听懂一些日常用语；而 55. 22% 的人则完全不懂水话。对民族语兼用语的熟练程度与跟这种民族交往程度我们认为是呈正相关的，12. 5% 的人经常与水族交往；11. 57% 的人与水族有时交往；32. 84% 表示他们偶尔交往；而 34. 14% 的人说他们从不交往。54. 85% 的人表示与水族交谈时使用汉语方言是最方便的语言，这也是符合语言选用经济原则的。

四　语言态度成因分析

语言态度是一种十分复杂的社会心理现象，它既是一个由功能、情感、认知、行为倾向等因素组成的有机组合体，又是一个各种因素融合难以分开的整体。一个社会的单个成员，在语言观上可能有所不同，因为人们的历史条件、认识水平、认识方法都不同。但作为一个语言使用的群体，总有共同的语言观念。这个群体的交际、人口以及他们与其他的社会、经济、文化地位等因素，都可能成为该群体对其使用的语言做出评价和判断的标准。语言态度不是一天一夜而是在长期的历史发展过程中形成的，它根深蒂固地潜藏于使用者的心底，其原因相当复杂，下面从两个方面展开荔波莫语使用群体的语言态度成因：

（一）民族聚居历史

莫语为贵州省荔波县西部一部分布依族所使用，这部分人因大多数以“莫”为姓，被当地人称为莫家，因此他们所使用的语言被称为莫语。在调研中我们有幸获赠广西壮族自治区南丹县退休干部莫秀珠所著的《莫姓谱系》。当中大致是这样记载贵州布依族莫姓来源的：“贵州布依族莫氏来源有二方面：一是莫先支系，于明洪武九年莫先率军南征后留守都匀，后到独山兔场定居繁衍，后裔分布于黔南各县市，有少部迁徙到四川、云南，也有少数到广西河池、宜州等地，共有后裔 5 万人口。二是南丹莫氏支系，比邻广西南丹的独山、荔波边界村屯，自莫氏在南丹定居以后就开始向北迁移进贵州，定居独山、荔波、平塘等地。目前这两支莫姓后裔已经融合，很难分辨。”民族聚居使得母语保存完好，莫语是定居到贵州荔波、独山的部分布依族及其后代习得的主要语言，而且是家庭内部、村内不同民族间的主要交际语。贵州的莫氏布依族在聚居的环境中，莫语是优势语，其代际传承没有中断，即莫语在自然状态中保留下来。随着莫语使用人口的不断增多，对语言态度的发展有着重要的影响。

（二）日常生活经验

我们在调查过程中，问及莫语和布依语的区别，回答最多是：“差不多，只是声调不同而已，互相说话没有问题。”莫语使用者和布依语使用者都是布依族，而且两个语言群体在居住地域上有所交叉，日常生活中联系程度紧密，经济一直频繁互通有无，文化上同受布依族文化影响，生活息息相关。因此在荔波甲良和方村一带的莫语使用者称布依语为覃家话，他们认为是差不多的语言，只是稍有不同而已，生活习俗上与他们完全相同。

日常生活联系程度的松紧与莫语使用者语言态度的形成有着一定的关系。荔波是一个多民族聚居区，当地各族大多数聚寨居住，以前一直是一寨一姓，同姓不婚，异族不婚。莫语主体处于布依和水两大语言集团之间，他们的语言虽然有水语特色，核心词汇与水语对应居多，但他们大多只与布依族通婚，并整体族属布依族。莫语主体在生产生活上是完全融入布依族的，并在语言上表现出布依语的特征，莫语词汇上有大量布依语借词。对布依语的感情也相当深厚，特别是通婚的群体之间更是当不分彼此的母语来看待。他们在平时赶集、集会等场合跟水族和其他民族也有交流，但是交往程度并不密切。数据显示只有2.05%的人能与母语为水语的人熟练交谈，因此，日常生活经验是该群体对水语等少数民族语言兼用程度不很积极的原因之一。

五 结 语

研究结果表明：一、莫语使用群体虽然是多种语言的掌握者，但其母语忠诚度高，对莫语有着浓厚的感情。对使用莫语的布依族而言，母语是莫语，但本族语还有布依语，因而他们既对莫语有着强烈的热爱又对布依语有强烈的尊重情感。莫语的使用使得讲莫语的布依族联系更加紧密，这也从一个侧面上反映了人们的语言态度。二、对兼用地方通用语汉语方言持开放和高度肯定态度。汉语在不同场合对不同民族的交际对象所产生的重要社会交际功能和社会实用性，使得莫语群体离不开汉语兼用。高度兼用汉语也反映了莫语使用群体的语码转换能力。三、莫语使用群体对普通话的认同程度不高持观望态度；对兼用另一种民族语的程度虽然也并不积极但都持乐于接受的态度。这几种语言态度常常交织在一起共同反映出莫语使用者群体的主观意愿。

语言态度是相对稳定的，同时又是随着社会发展可变的。它属于心理范畴，深刻地影响着人们的语言使用，被调查者的语言态度和群体的语言使用情况是一致的，它可以还原一个群体内隐的语言观，可以反映该群体价值观念中更深层次的内涵。另一方面，我们根据被调查者的选择描写他们对语言真实的态度，无论群体内部各组的语言态度有着怎样的差异和不统一，我们都应该充分尊重母语人的选择。

参考文献

［1］丁石庆．社区语言与家庭语言［M］．北京：民族出版社，2007.

［2］熊英．从土家人的语言态度看土家语濒危—坡脚土家语个案研究之一［J］．湖北民族学院学报，2005，（4）．

［3］周国炎．贞丰县坡帽村仡佬族双语类型转换个案研究［J］．中央民

族大学学报，2005，（1）.

［4］王远新．论裕固族的语言态度［J］．语言与翻译，1999，（2）.

［5］王远新．中国民族语言学理论与实践［M］．北京：民族出版社，2002.

［6］张伟．论双语人的语言态度及其影响［J］．民族语文，1998，（1）.

简析荔波布依族莫家与周边水族的语言关系

——以荔波方村、播尧、甲良、永康为例

申建梅①

摘要： 布依族莫家与水族是贵州荔波县的两个重要群体，二者有着密切的接触历史。本文拟以荔波县的莫家与周边水族为研究对象，分析该区域莫家与水族的语言接触、语言兼用现象，从而展示出荔波布依族莫家与周边水族在长期的社会交往中形成的语言关系，同时为研究莫家母语——莫话的形成及制定民族政策提供一定的参考。

关键词： 布依族　莫家　水族　民族接触　语言关系

引　言

荔波莫家是布依族的一个组成部分，主要分布在方村、甲良、播尧等几个乡，因其族人以莫姓者居多而得名，同时又因所使用的

① ［作者简介］申建梅，2010级语言学及应用语言学专业硕士研究生，研究方向：应用语言学。

语言与当地其他布依族不同而成为布依族当中一个特殊的群体。水族是莫家周边一个重要的民族群体，与布依族莫家有深远的历史接触，随着经济的发展、社会的进步及大众观念的改变，两个群体的交往更加频繁，如赶集就是一个很好的接触方式。这种渐趋杂居的形势有利于两个民族之间互通有无，二者在生产生活、衣食住行等方面非常相似，这自然离不开两个群体之间语言的互相影响。由此可以推测，两个群体之间有着密切的民族关系、语言关系，通过荔波甲良、播尧、方村、永康等地的走访调查，我们发现二者之间在语言兼用、双语及语言转用几个方面都有所体现，本文将在调查资料的基础上对这一独特的语言关系做一个梳理，通过此分析有助于对荔波莫家与水族语言关系的认识及对我国民族杂居地区的语言关系的进一步了解。

一 概 述

（一）荔波布依族莫家

1. 族称及族源

布依族是中国西南地区一个较大的少数民族，有着悠远长久的历史，目前总人口约有300多万。荔波莫家是布依族的一个重要组成部分，主要分布在荔波县的方村、甲良、播尧等几个乡，其族人以莫姓者居多，因其所使用的语言与当地其他布依族不同而成为布依族当中一个特殊的群体。该群体用本民族语自称 $ʔai^{33}$ mak^{51}，“莫家”是当地汉族或其他民族用汉语赋予他们的称谓，布依族用布依语称之为 pu^{31} mak^{55}。布依族莫家称其他布依族为 $ʔai^{33}$ jai^{33}、水族为 $ʔai^{33}$ sui^{33}、汉族为 $ʔai^{33}$ $tɕin^{31}$、苗族 $ʔai^{33}$ hiu^{31}、瑶族为 $ʔai^{33}$ jiu^{31}、侗族为 $ʔai^{33}$ $thɔŋ^{33}$。对外用汉语一律自称“布依族”，有时也自称“莫家”。

关于布依族莫家的族源，民间有着不同的说法。根据《荔波布依族》中记录，“莫家”原籍系山东省青州府益都县牛头街白米巷，是始祖莫朝盈公所居之处。相传莫朝盈公生有六子，他们各自娶妻生子，人丁兴旺，且心系百姓，在当地德高望重。后不知经过多少年征战，莫家六子来到荔波县甲良镇、方村乡一带据守，以“莫”为姓，是称“莫家”。

广西壮族自治区南丹县退休干部莫秀珠所著《莫姓谱系》是这样记载贵州布依族莫姓来源的。贵州（布依族）莫氏来源（有二）：一是莫先支系，于明洪武九年（1496年）莫先率军南征后留守都匀，后到独山兔场定居繁衍，后裔分布于黔东南（应为黔南——引用者）各县市，有少部迁徙到四川、云南，也有少数到广西河池、宜州等地，共有后裔5万人口。二是南丹莫氏支系，比邻广西南丹的独山、荔波边界村屯，自莫氏在南丹定居以后就开始向北迁移进贵州，定居独山、荔波、平塘等地。目前这两支莫姓后裔已经融合，很难分辨。①

另外，佛山大学伍文义教授根据《贵阳府志》、《贵州通志》、《布依族史》、《布依族简史》等多方材料考证，认为布依族“莫家”在“楚王马希范时是八番之一”，曾经是黔中地区的布依族贵族，后因“宋英宗治平年间政治变动”从黔中地区迁移至黔南的荔波县、独山县一带，从而形成如今莫姓布依族的分布状况。由此可以看出，荔波莫家自五代时就在荔波扎根，有着较长远的居住历史。

2. 语言文字

莫话或莫语是荔波布依族莫家人使用的语言，由于长期与周边布依族、水族的接触，不论是使用的语言，还是生活习惯、文化习

① 莫秀珠主编．广西南丹县莫姓族谱编写组编印《莫姓谱系》，1998年。272页。引用时文字稍有改动。

俗，彼此之间非常相似，有着密切的关系。李方桂先生、王宇枫教授分别于1942年和2003年对莫话做过详细调查，其中李方桂先生的《莫话记略》中将莫话归入侗水语支，倪大白、王宇枫等学者也比较认同这一说法；伍文义教授通过语言年代学计算方法及相关历史文献得出“莫家话更加接近于壮傣语支，特别是更加接近布依族三个土语的语法特点，所以其应该是中国布依语的一个方言”。

另外，荔波县播尧乡的地莪、太阳一带分布有一支自称 $ʔai^{33}$ $tɕam^{31}$ 的群体，外界称为“锦人”，他们说的话语言学术界一般称之为“锦话”或“甲姆话”。倪大白认为“莫话和锦话是两种并列的语言”（倪，2010），崔建新认为“锦话是莫话的一个方言”，而王宇枫、杨通银认为“莫话跟锦话是莫语的两个方言”。2011年周国炎教授带领博士、硕士、本科十几名学生前往荔波实地调查，采用600常用词表对方村“莫话”和地莪“锦话”进行了记录，从中筛选出443个词将两个点的语言材料作了对比，其中，语音形式完全相同的词224个，占50.56%，声母相同韵母不同的词64个，占14.46%，韵母相同声母不同的词63个，占14.22%，三项合计为79.25%，而语音形式完全不同的词只有92个，仅占20.75%。对比结果表明，莫话与锦话无论在语音上还是在词汇上，共性大于差异，应该属于同一语言的不同方言。

历史上，布依族莫家有自己的古籍、语言和文字，且这三样是互依互存的，布依族古籍一般采用布依族文字记录，又通过布依语传唱保存，如“布依傩戏”就是一个经典的例子。由于时代的发展、历史的变更，布依族文字逐渐失传，并相应的从汉语中借词，直到新中国成立后，根据国家制定的民族政策，先后对布依族人民使用的语言做了调查并与1982年正式通过了《布依文方案修改草案》，至此形成了布依语特有的元音、辅音、声调系统，从而布依语有了一套以拉丁字母为书写形式的字母系统。

（二）荔波水族

1. 族称及族源

水族是中华民族大家庭中的一员，具有悠久的历史和光辉灿烂的文化，全国现有水族人口近35万。荔波水族主要分布在永康乡，其他民族聚居区也有零星分布。水族自称 sui^{33}，汉字习惯写为“水”，sai^{3} 在水语中有“疏道通理”和“蓖子”两种含义。水族的先民被称为“百越”、“僚”、“苗”、“蛮”等。明代开始被称为“水”，清代中叶，有了更明确的专称，如“水家苗”、“水家”。1956年正式确定为“水族”。

2. 语言文字

荔波水族有自己的语言——水语，属于汉藏语系壮侗语族侗水语支，与仫佬、毛南、侗等语言比较接近，水语内部一致性较强，一个县内的水族人基本能用水语进行交流。根据我们2011年夏天的实地调查，在杂居地区如荔波布依族地区，水族在与其他民族交往时，一般选择使用当地官话，甚至有的使用交际对方的民族语，如布依语、莫话、瑶语等。另外，水族也有自己的文字，是水族先民创制的，称为“水书”，其形状类似于甲骨文和金文，造字方法有象形、会意、谐音和假借，是一种有2000年历史的古老文字，但只有400多个单字，且多用于巫术活动，这些文字全靠抄录流传，各地水书基本一致。如今，大部分水族人不认识“水书”，日常生产生活通用汉语，所以水书文化出现濒危现象。①

① http：//wenku. baidu. com/view/148c89fcc8d376eeaeaa31bf. html？from = rec&pos = 0&weight = 39&lastweight = 22&count = 5

二 语言—民族接触

（一）莫话与水语的关系

莫话与水语同属于侗台语族，且分属同一语支——侗水语支，最早研究莫话的李方桂先生对此已有定论，学术界也没有提出任何异议。这里所说的莫话与水语的关系包括有同源和影响关系，另外也有一定的群体接触下的语言接触关系。

我们在调查过程中，从受访者那里了解到一些有关莫话与水语的态度。大多数受访者认为经常跟水族交往，所以大部分都听过水语，有的受访者认为莫话跟水语有差别但差别不大，可以听懂水语不影响正常交流，有的受访者能听懂但不会说水语，由此可以了解在方村、甲良、播尧等乡镇，莫家与水族两个群体在居住地域上有交叉，日常生活中交往密切。

在荔波，莫话使用者主要分布在县境的甲良、方村、播尧和水利几个乡镇，而这些地方与水族聚居的永康很接近，存在一部分莫家兼用水语的情况。我们在甲良、方村、播尧三个乡一共对427个布依族（莫家）受访者进行了问卷调查，其中有150个受访者的回答是不同程度的懂水语，占总数的35.13%，有36个受访者回答可以与水族正常交谈，占总数的8.43%。另外，在永康乡尧古村的37位水族受访者中，60%能用布依语交谈，水族和布依族杂居由来已久，两个民族之间的语言也有相互影响的地方。

从调查实际情况和调查数据可以看出，在莫家聚居的这些地区莫家仍旧与水族有较密切的往来，且莫家人不同程度地掌握或者了解水语，由此可以推知莫话与水语不仅有发生学的关系，也存在一定的接触关系。

（二）莫话与水语词汇分析

1. 侗台语同源词

莫话和水语同属于侗台语族侗水语支，有学者认为莫话是水语与布依语深度接触的结果，也有学者认为莫话跟锦话是莫语的两种方言，总之可以肯定莫话与水语、布依语、侗语有着密切的关系。参考前人调查的词汇表，发现其中有不少词在四种语言中语音形式完全相同或相近，这些词我们认为来自共同的原始母语，即原始侗台语。例如：

汉义	莫话	水语	布依语	侗语
大	laːu^{4}	laːu^{4}	laːu^{4}；ɣuŋ^{1}	laːu^{4}；maːk^{9}
狗	ma^{1}	m̥a^{1}	ma^{1}	ŋwa^{1}
种子	van^{1}	van^{1}	van^{1}	pan^{1}
头发	pjam^{6}	pjam^{1}	pjam^{1}	pjam^{1}
肝	tap^{7}	tap^{7}	tap^{7}	tap^{1}
死	tai^{1}	tai^{1}	taːi^{1}	dəi^{1}
银子	ŋan^{2}	ŋan^{2}	ȵan^{2}	ȵɒȵ^{2}
鸡	kai^{5}	qaːi^{5}	kai^{5}	aːi^{5}
蝴蝶	ʔbum^{6}ba^{3}	ʔba^{3}	bi^{6}ba^{4}	ma^{3}
过（过河）	tha^{6}	ta^{6}	kwa^{5}	ta^{6}

2. 莫话中的水语借词

作为同语族同语支的两种语言，莫话与水语有不少同源词，但作为长期在相同地域内通行的两种语言，二者之间的接触是非常密切的。语言之间的接触给彼此带来的影响最突出的就是词汇的借用。莫话与水语长期接触，作为相对强势、使用群体数量相对较多的水语在词汇方面对莫话所产生的影响是很显著的，主要表现为词汇的借用。这里我们仅以莫话的一个变体，即莫话与水语、侗语和布依语进行比较，所列举的词在语音形式上均与同语支的侗语及同语族不同语支的布依语不同，而与水语却非常相近，我们将这样的词视为莫话借自水语的词汇。例如：

汉义	莫话	水语	布依语	侗语
地（旱地）	ʔdjai¹	ⁿdaːi⁵	zi⁶	ti⁶
鸭子	də⁴ zep⁶	ep⁷	pit⁷	pət⁷
老鹰	ȵwau²	ȵau²	zuam⁶	am¹
鱼	mum⁶	mom⁶	pja¹	pa¹
蹄（马蹄）	tin¹ ma⁴	tin¹	zip⁸	təp⁸
靠（人靠树）	niŋ³	ʔniŋ³	e¹；paŋ⁶	paŋ⁶
怕	lu¹	ho¹	laːu¹	jaːu³
来	taŋ¹	taŋ¹	ma¹；tau¹	ma¹

（三）使用群体的接触

1. 赶集

一般情况下，集市是一个地方居民交流的重要场所。在我们2011年暑假调研的过程中发现，在荔波县的方村、播尧、甲良、永康等乡镇都至少有一个农贸市场，除了赶集的日子，在平日里集市上也有长期做生意的小卖部批发、肉菜买卖等商贩小摊，所以周围村寨的村民也会来这里购物或者做生意，因此，集市成了同族及异族群体沟通交流、互通有无的重要场合。在莫家人聚居的方村、播尧、甲良等集市会有水族同胞，在水族人聚居永康集市也会有莫家人，以农副产品为主要经济来源的两个群体，都需要从集市换取生活必需的物品。因此，集市上的交流为莫话与水语创造了自由且宽阔的接触机会和空间，这在无形中提供了两种语言互相影响的平台。

2. 节日走访

在荔波，无论是布依族莫家还是水族，都有本民族的传统节日，如布依族莫家有三月三、四月八、六月六等，水族有端节、卯节、六月六等，生活在同一个区域的莫家与水族，会邀请周边长期来往的兄弟民族或者主动参与对方的节日庆祝活动，一方面增进双方友谊，另一方面也为两种语言的接触创造了机会。

3. 异族通婚

据有关历史记载，布依族莫家与周边水族本身就有着密切的交往史。随着改革开放的进行，各个民族地区之间也加速了生产、生活来往，加之彼此之间频繁的集市接触及节日走访，相互之间建立起了一定的友谊与情感，异族通婚逐渐增多，而共同的语言是一切交流的基础。无论是男方还是女方，都需要学会对方的语言，这也为莫话与水语的接触提供条件。根据我们实地调查，在莫家人居住地区有不少嫁进来的水族姑娘，在水族地区也有嫁过去的莫家媳妇，一般是媳妇学习夫家语言。另外，在荔波，当地汉语方言也是一个重要的交流工具，因此，汉语方言有继续普及、发挥更重要交际功能的趋势。

4. 其他接触方式

除了上面提到的赶集、节日走访及异族通婚等，荔波布依族莫家与周边水族还有很多接触的场合，如学校（尤其是中学）、医院及政府所在地，这些也都是两个群体接触的重要场合。通过实地调查、问卷填写及专门采访，我们记录了在这些场合荔波莫家与周边水族的接触实况，从后期整理的相关数据得出，在荔波，周边水族及汉族对布依族莫家的影响逐渐加深，同时也创造了大量的语言接触。

三 语言关系

（一）语言兼用或双语现象

语言兼用也称双语现象，是语言接触的一种表现，具体指一个民族除了使用自己的母语，还兼用另一个民族的语言。在实际生活中，有不少人可以兼用几种语言，如在我国一些少数民族地区，不少人除了会讲本民族语，还会讲汉语方言或者普通话、英语等。①

在荔波，不同地方语言兼用的情况与范围也有所差别。莫家人聚居的方村、播尧、甲良的水族大部分会讲莫话或者能听懂莫话、进行简单的交流，在水族聚居的永康乡的莫家人大都会讲水语或者会讲日常用语，且这两部分人也多会讲汉语方言。另外，不论在哪个乡镇，男性整体上比女性兼用其他语言的人数要稍多，分析其中原因得出，一方面男性外出机会比女性多（中老年居多），自然与其他民族有较多接触，学习对方语言的需求比较大；另一方面女性多活动在家中或村寨而男性一般代表一家之主与外界交流，因此在每个村寨里男性更愿意接受采访并能很好地表达自己的想法，长此以往，在语言兼用能力上男性比女性有越来越大的优势。

（二）语言转用现象

语言转用也是语言接触的一种表现形式，指在一定社会条件下，一种语言取代其他语言而成为不同民族的共同交际工具，一般出现在民族杂居或民族融合的地区，在经济、人口、科技及文化方面较落后的群体，为了方便会主动或被动地选择在当地占优势、使用范围广的语言。

在为期半个月的调查中，我们发现，在一些村寨出现完全不懂本民族语而转用其他语言的情况，如在播尧的地莪村有几个水族村民不会讲水语，只讲莫话或者汉语方言，从年龄层次看，有中年也有小孩，推究其原因，一方面是这部分水族人很早就居住于此，另一方面是学校教育及相关政策影响，在小孩中普遍存在只讲汉语方言或者普通话的现象。

---

① http：//wenku. baidu. com/view/2e60a4e9b8f67c1cfad6b888. html

四 结 语

莫家作为布依族中一个特殊的群体，其发展与周边布依族、水族及汉族都有着密切的关系。上文从族称、族源、语言—民族接触及语言关系等方面，对布依族莫家与周边水族的语言关系做了简单梳理，从中可以发现，两个群体之间的关系与其语言关系互相影响、不可分离。随着社会的进一步发展及国家政策的相应改变，民族地区逐渐走向富裕、走向和谐，这一趋势有利于增进民族之间的交流，促进语言接触的发生，从而不同民族所使用的语言也在不断发展、不断改变，即上文所说的出现广泛的语言兼用或双语现象、语言转用现象，当然，受民族发展程度、人口多少等因素影响，兼用与转用的情况也会有所不同。

参考文献

[1] 王伟、周国炎．布依语基础教程［M］．北京：中央民族大学出版社．2005.

[2] 曾晓渝．汉语水语关系论［M］．北京：商务印书馆．2004.

[3] 《水族简史》编写组．水族简史［M］．贵州：贵州民族出版社．1985.

[4] 王宇枫．同语族语言深度接触产生的语言——莫语［D］．中国学位论文全文数据库．2005.

[5] 杨通银．莫语研究［M］．北京：中央民族大学出版社．2000.

[6] 伍文义．布依族“莫家话”与土语及相关语言比较研究［J］．贵州民族研究．2005，（5）．

[7] 倪大白．侗台语概论［M］．北京：中央民族大学出版社．2010.

[8] 陈国安．水族族源试探［J］．贵州民族研究．1994，（2）．

[9] 白碧波，许鲜明．元江县白族与周边哈尼族的语言关系［J］．云南师范大学学报（哲学社会科学版）．2006，（5）．

荔波瑶族地区的语言生态格局研究

孙　华①

摘要：本文拟通过对荔波瑶族地区的语言文化生态情况、语言使用情况、瑶语的地位以及瑶族与周边各民族在语言文化上的互动关系等方面展现荔波瑶族地区多语共存的语言生态格局并对这种格局对瑶语的作用作进一步分析。

关键词：荔波　瑶族　语言生态

引　言

生态语言学（ecolinguistics，简称 EL），又称语言生态学（ecology of language），是由生态学和语言学相结合而形成的语言研究领域。周国炎教授认为，世界上的语言和文化也同自然界的生物一样，生存于一个生态系统之中，这个生态系统是由丰富多彩的人类语言与社会文化所构成，为了跟自然生态相区别，可以称之为“人

---

① ［作者简介］孙华，2010 级语言学及应用语言学专业硕士研究生，研究方向：应用语言学。

文生态系统”①。

生态科学研究表明，生态系统的年龄与生物多样性密切相关，其自我调节功能也随着生物多样性的提高而提高；丰富的多样性使占据不同生态位的物种能有效地利用环境资源，从而提高生态系统的稳定性。与生物生态多样性一样，种群多样性，以及语言和文化的多样性，是确保人类在地球上健康生存和发展的根本条件②。本文所要研究的贵州省荔波县位于黔南布依族苗族自治州东南部，境内有布依、水、苗、瑶、侗、土家、毛南等21个少数民族，以布依族、水族、苗族、瑶族四个少数民族为主，是个典型的民族杂居县。该县各民族大杂居、小聚居、交错分布的分布格局更使得该地区多民族语言之间的接触不可避免地发生，从而形成了一个复杂的人文生态系统。

一　荔波瑶族地区的语言生态概貌

1. 荔波瑶族地区语言文化生态现状

瑶族是荔波县的世居民族之一，总人口为5802人（据第五次人口普查数据）。其中，白裤瑶3501人，主要分布在瑶山乡和捞村乡；青瑶1553人，聚居在瑶麓乡；长衫瑶748人，散居在翁昂、洞塘、茂兰等乡镇。白裤瑶以男子都穿齐膝白裤子而得名，并且裤子上都印着五条鲜红的纵向花纹，相传这是他们打退南丹土司后，英雄的头人双手撑膝而留下的血指印。女子则上身穿背牌，下边穿百褶裙。白裤瑶的服饰构成了他区别于其他民族的最明显的标志。瑶山白裤瑶的粮仓也是极具特色的。据当地人介绍，粮仓多建在室外空旷地，可以防火；用四支木柱支撑，离地1—2米铺上木板，

① 周国炎．仡佬族母语生态研究［M］．北京：民族出版社，7页，2004年．
② 范俊军．生态语言学研究述评［J］．北京：外语教学与研究，2005，(2)．

可以防水；周围用篱笆围成圆形，顶上盖茅草，并且在四根柱子与木板连接处用瓷坛隔开，用来防鼠；仓门上的木栓做得非常紧，必须用锤子才能把木栓敲开，用来防盗；白裤瑶的粮仓充分体现了瑶族人民的聪明智慧。青瑶最有特点的是其男女的恋爱方式——凿壁谈婚以及保留至今的南方古代民族的丧葬习俗——悬崖洞葬。长衫瑶是森林中的族群，他们身着长袍、依山而居，其宗教信仰属多神论，山溪林石，皆以为神。

白裤瑶自称 $tәu^{51}$ mo^{33}，青瑶自称 mu^{51} $mɑu^{33}$，长衫瑶自称 $tәn^{33}$ mo^{55}，其意思都是“穿我们这种衣服的人”。从他们的自称来看，无论是语音上还是意思上都是非常接近的。因此，他们应该是从同一个支系分化而来的。在荔波瑶族三个支系漫长的历史进程中，他们各居一方，很少交流，并且分别受到各自周边其他民族的影响，造成目前三个支系的瑶族之间不能通话的局面。但是，三个支系瑶语之间的共同性很多。例如，他们的辅音都有双唇、舌尖中、舌根三套塞音和舌尖前、舌面前两套塞擦音的送气与不送气的对立；都有鼻冠音；鼻辅音对应非常整齐；都有边擦音/ɬ/等等①。《瑶族语言简志》中把三个支系的语言统一划入苗瑶语系苗语支中布努语下的瑙格劳土语。《荔波县志》沿用了《贵州瑶族语言》一文的观点，认为荔波瑶语属汉藏语系苗瑶语族、苗语支荔波方言组，下分瑶麓土语、瑶山土语和瑶埃土语。但是，不管是哪种观点，都一致认为荔波瑶语属于苗瑶语族的苗语支。

2. 荔波瑶族地区语言使用现状

荔波瑶族地区的母语普遍保存得比较好。尤其是瑶山地区，99%以上的受访者都能流利地使用瑶语跟人交谈，甚至少数60岁以上的老人还是母语单语人。瑶麓和瑶寨能流利地使用母语跟人交

① 周国炎主编. 贵州省荔波县布依族瑶族语言使用现状及各族语言关系调研报告，21–22页，未出版.

谈的比例虽然没有瑶山地区高，但也都在90%以上。但是，其母语使用的场合有限。一般情况下，母语只在家庭内部或村寨内部流通。在跨村寨交际中，受访者则会根据具体情况选择使用的语言。如果遇到其他村寨的人，碰巧他也懂对方的语言，他就会选择使用对方民族的语言进行交际；如果遇到其他村寨的人，但是他又不懂对方的语言，这时汉语方言就成了他们交流的工具。在政府、医院等公共场合中，大多数人会选择通用范围更广的汉语方言来进行交际。

该地区的第二语言的掌握情况跟受访者的年龄有很大关系。年龄比较大的老人第二语言往往是民族语。由于该地瑶族村寨周边大多是布依族村寨，所以这些老人的第二语言一般是布依语，也有少数人会周边好几个民族的语言。而年轻人的第二语言则普遍是汉语方言或普通话，目前，已很少有年轻人能熟练掌握其他少数民族语了。这也反映了随着汉语地位的增强以及普通话的推广，当地的双语类型已由民——民双语型转变为民——汉双语型。另外，第二语言的掌握情况跟地域也有一定关系。通过调查发现，瑶山地区第二语言为其他民族语的比例要高于瑶麓和瑶寨地区。瑶麓由于北接瑶庆水族乡，以水语为第二语言的人则远远多于其他两个地方。

二　荔波瑶族地区语言生态格局研究

1. 主体语言的地位

荔波瑶族地区的主体语言是瑶语。目前，瑶语在瑶山、瑶麓和瑶寨三个地方的地位虽然略有差异，但总体来说，瑶语在荔波瑶族的日常生活中占据着主流地位，几乎是家庭和村寨内部唯一的交流工具。具体来说，瑶语在瑶山乡的使用频率略高于瑶麓和瑶寨。然而，这个主流地位仅限于在瑶族地区的村寨内部甚至家庭内部。从全县的情况看，瑶族分布的地区，布依族在人口上都占相对多数。

所以，布依语是当地的优势语言。很多场合，人们都把布依语作为交际工具。许多瑶族人在跟布依族的接触过程中慢慢习得了布依语，把布依语作为第二语言。调查过程中，我们发现瑶山地区年龄较大的瑶族女性中，有些甚至听不懂汉语，但却能用布依语流利地交流。20 世纪 80 年代初，贵州社会科学院和贵州民族研究所等部门组织的对瑶山一带的调查显示：16 岁以上的男性成年人有 90% 掌握布依语，而同一年龄段掌握汉语的只有 80%；16 岁以下的男性少年儿童中有 60% 掌握布依语，而掌握汉语的只有 30%；16 岁以上的女性成年人中有 10% 掌握布依语，同一年龄段掌握汉语的只有 5%；16 岁以下的女性少年儿童中有 5% 掌握布依语，而掌握汉语的只有 3%。可见，当时瑶山一带的布依语通行程度大大高于汉语[①]。从上次调查到现在近 30 年间，瑶族地区发生了翻天覆地的变化，教育事业的发展、经济和旅游业的发展、外出打工人数的增多，荔波瑶族与外界的接触愈加频繁，汉语的影响力也日益增强。据调查，瑶山乡 248 位受访者中会汉语的有 163 人，占 65%；瑶麓乡 210 位受访者中会汉语的有 149 人，占 70.95%；这一比例在瑶寨中更大，达到 94.3%，这与瑶寨所在的洞塘乡有大量汉族有关。目前，三个瑶族支系之间进行交流也通常要借助汉语，汉语已成为该地区最通行的语言。

2. 瑶族周边地区各民族语言文化的互动关系

（1）语言的互动

荔波瑶族村寨周边大部分是布依族村寨。瑶族跟布依族的接触也是最多的。两个民族在长期相互交往的过程中，其语言会不可避免地发生接触，相互影响，但主要是布依语对瑶语的影响。从语音方面来说，布依语对瑶语的影响主要表现在对韵母的影响上。首

---

① 周国炎主编．贵州省荔波县布依族瑶族语言使用现状及各族语言关系调研报告，30 页，未出版．

先，在布依语的影响下，瑶语增加了主要韵母。苗瑶语的主要元音很少有长短对立的情况存在。在布依语中，主要元音/a/在后接韵尾的情况下有长短对立的现象。但是，这种长短元音的对立往往不是表现为时长的差别，而是舌位的高低有所不同，即长元音/a：/的实际读音为舌位比较靠上的/æ/。据调查，瑶山和瑶寨的瑶语中都存在/a/和/æ/的对立，例如，mau^{33}（要）、lai^{31}（席子）、kæ^{51}（推）、tæi^{33}（硬）。瑶麓瑶语中的/a/音位存在/a/、/ɑ/、/ɒ/三个变体，其差异都表现为舌位高低的不同。其次，在布依语的影响下，瑶语还增加了/-m/、/-p/、/-t/、/-k/等辅音韵母，例如，vam^{33}（犯法、犯罪）、tæp^{21}（贴）、siet^{21}（尺子）、lɯk^{21} tak^{21}（打架）。以上韵尾都出现在布依语借词中，瑶语本族语固有词中却没有发现。从词汇方面来说，布依语对瑶语的影响主要表现在词汇的借用上。经调查发现，荔波瑶语中借入了为数不少的布依语词汇。这些词汇包括名词、动词、形容词、量词等词类，涉及到了人们日常生活的方方面面。①

（2）文化的互动

在荔波瑶族与周边民族的长期共同生活的过程中，其文化的一个重要特点便是在保持本民族传统文化的基础上也吸收了一些其他民族的文化成分，同时，瑶族的部分文化也被其他民族所采纳，形成一种和谐的文化互动关系。“干栏式建筑”是布依族的传统建筑形式，但是在解放前，荔波地区各少数民族的民居大都是这种木质结构的“干栏式”瓦房，只是房屋建造形式略有不同，有平房、楼房和半边楼房之分。解放后，随着经济条件的逐年好转，富裕地区的民族便盖起了砖木结构或钢筋混凝土的新式住房。经济条件较差的地区依然可见“干栏式”住房。还有一些地区为了开发当地旅游

① 周国炎主编．贵州省荔波县布依族瑶族语言使用现状及各族语言关系调研报告，30—32页，未出版．

资源，也保留着这种民族风情浓郁的建筑形式。瑶族的丧葬，从亡灵意识到仪式礼俗均与周边民族截然不同。荔波的三支瑶族早先均实行幽岩葬。目前，除了瑶麓地区的青瑶一直沿用这种古老的洞葬方式外，白裤瑶、长衫瑶两支已经跟周边民族一样改行土葬了。另外，我们在瑶麓调研的时候正赶上当地过卯节。卯节是水族的传统节日，在其他两支瑶中都没有。瑶麓过卯节应该是受到北边瑶庆乡水族的影响。但其内容跟瑶庆水族的卯节又有所不同。他们的仪式更简单，只是在卯节当天备办酒肉到田地里供奉庄稼，祈望丰收，并邀约亲友一起到田边进餐。

3. 多语生态格局对瑶族语言的意义

荔波瑶语及其周边语言共同组成了一个多语并存的语言生态系统。在这个系统里，瑶语具有较强的活力，在家庭和社区内部交际中充当着非常重要的甚至是唯一的角色。布依语是地方强势语言，作为布依族的母语及部分其他少数民族的第二语言而存在。汉语由于其得天独厚的政治和经济优势，影响力日益增强，成为该地区的地区通用语。其他少数民族语言，如水语、苗语等，也都在这个多语并存的语言生态系统中拥有一席之地。这种多语并存的语言生态格局对瑶族语言的保存具有积极的意义。一方面，多语并存的生态格局为瑶语的丰富和发展提供有利的条件。瑶族在与周边民族交流的时候，瑶语不可避免地与周边其他民族各种语言发生接触，产生影响。这样，瑶语就可以从其他民族语中取其精华，不断地补充和完善自己。目前，瑶语中有不少借自布依语、汉语和水语的词汇就是多语生态格局的结果。另一方面，多语生态格局可以减缓汉语对瑶语的冲击。生物学家认为，自然生态系统自动调节能力的强弱与生态系统结构的多样性和功能的完整性有关。生态系统内部小生态环境类型越多，生物种类越丰富，由各种生物组成的食物链越复杂，则生态系统的组成与结构越复杂，自动调节能力就越强。反之，生态系统的组成和结构越单一，自动调节能力就越弱。① 自然生态环境中的这一法则也适用于人文生态环境。在人文生态环境中，生态系统越复杂，系统内部的语言越多，生态系统的自动调节功能以及文化个体的自我调节能力就会越强，生态平衡越容易保持。从调查情况来看，荔波瑶族地区的语言生态系统比较复杂，短时间内应该不会出现语言生态失衡现象，有利于瑶语的保持。

三 结 语

语言的多样性是语言生态形式保持健康活力的基础。荔波境内的瑶族及其周边少数民族长期共同生活，形成了荔波瑶族地区多语并存的语言生态格局。在这个大环境中，瑶族语言文化体不断地跟周边各种不同的语言文化体之间发生接触、相互影响、相互依存、共同发展，构成了一个生机勃勃的人文世界。这对当地瑶族语言的保护甚至对当地的民族和谐都具有一定的积极意义。

参考文献

［1］姜瑾．语言·社会·生态—社会语言学动态应用研究［M］．南京：东南大学出版社，2006.

［2］范俊军．生态语言学研究述评［J］．外语教学与研究，2005，(2)．

［3］周国炎主编．贵州省荔波县布依族瑶族语言使用现状及各族语言关系调研报告，未出版．

［4］杨振强主编．环境意识教育［M］．北京：科学出版社，2001.

［5］张公瑾．语言的生态环境［J］．民族语文，2001，(2)．

［6］姜瑾．语言生态学研究面面观，紫金博客，2009.11.20

［7］周国炎．仡佬族母语生态研究［M］．北京：民族出版社，2004.

① 杨振强主编．环境意识教育［M］．北京：科学出版社，39页，2001.

[8] 毛宗武、蒙朝吉、郑宗泽．瑶族语言简志［M］．北京：民族出版社，1982.

[9] 贵州省荔波县地方志编纂委员会．荔波县志［M］．北京：方志出版社，1997.

[10] 荔波县政协文史委员会．荔波瑶族［M］．北京：中央文献出版社，2009.

国际汉语教学常用学科术语用法刍议：辨析与反思

李志凌①

摘要：一门学科的专业术语反映出本领域内特定的学术标准、学科规范，也是人们的认识水平、研究视角、文化背景在一个知识领域内的集中成果。对术语名称的辨识不仅是一种概念上的梳理，更重要的，它是认识论发展本质上的解读与总结。针对国际汉语教学出现的一些常见而易混淆的术语概念，我们可以在分辨过程中发现一些重要的语言教学规律与特殊的认识成果，进而为学术规范、研究方向、实践重点等找到科学的依据。

关键词：国际汉语教学　术语　意义　比较　解读

引　言

以对外汉语教学为前身的国际汉语教学作为一门在建中的重要学科，既承载着一个新兴的学科概念，也孕育了一个学科发展的长

① ［作者简介］李志凌，2011 级语言学及应用语言学专业博士研究生，研究方向：汉语国际传播。

久历程。这并不是学科名称上出现的简单更易，而是学科最新发展成就综合积累的一种必然。一门学科的专业术语反映出本领域内特定的学术标准、学科规范，也是人们认识水平、研究视角、文化背景在一个知识领域内的集中体现。对术语名称的辨识不仅是概念上的梳理，更重要地，它是一种在认识论发展本质上的解读与总结。所谓名不正，则言不顺；言不顺，则论不立；论不立，则识不备；识不备，则学不成。一种专业的发展必须经历“名－言－论－识－学”四个阶段的理论建构。针对本学科出现的一些常见而易混淆的术语概念，我们可以在分辨过程中，发现一些重要的语言教学规律与特殊的认识成果，进而为学术规范、研究方向、实践重点等找到科学的依据。

一 国际汉语教学学科术语的使用问题与反思

（一）国际汉语教学术语使用问题概说

尽管国际汉语教学还没有正式列入国内教育体制学科名录，但与国际汉语教学相关的理论建构和教学实践已有相当长的一段时期。[①] 在这期间，产生了大量既有学术理论意义，又有方法论和实践价值的理念、概念、术语和名称，它们都不同程度地反映出教育工作者和研究者们在不同历史时期、不同认识背景下形成的特定观

① “国际汉语教学”作为一门在建中的新兴学科，体现了汉语国际化推广、发展的现实趋势。以“国际汉语教学”为名存在的专业学术活动业已逾十年（如首届“国际汉语教学学术研讨会”于2001年在湖北省召开）。目前，在学科建设上仅有为数不多的一批国内院校走在前列，率先系统推进学科建设，其中以中央民族大学国际教育学院堪为典型代表。在该院的大力推动下，中央民族大学将“国际汉语教学”围绕着“汉语国际传播理论与实践”、“国际汉语教学理论与方法”和“国际汉语师资培养理论与实践”三个重点方向进行学科建设，成效卓著。具体参见：吴应辉（2011）中央民族大学率先建设“国际汉语教学”学科，《汉语国际传播研究》第1辑，第269－270页。

念和看法。有些提法能在一定范畴内揭示出学科发展的本质属性，但有些学术专名也存在混淆不实的缺陷，还有一部分概念不符合学科发展的客观规律，不能正确指引教学与科研实践，满足现实的需求。

在教学实践和学术研究中，有关国际汉语教学专业术语和名称使用所存在的问题主要表现在以下几个方面：

表1：国际汉语教学术语使用主要问题分析

立名不当之源	问题解读与思考	问题示例
(一)范畴不清	一个名称反映出一种特有的概念范畴，缺乏这种应用范畴的意识，表现出来的问题就是概念上的误导和混乱。	成组概念（1）：“对外汉语教学”、“国际汉语教学”、“汉语国际传播”；成组概念（2）：“基本范畴词汇教学”与“一般词汇教学”。
(二)性质混淆	术语的使用主要基于理论观和方法论的固有形式。正确的术语能够指向特定事物、特定观念的本质，不应使其内涵和外延庞杂其它。	成组概念（3）：“汉语国际推广”与“汉语国际传播”。
(三)指称随意	基本的名称和概念作为一种能指符号，必须有固定的所指意义，随意的挪用、替换语言表述成分，很有可能导致被表述对象的意义发生偏差甚至谬误。	成组概念（4）：“汉语”、“华语”、“中国话”、“中文”与“国语”；成组概念（5）：“语境”与“环境”。
(四)导向不明	作为来自实践、指导实践，又应用于实践的学科术语，除了起到归纳和总结作用外，更重要的是用于指导理论和实践。如果界定不明或偏误，必然产生错误的导向作用。	成组概念（6）：“教育”与“教学”；成组概念（7）：“战略”与“策略”。

续表

立名不当之源	问题解读与思考	问题示例
（五）科学性弱	任何术语的产生和界定必须有科学的理论基础，不可任意命名，缺乏理据。这不仅体现了一种科学精神，是学科良性发展的基本保证，也是严谨治学的要求。	成组概念（8）：“汉语能力”、“汉语水平”与“汉语熟练程度”。
（六）以旧代新	不可否认，人们对事物的认知存在一定的历史局限性，过去形成的理念也许不能反映当下和未来事物的发展态势。如果泥足于过往经验，以古论今，不思变革，便不能很好地做到与时俱进。	成组概念（9）：“对外汉语教学”、“国际汉语教学”与“汉语国际传播”。

（二）学科术语的一般界定原则和确立形式

鉴于以上这些问题，我们应该对本学科的基本术语形成理性认识，并在仔细分辨的同时，依照科学的原则进行合理界定。一般来说，在确定学科中使用的名称术语时，可以遵循五个“有利于”的原则：（1）有利于全面而客观地反映学科发展现实；（2）有利于统一规范并兼顾个别特征；（3）有利于充分发挥对教学实践和学术研究的导向作用；（4）有利于学科基础的巩固和健康发展；（5）有利于反映时代经验和主流趋势。

通常情况下，一种学科专业术语的形成和确立主要依靠：

第一，官方权威部门机构制定的相关教育政策、学科纲领和文件，以及正式颁布的规范和制度，如：《中华人民共和国国家标准——信息与文献——“术语”（Information and Documentation—Vocabulary）》（GB/T 4894－2009）（ISO 5127：2001，MOD）。

第二，经教学和学术工作者普遍证实，并总结为本专业的共同认识和共同经验，以专有名称的形式体现在业内出台的一系列学科标准、学科建设平台上。以本学科为例，有诸如《国际汉语教师标准》、《国际汉语能力标准》、《国际汉语教学通用课程大纲》等学科标准；学科平台主要指专业设置、科研基地建设、知名学术刊物及一些知名信息网站等，如汉语国际教育硕士专业学位、《国际汉语教育（动态·研究）》、《国际汉语学报》、《汉语国际传播研究》、《汉语国际教育研究与动态》，国际汉语教学数据库，国际汉语教育网等。

第三，权威著述、学科前沿代表人物率先"冠名"垂范。业内先锋人物和知名专家对学科概念、学术热点、新兴发展的解读、评论与总结等，可以在相当程度上引发术语名称的建构、废立与革新。以国际汉语教学为例，一批影响力深远的学者，如陆俭明、赵金铭、李宇明、刘珣、吴应辉、李泉等，对学科前沿发展做出了重要贡献，许多核心理念、研究方法便是经他们倡导并获推广的。例如，2011 年第 4 期的《语言教学与研究》刊发了赵金铭撰写的《国际汉语教育研究的现状与拓展》，对包括"国际汉语教育"等一系列学科定位做了深入讨论，促进了学科名称和一系列术语的进一步确立。[①] 在研究方法上，也有吴应辉创立的"全球视野比较法"为代表。

第四，学术名目产生之后，随着人们认识的深入和事业的发展，可能显示出矛盾与不适，这时候容易在业界引起学术争鸣，概念重构、正名立说成为重要的科学探索与理论实践，其结果往往是在意义辨明之后获得新的存在形式，得到进一步应用并在获得相当程度的认可的基础上稳固下来。

本文旨在甄别一些本学科内常用的主要术语，无意武断"正

---

① 赵金铭. 国际汉语教育研究的现状与拓展，《语言教学与研究》，第 88 – 90 页，2011（4）：

名”，非薄旧识，只期借用名称比对和分析的方法，对学科知识体系的必要环节做一些更深入的思考，同时能够抛砖引玉，引起同仁对本学科质性发展予以更加审慎的关注。

二　国际汉语教学常用学科术语比读与使用建议

与国际汉语教学相关的学科术语范围较广，类属庞杂，既包含语言文字学、教学法、文化学方面的概念，又涉及传播学、政治学、社会学、人类学、民族学、历史学等领域的知识体系，不容易将其一一精确归类论述，但这也从另一个角度说明了国际汉语教学这门学科强大的综合性和包容性。为便于讨论，本文仅粗略地将一些经常为学者们所使用的概念大致划分为汉语本体、“三教”之学和汉教事业三个类别。

（一）汉语本体术语义辨

1. 国际化汉语，全球性汉语

在汉语走向世界的今天，其最大的特点是汉语的存在已经突破了地域、族群、文化圈、语言社团的限制，成为一种在不同国家和地区、不同社会文化背景下、不同生活领域中被广泛使用语言。据不完全统计，全球使用汉语的人数约占世界人口总数的五分之一，正在学习汉语的人数已超越4000万。[①] 而且，如同其他在国际间大量使用的通用语言一样，汉语也是当前联合国确定的六种官方语言之一，[②] 享有重要的国际地位，因而是一种不折不扣的国际化语言。也就是说，汉语同许多其他语言一样，一旦超越了特定国家的地域

① 全世界汉语学习人数已超过4000万，广东省教育厅网站：http：//www. gdhed. edu. cn/main/www/162/2009－03/74504. html，2011年4月19日。

② 联合国的六种工作语言是英语、法语、汉语、俄语、阿拉伯语和西班牙语。

范围和自身固有的文化范畴，在别的地区和其他民族（nationality）的社会经济文化生活中得到使用，成为一种重要的交际性语言，便具有了国际地位。汉语目前的地位当之无愧是一种国际化的语言。

不过，一种语言的国际化程度有大有小，国际化程度最高的状态即全球性语言。放眼世界，只有英语具备了全球性语言的完备资格。A语言若为全球性语言，将以三种形态存在：（1）A语言具有广泛的地域性分布，是一种典型的“地域标志性语言”；（2）A语言在特定的社会文化生活领域，包括政治、经济、科技、文化、军事、艺术等方面具有广泛而深刻的使用价值，是一种不可替代的“领域性语言”；（3）A语言成为一种具有普遍象征时代人文特点的标志性语言。① 由于汉语在今天的国际舞台上还未同时具备广泛而深刻的（1）地域性（国际化特质）、（2）领域性（专有化特质和权威性）和（3）时代人文特征代表性等要素，因而尚不能称为全球性语言。

针对部分学者及业内人士在国际汉语教学和汉语国际传播中多次使用“汉语作为全球性语言”的概念，我们有必要认清汉语的真实地位，以免蒙蔽了我们对汉语发展的客观性认识，并根据必需条件，促进汉语的国际化发展，致力于推动汉语真正成为一种全球性语言。

2. 汉语国际传播，汉语国际推广

“汉语国际传播”与“汉语国际推广”虽只有两字之别，却蕴含着不同的理念，也向世界传递出不同的信息。汉语国际传播作为国际汉语教学的一个分支学科，既发映出汉语发展的一个客观事实，也属于应用语言学的一个具体学科，因此兼有学术性和实用性，其内涵为语言走向国际进行传播、流动和发展的客观实际，以

① 李志凌．泰国汉语快速传播对汉语成为全球性语言的启示，《汉语国际传播研究》，2012年总第3辑．

及相关的教学研究活动，是语言学科在现实生活中的实际应用；它的外延又大大超越了语言学科本身，还包括哲学、文学、教育学、政治学、历史学、经济学、社会学、民族学、传播学、翻译学、心理学等社会科学领域，同时涉及大量自然科学的研究领域和研究方法，如地理学、人类学、生物学、生理学、遗传学、统计学、信息学等。作为一门学科，汉语国际传播具有多元且专的学科特性，既符合教学本质，也有丰富的学术探索资源与很强的应用价值；既有客观性，可用于客观描写和分析汉语传播实际，也适用于主动性研究与实践，提升教研活动的实用意义。

相比而言，汉语国际推广体现出事业化发展的特征，反映出国家（主要是中国）、地区、民族、语言社团、个人等将汉语推广到世界的精神理想与主动行为。“这一术语曾一度被官方广泛使用，它能充分反映有关机构要把汉语推向世界的主动性、积极性和美好愿望，但会带来‘文化侵略’之嫌的负面效应。”① 因为这个含义，在一些重大国际活动中，发言人的正式讲话和报告中较少使用这一术语。

我们可以这样来认识：两个名称都有充分的合理性。“汉语国际传播”较为中性，适宜作为学科用名。“汉语国际推广”是以我方为出发点倡导的宏伟事业，具有目标明确、号召力强、积极主动的特点，但不宜在国际交往中过多强调，以免他国对我方的这一积极姿态产生误解。

（二）三教之学术语义辨

1. 对外汉语教师，国际汉语教师

由于对外汉语教学这门学科已经发展为国际汉语教学的新阶

① 吴应辉．国际汉语教学学科建设及汉语国际传播研究探讨，《语言文字应用》，第39页，2010（3）．

段，对外汉语教师的身份也自然转换为国际汉语教师，但是，这种身份的转换不是简单的更名，它也对汉语教师提出了新的要求。对外汉语教师立足于国内，放眼于世界，面对的教学对象主要为来华生活、学习、交流的外国人，因此，在教学体制、教学理念、教学方法、评价机制、教师素质要求等方面与国内其他学科情况大同小异。教师所关注的教学内容也主要是汉语的本体知识和汉语语文知识。但是，对于一名合格的国际汉语教师来说，因可能面临着国外教学的实践条件，必须做好以下几方面的准备：(1) 对国际学生成长的语言文化背景、学习特点、对象国语言政策、教育体制、教师角色等方面比较了解；(2) 教师自身须着力培养自身国际师资的合格素质，形成并熟练应用国际视野下的教学观念、教学方法和教学资源，还要掌握好外语，尤其是教学对象的日常用语，注意在体制内和课堂内外做好及时有效的沟通交流；(3) 具备一定的文化学、社会学、民族学、心理学等学科常识，成为一名国际舞台上的教育家；(4) 具有较为丰富的社会生活经验，尤其具备一定的政治见识和国际化眼光等。

可以说，随着学科的大发展及地位的提升，汉语教师也必然在原来对外汉语教师这个角色上有进一步提升，成为国际汉语教师，为此，教师本身应该有充分认识，用更高层次的要求来提升自身的综合素质。

2. 国别化教材，区域化教材，本土化教材，本土教材

在国际汉语教学的教材研发与使用上，我们经常使用“国别化教材”、“区域化教材”、“本土化教材”和“本土教材”等几个概念。从教材性质来看，几个名称都意在突出教材的个别化编写要求与特征。国别化教材与区域化教材的相同点在于为适应个别国家和地区的社会文化和教育教学特点，对教材予以主动改编或重写，以选取本地特色词汇为主要手段进行系统编写，其教材作品有别于其他国家和地区普遍使用的教材。二者的不同在于国别化强调国家差

别，区域化突出地区性差别，后者适用范围可缩小至一个国家的省（邦、州）、市、地（府）、县，也可扩大至几个国家、有地缘特色的片区划分。譬如，在阿拉伯地区、北美地区、东南亚地区、北欧地区出现具有通用价值的教材，这便是区域化教材。

与之类似，本土化教材即是结合地方特色编写使用的教材。但是，本土化教材和本土教材的概念经常被混用，较多的情况是用本土化教材代替本土教材。实际上，二者是有区别的。本土化教材的关键在于"化"的实质。所谓本土化，就是将原有的物质文化成果结合另一个地方的固有特点，加以改造、转换、提炼，以创造出新的作品成果来，但根本上是依托着原有的成果载体。例如，研发泰国本土化教材，就是指将别国已有的教材产品，如中国出版的经典教材，结合泰国的本土文化特色，加以合理化地改编，在保持相当程度的原有形式与内容的基础上，突出泰国的地方文化特色，以适应学习者的接受习惯，提高教材使用和知识传授效果。具体操作如将国内知名的汉语教材《体验汉语》引入泰国，在原有教材的基础上，就其体例、内容、词汇、文化知识点等加入泰国特有的元素或风格，从而编写出"泰国版"的《体验汉语》，便成为本土化的汉语教材。而本土教材则是指教学对象国主要利用自身编辑资源，包括人力、财力、智力等，完全从自身文化特点、知识需求和教育教学规律出发，在本国、本地编写、出版和使用的教材，其间有可能吸收语言输出国的人力、物力、智力等方面的支持，但应该说，语言接收国对所出版的教材拥有完全的自主知识产权。因此，本土化教材与本土教材的本质区别就在于是否以语言输出国的教材为依托而产出新的教材产品。

（三）汉教事业术语义辨

1. 战略，策略

战略和策略都是人们对实践行动进行的系统规划，二者关系密切，但也有区别。我们不妨将二者逐项对比，详见下表：

表 2. “战略”与“策略”的概念与本质对比

	战略	策略
本质与特性	泛指对全局性、高层次的重大问题的策划和指导	泛指善于灵活运用适合当时情况的斗争方式和方法
	主要是方向性的把握；确定方向和目标	从时机上进行把握；具体的动作规划，明确解决具体问题
	尽可能长远而简单化，复杂的不叫战略	短促而复杂，依据时机进行多样化调整
	以减法执行——在众多的道路中选对一条后，坚决而毅然地走下去	以加法执行——面对一个具体目标，以尽可能多的方式采取措施推进、执行方案，并最终实现
	具有较强的稳定性，不常更变	具有灵活的机动性，可随机调整以适应新形势
	明确原则，立本设纲	在原则指导下设计具体实施手段
	注重多个行动的连贯和协调	主要考虑本身可行性与时间要求

在国际汉语教学中，经常因涉及到国际性问题而容易导致人们对相关问题的观察视野界面扩大，思维拔高，而推动人们对事物的认识水平形成较为宏观的效果，表现出来的最直接成果就是提出了一批战略性建议和宏观的行动策略。笔者利用中国知网数据资源，用模糊统计的方法，对国际汉语教学学科中近二十年来在主题词中提及战略、策略的论文成果做了一个大致统计，进行了如下分析：

表 3. CNKI 学术论文关键语词数据对比分析

类别 / 核心关键词	近 20 年来 CNKI 正式发表的学术论文或报道数（篇）					符合术语本质意义的论文比例（%）	学术用语趋势总评
	以"对外汉语"限定关键语词	以"国际汉语"为限定关键语词	以"孔子学院"为限定关键语词	以"汉语传播"为限定关键语词	名称搜索重复论文数		
××战略	16	13	5	4	6	83.3①	2003 年是一个明显的分水岭，之后每年都有论述"战略"的文章出现，且呈逐年递增之态
××策略	145	17	7	10	5	98.8②	近五年对"策略"的讨论呈大幅上升趋势

通过以上数据分析，我们可以有几点认识：第一，如果将"战略"与"策略"比作纲与目的关系，或上层与中下层、上类与下支、大与小这样的关系时，人们一般更多地专注于"策略"这样相

① 排除几类搜集数据中重复出现的论文篇数后，得到 20 年来 CNKI 统计的带有"战略"的论文及相关报道总数为 30 篇，不适合用"战略"术语本质意义的论文共 5 篇，符合的论文共计 25 篇。

② 排除几类搜集数据中重复出现的论文篇数后，得到 20 年来 CNKI 统计的带有"策略"的论文及相关报道总数为 173 篇，不适合用"策略"术语本质意义的论文共 2 篇，符合的论文共计 171 篇。

对具体而务实的中观事物，这也许是出于明确的执行对策和实践方案更容易把握的缘故。第二，人们对“策略”的理解不容易出错，所讨论的问题基本符合“策略”的实质意义；第三，正好相反，人们似乎容易泛谈“战略”，误将“策略”等同为“战略”，把某个具体领域的运行计划、动作规划看作一种意义不凡，关乎全局的宏大“战略”。眼光长远、气度不凡固然可嘉，但务实不够亦不足取。

2. 对外汉语教学，国际汉语教学，汉语国际传播

目前面向国际的汉语教学除了国内的对外汉语教学外，还有100多个国家也在开展汉语教学，截止2011年，共有105个国家和地区建立了358所孔子学院和500个中小学孔子课堂，国外专、兼职教职工达1万多人，注册学员达50多万人；举办各类文化活动上万场次，参加人数达720万人；国内260多所大学和500所中小学积极参与到世界各地孔子学院（课堂）的合作办学中。[①] 可以说，作为一门学科的对外汉语教学已经发展成为一个真正意义上的国际教育事业，国际汉语教学当之无愧地成为代表这个学科最新发展成果的应有之名。从当前的发展来说，国际汉语教学包括传统的对外汉语教学（含汉语作为第二语言教学）和汉语国际传播两大分支学科，前者主体在中国，关注对象为来华学习、生活和交流的外国人士，开展汉语教学的语言环境是目的语环境；后者的实践推动力主要还是来自国内，但研究对象超出了汉语知识和教学内容，拥有更加开阔的国际视野，其学科内涵覆盖“世界各国的汉语需求、本土化教材研发、国别化汉语教师的培养、国别化教学理论与方法，孔子学院管理机制、办学规模、布局、评估体系及个案，汉语教学志愿者项目和外派汉语教师项目相关的标准、程序、大纲、教材、管理机制、文化适应等问题，还涉及国别语言政策与汉语传播、国别文化与汉语传播、国别政治与汉语传播、地缘政治与汉语

① 数据参考来源：孔子学院总部2011年下发的《关于孔子学院发展规划的建议》。

传播、国际关系与汉语传播、汉语国际传播史等领域。”①

如果以简单语言描述对外汉语教学、国际汉语教学、汉语国际传播三者之间的关系，可以说，它们之间首先是线性演进的关系，这是按照事物发展的客观事实产生的历时性关联。这个过程是：对外汉语教学为发端，后因汉语走向国际的步伐加快，具有了国际传播的特质，然后推动本学科发展为一个国际化语言教学事业的大学科。其次，三者也呈一元二分式关系，即国际汉语教学分化为对外汉语教学和汉语国际传播，一者主体在国内、一者主体在国外，但实践中轴主体为中国的语言文化工作者和传播者。

图 1. 三者历时的线性演进关系

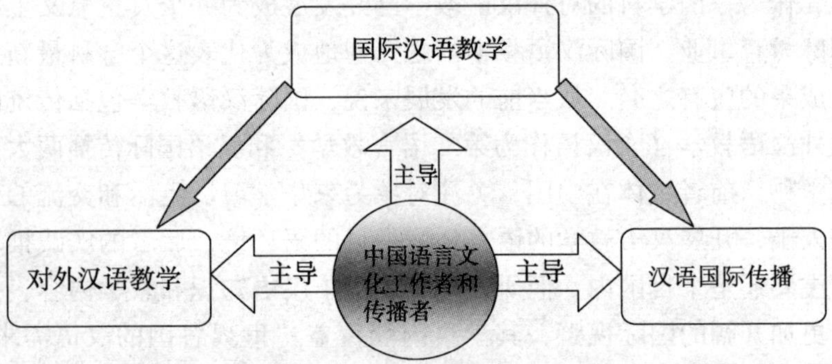

图 2. 一元二分中间主导关系

不过，还需特别指出，作为一门专门学科的汉语国际传播目前

① 吴应辉．国际汉语教学学科建设及汉语国际传播研究探讨，《语言文字应用》，第 40 页，2010（3）．

才刚刚起步，许多事业领域还处在探索前沿，但从其学科本质而言，汉语教学只是其中的一个领域，它的语言传播属性将把宏观战略、顶层设计、政策方针、语言政治，同微观研究、机制运作、教学活动等紧密相连，并最终把汉语推广发展为一个国际事业。因此，它所蕴含的学术覆盖面和知识应用界面必将大于对外汉语教学和国际汉语教学，并上升为一个学科内涵更加博大，科目交叉更加复杂，理论性与实践性同等突出且具有重大社会意义的综合学科。

三　结　语

学科名称的科学确立不止关乎个别概念、说法和名称，它是一门专业学科完整体系建立的必要组成，甚至关系到这门学科的定位与地位。如果说学科体系是学科作为一个系统的“运行图”，是学科建设和学科发展的蓝图（刘珣，1999），① 那么，学科用名和术语的准确定位，就是学科发展蓝图上精确的经纬坐标，不同的术语和概念代表了本学科在特定领域上的知识成就与认识高度，并共同形成学科全面发展的内部系统。所以，对本学科专门用语进行内涵与外延上的概念辨识，直至规范的确立，于整个学科的科学发展有着重要意义。一方面，这是对科学研究、理论教学、知识消化进行理性的深刻反思，小用可正视听，大用能立观念；更重要的一面是，它能确保学科健康发展，维护其科学价值的延展性和生命力，有利于把握客观实践的规律，进一步助推人们对新事物的认知。

参考文献

［1］吴应辉．中央民族大学率先建设“国际汉语教学”学科［J］．汉语

① 刘珣．也论对外汉语教学的学科体系及其科学定位［J］．语言教学与研究，第29页，1999，（1）．

国际传播研究，2011，(1).

[2] 赵金铭. 国际汉语教育研究的现状与拓展 [J]. 语言教学与研究，2011，(4).

[3] 李志凌. 泰国汉语快速传播对汉语成为全球性语言的启示 [J]. 汉语国际传播研究，2012，(3).

[4] 吴应辉. 国际汉语教学学科建设及汉语国际传播研究探讨 [J]. 语言文字应用，2010，(3).

[5] 戴炜华. 新编英汉语言学辞典 [M]. 上海：上海外语教育出版社，2011.

[6] 孔子学院总部. 关于孔子学院发展规划的建议（讨论稿）[R]. 2011.

[7] 刘珣. 也论对外汉语教学的学科体系及其科学定位 [J]. 语言教学与研究，1999，(1).

参考网络资源

全世界汉语学习人数已超过4000万 [E/B]. 广东省教育厅网站：

http：//www.gdhed.edu.cn/main/www/162/2009-03/74504.html，2011年4月19日。

任务型教学法在国际汉语教材活动设计中的应用

梁　宇①

摘要：任务型语言教学法汲取了第二语言习得理论的部分成果，是交际法的发展和延伸。它强调使用语言、表达意义和完成任务。本文论述了国际汉语教材中基于"任务"的活动设计，主要涉及四方面的特点：以意义为中心、兼顾形式，增加互动性以促进意义协商，强调语料、语境、任务的真实性，以及语言技能的综合性。从中，我们获得教材活动设计的三点启示：活动设计应以促进"使用语言"为目的，以调动多种语言技能为手段，把语言功能和语言形式结合起来。

关键词：任务　意义为中心　兼顾形式　意义协商　真实性

引　言

自20世纪90年代，第二语言汉语教学把"培养学习者用汉语

---

① ［作者简介］梁宇，2011级语言学及应用语言学专业博士研究生，研究方向：汉语国际传播。

进行交际的能力”确定为国际汉语教学的目标，什么样的课堂活动能够使学习者有效地提高语言交际能力成为广泛研究的课题。Ellis（2003）指出，“任务，在当前第二语言习得研究和语言教学法中占中心位置。”本文从任务型教学法的理论来源出发，论述任务型教学法的主要特点，并分析了基于任务的国际汉语教材中的活动设计，从中得到一些启示。

一　任务型语言教学法的理论来源

程晓堂（2004）指出，“任务型语言教学大概有两个来源：一个来源是交际语言教学的进一步发展；另一个来源是第二语言习得研究的结果。”

（一）交际语言教学法

社会语言学家 Hymes（1972）认为一个人获得交际能力，不仅在于掌握了语言规则的知识，还包括他能否恰当地使用语言的能力。Halliday 的功能语言学重视语言在社会学上的特征。他说过，“语言的关键特征在于它是制造意义的源泉。”（胡壮麟，2007）从中可以看出语言是交际的工具，交际语言教学强调使用语言来表达意义、达到交流、解决交际问题的目的。

（二）第二语言习得研究

Krashen 提出的“输入假设”认为只要有足够的可理解输入，学习者就能够成功地习得语言，这种可理解的语言输入应该是略高于学习者的水平。Swain 提出了“输出”对语言习得的影响，语言的获得是输入→吸收→输出的过程，语言输出更能促进学习者将注意力从理解意义向表达意义转移。Long 的“互动假设”的研究重点是如何使输入可理解。互动理论的核心思想是意义协商。他认为

意义协商是促成语言输入转化为语言输出的重要因素。（程晓堂，2004）

二　任务的定义和任务型教学法的特点

随着交际教学法和二语习得理论的发展，研究者们普遍认同真实的、互动的任务最有利于学习者进行交际，因为任务能够给学习者提供足够输入和输出的机会。对任务的定义有广义和狭义之分。广义的任务可以指很多活动，Richards（1985）定义："任务是学习者在处理或理解语言的基础上完成的一项活动或行动，比如一边听指令一边画地图，根据指令进行操练。"狭义的任务区分了任务和练习，排除了不涉及真正意义交流的活动。Nunan（1989）定义，"交际性任务是指课堂上学习者理解、处理、输出目的语或用目的语进行交流的各种学习活动。在这些学习活动中，学习者的注意力主要集中在表达意义上而不是在操练语言形式上。"Bygate 等人（程晓堂，鲁子问，钟淑梅，2007）更明确地指出，"任务是要求学习者使用语言、为达到某个目的而完成的一项活动，活动的过程中强调意义的表达。"狭义的任务强调了以下几个方面的内容：

1. 表达意义为中心；
2. 使用语言；
3. 解决某一交际问题为目的，即完成任务；

三　基于任务的活动设计

近几年口语类教材层出不穷，经分析不难看出，口语类教材的大体体例多为：句子→课文→生词→注释/语言点→练习。练习形式普遍有：听读练习、替换练习、用正确的形式完成句子、复述课文、角色扮演、情景对话、看图说话等。活动设计体现教学方法，为学习者引入训练模式，以下论述主要围绕任务型教学法在活动设计中的应用特点。

（一）以意义为中心，兼顾形式

1. 以表达意义为中心。学习语言是为了使用语言，语言的社会功能在于人们相互交流意义，因此语言教学的重点在于意义的表达，Halliday（程晓堂，2004：12）指出，学习语言的过程就是学习用语言表达意义的过程。Willis（2004：24）也提出，任务型教学法的重要特征是学习者为了完成任务而自由选择任何语言形式来传达意义。

2. 兼顾形式。鲁子问（2002）提出“任务型教学要求教学活动有利于学生学习语言知识、发展语言技能，从而提高实际语言运用能力。任务法并不反对语言知识教学，而是倡导以语言运用能力为目的的语言知识教学。”在 Willis（2004）提出的任务链中，语言形式的练习常常出现在任务前活动（pre – task phase），为任务链活动（task cycle）提供语言准备，另一种形式是在任务链活动之后的语言聚焦活动（language focus），总结所使用的语言形式。Willis 的论述向我们提示，“兼顾形式”体现在两种不同的方式上，一种情况是把词语、句子、课文和语言点等语言形式放在任务前活动中，形式为任务做准备；另一种情况是语言形式聚焦在任务链之后，起总结强化的作用。

表1：

语言形式在任务前	语言形式在任务后
1. 语音练习 2. 替换练习 3. 看图学词语 从词库里选择词语写在合适的图片下边。 4. 双人活动 从海报上找出3种比你们国家便宜很多或贵很多的商品，说说你们找到的商品是什么，便宜多少或贵多少？ 5. 小组活动 三人一组，为聚会准备购物单。 6. 模拟表演 在市场购物。 7. 成段表达 模仿下面这段话说说自己最近购物的情况。 《汉语交际口语2》第3课活动设计	1. 看图学词语 从词库里选择词语写在合适的图片下边。 2. 双人活动 先用拼音把自己的爱好填入表格中，然后询问你的同伴，看看你们有没有可以一起做的事情。 3. 全班活动 选择合适在每一种天气中做的活动，填写表格，然后在班里找一找可以和你一起玩儿的同学。 4. 你来试试 熟读下面这段话，然后试着说说你自己。 5. 语音练习 6. 替换练习 7. 有问有答 8. 看图说话 《汉语交际口语1》第14课活动设计

从表1看，每单元的活动设计以交际任务为线索，环环相扣、层次清楚，使学习者以使用汉语表达意义为学习目标，在使用汉语的过程中学会汉语。《汉语交际口语》在“意义与形式相结合”方面尝试了两种不同方式。左栏中采用了“形式放在任务后”，学习者的注意力集中在任务的完成上，把“语音练习”、“替换练习”、“问答练习”和“看图说话”这些侧重在语言形式方面的练习形式放在“双人活动”和“全班活动”之后，正是Willis提出的语言聚焦环节。右栏中尝试把“语音练习”、“替换练习”和“看图学词语”安排在任务前，作为完成任务的词语、句型准备，形成结构性练习、意义性活动和任务性活动阶梯式递进的教学过程。

两种任务链形式都很完整，任务与任务之间是有内在联系的，前一项任务是为下一项任务做准备，后一项任务检验前一项任务的完成情况。同时，经过课堂实践发现，两种方式各有利弊，我们认为语言形式放在跟踪环节更适合口语教材，因为这样能够避免学习者的注意力过多地放在语言形式上，而不是任务的完成上，从而打断任务链。“形式放在任务后”可以让学习者完全融入任务中。

（二）增加互动性，促进意义协商

交互的课堂提供了大量参与到“真正意义交流”的机会。Long的互动理论认为，互动有益于语言习得，因为互动过程有利于意义协商。意义协商是指说话人交际中遇到困难时所进行的一系列提问、澄清、请求、复述、反馈、确认等协商活动。意义协商有利于语言习得体现在以下方面：

1. 学习者在意义协商的过程中可以获得大量的可理解输入；

2. 意义协商促使学习者调整、修正输出，使他们的语言输出更加接近准确的语言形式；

3. 在意义协商的过程中，学习者充分运用他们的中介语系统；

4. 经过调整后的输入和输出最接近学习者的现有水平，因而能够最大限度地被学习者接收；

5. 通过意义协商学习者能够得到交际对方的反馈，反馈是促进语言学习的重要因素。（程晓堂，2004）

根据以上理论，国际汉语课堂教学应具有促进意义协商的交互性活动，即任务。学习者在完成任务的过程中进行对话交流，进而促进语言习得。综合程晓堂等人的观点，促进意义协商的任务具有以下特征：

（1）以双人、小组、全班参与的形式，构成双向或多向交流的氛围；

（2）需要解决一个交际问题；

（3）必须涉及信息交流，交流各方存在信息差；

（4）必须涉及叙述性的话语模式。

如表1中的双人活动："先用拼音把自己的爱好填入表格中，然后询问你的同伴，看看你们有没有可以一起做的事情。"教师给学习者介绍学习内容和学习步骤，明确学习目标，帮助学习者回忆已知相关知识，介绍必要的新信息。然后给学习者一定时间思考并填写表格。表格内填写的内容为学习者提供了讨论的思路、提纲，由于每个人填写的内容不完全一致，双方产生一定的信息差，以便与其他小组成员交流、讨论、协商，完成"询问和说明爱好"的任务；小组讨论后，教师可以让各小组说说他们的想法，其他同学和老师应给他们提出反馈，以达到全班交流的目的；通过合作学习和充分交流，学习者分析他们所学的知识，反思学习过程，总结学习中的优缺点。通过以上实例，可以看出合作学习明显提高了课堂语言交际，包括教师与学习者和学习者与学习者之间的多向语言交际，提高学习者开口率，令学习者输出更多的语言，激发学习者学习动机，形成良好的语言交流气氛。

（三）强调真实性，体验真实任务

语言学习是为学习者在真实语言环境生活和工作做准备，如果语言教学内容脱离真实性，就更谈不上在真实世界中进行交际。方文礼（2005）说："当学习的内容与学习者过去和现在关心的问题相联系时，与他们生活经历相联系时，其学习效果最好。"Kolb（1983）也指出，学习是建立在体验基础之上的。学习者通过对直接经验的理解，然后再经过经验转化，获取新知。真实自然的教学任务正是为学习者提供了这种宝贵的体验过程。真实的语言材料是设计课堂活动的前提。真实语料更接近真实世界里的语言，更贴近学习者的需求。学习者在课堂上输入的语料，在真实生活中同样可以听到或用到，成为真正有效的学习素材。除此以外，任务法中提倡的真实性还体现在以下两个方面：

1. 语言环境的真实性。任务法提倡课堂活动应尽可能反映真实世界，除了语言材料的真实性以外，还要把课堂活动营造成一种真实的语言环境。图片、多媒体视听材料可以达到这样的目的，充分调动学习者的多重感官，创造接近真实的语言环境。在第二语言教学中，多重的感官刺激比起单一的听觉或其他感觉更能让学习者关注学习内容，并在学习者的内心留下印记。

2. 交际任务的真实性。比较表2中两个任务：

表2：

任务1	任务2	任务3
看图交流：两人一组，一个人看图A，一个人看图B。请用汉语对图A和图B进行比较，看看你们的图有什么不一样。（选自《汉语交际口语2》第8课）	模拟表演：三四人一组，根据以前在别人家做客或别人到你家做客的经历，编一个小话剧。（选自《汉语交际口语2》第10课）	双人活动：（1）和同伴一起根据自己家乡的天气情况填写表格，然后介绍一下你们家乡的天气情况。（2）和同伴一起为旅行者出主意。一个中国人想去你的国家旅行。他1、5、8和10月有时间。他不知道什么时候去最好。请你们帮他安排一下旅行时间，并说明为什么应该这时候去。说说他应该带什么衣服和东西，要注意什么（选自《汉语交际口语2》第9课）

任务大体分为学习型任务和真实任务，但无绝对分明的界限。学习型任务是为某种学习目的而专门设计的任务，一般在现实中不会发生。表2任务1更接近学习型任务，学生利用图A和B产生的信息差进行交流，这种任务在现实生活中很少发生。真实任务指接近现实生活中各种事情的任务。课堂上不存在“纯粹”的真实，但确实可以从真实生活中选择适合在课堂开展的任务，力求更接近真

实。比较任务 2 和任务 3，任务 3 比任务 2 更接近真实，因为任务 3 中学生使用的语言是为了交际的意图自发产出的，而不是任务规定他必须说的或者是按要求扮演一个角色，使用别人编出来的语言。

3. 提高综合语言能力，语言技能的有机结合

（1）交际法提倡把听、说、读、写的技能训练联系起来，不可分割。Richards（2006）认为，在教学中把听、说、读、写结合起来是交际法的特点之一，因为在真实交际中，听、说、读、写是同时发生的。

（2）二语习得研究中提倡输入和输出的重要性。根据 Krashen 的"可理解语言输入"和 Swain 的"输出假设"，可理解的语言输入和语言输出对语言习得都具有重要意义。听和读的活动为语言输入，说和写的活动为语言输出。

任务型教学法强调学习者在真实、互动的语境中的体验过程。任务设计应充分调动学习者听说读写的综合技能，使输入和输出在互动中交融，即在互动过程中，既有输入，有吸收，也有输出。（吴中伟，2008）例如在表 1 中的全班活动，"选择合适在每一种天气中做的活动，填写表格，然后在班里找一找可以和你一起玩儿的同学。"即使是以口语表达为目的的活动设计，也融入了听、读、写的训练元素：阅读表格、填写表格、听同伴叙述等。4 项技能训练融入 1 个活动设计之中，经过互动和意义协商，彼此互相促进，共同发展。

四　对国际汉语教材活动设计的启示

根据以上分析，我们认为，国际汉语教材中的活动设计应更多地关注以下几点：

（一）以促进“使用语言”为目的

学习者学习语言是为了在实际交际情境中使用语言，而学习者只有在使用语言的过程中才能学会语言，目前第二语言习得的研究成果充分证明了这个观点，同时与《国际汉语教学通用大纲》（2008）中“使学习者最终具备语言综合运用能力”的总目标不谋而合。为了达到这个目的，使学习者大量地使用语言，语言课堂应以交互性活动为核心内容，把输入型活动和输出型活动贯穿起来。教材中的活动设计也应该贯彻这一原则，以“任务”为基础，创设尽量真实的任务，设计信息差，以让学习者解决问题、完成任务为导向，增强活动互动性。

（二）以调动多种语言技能为手段

语言技能和语言知识都是语言综合运用能力的重要组成部分，二者需要共同发展，互为促进。调动多种身体感官刺激有利于提高语言学习的效率。Cunningsworth（1995）把四种语言技能的综合体称为“第五种语言技能”，意为综合四种语言技能并恰当地运用在交际场合中的能力。教材活动设计中，单一技能的训练已非主流，而多以一种技能为主、辅以其他技能的综合训练，使学习者的听说读写四项语言技能得到平衡发展。

（三）语言功能和语言形式相结合

Nunan（1989）认为，语言功能与语言形式相结合是任务活动的特点之一，因此教材的活动设计应体现“以表达意义为中心，兼顾语言形式”的原则。无论何种语言教学方法，以及何种语言教材设计理念，语言知识/形式都是语言学习的基础，语法、词汇等仍是语言教学的重要内容，不同的是任务型教学法从表达意义的角度关注语言知识的作用，教学目的是准确、恰当地使用语言知识和技能，达到表达意义、完成任务。这就要求教材中的活动设计不能忽视语言形式，任务设计的目标应体现在语言功能和语言形式两个方面。

结　语

活动设计、题型编排最能体现教材编写者的创作理念和教材特点。活动形式多种多样，什么样的活动及活动组合能够有效、科学地达到教学目标，激发学习者的动机，教材编写者进行了不断的尝试和探索。本文论述了任务型语言教材在活动设计上的 4 个重要特点，即意义性、互动性、真实性和综合性，提出教材活动设计应以促进“使用语言”为目的，以调动多种语言技能为手段，把语言功能和语言形式结合起来，为进一步研发任务型汉语教材带来更深入的启迪。

参考文献

［1］David A. Kolb. The Experiential Learning：Experience as the Source of Learning and Development New Jersey：Prentice Hall，1983.

［2］Ellis R. Task – based Language Learning and Teaching. Oxford：Oxford University Press，2003.

［3］Hymes. D. On Communicative Competence. In Pride & Holmes（eds.），1972.

［4］Nunan. D. Designing Tasks for the Communicative Classroom. Cambridge：Cambridge University Press，1989.

［5］Richards J.，Platt T，Weber H. Longman Dictionary of Applied Linguistics. London：Longman，1985.

［6］Richards J. C. Communicative Language Teaching Today. Cambridge：

CUP, 2006.

[7] Willis Jane. A Framework for Task – based Learning. Essex: Pearson Education, 2004.

[8] 陈作宏等. 汉语交际口语 [M]. 北京: 高等教育出版社, 2008.

[9] 程晓堂、鲁子问、钟淑梅. 任务型语言教学在英语教学中的应用 [J]. 基础英语教育, 2007, (6).

[10] 程晓堂. 任务型语言教学 [M]. 北京: 高等教育出版社, 2004.

[11] 方文礼. 意义协商与外语焦点式任务型教学 [J]. 外语与外语教学, 2005, (1).

[12] 胡壮麟. 解读韩礼德的 Appliable Linguistics [J]. 四川外语学院学报, 2007, (6).

[13] 国家汉语国际推广领导小组办公室. 国际汉语教学通用课程大纲 [M]. 外语教学与研究出版社. 2008.

[14] 鲁子问. 任务型英语教学简述 [J]. 学科教育, 2002, (6).

[15] 吴中伟. 输入、输出和任务教学法 [J]. 华东师范大学学报, 2008, (1).

图式理论与对外汉语短文听解

谷　陵①

摘要： 听力课是对外汉语教学中的一门非常重要的课型。那么如何让这门重要的课型发挥应有的作用？这是每一个对外汉语教师都很关注的一个问题。图式理论认为，听者头脑中的图式是决定听者是否能理解语篇的关键，这为对外汉语听力教学提供了一个新的思路。本文在阐述图式的内涵和类型的基础上，试分析了在对外汉语听力教学的短文听解中，我们可以帮助学习者建立哪些图式，以及如何激活图式促进听力理解的方法。

关键词： 对外汉语　听力理解　图式理论　短文听解　激活

引　言

听力作为交际技能之一，一直都倍受重视，甚至有的学者将其视为四大交际技能之首。听力理解能力在交际中的重要性是毋庸置疑的，听力课也是所有对外汉语教师不可忽视的一门重要的课型。

---

① ［作者简介］谷陵，2010 级语言学及应用语言学专业博士研究生，研究方向：汉语国际传播。

然而，目前对外汉语听力教学却面临着一系列问题。比方说，听力课进入短文阶段后，许多教师采取这样的教学方法：直接听课文内容，然后做练习检查学生听得如何，如果有问题或者没听懂就再听一遍，如果听懂了，就进入到下个课文。不少学生反映听力课形式呆板，内容无趣，教师就只会放录音，对答案，教学模式固化。教师俨然成了自动倒带机，实际上对学生的听力技能提高并没有多大好处。这说明教师没有意识到短文阶段学生需要学什么，教师可以教什么。

那么如何让这门重要的课型发挥其应有的作用？这是每一个对外汉语教师都很关注的一个问题。我认为首先应该明确的是听力理解是怎样一个认知过程，在这个过程中我们能够在哪些方面为学生提供帮助。

根据图式理论（Schema Theory），听力理解可以看做是听者头脑中的背景知识和语篇信息相互作用的结果，而决定听者是否能理解语篇的关键则是听者头脑中的图式。

一　图式理论的内涵

认知语言学认为，对语言现象的认知是建立在对世界的经验以及感知和概念化的基础之上的。图式（Schema）一词来自希腊语，最早出现在古希腊哲学和心理学著作中。18 世纪，康德曾论述图式的哲学意义，他认为：人的大脑中存在纯概念的东西，图式是连接概念和感知对象的纽带。

图式作为一个心理学术语则是从英国心理学家 F. C. Barlett 开始的。根据格式塔心理学（Gestalt Psychology），上世纪 30 年代初 Barlett（1932）在他早期的著作 *Remembering*：*A Case in Experimental and Social Psychology* 中提出了图式理论①。他认为，图式是对过去经验的反映或对过去经验的积极组织。人们的记忆不是死记硬背的心理过程，而是一个保留事件主题，再根据总印象重建细节的过程。所谓“图式”，是指每个人过去获得的知识在头脑中储存的方式，是大脑对经验的反应或积极组织，是学习者储存在记忆中的信息对新信息起作用的过程，也是怎样把这些新信息丰富到学习者知识库中的过程。图式中每个组成部分构成一个空档（slot），当图式的空档被学习者所接收的具体信息填充时，图式便实现了②。

图式理论的完善得益于美国人工智能专家鲁姆尔哈特（Rumelhart）所做出的巨大贡献。他把图式解释为以等级形式储存于长期记忆里的一组“相互作用的知识结构”，或“构成认知能力的建筑砌块”③。他认为人们头脑中已有的图式会影响或支配其对于新信息的理解，因而人们认识新事物时，总是设法将其与已有的（已知的）事物联系起来（找到关联），以促进对新事物（信息）的理解。

根据图式理论，我们可以将听力理解的认知过程做如下图解：

录音语料 → 听力器官接收信息 → 大脑对信息进行图式匹配

→ 匹配成功 → 理解语料

↘ 匹配不成功 → 理解失败

从上图可以看出，听力理解成败的关键在于听者是否能够激活与输入信息相匹配的图式。因此为了提高学习者短文听解的能力，语言教师就有了两个基本任务：第一是帮助学生建立理解短文必需的图式，第二是提高学生激活适当图式的能力。

---

① 桂诗春．新编心理语言学［M］．上海：上海外语教育出版社，2000.

② Barlett F C. Remembering. A Study in Experimental and Social Psychology［M］. Cambridge：Cambridge University Press. 1932

③ 元鲁霞、王初明．背景知识与语言难度在英语阅读理解中的作用［J］．外语教学与研究，1988（2）

二　图式的特点、类型及方式

图式理论被用来解释语言行为以及外语教与学多个方面的心理过程，具有较强的概括性和解释能力。图式的特点可以概括为以下四个方面：1）图式来源于重复；2）图式可由部分特征引发（激活）；3）反应具有多层次性，并非僵化重复；4）图式大中有小，数量无限，互相联系（内嵌）。①

根据不同的标准，图式可分为不同的类型。在语言习得中，图式可分为语言图式（linguistic schemata）、内容图式（content schemata）和形式图式（formal schemata）。②[5] 在听力理解过程中，这三种图式的内涵分别为：

（一）语言图式：指听者在语音、词汇及语法等方面的基本概念和知识。语言图式是听力理解的基础。关于汉语语音方面的基本知识和分辨能力，一定量的可感知词汇（包括俚语、俗语在内）和语法规则，是学习者对汉语语篇进行听力理解的必要条件。这方面的基础没打好，理解率一定不会太高，听者的自信心也会遭受挫折。

（二）内容图式：指听者对世界的认知，也称为“世界图式”。汉语听力教材中，短文的内容大多来自日常生活，这些储存在大脑中的有关日常生活的图式模型对听力理解起着重要的作用。同时我们也可以发现，所听短文中，学习者越熟悉的内容越容易理解，离学习者生活越远的，就越不容易听懂。简单的语言符号往往包含着丰富的社会、文化层面的意义，而且与说话人的背景知识紧密相连。比如说“要想富，少生孩子多种树”这句话，在老师讲解中国

---

① 陈开顺．听话过程中的心理活动方式与听力的构成［J］．外语教学与研究，1988（2）．

② Carrel P L. Schema Theory and ESL Reading Pedagogy［J］. TESOL Quarterly. 1983（12）．

的计划生育政策等国情之前，虽然每个字都学过，但是学生是很难理解其中的内涵的。大部分人虽然知道熊猫是中国的“国宝”，但是对熊猫并不太了解。当听到“远在人类出现之前的恐龙时代，熊猫就在地球上活动了”，即使在老师解释了这句的意思之后，学生恐怕还是无法理解这句话的意思是“熊猫在地球上的历史至少和恐龙一样长”。因为在一般人的概念中，恐龙生活的时期是不可能有哺乳动物存在的。由此我们可以知道，影响理解的内容图式其实包含了文化因素、语境背景和百科知识等。

（三）形式图式：指听者在篇章、修辞等方面所具备的知识。听者如果具备篇章结构方面的形式图式，将有助于建立对语言内容的预期，抓住话语的主要意思。比方说，议论文的开头一般是引出论点，然后摆出论据，进行论证，最后是结论。这也许是所有语言议论文最普遍的写法。如果是受过教育的成人学习者，就可以推断，学习者已经具备了这方面的知识，教师只需要说明汉语的议论文也有这种写法就行了。但议论文的论述中，汉语通常以意合为主，句与句之间以严密的逻辑关系连接在一起，不一定有关联词的存在，这也许就和学习者的母语很不一样。因此这种图式就是学习者所欠缺的图式，也是教师的教学重点之一。这样的图式不一定要等到听力课上才能建立，各种课型是互相配合的。篇章、修辞方面，汉语有自己鲜明的特点，而在听的过程中，信息稍纵即逝，听者用于记忆和理解的时间很短，如果能够多积累这类形式图式，必将对听力理解起到促进作用。

那么图式是如何指导听者对语篇进行理解的呢？这涉及到两种信息处理方式：自下而上（bottom - up）和自上而下（top - down）。所谓“自下而上”的过程，又称“微观信息处理”过程，指听力器官收到语言信息之后，大脑利用既有语言图式对所听信息本身进行解构、简化、重组的加工过程，包括将信息流分解成有意义的词和词组，利用重音、语调和节奏抓住信息重点，利用语法结构知识理解话语的功能和意图等。所谓“自上而下”过程，又称“宏观信息处理”过程。在这一过程中，进入听觉系统的话语信息激活了大脑的既存图式，听者利用它们来假设、鉴别、揣摩话语的意思，预测话语内容的发展，并通过分析、综合、判断和推理来验证和修改假设，从而理解和吸收话语信息，经过创造性的思维活动和语言重新组合活动，重新构造与听者原有知识结构相吻合的新信息，也即理解了说话者的意思①。在处理信息时，这两种运作方式常常是在理解的各个层面同时进行的。

三　图式对对外汉语短文听解教学的启示

综上所述，在短文听解中，听者需要调动三种图式、运用两种信息处理方式全方位地来理解语篇。在对外汉语的听力教学当中，教师则应该充分利用图式的特点，有意识地培养学习者建立汉语的各种图式，熟练地激活图式，理解语篇的能力。教师可以从以下几个方面出发，培养和提高学习者的短文听解能力。

（一）抓住词汇就是抓住根本。词汇习得是影响学习者二语习得最重要的一个方面。语音和语法同样也是语言图式的重要组成部分，但语音的数量是有限的，在短文听解中，重音、停顿和语调等因素的影响相对来说是比较小的；语法是解码句子的基础，不过语法与语音和词汇相比是最稳定的，变化最小的。在短文听解之前的学习中，学生已经系统地学习过汉语语音和语法方面的基本知识，所以在短文阶段对听力理解影响最大的因素是词汇。建立汉语词汇图式依赖重复。形、音、义多形式输入促使学习者母语词汇图式系统与汉语图式的同化；多语境重现帮助学习者建立词汇图式多渠道激活路径；构词法讲解通过归纳和演绎实现词汇语义系统上层图式

① Anderson A, Lynch T. Listening [M]. Oxford: Oxford University Press, 1988

的构建，并使学习者逐步建立汉语使用者的心理思维图式。单个词语联系通路越多，激活的概率就越大，记忆也就越成功。

（二）借助形式图式促进理解。在短文阶段的学习中，仅有语音、词语、语法图式是不够的，我们还必须在教学中有意识地帮助学生建立相应的汉语短文形式图式，特别是篇章图式。语言是人类的交际工具，所有的交际都有一定的目的。不同的交际目的往往采用不同的语篇类型。不同的语篇往往有不同的类型和结构，比如说从结构上，记叙图式以时间的发展来组织内容，经常采用起因—经过—结局这样的顺序或结局—开端—经过的倒叙方式。说明图式常以空间、方位的转换来对事物进行描述。而议论体的结构方式不外乎总—分—总、总—分、分—总这几种形式①。不同语言的思维模式和叙事风格反映在不同的篇章图式之中。语篇中的句际连系、语段连系方式都是汉语特有思维方式的反映，更是我们帮助学习者建立汉语语篇图式的重点。汉语篇章图式的建立只靠陈述性知识的讲解方法是不够的，而重在操练。教师可在听前指导学习者根据语篇图式预测语篇结构，听中引导学习者印证、调整预测，听后帮助学生总结、归纳，强化或修正图式。有时，教师可以把学生分成小组，让他们各自列出自己对某一话题所了解的内容，并根据篇章的类型对本篇短文进行推测，然后证实自己的推测、讨论该短文的历史文化背景和结构特点。

（三）丰富文化图式深化理解。文化图式也是不能忽视的因素。卡罗（Carrel）在一项实验中发现，绝大多数学习外语的读者拥有适当的图式，有一些甚至是被告知应该激活的图式，但他们没有把文本和背景知识有机地联系起来，结果导致理解的失败②。汉语承

① 陈颖．试论对外汉语听力教学中短文听解图式的建立［J］．语言文字应用，2005（9）．

② 何森波、暴丽颖．激活相关图式促进学生的英语阅读能力［J］．中国科技信息，2005（10）．

载的是中国五千年的文化沉淀，传递着中国特有的文化信息。文化的内涵丰富、包罗万象，教师不可能也不必要全部讲解。我们只能根据听力材料中出现的内容，从风俗习惯、思维方法，特别是蕴含丰富的俗语、成语、歇后语出发，适当扩展，由点到面，帮助学习者建立关于中国文化方面的图式。对于学习者文化当中已经有的，教师可以用对比的方法来激活，比如说很多国家都曾经存在过“重男轻女”的思想。汉文化当中有但是不同的，可用类比的方法，比如说中国的春节和西方的圣诞节。汉文化中独有的，如“麒麟”，则可以直接建立新图式。

（四）从听力材料方面着手来促进听力理解。为了培养学生对篇章图式的敏感性，可以给学生先听不超出自己能力范围的、具有整体性的短文。当他们能轻松地理解这样的听力材料后，再逐渐地选择难度大一些、内容详细一些的材料，训练他们对细节的把握。选择的材料宜为有关一个领域的不同类型的篇章或是同种类型但不同话题的篇章。这样的选材方式可以让学生有机会熟悉有关一个领域的专业词汇，或掌握一些促进理解的背景知识。不仅如此，词汇和结构的重复起到复习的作用。从而，学生的图式能不时地被激活、被扩展、被修饰，也就达到了促进理解的作用。

要尽可能地使用真实性教材。真实性教材包括公共汽车、火车、飞机等交通工具上的广播，商场的广播、广告，电台的部分节目等。让学生从开始就听真实的材料并不会加重他们的负担。相反会增强学习者的兴趣和学习动机。因为留学生在日常生活中经常接触的就是这些，听懂了马上就能在生活中运用，这不正是语言学习中最大的动力吗？

知识性强的篇章可以丰富学习者的内容图式，同时也有增强学习兴趣的效果。能够获得知识的学习才是愉悦的学习，获得新知识，了解不熟悉的世界，是学习的动力，更是乐趣的源泉。

结 语

图式对于听力理解的重要作用是不容忽视的。作为教师，我们应该及时归纳和总结经验，帮助学生建立各种有效的图式，提高听解的能力。当然在短文的听解中仅靠图式理论来指导教学是远远不够的。认知语言学发展的日新月异必将引领我们对听力理解过程有一个更深入、更透彻的了解，认知理论也必将指导着对外汉语听力教学走上一条更科学、更有效的实践之路。

参考文献

［1］桂诗春．新编心理语言学［M］．上海外语教育出版社，2000.

［2］（英）Barlett F C. Remembering. A Study in Experimental and Social Psychology［M］．Cambridge：Cambridge University Press. 1932.

［3］元鲁霞、王初明．背景知识与语言难度在英语阅读理解中的作用［J］．外语教学与研究，1988，(2)．

［4］陈开顺．听话过程中的心理活动方式与听力的构成［J］．外语教学与研究，1988，(2)．

［5］Carrel P L. Schema Theory and ESL Reading Pedagogy［J］．TESOL Quarterly. 1983，(12)．

［6］Anderson A，Lynch T. Listening［M］．Oxford：Oxford University Press，1988.

［7］陈颖．试论对外汉语听力教学中短文听解图式的建立［J］．语言文字应用，2005，(9)．

［8］何淼波、暴丽颖．激活相关图式促进学生的英语阅读能力［J］．中国科技信息，2005，(10)

新、老 HSK 试卷结构之比较

李　荷①

摘要： 现行的 HSK 包括两种考试：新 HSK 和老 HSK。新、老 HSK 在试卷结构上存在很大差异。文章从新、老 HSK 语言知识和语言能力的覆盖面、各题型所占比重这两方面入手，对比两种考试试卷结构的不同，并分析不同产生的原因。

关键词： 新 HSK　老 HSK　试卷结构

汉语水平考试（HSK）是国家为测量母语非汉语者的汉语水平而设立的一种标准化考试。现行的 HSK 包括两种考试，即新 HSK 和老 HSK。老 HSK 于 1990 年正式推出，包括 HSK（基础）、HSK（初中等）和 HSK（高等）三部分；新 HSK 于 2009 年正式推出，包括 HSK（一级）、HSK（二级）、HSK（三级）、HSK（四级）、HSK（五级）和 HSK（六级）六个等级。新、老 HSK 在理论基础、面向对象、命题依据和等级划分方面存在诸多不同，导致其试卷结构也存在很大差异。下文将从考试的覆盖面和各题型的比重这两个方面来对比新、老 HSK 的试卷结构。

---

① ［作者简介］李荷，2011 级语言学及应用语言学专业博士研究生，研究方向：社会语言学。

一　覆盖面

覆盖面包括语言知识和语言能力两个方面，并通过题目进行考核。一般来说，客观性试题和分立式试题主要考查语言知识，主观性试题和综合式试题主要考查语言能力。

客观性试题每题只有一个形式固定的答案，如选择题；分立式试题以测试离散考点和分散技能为主，如默写单词。客观性试题评分信度高，但只适用于考查语言知识和语言技能，对语言能力和语言运用的考核，尤其是语言的表达性和产生性，几乎是无能为力的。分立式试题的离散考点试题主要考查单个语言点，分散技能试题主要考查单一语言技能。过多地运用客观性试题和分立式试题将会大大影响试卷效度。

主观性试题的答案不限定于一个形式，如作文；综合式试题以测试综合考点和综合技能为主，如听短文回答问题。主观性试题有主观程度大小之分，在测试语言口、笔头的表达性和产生性能力及运用上具有十分重要的作用。综合式试题一般同时满足考点综合和能力综合两个要求。考点综合主要是将多个考点综合在一起考查，技能综合是将多种语言技能综合起来考查。

老 HSK 以客观性试题和分立式试题为主，以语言知识为主要测量对象。尤其是基础和初中等考试，完全是客观性试题。新 HSK 主观题和客观题相结合，以综合式为主，分立式为辅，以考查语言交际能力为主兼顾语言知识。老 HSK 基础、初中等、高等考试大纲，对每个部分的测试目的都作了解释和说明。但新 HSK 各等级考试大纲中并没有对相关部分的测试目的作说明，只说明题目的考查形式。文章对二者试卷结构的对比，只解释说明老 HSK 各部分的测试目的。

根据新 HSK 试测和首考的统计分析结果，新 HSK 四 ~ 六级的及格线180分，分别对应于老HSK的初等水平证书C级、中等水平证书C级和高等水平证书C级。我们将老HSK（基础）与新HSK（一~三级）对比，老HSK（初中等）与新HSK（四~五级）对比，老HSK（高等）与新HSK（六级）对比。

（一）老HSK（基础）与新HSK（一~三级）

1. 老HSK（基础）

表1　老HSK（基础）试卷分析

<table>
<tr><th>试卷类型</th><th colspan="2">试卷组成</th><th>测试目的或形式</th><th>题目类型</th><th>考查内容</th><th>考查能力</th></tr>
<tr><td rowspan="4">老HSK（基础）</td><td colspan="2">听力理解</td><td>主要测试考生能否听懂用普通话进行的对话、问话或对事物的描述；能否进行初步的社会交际</td><td>综合式试题、客观性试题</td><td>听力理解、意义理解</td><td>听</td></tr>
<tr><td colspan="2">语法结构</td><td>主要测试考生对汉语语法结构的掌握</td><td>分立式试题、客观性试题</td><td>语法、词汇</td><td>不能对应具体的听说读写的语言能力</td></tr>
<tr><td rowspan="2">阅读理解</td><td>选词填空</td><td>考查考生在阅读中对句子或语段意义的理解能力</td><td rowspan="2">综合式试题、客观性试题</td><td rowspan="2">词汇、篇章理解等</td><td rowspan="2">读</td></tr>
<tr><td>篇章理解</td><td>考查考生对文章的整体阅读理解能力</td></tr>
</table>

2. 新HSK（一~三级）

表 2　新 HSK（一~三级）试卷分析

试卷类型	试卷组成		测试目的或形式	题目类型	考查内容①	考查能力
新HSK（一~二级）	听力理解		一级以单词和句子为主，二级加入少量对话	综合式试题、客观性试题	听力理解	听
	阅读理解	搭配题	以单词和单句为主	分立式试题、客观性试题	词汇、语句理解	不能对应具体的听说读写的语言能力
		判断对错				
		选词填空				
新HSK（三级）	听力		主要测试考生能否听懂正常语速的句子和对话	综合式试题、客观性试题	听力理解、意义理解等	听
	阅读	搭配题		分立式试题、客观性试题	语句理解、语句连结	不能对应具体的听说读写的语言能力
		选词填空		分立式试题、客观性试题	词汇、语法等	不能对应具体的听说读写的语言能力
		语段理解		综合式试题、客观性试题	语段理解	读
	书写	连词成句		分立式试题、客观性试题	语法、句内连结	不能对应具体的听说读写的语言能力
		写汉字		分立式试题、客观性试题	识别、书写汉字	只是机械地默写，不能反映出写的能力

① 鉴于一~二级考生水平有限，所以试题上标注了读音，一定程度上考查了语音。

通过以上对比可知：老 HSK（基础）和新 HSK（一～三级）主要以语言知识的考核为主，这与初级阶段考生语言水平较低有关。

（二）老 HSK（初中等）与新 HSK（四～五级）

1. 老 HSK（初中等）

表3　老 HSK（初中等）试卷分析

试卷类型	试卷组成		测试目的或形式	题目类型	考查内容	考查能力
老HSK（初中等）	听力理解		主要测试考生能否听懂正常语速的句子、对话和一般性题材的讲话。	综合式试题、客观性试题	听力理解、意义理解等	听
	语法结构		主要测试考生对汉语普通话语法结构的掌握程度	分立式试题、客观性试题	语法、篇章理解	不能对应具体的听说读写能力
	阅读理解	词汇	考查考生对词义的掌握程度及其词汇量能否适应阅读一定难度文章的需要	分立式试题、客观性试题	词汇和意义理解	不能对应具体的听说读写能力
		阅读	测试考生的阅读能力和速度	综合式试题、客观性试题	词汇、篇章理解等	读
	综合填空	词语填空	主要测试考生综合运用语言的能力	综合式试题、客观性试题	语法、词汇、篇章理解等	读
		汉字填空	主要测试考生在理解语篇的基础上，书写汉字的能力	分立式试题、客观性试题	书写和篇章理解等	只是机械地默写，不能考查写的能力

2. 新 HSK（四～五级）

表 4　新 HSK（四～五级）试卷分析

试卷类型	试卷组成		测试目的或形式	题目类型	考查内容	考查能力
新HSK（四级）	听力		测试考生能否听懂正常语速的句子、对话和一般性题材的讲话	综合式试题、客观性试题	听力理解、意义理解等	听
	阅读	选词填空		分立式试题、客观性试题	词汇、语法等	不能对应具体的听说读写能力
		排序成句		分立式试题、客观性试题	语法、句内连结	不能对应具体的听说读写能力
		篇章理解		综合式试题、客观性试题	篇章理解	读
	书写	连词成句		分立式试题、客观性试题	语法、句内连结	不能对应具体的听说读写能力
		看图写句		综合式试题、主观性试题	词汇、写作	写

续表

试卷类型	试卷组成		测试目的或形式	题目类型	考查内容	考查能力
新HSK（五级）	听力		测试考生能否听懂正常语速对话和一般性题材的讲话	综合式试题、客观性试题	听力理解、意义理解等	听
	阅读	完形填空		综合式试题、客观性试题	篇章理解、语法、用词	读
		语段理解	篇章理解的篇章更长，提供的语境和内容更多		篇章理解、词汇	
		篇章理解				
	书写	连词成句		分立式试题、客观性试题	语法、句内连结	不能对应具体的听说读写的语言能力
		写作		综合式试题、主观性试题	词汇、写作	写

通过以上对比可知：老 HSK（初中等）完全是客观性试题，并且以分立式试题为主，没有考查写的能力。新 HSK（四~五级）增加了主观性试题和综合式试题的比重，尤其是新 HSK（五级），对考生阅读能力和写作能力的考查力度大大加强，有效提升了考试效度。

（三）老 HSK（高等）与新 HSK（六级）

1. 老 HSK（高等）

老 HSK（高等）分为客观性考试和主观性考试两大类型，其中主观性考试包括作文和口试，口试在此暂不分析。

表 4　老 HSK（高等）试卷分析

<table>
<tr><th>试卷类型</th><th colspan="2">试卷组成</th><th>测试目的或形式</th><th>题目类型</th><th>考查内容</th><th>考查能力</th></tr>
<tr><td rowspan="5">老HSK（高等）</td><td colspan="2">听力理解</td><td>主要测试考生能否听懂正常语速或语速稍快的对话和多种性质的讲话，以及能否抓住主要信息</td><td>综合式试题</td><td>听力理解、意义理解等</td><td>听</td></tr>
<tr><td rowspan="2">阅读理解</td><td>快速阅读</td><td>主要测试考生快速阅读查找所需信息的能力</td><td rowspan="2">综合式试题</td><td rowspan="2">篇章阅读、词汇</td><td rowspan="2">读</td></tr>
<tr><td>篇章阅读</td><td>主要测试考生的阅读理解能力</td></tr>
<tr><td rowspan="2">综合表达</td><td>挑错题</td><td>主要以挑错的形式，多角度地测试考生的语言能力，偏重考查其语法能力</td><td>分立式试题</td><td>语法</td><td></td></tr>
<tr><td>词语填空</td><td>主要考查语段表达中，恰当使用词语的能力，偏重考查词义辨析和语言表达的准确性、得体性</td><td>介于分立式试题和综合式试题之间</td><td>词汇、语法</td><td>因所选用的语段较长，一定程度上考查读的能力</td></tr>
</table>

续表

试卷类型	试卷组成		测试目的或形式	题目类型	考查内容	考查能力
		排列句序	主要考查考生成段表达的能力	分立式试题	语法、语句连结	不能对应具体的听说读写能力
		汉字填空	考查考生的语篇理解能力和汉字书写能力	分立式试题	书写和篇章理解	虽然大纲中说主要测试“语篇理解能力”，但是要书写的汉字与整个语篇关系不大，考查汉字默写，不对应具体的听说读写能力。
	主观性考试	作文	主要考查书面表达能力和汉字书写能力	综合式试题	写作、词汇以及阅读（有时根据提供的语料完成命题作文）	写

2. 新 HSK（六级）

表 5　新 HSK（六级）试卷分析

试卷类型	试卷组成		测试目的或形式	题目类型	考查内容	考查能力
新HSK（六级）	听力			综合式试题	听力理解、意义理解等	听
	阅读	挑错题		分立式试题	语法	不能对应具体的听说读写能力。
		选词填空		介于分立式试题和综合式试题之间	词汇、语法	因所选用的语段较长，一定程度上考查读的能力
		选句填空		综合式试题	篇章理解、上下文衔接	读
		篇章理解		综合式试题	篇章阅读、词汇	读
	书写	缩写		综合式试题、主观性试题	篇章理解、写作	读、写

通过以上对比可知：老 HSK（高等）虽然提高了主观性试题比重，但分立式试题比例仍较大，综合表达部分，基本都是以考查词汇和语法为主的分立式试题。而新 HSK（六级）综合性试题比重较大，尤其是书写部分，将阅读和写作有机结合起来，同时考查了读、写两项能力。

（四）对口语能力的考查

在口语能力的考查上，新、老 HSK 同样存在很大差异。老 HSK 整个考试体系中，只有 HSK（高等）包含口试，且和笔试处于一套试卷中。这样的安排带来了一些弊端。考试内容上，考生在备考老 HSK（高等）过程中，既要复习笔试，又要照顾到口试，加重了备考负担。考试时间上，加上口试时间，整个 HSK（高等）考下来要 155 分钟，时间过长会造成考生疲劳，降低考试效度。在考试等级的选择上，存在和考生实际水平不一致的现象。比如，有些考生听说好于读写，口语已经达到了高等水平，而笔试却停留在中等水平，这导致其无法参加 HSK（高等）考试，无法获得有效的口语能力测评。

新 HSK 推出面向低、中、高三种水平的 HSK（初级）、HSK（中级）、HSK（高级）三个等级的口试，且独立于笔试之外，与笔试分离。这样既减轻了考生的备考负担，又缩短了考试时间，还可以让考生根据自己的实际情况报考相应级别的口试。比如上述情况，这位考生可以分别报考新 HSK（五级）笔试和新 HSK（高级）口试，这是完全可以的。

二 从题目和时间的比重来看

测量语言知识与测量语言能力的题目所占比重不同，导致新、老 HSK 语言知识和语言能力的覆盖面不同。各部分所占比重不同，既决定了考试的性质，还以不同的方式，通过“以考促教”、“以考促学”影响教学和学习。

（一）题目数量和规定时间

在覆盖面中，我们已经定性了新、老 HSK 各部分考核的内容，即属于客观性试题还是主观性试题，分立式试题还是综合式试题。下面，根据每一类试题在试卷中所占的比重（包括题目数量和规定时间）对试卷作比重的量化分析。由于老 HSK（基础）和新 HSK（一～三级）都以语言知识的考核为主，客观性试题和分立式试题均占有极大的比重，在此不作分析。

1. 老 HSK（初中等）与新 HSK（四～五级）

表 6　老 HSK（初中等）与新 HSK（四～五级）信息表

试卷类型	试题数量（题）	答题时间（分钟）	主观题数量（题）	主观题数量比重（%）	主观题时间（分钟）	主观题时间比重（%）	综合题数量（题）	综合题数量比重（%）	综合题时间（分钟）	综合题时间比重（%）
老 HSK（初中等）	170	145	0	0	0	0	104	61.2	81	55.9
新 HSK（四级）	100	95	5	5.0	8	9	70	70.0	56	58.9
新 HSK（五级）	100	115	2	2.0	30	27	92	92.0	100	87.0

通过上表可知，新 HSK（四～五级）在主观性试题和综合式试题的数量和时间上都优于老 HSK（初中等），尤其是新 HSK（五级），其综合式试题的数量和时间已经超过了 90%。这充分表明新 HSK（四～五级）在语言能力测试上的优越性。

2. 老 HSK（高等）与新 HSK（六级）

因为新 HSK（六级）中并不含口语，所以在此进行的比较不包含老 HSK（高等）口语考试。

表 7　老 HSK（高等）与新 HSK（六级）信息表

试卷类型	试题数量（题）	答题时间（分钟）	主观题数量（题）	主观题数量比重（%）	主观题时间（分钟）	主观题时间比重（%）	综合题数量（题）	综合题数量比重（%）	综合题时间（分钟）	综合题时间比重（%）
老 HSK（高等）	121	135	1	0.8	30	22.2	91	75.2	105	77.8

续表

试卷类型	试题数量（题）	答题时间（分钟）	主观题数量（题）	主观题数量比重（%）	主观题时间（分钟）	主观题时间比重（%）	综合题数量（题）	综合题数量比重（%）	综合题时间（分钟）	综合题时间比重（%）
新HSK（六级）	101	130	1	1.0	45	34.6	91	90.1	116	89.2

通过上表可知，老 HSK（高等）对汉语的考查已经倾向于语言能力，主观性试题和综合式试题的数量有所增加。但是新 HSK（六级）的主观性试题和综合式试题无论在题目比重还是时间比重上，都比老 HSK（高等）更有优势。

（二）新 HSK 加大语言能力测试比重的方法

通过以上分析可知，新 HSK 在题目和时间比重上均侧重于语言能力的考核。那么，新 HSK 在试题数量少于老 HSK、答题时间短于老 HSK 的情况下，是如何加大语言能力测试比重的呢?

第一，减少分立式试题的数量，或者改进分立式试题，使其向综合式试题方向靠拢。

最能体现这一变化的是取消语法结构测试题和汉字书写题。在老 HSK 基础、初中等和高等中，均有语法结构专项试题；在初中等和高等中，还有汉字书写专项试题。以老 HSK（初中等）为例。在老 HSK（初中等）中，有语法结构试题 30 题，汉字填空试题 16 题，共计 46 题，占总题数的 27.1%，比重相当大。而这部分试题属于分立式试题，并不考查具体的语言能力，降低了语言测试的效度。

在新 HSK 中，取消了这两类题目，把语法考查和汉字书写考查融入到别的试题中。比如三～五级的连词成句，不仅考查语法，还考查汉字书写。五级的完形填空，既考查语法，又在一定程度上考查读的能力，属于综合式试题。

第二，增加主观性试题——写作，加强对考生书写能力的考查，增大了语言能力测试的比重。

在老 HSK 系列考试中，初中等和高等有关于书写的题目。其中，初中等是汉字填空，只考查写汉字，并不考查写的能力。高等书写题分两种，一种是汉字填空，同样是考查写汉字，不考查写的能力；另一种是作文，考查写的能力。既有专门的作文题，又有专门的汉字书写题，这样汉字题就显得有些多余了。

新 HSK（三～六级）均设有书写部分。其中，三级是连词成句和汉字填空，考查写汉字而非写的能力。在新 HSK（四～六级）中，设置了相应难度的写作题，以考查考生写的能力。如四级的书写部分是连词成句和看图写句，五级是连词成句和两篇小作文，六级是将给定的 1100 字左右的文章缩写成 400 字的短文。值得一提的是六级的书写，既考查了读的能力，又考查了写的能力。由于增加的主观性试题是写作，较为耗时，所以主观题所占的时间比重也加大了。

第三，听力部分比重提高，加强考查听的能力，增大了语言能力测试的比重。

听力试题在老 HSK 中所占比重如下表所示：

表 8　听力试题在老 HSK 中所占比重表

试卷类型	听力题数（题）	听力题数比重（%）	听力时间（分钟）	听力时间比重（%）
HSK（基础）	50	35.7	35	25.9
HSK（初中等）	50	29.4	35	24.1
HSK（高等）	40	33.1	25	18.5

由上表可知，听力试题在老 HSK 中所占比重约为三分之一，时间为四分之一。

听力试题在新 HSK 中所占比重如下表所示：

表 9　听力试题在新 HSK 中所占比重表

试卷类型	听力题数（题）	听力题数比重（%）	听力时间（分钟）	听力时间比重（%）
HSK（一级）	15	37.5	10	33.3
HSK（二级）	35	58.3	25	55.6
HSK（三级）	40	50.0	35	43.8
HSK（四级）	45	45.0	30	31.6
HSK（五级）	45	45.0	30	26.1
HSK（六级）	50	49.5	35	26.9

由上表可知，听力试题在新 HSK 中所占比重在一半左右，比例较大，而且时间比重也大于老 HSK。特别是一～三级侧重考查听力和阅读能力，听力题数和时间所占比重都非常大。

三　结　语

综上可知，老 HSK 以考查语言知识为主，试题主要是客观性试题和分立式试题；新 HSK 以考查语言能力为主，主观性试题和综合式试题在试题中占较大比例。这种区别是由理论依据和命题依据、教学法、技术水平不同造成的。

（一）老 HSK

1. 理论依据和命题依据

老 HSK 以结构主义语言学和经典测量理论为理论基础，主要测量独立的语言结构和规则。在命题上，以《汉语水平等级标准和等级大纲》（以下简称《标准和大纲》）和《汉语水平考试大纲》为依据。《标准和大纲》，是老 HSK 命题的主要依据，也是对外汉语教学总体设计、教材编写、课堂教学和课程测试的主要参考。基于当时的时代背景，《标准和大纲》同样建立在结构主义语言学基础之上，对汉字、词汇和语法都做了定量的规定，但是对具体的听说读写能力只做了概括的描述。所以在命题过程中，老 HSK 对语言知识的把握和命题显得游刃有余，而对各项语言能力的把握和命题则有些力不从心。

2. 教学法

第二语言教学的教学法从语法翻译法、听说法等发展到现在的综合教学法、以能力为主的教学法等并不是一蹴而就的。老 HSK 创立之初，我国对外汉语教学法主要采用语法翻译法，教师主要向学生传授语法、词汇等语言知识而非语言技能。正如“哑巴英语”一样，“哑巴汉语”也在一定时期内普遍存在。正因为当时的教学法如此，所以体现在 HSK 上，也必然会以语言知识的考查为主。

3. 技术水平

在水平考试中，主观性试题的主要类型是写作和口语，二者都是高效度低信度的试题形式。要加强写作试题的信度，首先要用光电传输设备将考生的作答输入电脑，然后采用二人或者多人甚至计算机智能系统评卷。口语考试的安排是一项大工程，要花费大量人力、物力、财力和时间；如何保证多名考生在作答时互不干扰以及考生的录音效果，也是一项技术难题。以当时的技术水平，这些是难以实现的。另外，HSK 创制初期，考生人数较少，考虑到经济原则，也不宜设置较多主观性试题。所以老 HSK 只在高等考试中开设了写作和口语考试。

正是以上因素导致了老 HSK 以语言知识考查为主，疏于语言能力考查这样一个事实，使得考生的汉语能力不能得到有效测量。由于 HSK 对教学又具有一定的反拨作用，导致教学更加倾向于语言知识，一定程度上造成了恶性循环。

（二）新 HSK

1. 理论依据和命题依据

新 HSK 以功能主义语言学和项目反应理论为理论基础，这种理论基础把语言表现和语言能力联系起来，还考虑到语言在不同交际情景中的使用。在命题上，新 HSK 以《国际汉语能力标准》（以下简称《标准》）为依据。《标准》建立在功能主义语言学基础之上，以运用汉语知识和技能进行交际的能力为导向，以使用汉语“能做某事”作为衡量汉语学习者语言能力的重要依据。它对国际汉语能力总体、汉语口头和书面交际能力、汉语口头和书面理解与表达能力这三个层面都做了描述，使得新 HSK 在语言能力的命题上做到了有的放矢。

2. 教学法

新 HSK 创制时，任务教学法、功能教学法等以能力为主的教学法呼声正高。这些教学法都以培养学生的语言能力为主，并且在我国的对外汉语教学中逐步得到了运用，收到了很好的效果。这一类别的教学法体现在测试上，也必然以语言能力的考查为主。

3. 技术水平

随着技术水平的提高，尤其是计算机技术和光电传输技术的发展，主观性试题的评卷也变得越来越简单。加上参加 HSK 的考生逐年增多，要求扩大写作和口语的考试覆盖人群。

但是新 HSK 并没有像很多人预期的那样实现机考，这令很多人觉得非常可惜。

机考指的是计算机自适应性考试，是计算机自动生成中等难度试题，然后再根据受试者的答题情况调整难度，自动生成一套适合该受试者语言能力的试题。这种考试具有极高的准确性，可以将考试精确到每一个考生，代表着水平考试的发展方向。

2010 年，国家汉办试点推广 HSK 网考，这是在纸笔考试基础上新增的一种考试形式。HSK 网考在线发放试卷、在线作答听力题、书写题、口试题等多种题型，同时提供键盘和数码笔两种文字输入方式。但是，网考与机考有本质区别。网考是基于计算机网络的考试形式，它把试卷照搬到电脑上，考试内容与传统的纸笔考试完全相同，不同的只是考试形式。因此，网考只是实现了无纸笔化考试，无法做到针对考生情况提供难度适当的题目。另外，网考在一定程度上忽视了考生汉字书写能力的考查。

但是我们认为，当前新 HSK 并不适宜开展计算机自适应性考试。

首先，从主观题的等值处理来看，开展机考的技术并不成熟。目前全球最知名的两大外语考试，雅思（IELTS）和托福（TOEFL）均采用计算机自适应性考试，但也仅限于客观题，在主观题的测试上是运用计算机的考试，而不是自适应性考试。以 TOFEL 为例，其口语考试是从题库中随机抽取试题，采用录音的形式；写作也是随机抽取试题，然后考生将作答内容输入计算机，并没有体现出自适应性。

其次，实现计算机自适应性考试必须建立试题库，而试题库的建设是一个漫长的过程。新 HSK 从 2009 年开始投入使用到现在只有短短三年时间，而 TOFEL 于 1964 年正式开考，IELTS 于 1989 年投入运作。所以在目前情况下，HSK 实现机考为时尚早。

参考文献

［1］北京语言大学汉语水平考试中心编制．中国汉语水平考试大纲高等［M］．北京：现代出版社，2006.

［2］北京语言大学汉语水平考试中心编制．中国汉语水平考试大纲初、中等［M］．北京：现代出版社，2003.

［3］北京语言大学汉语水平考试中心编制．中国汉语水平考试大纲基础［M］．北京：现代出版社，1998.

［4］国家汉办/孔子学院总部编制．新汉语水平考试大纲（HSK）一级［M］．北京：商务印书馆，2009.

［5］国家汉办/孔子学院总部编制．新汉语水平考试大纲（HSK）二级［M］．北京：商务印书馆，2009.

［6］国家汉办/孔子学院总部编制．新汉语水平考试大纲（HSK）三级［M］．北京：商务印书馆，2009.

［7］国家汉办/孔子学院总部编制．新汉语水平考试大纲（HSK）四级［M］．北京：商务印书馆，2009.

［8］国家汉办/孔子学院总部编制．新汉语水平考试大纲（HSK）五级［M］．北京：商务印书馆，2010.

［9］国家汉办/孔子学院总部编制．新汉语水平考试大纲（HSK）六级［M］．北京：商务印书馆，2010.

［10］李筱菊．语言测试科学与艺术［M］．湖南：湖南教育出版社，2001.

［11］崔迪．浅谈汉语水平考试的改进——以新托福考试为视角［J］．语文学刊（高教·外文版），2007，（12）．

［12］姜莺鹰．浅析 CTT、IRT 在 HSK 中的运用［J］．科技传播，2010，（11）．

［13］竟成．关于 HSK 若干问题的思考［J］．暨南大学华文学院学报，2004，（1）．

［14］李新艳．计算机辅助语言测试的效度分析——基于对新托福考试的研究［J］．长沙通信职业技术学院学报，2010，（3）．

［15］王琦．对改进版中国汉语水平考试（HSK）几点想法［J］．考试周刊，2008，（4）．

典型语气词"啊"的语用功能再分析及对汉语教学的启示

盛译元[①]　匡　伟[②]

摘要：本文在一千万字左右的口语语料基础上，以会话中的话轮为分析基本单位，从言语行为等角度入手，分析了典型语气词"啊"的语用功能，指出语气词"啊"的"互动"功能。在此基础上，提出对汉语教学的启示。

关键词：语气词　"啊"　语用功能　互动

现代汉语语气系统较为复杂。从表达内容上看，现代汉语语气系统用以表达祈使、感叹、疑问、陈述等语气或者口气；从表达方式上看，现代汉语语气系统的构成成分主要包括语调、语气副词、语气助词、叹词、句法格式等（徐晶凝 2000）。一般认为，现代汉语中比较典型的语气词有四个，分别是"啊"、"呢"、"吧"和"吗"。语气词具有附着性，但从句法层面看，语气词并非构成句子的充要条件。与语调和语气副词相比，"语气意义虚而又虚，用法灵活多变，这是语气词显著的特点"（张小峰，2003）。虽然"作

① ［作者简介］盛译元，2010 级语言学及应用语言学专业博士研究生，研究方向：汉语国际传播。

② 匡伟，东北电力大学，体育学院。

为现代汉语中极为重要的语气表达手段，语气词一直是语言学家们研究语气表达手段的重点所在”（徐慧敏，2009），但大多数针对语气词的研究关注的是语气词的用法，对典型语气词功能进行系统分析得比较少。甚至在有些研究中，干脆将语气词的功能与用法相混淆，或者出现以用法来解释功能的现象。在汉语教学实践中，对语气词语用功能认识得不足，导致很多汉语教材中语气词的释义错误或者简单化，语气词的教学缺乏系统性，这直接造成语气词学习成为汉语学习的一大难点，影响学生的汉语习得。

对语气词的研究建立在一个重要的共识之上，即在句法、语义、语用这三大语言研究维度中，语气词的核心功能是它的语用功能。因此，对语气词的研究必须，并且仅能从语用角度入手。基于这一考虑，我们在一千万字左右的口语语料基础上，以会话中的话轮为分析基本单位，从言语行为等角度入手，分析典型语气词“啊”的语用功能，希望这样的研究能为汉语教学中的语气词教学带来一些新的启示。

一　现有研究成果综述

“现代汉语中语气词的专门研究起步相对较晚，早期只在现代汉语语法论著和教材中有所涉及。”① 汉语语法学界最早对语气系统的研究可以追溯到1898年出版的《马氏文通》。书中“虚字卷”提到的“传信虚字”和“传疑虚字”被认为是国内最早的有关汉语语气系统的论述。此后吕叔湘先生1942年在其《中国文法要略》中对语气做出了明晰的界定，他认为，语气可以分为“广义”和“狭义”两种。② 王力先生（1943，1985）在《中国现代语法》中

① 聂鸿雁．现代汉语语气词研究评述［J］．语文学刊．2009（9）：67～70.

② 吕叔湘．中国文法要略［M］．北京：商务印书馆，1942.

首次提出语调是构成语气系统的要素之一。[①] 另外朱德熙（1982）、胡明扬（1981、1988）、贺阳（1992）、方梅（1994）、孙汝建（1999）、孙锡信（1999）、徐晶凝（2000）、张小峰（2003）等都从不同角度对现代汉语语气系统进行了不同层面的研究和阐述。

在对“啊”的语用功能所进行的个案研究中，储诚志（1994）以“啊”为例，尝试从语法形式和分析程序入手对语气词进行分析，总结出“啊”的语气意义是“缓和”。[②] 孙汝建（1999）谈到了句中语气词的选择限制，并给出了一些用以分析语气词语气意义和口气意义的方法，他认为“啊”在句中的功能是“表示舒缓的语气”和“预示停顿”，在句末则有四种功能，分别是：“增添口气”、“消减语气或口气”、“指明疑问点”和“暗示预设”。[③]

可以这样说，到目前为止，对现代汉语语气词的语用功能研究已经取得了一定的成就。一方面，已有的研究成果为进一步的研究奠定了坚实的基础；但另一方面，前人的研究也不可避免地存在着一些不足，最为突出的是以下几点：首先，对典型语气词的研究大多从整个语气系统着手，个案研究成果较少；其次，对语气词在言语交际中的核心语用功能缺乏系统深入的探讨；另外，以解决汉语教学中的语气词教学问题为出发点进行的研究较为少见。

二　典型语气词“啊”的语用功能再分析

语气词的语用功能与信息的新旧、预设与焦点、指称关系的厘定、语用效果的确定等密切相关。为了理清典型语气词的语用功能，我们首先对大规模口语语料进行标注，再“根据语感合并类型

① 王力．中国现代语法［M］．北京：商务印书馆，1985.
② 储诚志．语气词语气意义的分析问题［J］．语言教学与研究，1994（4）．
③ 孙汝建．语气和口气研究［M］．北京：中国文联出版社，1999.

相似相同的用例，并按类别选择一系列典型用例”①，然后，对这些典型用例的上下文进行细读，在此基础上，提炼出语气词典型功能类型和语用限制条件。

（一）语气词“啊”的分布统计

对语气词“啊”进行功能分析当然难以脱离其所出现的语言环境，尤其是其依存的话语上下文。我们对一千万字的口语语料进行了标注和分析，对语料中“啊”的句法分布情况进行了统计，发现“啊”在句中的位置及其在“啊”字句中的比例如下：

表2－1　“啊”在句中的位置在“啊”字句中的比例

含“啊”的句子	数量	占总数的百分比
“啊”位于句中	2908 ±	33.40%
“啊”位于句末	5392 ±	61.93%
“啊”的连用	113 ±	1.30%
“啊”的其他用法	293 ±	3.37%

我们认为，“啊”在句中的位置不同，其所承担的语用功能也不尽相同，而最有可能体现“啊”的核心功能的应该是其单独裸露在具体话语环境中的情况。即我们首先剔除句法上和语义上可能与“啊”有所联系的成分，从分析独用的“啊”的功能入手，再逐步添加相关成分，探讨这些成分与语气词“啊”的相互关系，并以此为基础采用对比的方法来最终确定“啊”的核心语用功能。

① 金婷．现代汉语语气词“吗”用法研究：［硕士学位论文］．北京，中国传媒大学，2009.

（二）“啊”的核心语用功能再分析

1. 独用情况下的“啊”的语用功能

首先，可以通过“啊”字句与非“啊”字句的比较，说明处于始发话轮位置的“啊”的语用功能。

（1）a. 天亮了，啊。

b. 天亮了。

在例（1）中，a，b 两个句子所传达的信息真值完全相同，但是例（1a）绝对不会出现在独白体中，即“啊”的出现预设（presuppose）了听话人的存在，并且在传达“天亮了”这一信息的同时向听话人发出一个参与话语交际的邀请。其次，正因为其主要的功能在于邀请听话人，因而一旦这种邀请得不到回应时，结构中的“啊”甚至可以脱离原来的话语不断重复，直到听话人对该邀请做出言语或者行为上的反应。由此可见，此时的“啊”在一个邻接对中处于引发位置，主要承担的是“以言行事”的语用功能。以下为了表述的方便，我们暂且将“啊”的这一重要功能概括为话语“互动功能”，意指“啊”在这里用以提示听话人需要进入交际的“互动”过程之中。

其次，“啊”可以出现在一个邻接对的应答位置，标志着话语交际的完成。如例（2）。

（2）袁老板：（愣住）老陶，你在家啊！

老　陶：啊！

袁老板：（自言自语）那我今儿可费事儿了。

（话剧剧本《暗恋桃花源》）

例（2）中的语气词“啊”处于邻接对的应答位置上。话语引发人袁老板用疑问的形式表达了自己的疑惑，因为“老陶在家”的事实与自己预期的情况产生了差异。听话人则用“啊！”对话语引发人的问题做出了回应。但这一回应违背了合作原则的量准则

(the maxim of quantity)，即话语引发人说的“老陶，你在家啊?”这句话所传达的质疑是一种明知故问，他想从听话人那里获得的信息是：老陶在家的原因。由于听话人对量准则的违背，造成这一轮交谈就此结束，说话人不得不重新接过话轮权。这说明，处于应答位置的“啊”，在交际互动中表现为向说话人作出提示：听话人不想进入交际的互动过程之中，交际互动结束。

再次，语气词“啊”独用出现，标志着这个邻接对完结的同时，说话人由“应答者”转变为主动的“引发者”以构成新的邻接对。

(3) 爸爸：……你猜怎么着？我们班男生集体剃了光头！

妈妈：啊！成一班小和尚了？

爸爸：对！

(电视剧本《家有儿女》)

在例（3）这组对话中，说话人爸爸做出陈述，听话人妈妈处在应答的位置上对说话人做出呼应。在这里“啊”本身就是“互动”的直接话语表现。它所传达给说话人的信息是“我在听你讲话”、“我明白你的意思”或者“我同意你的说法”。并且更进一步的，为了证明自己真的参与了这个“互动”，听话人利用话语权引发了一个新的邻接对。

因此我们可以得出这样的结论：独用的“啊”是一个显性的“互动”标记。在始发话轮里，“啊”的出现不仅预设着听活人的存在，还同时用以向听话人发出参与交际过程的邀请。在应答话轮里，“啊”这个话语本身不为话语交际提供任何新信息，而是一个纯粹的互动标志。

2. 句中“啊”的语用功能

句中的“啊”的语用功能是独用的“啊”的功能的延伸。在句中，“啊”做为一种手段，通过强调或者呼应互明语境中的已知信息或者预设，达成“互动”交际这一目的。

（4）a. 刘星：我认为啊，钱要用在刀刃上。有钱来消费，不如用来投资。

夏东海：嗯，有道理。那就应该买点股票证券。或者买房买地？

b. 刘星：我认为钱要用在刀刃上。

（电视剧本《家有儿女》）

例（4）中的会话参与人刘星和夏东海谈论一笔钱的处置问题，与这个“问题”相关的背景信息构成了说话双方的互明语境。说话人刘星话语中的“啊”出现在话题主位之后。从信息传递的角度分析，“啊”本身及“啊”前的部分都不传达任何新信息，而仅仅是对交际语境中已知信息的呼应，表达“我将就这个话题发表意见…”的意思。例（4b）中的“非‘啊’字句”的“互动”功能则不明显。换言之，例（4a）中“啊”的存在，使得整个话轮同时负载了如下一系列相关的会话隐含：我只是想谈谈自己的看法，没有强迫你接受的意思，因此你可以赞同，也可以反对，但你可不能没有反应。

另外，句中“啊”通过强调和凸显语境中的预设（presupposetion）来达到“互动”的目的。例如：

（5）a. 看把你急得啊，脸都红了。

b. 看把你急得脸都红了。

例（5a）和（5b）都预设了命题信息“你急了”。不同在于（5a）使得互明语境中的预设命题得以强调和凸显。因此，听话人才能在对说话人的言语活动进行解码的过程中，正确地获得这样的信息：（一）说话人强调的是“急”这一种状态，而不是“急”所导致的脸红的结果。（二）说话人更进一步想知道听话人“急”的原因。

3. 句末“啊”的语用功能

“啊”可以出现在四种句类的末尾，对语料中句末“啊”进行统计得出下表。

表2-2 "啊"位于不同句类句末在"啊"位于句末的"啊"字句中的比例

"啊"位于句末	数量	占总数的百分比
感叹句句末	3080 ±	57.12%
疑问句句末	1091 ±	20.23%
陈述句句末	808 ±	14.99%
祈使句句末	413 ±	7.66%

3.1 感叹句句末的"啊"

我们认为"啊"附着在感叹句句末主要通过两种方式实现其互动功能：为话语理解提供预设或使相关预设显性化。如例（6）和例（7）。

（6）肥肥：阿姨，我们的确需要一双旧鞋，不信您看我妹妹的脚，脚上不是口子就是血泡，穿不了新鞋啊！（剧本《风雨难阻归家路》）

（7）a. 高，真高啊！

b. ＊真高啊，高！

例（6）中说话人肥肥至少预设了这样的一个命题："我脚上的血泡使我不能穿新鞋"。说话人通过附加语气词"啊"使这一命题得以凸显，向应答人提供有助于话语理解的信息。例中（7a）可以说，而（7b）不常说。这是因为：在前者中，"真高啊"的预设"高"以显性的方式出现在感叹表达之前。而在后者中，"高"出现在"啊"之后，这自然是不允许的。通过这种使预设显性化的方式，交际双方得以顺利的就"高"这一命题进行"互动"交际了。

3.2 疑问句句末的"啊"

根据表（二）的统计，"啊"位于疑问句句末的情况占全部"'啊'字句"的20.23%。其中，当"啊"出现在是非问句句末时会对整个句子的语调产生影响，使原来的语调有所降低。

（8）a. 要我嫁人？

b. 要我嫁人啊？

（9）至尊宝：因为你是我的主人啊，你走了我一个人留在这里有什么意思啊？

紫霞：真的吗？坐！地下！手！……

（电影剧本《大话西游》）

（10）天仇：（站在舞台上）各位街坊，《雷雨》这出戏呢，是由中国文学名著改编的。这已经是家喻户晓的了。明天我当主角，大家是不是很想看啊？

（观众席只有一个小孩，其他的老人正在做健身操）

（剧本《喜剧之王》）

上面三个例子分别是“啊”出现在是非问句、特指问句和正反问句句末情况。在例（8）中“啊”字句和非“啊”字句的命题真值一样，但是其预设命题大不相同。说话人通过“‘啊’字句”进行的询问并不要求应答人回答“是”或“不是”。而是向应答人传达就相关“话题”进行交际的邀请。因此此处“啊”最主要的功能还是凸显言外之意，为话语理解提供认知的基础。例（9）是一个特指问句，也是一个反义疑问句，是“无疑而问”。这句话蕴涵了这样一个命题：“你走了我一个人留在这里没有意思。”说话人所期待的是与应答人就这一蕴含命题展开互动，而不是真的询问“有什么意思”。从应答人紫霞的话“真的吗？”中，我们可以看出，紫霞准确地理解了至尊宝的意思，并针对这一蕴含命题做出的言语上的回应。至此，针对蕴含命题的“互动”交际完成。在例（10）中的“‘啊’字句”是一个正反疑问句。显然说话人天仇期待与一个或者多个应答人进行互动，并且期待应答人做出肯定的回答。例（10）中应答的缺失是一种对合作原则的故意违背，而正是这种违背产生了戏剧的效果。由此可见，疑问句句末的“啊”的核心功能还是“互动”。有所不同的是在疑问句句末，“啊”用来凸显话语中蕴含或者预设的言外之意，并且邀请交际的另一方，就这一蕴含或者预设命题展开“互动”交际。

3.3 陈述句句末的“啊”

陈述句句末的“啊”的功能常常被学界忽视。我们来看下面的例子。

(11) a. 你干什么呢？

b. 唱歌。

c. 唱歌啊。

从信息传递的角度看，上例中作为应答句的“‘啊’字句”和“非‘啊’字句”的不同在于（11b）句仅仅就问题做出回答，而(11c）句除了遵守会话的合作原则提供问题的答案以外，还为交际双方提供了某种言外之意。应答人用这个“‘啊’字句”旨在表达这样的主观想法：“这还用问，你不是也知道嘛”或者“为什么要这样问”。更进一步说，当应答人选择（11b）这样的“非‘啊’字句”做应答话语的时候，话语交际的邻接对极有可能到此结束。而如果应答人选择使用（11c）这样的“‘啊’字句”，那么当话语始发人重新获得话语权后，就需要遵循合作原则，回应应答人传达会话含义，即用来回答“这还用问，你不是也知道嘛”或者“为什么这样问”这样的问题。这说明，处于应答话语中陈述句句末的“啊”，是向听话人发出的参与交际“互动”或将“互动”继续下去的邀请。因此，语气词“啊”提供这种会话含义，与“互动”有密切的关系，即使句末的“啊”可以在句法层面被分离出来，但在会话交际的互动语境中，尤其是从表达特殊会话含义这一点上来看，却是不可替代的。

3.4 祈使句句末的“啊”

祈使句指“要求对方做或者不做某事的句子”（黄伯荣、廖序东，1991）。大概分两类，一类表示命令、禁止，一类表示请求、劝阻。“啊”出现在祈使句句末，话语交际的一方通过在祈使句句末附加语气词“啊”作为预设的投射，使语境中的一个或多个预设得以凸显，并将其凸显的预设与听话人关联起来，促使听话人针对该预设以及与该预设直接相关的信息作出反馈或回应。

(12) 巡长：我的四奶奶！您可千万别瞎聊啊，您要我的脑袋搬家是怎着？

四嫂：您放心，没人说出去！

(老舍《龙须沟》)

在例(12)中，巡长通过以下四个步骤使听话人四嫂能够在信息解码过程中正确获得“命令和劝阻”的信息，并做出交际的互动：

步骤一，语气词“啊”附着在祈使句句尾，作为预设的投射。“啊”附着于祈使句句尾对言语行为的实施并不能产生质的影响。然而，“啊”却赋予上述句子更多的“言外之意”，也就是会话含义。互动语境背景下出现了语气词“啊”这种话语形式，才使得例(12)预设了如下前两个命题并蕴涵后一个命题：1）巡长推断四奶奶很有可能在跟别人“瞎聊”；2）到目前为止，四奶奶等还没有“瞎聊”；3）“瞎聊”会给巡长带来不好的结果。

步骤二，通过“啊”的投射，使预设得以凸显，进而使听话人将信息解码的焦点放在被凸显的预设之上。正是通过这种方式，听话人四嫂才能在信息解码过程中，以被凸显的预设为认知的前提条件结合作为蕴涵命题的3)，理解巡长想要劝阻或命令她不要瞎聊的话语意图。

步骤三，第一个话轮的听话人将说话人凸显的预设与自己的认知背景关联起来，促使听话人针对该预设以及与该预设直接相关的信息作出反馈或回应，在此基础上，听话人才能正确地理解说话人的交际意图，并根据交际的合作原则接过话轮，随后通过言语反馈做出回应，完成“以言成事”行为，达到互动的目的。

由以上的分析我们可以看出，现代汉语语气词“啊”是一个显性的互动标记，它的核心语用功能是其“互动”功能。这种互动功能通过两种方式加以体现，一种是通过强调或者呼应互明语境中的已知信息或者预设，达到“互动”交际的目的，如“啊”在句中，在祈使句、疑问句和感叹句末，在陈述句应答位置等；另一种是向听话人发出“互动”邀请，如独用的“啊”，或陈述句的始发位置等。

三　典型语气词语用功能分析对汉语教学启示

以上我们从语用层面，站在话语分析的角度，以会话中的话轮作为语用表达的基本单位，对现代汉语语气词“啊”的功能进行了全面的分析。在语言学本体研究中，这种研究思路并不多见。究其原因，主要是因为传统的语法研究较多关注“句法”和“语义”研究，对“语用”研究重视不足。汉语语法学界对待语用的态度不可避免地影响着汉语教学中相关语法问题的研究角度、思路、方法等，也不可避免的使得在进行汉语教材编写、课堂教学组织、教学法选择等教学实践活动过程中，人们过度强调词汇的用法和句法的结构，而忽视词汇单位和结构单位等的语用表现。

作为一种语言教学活动，汉语教学以实现一定的教学目标为指导，教学实践的准备、实施和评估等都须围绕着事先确定的教学目标展开。因此，教学活动必然受到一定的时间和条件限制。诚然，为了完成教学任务而将语言知识系统化，或者突出语法系统的条理性这无可厚非。但是，这种系统化不应以牺牲语言单位的语用功能为代价。

语气表达无处不在，不同的语言表达语气的方式也有所不同。语气词是现代汉语的语气表达的重要手段，与性，数，格等其他语法范畴一样，是构成汉语言的必备要素之一，对于培养汉语学习者的交际能力十分重要。本文对典型语气词“啊”语用功能的分析，对汉语教学有以下启示。

（一）应重视语言本体研究中的语气词问题

要纠正那些认为“语气系统是存在于语法系统以外的、言语层面的要素”，“语气词的用法不具有规则性”，“在汉语教学过程中，学生可以通过较高层次的语言实践自然习得”等错误观念。无论在教材中或是教师的教学实践中，都不能轻率地回避语气词问题，造成汉语学习者的习得缺失。要重视语气词在汉语言中的地位和作用，不能将语气词教学简单化。

（二）不能将教学实践中的语气词问题简单化

目前比较通用的汉语教学大刚或语法大纲对语气词的解释存在很大的程度的偏差，其中有的认为语气词的语用功能单一，有的对语气词的语用功能解释过于简单。比如《常用汉语语法项目分级表》中规定的与语气词相关的语法项目仅有一处，出现在一级语法项目中。① 再如《汉语水平等级标准与语法等级大纲》中，将语气助词“吗”“呢”“吧”“啊”“了”列为甲级词汇，把用语气助词“吗”、“吧”、“呢”提问，用提问代词问句＋“呢”列为甲级语法项目②。在汉语教材中，语气词教学通常被放在汉语教学的初级阶段。如在《博雅汉语》系列教材中，语气词教学在“初级起步篇”就已经完成。《新实用课本》中语气词的教学也在第一册就完成了，其中还不包括“啊”这一语法项目。《汉语口语》，教材中专门以“口语知识”的形式，较为系统地分别介绍了四个典型语气

① 国家汉语国际推广领导小组办公室．国际汉语教学通用课程大纲［M］．北京：外语教学与研究出版社．2008 语法项目描述为“用‘吗’、‘吧’、‘呢’的一般疑问句”。

② 国家对外汉语教学领导小组办公室汉语水平考试部．汉语水平等级标注与语法等级大纲［M］．北京：高等教育出版社，1996.

词的主要用法。但从总体上看，这些解释也存在一定的偏差，尤其是语气词的语用功能解释得有欠详细。

（三）在语篇教学中进行系统化的语气词教学

语气的表达离不开交际，而交际离不开交际话语和语篇。在鲜活的交际话语和语篇中，从语用角度，利用预设，隐含，会话含义理论分析语气系统的表达，指导高阶汉语学习者系统学习汉语语气系统，对于突破高级汉语学习者的“学习瓶颈”至关重要。另外，汉语语气系统教学应该是一个循序渐进的过程，应分阶段，有针对性。如初级阶段学生应习得较为简单的疑问语气词，语调等在表达语气方面的用法；中级阶段应重点教授语气副词，及感叹，祈使，陈述语气的表达，以及复杂语气词如“呢”、“吧”等的用法；高级阶段应着重对语气系统的整体梳理，培养学生正确地选择语气要素根据实际的需要正确地表达语气。

语言教学的目的是使学习者掌握目的语的基本知识，培养运用目的语进行交际的能力。交际能力即包括听说读写能力，也包括在真实语境中正确表达和理解词汇和句法结构的语用意义。语气词是一种重要的语用表达手段，对语气词学习的缺失将影响汉语学习者的汉语交际能力。希望本文对典型语气词“啊”的语用研究思路能对汉语教学中的语气词教学有所启示。

参考文献

［1］聂鸿雁．现代代汉语语气词研究评述［M］．语文学刊．2009，（9）：67～70.

［2］吕叔湘．中国文法要略［M］．北京：商务印书馆，1942.

［3］王力．中国现代语法［M］．北京：商务印书馆，1985.

［4］储诚志．语气词语气意义的分析问题［J］．语言教学与研究，1994，（4）．

[5] 孙汝建．语气和口气研究［M］．北京：中国文联出版社，1999.

[6] 金婷．现代汉语语气词“吗”用法研究：［硕士学位论文］．北京，中国传媒大学，2009.

[7] 国家汉语国际推广领导小组办公室．国际汉语教学通用课程大纲［M］．北京：外语教学与研究出版社．2008.

[8] 国家对外汉语教学领导小组办公室汉语水平考试部．汉语水平等级标注与语法等级大纲［M］．北京：高等教育出版社，1996.

关于佤语马散土语音高调值的声学分析

杨　波①

摘要：佤语马散土语没有声调，但有固定的音高，本文借鉴“声调快速验证模式”的实验方法，从马散土语固有词汇中挑选部分代表性例词进行分析，验证马散土语在音高上表现出的趋同、单一的典型性特征，是受其内外部发展不同因素影响的结果。

关键词：马散佤语　音高　调值　声学分析

佤语是中国境内佤族人民所使用的语言，归属于南亚语系。根据社科院周值志、颜其香等佤语专家的调查研究，现代佤语方言、土语应划分为三个方言，即巴饶克方言、佤方言和阿佤方言[1]（p3），马散土语归属于阿佤方言。从南亚语系的多数语言来看，它们大都不是声调语言，“现代的孟高棉语族中的某些语言有简单的声调系统，但声调的对立用来区别词的功能往往是有限的，有的语言的声调往往只是高调和低调的对立”[2]（p128）。总的来说，佤语是没有声调的，但佤语中的细允话和布朗语却有 3 个声调。在佤语阿佤方言的四个土语中，只有细允话的声调有区别意义的作用，

---

① ［作者简介］杨波，2011 级语言学及应用语言学专业博士研究生，研究方向：语言类型学。

分别是低平调“11”，中平调“33”，高平调“55”[2]（p168）。

同属阿佤方言的马散土语中没有声调，属于非声调语言。所谓非声调语言，并不是说音节没有高低升降的音高变化，只是这种变化只能起改变语气的作用，而不能区别意义。语言学家认为，声调附属在音节元音之上，这和元音分松紧的区别特征具有密切联系[2]（p230）。以佤语细允话为例，凡是佤语的紧元音音节，与较高的声调相对应；而松元音音节与较低的声调对应，学者认为这是由松紧音域演变而成[2]（p231）。基于声调与松紧元音之间的对应关系来看，由于马散土语中没有松紧元音对立的形式，因此该土语也缺少了声调形成和发展的必要条件。但是，声调是调域中的一个方面，与语调相区别，它可以看作是一种语言的字调，声调体现了音节高低升降、曲直长短的变化形式。无调语言亦可以称之为“独调语言”，实质上并不是没有声调，只是所有的词汇都是同一个声调，不具有“音位”的性质[3]（p3）。基于这一认识，马散土语虽然并不富于声调高低升降、起承转合的韵律，但它的发音必然有自己固定的音高和调值，即该土语中所有的词有着同样的调型。本文用实验的方法，对马散土语语音的调值做了一个简单的分析，以此来说明该土语发音时音高的具体形式。

一、实验方法

在实验方法上，本文借鉴了罗安源教授提出的“声调快速验证模式”的研究方法。罗安源教授认为，“任何‘声调语言’的声调类型，差不多都包含在从‘一’到‘十’的基数词、人称代词、方位词和量词等词汇当中”[4]（p65），通过对这类受外部语言影响较小的“封闭词”或基本词进行测试，就能够快速、准确地得到该语言的调型调值。据此，笔者从马散土语的语音样本①中挑选了如下例词：

1. 数词

tai（一）ra（二）luɛ（三）pɔn（四）pʰun（五）

leis（六）a－leis（七）s－tei（八）steim（九）kɔu（十）

2. 量词

kaɯ 个（指人量词）mau 个（动物量词）plah 张 gɔŋ 棵

3. 人称代词

aɯʔ 我（单独用时）ʔu 我（句中用时）maiʔ 你（单独用时）

maiʔ 你（句中用时）ka̠ʔ 她（单指已生育的妇女）②

二、声调 pitch 散点数据的提取

为了更直观地进行比较，笔者把单独记录的词按同一词类归属进行了合成，作为一个音档对象来考察它们的音高与调值。根据上面例词的分类，用 praat 做出的 pitch 平滑线和散点图如下：

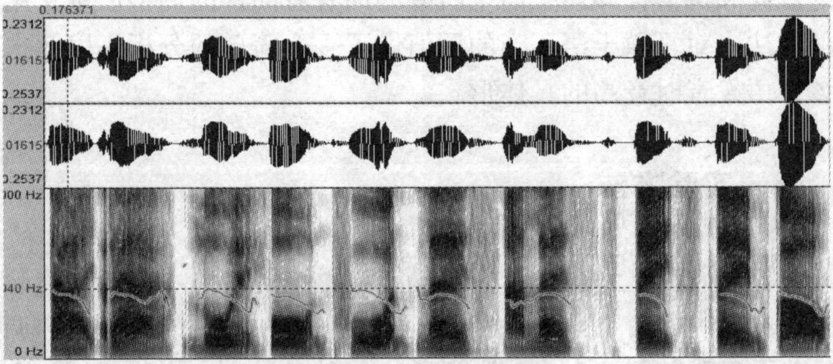

图 1　数词的 Pitch 平滑线

① 发音合作人：叶黑龙，佤族，中央民族大学少数民族语言文学系 2009 级研究生。家住云南省普洱市西盟县新厂乡代格拉村，母语属阿佤方言中的马散土语。

② 佤语中无第三人称通用代词，此代词是特指代词。

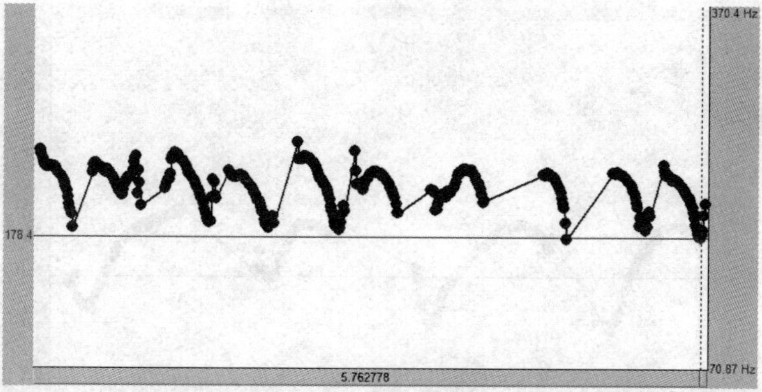

图 2　数词对应的 PitchTier

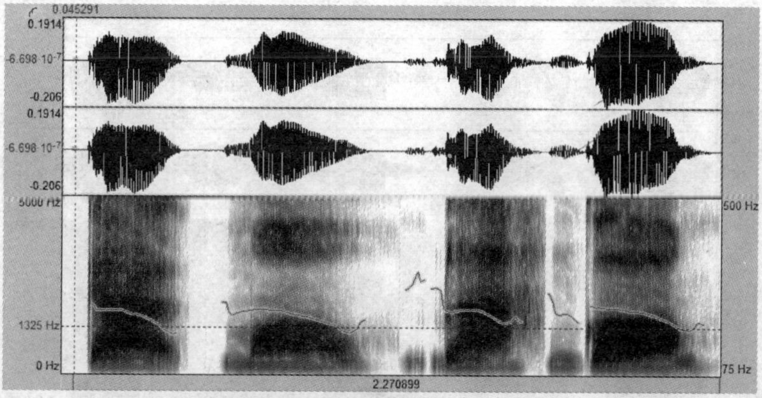

图 3　量词的 Pitch 平滑线

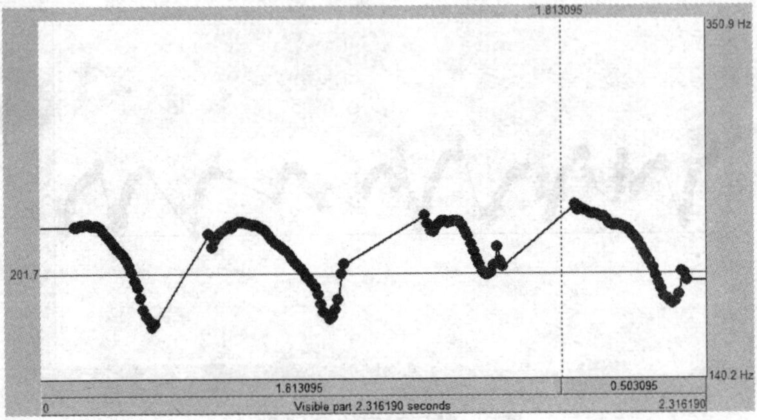

图4　量词对应的 PitchTier

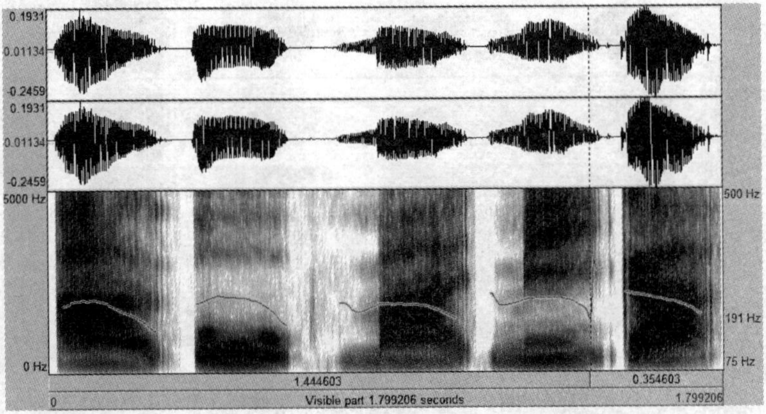

图5　人称代词的 Pitch 平滑线

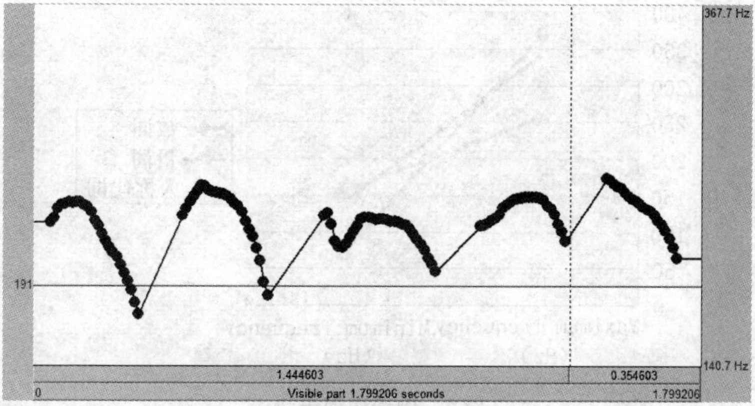

图 6　人称代词对应的 PitchTier

三、调值分布范围数据计算

由于声调的形成经过了三个过程：起调、主调、收调，起调受声母的影响，收调受韵尾或后续音节的影响，而主调是音节中声调的本质部分，其余则是赘余部分。因此，在进行声调分析时要舍弃起调和收调[4](P67)，故而在提取出三组例词的 PitchTier 后，笔者去除了起调和收调部分没有意义或受前后音影响的不规则的散点，并以 50 - 600Hz 的上下限求出了三组例词的调值，分别为：

表 1　例词调值分布

	Maximum frequency（Hz）	Minimum frequency（Hz）
数词	370. 416	70. 868
量词	256. 233	155. 958
人称代词	340. 416	140. 705

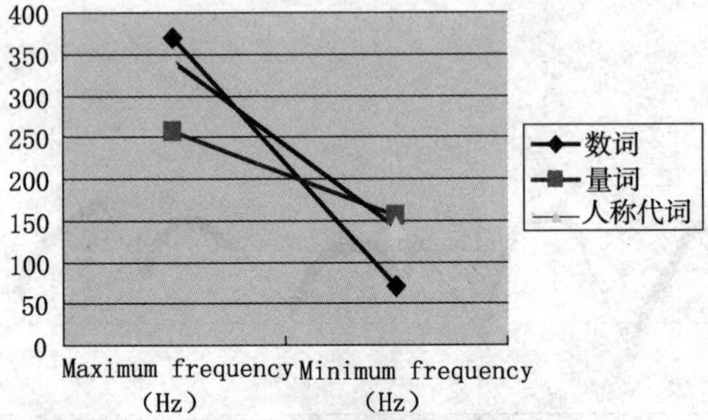

图 7 例词调型走势

四、分析及结论

从语图上看，马散土语的音高调值一致，基本都呈现出下降趋势，且较为平滑，没有出现普通话曲折调一样的变化，从表 1 中可以观察到每组例词的频率上、下限值差值不大，从图 7 可以看出，数词降幅较为明显，接近普通话的高降调，而量词和人称代词的频率降幅较缓，呈现出低降调的情况，接近于 43 或 32 的调型。结合 pitch 平滑线的波形图来看，每组例词在高频区能量分布均匀，共振峰规整，宽带语图上的灼烧能量带和分布区域呈现出趋同的形式，即除 F_1 外，F_2 和 F_3 都表现出较强的一致性。

对声调起源和发展的研究，语言学家普遍采取既从“历时”角度进行动态观测，同时也从“共时”角度进行静态分析的方法。语言接触和语音系统内部关系的自适应调整是推动该语言声调系统发展的主要力量。周值志、颜其香等佤语学者对佤语马散土语的音位系统做了细致的归纳，就其音系来看并不复杂，相比其他土语，稳定而缺少变化，相互之间的对应关系严整规律，如马散土语的送气清塞擦音、清化鼻音、边音、清擦音等只出现在细允话高平调音节中，鼻音、浊擦音等音节只出现在中平调或低平调中等[1]（p77—80）。这种稳定的语音系统，印证了以上学者提出的“声调在生成的过程中伴随着辅音和辅音尾及元音品质的变化，进而影响了声调升降曲折的变化”[2]（p231）的观点。

笔者同时认为，该土语在发展变化的过程中，受到某种语音规则的影响和制约，声调系统是封闭而非开放的，无论是外部语言的渗透影响，还是语音系统内部发展变化的需求推动，马散土语在声调上才表现出如此趋同、单一的典型性特征。同时，从另一个层面来看，由于该土语不需要声调来区别意义，应该能表明，在其语音系统中，语音、词汇和语法形式的丰富多样性，保证了该土语能有充分、完备的语音机制来协调系统内部的语言要素，能在不借助于声调变化的前提下完成社会生活所必需的交际功能。

参考文献

[1] 周植志、颜其香、陈国庆．佤语方言研究［M］，北京：民族出版社，2004.

[2] 周植志、颜其香．中国孟高棉语族语言与南亚语系［M］，北京：中央民族大学出版社，1995.

[3] 罗安源．中国语言声调概览［M］，北京：民族出版社，2006.

[4] 罗安源．声调快速验证模式［J］，民族语文，2004，(2)．

傈僳族习得普通话舌尖后音的语音变体实验

康　宁①

摘要： 本文以傈僳族为研究对象，综合采用语音听辨、对比分析、偏误统计、方差分析等方法，考察傈僳族习得普通话舌尖后音时，其后接元音及声调对其发音的影响，分析其语音变体情况以及发音难点。通过实验分析，舌叶音的干扰是傈僳族习得普通话舌尖后音的主要障碍。

关键词： 傈僳族　舌尖后音　语音变体　石化

引　言

普通话的舌尖后音是二语学习者学习普通话的一个难点。关于二语学习中的语音习得问题，以往的研究往往从音素的对比分析入手以此说明产生变体的原因，音素之间相似度的大小是二语学习中语音变体产生的深层机制。但是这种相似度并不仅仅出现在音素个

---

① ［作者简介］康宁，2011级语言学及应用语言学专业硕士研究生，研究方向：社会语言学。

体，在音节上也有体现，因此探讨舌尖后音的后接元音及其声调对其的影响非常有必要。本实验以傈僳族为研究对象，主要考察以下两方面内容：

一方面，考察其在习得普通话舌尖后音的过程中，后接元音及声调对舌尖后音的影响，在元音和声调的影响下，舌尖后音会产生什么样的变体？并以不同汉语水平的习得者为考察对象，探讨普通话习得者在不同阶段下舌尖后音的变体情况。

另一方面，一般来说，随着二语学习者汉语水平的不断提高，普通话语音的临时变体会不断减少，而剩下一些较为稳固的变体，这些在汉语水平较高的被试中仍存在的变体则形成语音石化现象，成为其学习汉语普通话语音的主要瓶颈。因此本实验还考察是否有一些语音变体在傈僳族习得普通话的过程中，随着汉语水平的提高稳固下来，形成语音的石化现象，成为其学习汉语普通话语音的主要障碍。

一　傈僳族简介

傈僳族是一个历史悠久的民族。傈僳族现今可分为南、北两群，南、北傈僳语也有些差异。在中国境内约有73万人口，北群为白傈僳和黑傈僳，主要聚居于云南省的怒江傈僳族自治州，其他分布在丽江、迪庆藏族自治州、大理白族自治州，和四川省的凉山彝族自治州的盐源、木里、德昌等县，以及西藏的察隅县；南群主要为花傈僳，聚居在德宏傣族景颇族自治州的盈江县，保山市和临沧市也有分布。信仰为基督教和传统的万物有灵信仰，少数信天主教和藏传佛教。

傈僳语属汉藏语系藏缅语族彝语支。傈僳族主要以本民族语言进行交际，有的还兼通临近民族的语言。如怒江傈僳族兼懂怒语或白语，德宏的傈僳族也懂一些傣语或景颇语，丽江地区的傈僳族则兼通纳西语。解放以后，傈僳族的干部、学生到内地学习的机会多了，傈僳族地区办起了学校，接受汉语教学，所以学汉语的人数逐渐增多了。

各地傈僳语语音差别不大，语法结构基本一致，但由于各自借词来源不同，如有的借自汉语，有的借自傣语，有的借自白语等，因而产生读音有所差异，大多数都有语音的对应。

傈僳语共有 29 个辅音，19 个元音以及 6 个声调。辅音列表如下：

发音方法 \ 发音部位			双唇音	齿唇音	舌尖音	舌尖前音	舌叶音	舌根音	喉音
塞音	清音	不送气	p		t			k	
		送气	p^h		t^h			k^h	
	浊音		b		d			g	
塞擦音	清音	不送气				ʦ	ʧ		
		送气				$ʦ^h$	$ʧ^h$		
	浊音					ʣ	ʤ		
鼻音			m		n		ȵ	ŋ	
边音					l				
清音	清音			f		s	ʃ	x	h
	浊音			v		z	ʒ	ɣ	

傈僳语的 19 个元音，其中有 7 个单元音，1 个舌尖元音，6 个鼻化元音，5 个复元音，列表如下：

单元音	i e ɛ u a o ɯ
舌尖元音	ɿ
鼻化元音	ɯ̃ ã õ ũ ẽ ɛ̃
复元音	iɛ io uɛ ui ua

声调：傈僳语有6个声调，其中3个平调，即55、44、33；1个升调，即35调；2个降调，即42、31调。44调和33调、42调、31调在清声母后边可以自由变读。但在浊声母后边则有严格的区别。

三　实验设计

（一）实验方法

采用发音得分方差分析方法、语音偏误统计方法。

（二）实验设计和实验材料

实验采用两因素5×4的被试内设计。因素1为舌尖后音的后接元音，分为/a/、/o/、/u/、/ʅ/、/e/五个水平，因素2为声调，分为四个水平即普通话的四声。实验材料为60个声母为舌尖后音的单音节，舌尖后音“r”因为与元音声调搭配不齐全，实验结果不具备代表性，故本实验不把“r”列为实验对象。韵母的类型则按照本实验设计中因素1“舌尖后音的后接元音”的五个水平分成了五类，再与本实验设计中因素2“声调”的四声相组合。除目标音节外，本实验中还设计了30个随机杂入音节。所有的音节都进行了随机排列。设计过程考虑了如下要求：zh、ch、sh三个舌尖后音的出现频率相同，均为20次，这三个辅音与元音声调的组合齐备。开口呼类/a/、/o/、/e/，合口呼/u/，/ʅ/属于普通话舌尖后音特有的拼合元音。每一组合中的四类声调分布平衡。

（三）被试对象

被试对象分为两个层次，普通话水平较低10人，母语为傈僳语，家庭和社区用语均为傈僳语，由于在家务农，接触外界较少，普通话水平较低。普通话水平较高10人，母语为傈僳语，由于长期在外，和汉族交流较多，接触普通话时间较长。总共20人，男女性别比例平衡。被试在朗读前给予20分钟准备，在自然状态下用正常语速朗读实验材料，每个音节之间停顿大约2秒时间，录音在被试的家中进行，环境较为安静，采样频率为16000HZ，录音方式为单声道录音。

（四）语料听辨、标注和转写

语料听辨和标注工作由两位云南大学新闻专业大四本科生以及一位云南民族大学汉语言文学大四本科生担任，三位普通话水平均为一级乙等。其中一位为傈僳语母语人，他还负责观察傈僳族被试偏误成母语的发音情况。语音转写工作则由笔者担任。

（五）实验过程

1. 因变量的测量指标

傈僳族被试舌尖后音的发音得分。将被试的发音进行随机排列，请语料听辨人员作评判，听被试的录音，并用普通话的辅音来记录所听到的音节的声母。记音后，如果语料听辨人员所记音与实验材料相符合则记为1分，不符则为0分。被试舌尖后音的发音得分为3位语料听辨人员的计分之和。例如：被试发实验材料中的“chí”，如果有两名听辨人员记为“ch”，一名听辨人员记为“c”，那么该被试的该发音得分为2分。

然后对发音得分进行方差分析，元音的主效应，声调的主效应以及元音和声调的交互效应是否存在显著差异，以此来考察元音、声调对其影响度的大小。

2. 判断偏误

判断偏误变体的标准主要是笔者以及3位听辨人员的评判。统计出的语音偏误由笔者来担任语音转写工作，最后整理出各种偏误类型，统计各种偏误类型的百分比。

3. 统计两个普通话不同水平被试的偏误变体数量并比较分析。

四　实验结果

（一）方差分析结果

1. 傈僳族普通话水平较低被试发音得分的方差分析结果如下所示：

（1）zh（tʂ）的方差分析的结果如下：

舌尖后音 zh（tʂ）的方差分析结果显示，后接元音的主效应有 F 统计量的值为 $F(4,180) = 15.896$，在 0.05 的显著性水平下，显著性检验的 P 值为 $P = 0.000 < 0.05$，说明后接元音对于舌尖后音 zh（tʂ）发音的主效应显著；对于声调而言，其 F 检验的值为 $F(3,180) = 0.655$，P 值为 $P = 0.581 > 0.05$，说明声调对于舌尖后音 zh（tʂ）的发音的主效应影响不显著；同理，对于声调和元音的交互效应而言，$F(12,180) = 0.902$，$P = 0.546 > 0.05$，说明声调和元音的交互效应对于舌尖后音 zh（tʂ）的发音没有显著的影响。

由上面的方差分析我们可知，不同的后接元音的舌尖后音 zh（tʂ）发音得分之间的均值有显著的差异，为了检验到底哪些后接元音的舌尖后音 zh（tʂ）发音得分有差异，我们做了均值的多重比较，结果如下：

多重检验的结果表明，/ʅ/组与/u/组、/a/组、/o/组、/e/组的差异显著，/u/组与/a/组的差异显著，其余的组之间的得分差异并不显著。根据多重比较中差异的显著与否，发音得分的高低顺序为：/u/组 < /e/组 < /o/组 < /a/组 < /ʅ/组。

（2）ch（tʂʰ）的方差分析的结果如下：

舌尖后音 ch（tʂʰ）的方差分析结果显示，后接元音的主效应有F统计量的值为 $F(4,180) = 18.128$，在0.05的显著性水平下，显著性检验的P值为 $P = 0.000 < 0.05$，说明后接元音对于舌尖后音ch（$tʂ^h$）发音的主效应显著；对于声调而言，其F检验的值为 $F(3,180) = 1.220$，P值为 $P = 0.304 > 0.05$，说明声调对于舌尖后音ch（$tʂ^h$）的发音的主效应影响不显著；同理，对于声调和元音的交互效应而言，$F(12,180) = 0.428$，$P = 0.951 > 0.05$，说明声调和元音的交互效应对于舌尖后音ch（$tʂ^h$）的发音没有显著的影响。

由以上的方差分析我们可知，不同的后接元音的舌尖后音发音得分之间的均值有显著的差异，为了检验到底哪些后接元音的舌尖后音ch（$tʂ^h$）发音得分有差异，我们做了均值的多重比较，结果如下：

多重检验的结果表明，/ʅ/组与/u/组、/a/组、/o/组、/e/组的差异显著，其余的组之间的得分差异并不显著。根据多重比较中差异的显著与否，发音得分的高低顺序为：/u/组 < /e/组 < /a/组 < /o/组 < /ʅ/组。

（3）sh（ʂ）的方差分析的结果如下：

舌尖后音sh（ʂ）的方差分析结果显示，后接元音的主效应有F统计量的值为 $F(4,180) = 24.619$，在0.05的显著性水平下，显著性检验的P值为 $P = 0.000 < 0.05$，说明后接元音对于sh（ʂ）的发音的主效应显著；对于声调而言，其F检验的值为 $F(3,180) = 4.476$，P值为 $P = 0.005 < 0.05$，说明声调对于sh（ʂ）的发音的主效应影响显著；同理，对于声调和元音的交互效应而言，$F(12,180) = 2.260$，$P = 0.011 < 0.05$，说明声调和元音的交互效应对于sh（ʂ）的发音有显著的影响。

由上面的方差分析可知，不同的后接元音的辅音发音得分与不同声调的辅音发音得分之间的均值有显著的差异，为了检验到底哪些后接元音的辅音发音得分以及哪些声调的辅音发音得分有差异，我们做了均值的多重比较，结果如下：

对于声调的多重检验结果表明，二声和四声之间的差异显著，三声和四声之间的差异显著，其余的组之间的辅音发音得分差异并不显著。根据多重比较中差异的显著与否，不同声调的辅音发音得分高低顺序为：四声 < 一声 < 二声 < 三声。

对于后接元音的多重检验的结果表明，/ʅ/组与/u/组、/a/组、/o/组、/e/组的差异显著，其余的组之间的得分差异并不显著。根据多重比较中差异的显著与否，发音得分由高到低的顺序为：/e/组 < /a/组 < /o/组 < /u/组 < /ʅ/组。

2. 傈僳族普通话水平较高被试发音得分的方差分析结果如下所示：

（1）zh（tʂ）的方差分析的结果如下：

对于舌尖后音 zh（tʂ）的方差分析结果显示，后接元音的主效应有 F 统计量的值为 $F(4,180) = 15.854$，在 0.05 的显著性水平下，显著性检验的 P 值为 $P = 0.000 < 0.05$，说明后接元音对于舌尖后音 zh（tʂ）发音的主效应显著；对于声调而言，其 F 检验的值为 $F(3,180) = 2.469$，P 值为 $P = 0.064 > 0.05$，说明声调对于舌尖后音 zh（tʂ）的发音的主效应影响不显著；同理，对于声调和元音的交互效应而言，$F(12,180) = 1.705$，$P = 0.069 > 0.05$，说明声调和元音的交互效应对于舌尖后音 zh（tʂ）的发音没有显著的影响。

由上面的方差分析可知，不同的后接元音的舌尖后音 zh（tʂ）发音得分之间的均值有显著的差异，为了检验到底哪些后接元音的辅音发音得分有差异，我们做了均值的多重比较，结果如下：

多重检验的结果表明，/ʅ/组与/u/组、/a/组、/o/组、/e/组的差异显著，/u/组与/a/组、/o/组、/e/组的差异显著，其余的组之间的得分差异并不显著。根据多重比较中差异的显著与否，发音得分的高低顺序为：/u/组 < /o/组 < /e/组 < /a/组 < /ʅ/组。

（2）舌尖后音 ch（$tʂ^h$）的方差分析结果如下：

对于舌尖后音 ch（$tʂ^h$）的方差分析结果显示，后接元音的主效应有 F 统计量的值为 $F(4,180) = 20.317$，在 0.05 的显著性水平下，显著性检验的 P 值为 $P = 0.000 < 0.05$，说明后接元音对于舌尖后音 ch（$tʂ^h$）发音的主效应显著；对于声调而言，其 F 检验的值为 $F(3,180) = 1.249$，P 值为 $P = 0.293 > 0.05$，说明声调对于舌尖后音 ch（$tʂ^h$）的发音的主效应影响不显著；同理，对于声调和元音的交互效应而言，$F(12,180) = 0.808$，$P = 0.642 > 0.05$，说明声调和元音的交互效应对于舌尖后音 ch（$tʂ^h$）的发音没有显著的影响。

由上面的方差分析可知，不同的后接元音的辅音发音得分之间的均值有显著的差异，为了检验到底哪些后接元音的辅音发音得分有差异，我们做了均值的多重比较，结果如下：

多重检验的结果表明，/ʅ/组与/u/组、/a/组、/o/组、/e/组的差异显著，/u/组与/a/组、/o/组、/e/组的差异显著，其余的组之间的得分差异并不显著。根据多重比较中差异的显著与否，发音得分的高低顺序为：/u/组 < /e/组 < /o/组 < /a/组 < /ʅ/组。

（3）舌尖后音 sh（ʂ）的方差分析结果如下：

对于舌尖后音 sh（ʂ）的方差分析结果所示，后接元音的主效应有 F 统计量的值为 $F(4,180) = 15.919$，在 0.05 的显著性水平下，显著性检验的 P 值为 $P = 0.000 < 0.05$，说明后接元音对于舌尖后音 sh（ʂ）发音的主效应显著；对于声调而言，其 F 检验的值为 $F(3,180) = 2.087$，P 值为 $P = 0.104 > 0.05$，说明声调对于舌尖后音 sh（ʂ）的发音的主效应影响不显著；同理，对于声调和元音的交互效应而言，$F(12,180) = 1.767$，$P = 0.057 > 0.05$，说明声调和元音的交互效应对于舌尖后音 sh（ʂ）的发音没有显著的影响。

由以上的方差分析可知，不同的后接元音的辅音发音得分之间的均值有显著的差异，为了检验到底哪些后接元音的辅音发音得分有差异，我们做了均值的多重比较，结果如下：

多重检验的结果表明，/ʅ/组与/u/组、/a/组、/o/组、/e/组的差异显著，其余的组之间的得分差异并不显著。根据多重比较中差异的显著与否，发音得分的高低顺序为：/o/组 < /u/组 < /e/组 < /a/组 < /ʅ/组。

以上，根据水平较低的被试和水平较高的被试舌尖后音的发音得分的有交互作用的双因素方差分析的结果可知：对于水平较低的被试而言，后接元音对于 zh（tʂ），ch（tʂ^{h}）和 sh（tʂ）的发音得分均有显著的影响，而声调的主效应以及声调和后接元音的交互效应只有对 sh（ʂ）来说影响是显著的，而对于 zh（tʂ）和 ch（tʂ^{h}）来说均不显著。对于水平较高的被试而言，只有后接元音对于 zh（tʂ）、ch（tʂ^{h}）和 sh（ʂ）的发音得分有显著的影响。声调的主效应以及声调和后接元音的交互效应均不显著。这也从一定程度上说明，对于普通话水平较低的被试而言，发 sh（ʂ）时，声调对其有一定的影响。而对于水平较高的被试而言，声调的影响就较弱。

总的来说，声调对其影响很小。而元音影响十分显著，元音对辅音发音的影响，有的是通过影响辅－元组合的相似度，有的则是元音本身的偏误而直接导致辅音发音的。音素之间相似度的大小（包括目的语音素－母语音素相似度与目的语音素之间的相似度），是发生语音偏误的深层机制。但是实际上语音的相似度，不仅在音素层面发生作用，在音节层面也发生作用。例如汉语音素 zh（tʂ）和不同元音/ʅ/、/u/、/a/、/o/、/e/组合后的音节，与同一个傈僳语近似音素和不同元音组合后对应音节之间的相似度是不同的。相似度越小，就不容易出现混淆，傈僳语中没有/ʅ/音，音节组合的相似度与其他音节相比较小，因此，被试对舌尖后音与/ʅ/组成的音节的掌握程度明显好于其他元音。

（二）偏误统计

以下，我们又对20位被试发舌尖后音发生的偏误做统计和整理。傈僳族被试发汉语普通话舌尖后音时，出现了“傈僳语误代”和“普通话相互混淆”两大偏误类型。我们又按照发音方法和发音部位来统计偏误率。统计结果显示，傈僳族被试发普通话舌尖后音时，发音部位的偏误集中表现为“偏成母语部位（舌叶）”、“舌尖前/舌尖后混淆”两大类；发音方法上的偏误集中表现为送气/不送气发音方法之间的混淆。具体情况如下：

朗读词表时，水平较低被试发普通话舌尖后音的语音偏误变体情况如下：

将zh（tʂ）发成ʐ、tʂʰ、ts、tʃʰ、tʃ、ʃ和ʂ。

将ch（tʂʰ）发成ʃ、tʃʰ、tʂ、tsʰ和ʂ。

将sh（ʂ）发成ʐ、s、ʃ、tʂ和tsʰ。

朗读词表时，水平较低被试zh（tʂ）的发音的偏误个数和比例（%）如下表：

后接元音 语音变体	后接元音/ʅ/类	后接元音/u/类	后接元音/a/类	后接元音/o/类	后接元音/e/类
ʐ		1（2.5%）			
tʂʰ		2（5%）		1（2.5%）	
ts	1（2.5%）	3（7%）	2（5%）	4（10%）	
tʃʰ				1（2.5%）	
tʃ		7（17.5%）	3（7.5%）	8（20%）	6（15%）
ʃ		1（2.5%）		1（2.5%）	
ʂ		2（5%）			
合计	0	14（35%）	6（15%）	13（32.5%）	10（25%）

朗读词表时，水平较低被试 ch（tʂʰ）的发音的偏误个数和比例（%）如下表：

后接元音 / 语音变体	后接元音/ʅ/类	后接元音/u/类	后接元音/a/类	后接元音/o/类	后接元音/e/类
ʃ		1（2.5%）			1（2.5%）
ʧʰ		5（12.5%）	3（7.5%）	5（12.5%）	6（15%）
tʂ			1（2.5%）		1（2.5%）
tsʰ		4（10%）	3（7.5%）	3（7.5%）	3（7.5%）
ʂ				1（2.5%）	1（2.5%）
合计	0	10（25%）	7（17.5%）	9（22.5%）	12（30%）

朗读词表时，水平较低被试 sh（ʂ）的发音的偏误个数和比例（%）如下表：

后接元音 / 语音变体	后接元音/ʅ/类	后接元音/u/类	后接元音/a/类	后接元音/o/类	后接元音/e/类
ʃ		5（12.5%）	4（10%）	5（12.5%）	6（15%）
tʂ		1（2.5%）			1（2.5%）
tsʰ			1（2.5%）		
ʐ		1（2.5%）		1（2.5%）	
s		4（10%）	3（7.5%）	2（5%）	5（12.5%）
合计	0	11（27.5%）	8（20%）	8（20%）	12（30%）

朗读词表时，水平较高被试发普通话舌尖后音的语音变异情况如下：

将 zh（tʂ）发成 tʂʰ、ts 和 ʧ。

将 ch（tʂʰ）发成 ʧʰ、tʂ 和 tsʰ。

将 sh（ʂ）发成 s 和 ʃ。

朗读词表时，水平较高被试 zh（tʂ）的发音偏误个数和比例（%）如下表：

后接元音 \ 语音变体	后接元音/ʅ/类	后接元音/u/类	后接元音/a/类	后接元音/o/类	后接元音/e/类
$tʂ^h$				1（2.5%）	
ts		2（5%）			1（2.5%）
tʃ		8（20%）	3（7.5%）	5（12.5%）	3（7.5%）
合计	0	10（25%）	3（7.5%）	6（15%）	4（10%）

朗读词表时，水平较高被试 ch（$tʂ^h$）的发音偏误个数和比例（%）如下表：

后接元音 \ 语音变体	后接元音/ʅ/类	后接元音/u/类	后接元音/a/类	后接元音/o/类	后接元音/e/类
$tʃ^h$		10（25%）	5（12.5%）	5（12.5%）	4（10%）
tʂ		1（2.5%）			1（2.5%）
ts^h		3（7.5%）	1（2.5%）		1（2.5%）
合计	0	14（35%）	6（15%）	5（12.5%）	6（15%）

朗读词表时，水平较高被试 sh（ʂ）的发音偏误个数和比例（%）如下表：

后接元音 / 语音变体	后接元音/ʅ/类	后接元音/u/类	后接元音/a/类	后接元音/o/类	后接元音/e/类
s		1（2.5%）		1（2.5%）	1（2.5%）
ʃ		5（12.5%）	4（10%）	4（10%）	6（15%）
合计	0	6（15%）	4（10%）	5（12.5%）	7（17.5%）

从偏误的统计数据来看，偏误率由大到小为：/u/组 >/e/组 >/o/组 >/a/组 >/ʅ/组。

综上，我们可观察傈僳族习得普通话舌尖后音的动态发展过程：

朗读词表时，傈僳族被试舌尖后音 zh（tʂ）的变体

语音变体 / 汉语水平	ʐ	tʂʰ	ts	ʧʰ	ʧ	ʃ	ʂ
水平较低	1	3	10	1	24	2	2
水平较高	0	1	3	0	19	0	0

朗读词表时，傈僳族被试舌尖后音 ch（tʂʰ）的变体如下表：

语音变体 / 汉语水平	ʃ	ʧʰ	tʂ	tsʰ	ʂ
水平较低	2	19	2	13	2
水平较高	0	24	2	5	0

朗读词表时，傈僳族被试舌尖后音 sh（ʂ）的变体如下表：

汉语水平＼语音变体	ʐ	s	ʃ	tsʰ	tʂ
水平较低	2	14	20	1	2
水平较高	0	3	19	0	0

在习得普通话的初级阶段，舌尖后音的习得一般都不稳定。学习者对普通话不熟悉，会频繁地使用多个变体，数量多且分散，随着汉语水平的提高变体会逐渐减少。综上，我们可以看出，傈僳族被试舌尖后音的语音变体种类随着汉语水平的提高逐渐减少。zh 的变体由 7 种变为 3 种，ch 的变体由 5 种变为 2 种，sh 的变体由 5 种变为 2 种。除了 zh（tʂ）→ʧ，ch（tʂʰ）→ʧʰ，sh（ʂ）→ʃ 三类变体外，其余同一种类的变体在数量上大幅度地减小。

舌尖前音变体虽然存在，但是数量大幅度减少，说明傈僳族随着汉语水平的提高，能较清楚地辨析舌尖前音和舌尖后音，区分舌尖前音和舌尖后音并不是傈僳族习得舌尖后音的难点。另一方面，随着普通话水平的提高，傈僳族发舌尖后音 zh（tʂ）、ch（tʂʰ）、sh（ʂ）的变体相对单一、稳定，形成较固定的变体 ʧ、ʧʰ、ʃ，这些变体数量并没有大幅度地减少，ch（tʂʰ）的变体 ʧʰ 的数量甚至还增加，形成语音石化现象，成为其习得普通话舌尖后音的主要障碍。可见，傈僳族习得舌尖后音的难点在于如何区分舌尖后音和舌叶音。

语言迁移理论认为二语习得会受到母语的干扰作用，第一语言迁移对第二语言习得既有“正迁移”的作用，又有“负迁移”的作用。该理论认为在第二语言习得中那些与母语相似之处就易学，而那些与母语不同之处则难学。母语与二语中的相同、相似或不同之处则可以通过对比跨语言的差异来确定。就傈、汉辅音系统的比较而言，舌尖前音在傈僳语和汉语的语音系统中同时存在，因此，随着汉语水平的提高会逐步区分舌尖前音和舌尖后音。而汉语的舌尖后音在傈僳语辅音系统中空缺，即傈僳语中没有在发音部位发音方法上与汉语的 zh（ʈʂ）、ch（ʈʂ^{h}）、sh（ʂ）一样的音素。但在傈僳语的辅音系统中，却存在着与汉语舌尖后音发音极为相似的舌叶音。因此以傈僳语为母语的普通话习得者在发普通话舌尖后音时常常会用舌叶音来代替，成为其学习普通话舌尖后音的主要障碍。

语音材料（60 个目的音节及 30 个随机杂入音节）

zhī	shèng	xiē	zhě	xúe	zhǐ
知	剩	些	者	学	纸
xiào	zhǒu	chǔ	yòng	zhù	zhōu
校	肘	楚	用	著	周
shī	chóng	zhǎo	jí	shōu	sì
师	崇	找	即	收	四
gāo	zhāo	shá	chā	zhóu	shǒu
高	招	傻	叉	轴	手
chí	chōu	shē	zhòng	wán	jú
迟	抽	奢	众	玩	局
wǒ	zhē	chǐ	èr	zhū	zhé
我	遮	尺	二	猪	折
zhào	nián	chì	yóu	chū	zhèng
照	年	赤	由	出	政
chī	yú	chě	lú	chèng	zhì
吃	于	扯	泸	秤	志
shāng	zhán	shǐ	shòu	chǎo	shùn
商	展	史	瘦	吵	顺
zhí	xiàn	chú	de	chá	chù

值	县	除	的	查	处
zhú	jiào	chà	chǒu	zhǔ	yuán
竹	教	诧	丑	煮	员
dà	chē	chén	shú	bìng	shǔ
大	车	臣	熟	并	属
shí	bù	shì	yǐ	shūo	hǎo
实	不	世	以	说	好
chòng	sī	shào	súo	shé	tiān
冲	私	哨	所	蛇	天
dú	shě	dōu	shǎo	dēng	sháo
读	舍	都	少	灯	勺

参考文献

[1] 吴宗济、林茂灿．实验语音学概要［M］．北京：高等教育出版社，1989.

[2] 徐琳、木玉璋、盖兴之．傈僳语简志［M］．北京：民族出版社，1986.

[3] 戴炜栋、牛强．过渡语的石化现象及其教学启示［J］．民族教育研究，1996，(4)．

[4] 王建勤．汉语作为第二语言的学习者习得过程研究［M］．北京：商务印书馆，2006.

[5] 梅丽．日本学习者习得普通话舌尖后音的语音变异研究［D］．北京：北京语言大学，2003.

基于蒙古语语料库的汉语人名拉丁转写方案

通拉嘎①

摘要： 蒙汉两种语言是不同语系不同类型的语言，这也使汉语人名在蒙古语中难以对应。汉语人名拉丁转写规则对蒙古语语料库的标注、汉语外来词的转写体系化、蒙古文信息处理的发展都有重要意义。作者以蒙古语语料库为基础，分析汉语人名的拉丁转写现状，以蒙古语语料库标注现状及蒙古语外来词标注的固定习惯为基础，适当借鉴汉语拼音，提出详尽的汉语人名拉丁转写规则。

关键词： 汉语人名　蒙古语　拉丁转写方案

绪　论

汉语属汉藏语系汉语族，是典型的分析语，共有 6 个基本韵母，21 个声母。蒙古语属阿尔泰语系蒙古语族，是典型的粘着语，

① ［作者简介］通拉嘎，2009 级语言学及应用语言学专业博士研究生，研究方向：计算语言学。

本文使用的语料库由内蒙古大学和中科院计算所提供，在此深表谢意。

共有 7 个元音，17 个基本辅音，10 个借词辅音。汉语和蒙古语分属不同语系，语言特点也有非常大的不同，这里以汉语声母与蒙古语辅音的对应为例。

汉语声母与蒙古语辅音的对应

汉	n	b	p	g	m	l	s	t	d
蒙	n	b	p	g	m	l	s	t	d
汉	f	k	z	c	h	r	zh	ch	sh
蒙	f 借	K 借	z 借	c 借	h、h 借	r、r 借	zh 借	ch 借	sh 借
汉	无对应	韵母 y	韵母 w	韵母 ng	j	q	x		
蒙	lh	y	w	ng	j	c	s		

图表说明：“借”表明是借词辅音，图表中的“韵母”指汉语中不视作声母，但蒙古语中视作是辅音的“y、w、ng”。

从上述表格可以看出，汉语－蒙古语完全对应的辅音或声母有“n、b、p、g、m、l、s、t、d、f、k、z、c”等13 个，其他声母在蒙古语中或以借词辅音表示，或对应到蒙古语近似音。如：汉语的“zh、j”与蒙古语“j”对应，汉语的“ch、q”与蒙古语的“c”对应。而汉语韵母与蒙古语元音的对应情况是，“a、e、i、u”等得到完全对应，汉语的“ü”、蒙古语的“0、V、O”在对方语言中无法对应。汉语的声母、韵母与蒙古语的元音、辅音无法完全对应，这也直接导致汉语人名转写为拉丁蒙古语时遇到很多问题。

汉语人名是蒙古文人名中的重要组成。汉语人名的标注问题是语言的规范化、标准化问题，影响语料库的标注质量，也影响词法分析、命名实体识别等后续工作的发展。

少数民族语言的规范化、标准化是我国民族语文现代化工作的重要组成部分。汉语人名蒙古语拉丁转写方案是语言文字规范化、标准化工作的局部工程，汉语人名蒙古语拉丁转写方案的形成与实施对汉语人名直至汉语外来词转写规则的建立都有重要意义，为少数民族人名的标准化工作提供了参考和依据，直接指导汉语声、韵母在蒙古语上的对应问题。目前《现代蒙古语语料库标注规范》是蒙古语语料库标注的依据，但该规范主要是针对蒙古语标注问题提出的，37 条规则涉及汉语人名拉丁转写规则的仅有 4 则：zhi、chi、shi 标注为 zhI、chI、MYM1；人姓和名之间的圆点以等号表示；蒙古语的 dong 标注为 dUNG；专名必须以等号连接，如，MAV = Ze = dONG。因而汉语人名及汉语外来词的标注急需转写方案的引导。

人名识别是建设高质量语料库的前提。语料库是存放语言材料的仓库（或数据库），目前蒙古语语料库标注汉语人名的情况并不十分理想，还尚无通行的标注方案。吴金星校对了内蒙古大学 20 万词级的语料库，指出标注中存在的 6 个问题：复数后缀、数词的标注、名词（包括时间名词、名词词尾 N、人名、地名、机构名、其他专名）的标注、“UGEI”的标注、第二类助动词标注问题及其他问题，其中人名标注是影响语料库标注质量的主要问题之一。

人名是命名实体的重要组成，命名实体的识别是词法分析与标注的重点及难点。蒙古语语料库中有蒙、汉、藏、满、外国人名等多种人名，蒙、汉人名是其中最重要的部分。目前蒙古语词法分析将规则与统计技术相结合，实现了较高的识别率，但蒙古语人名、地名等命名实体的识别几近空白，影响了识别标注的正确率，也进而影响了信息处理的其他后续工作，汉语人名的拉丁转写方案是命名实体识别及词法分析标注的基础，也是其他后续工作的必要支撑。

二　汉语人名标注现状分析

蒙古语 20 万词规模语料库中共有人名 3522 个，其中未重复汉语名共 392 个。由于目前尚无汉语人名的拉丁转写方案，语料库中的汉语人名的标注部分参考了汉语拼音，部分参考了蒙古语对人名的标注惯例，因而汉语人名标注不一，甚至相同人名的标注也未能统一，如：（MYMeN = I = zHI/MYMeN = I = zhI 沈一智），（LIU = heU = LAN/LIU = hU = LAN 刘胡兰），（LIU = LAN = T0O/LIU = LAN = T0V 刘兰涛），（LIYAN = POWe/LIYAN = PUWE 廉颇）等相同姓名其对应的拉丁形式并不相同。（标注说明：括号内为例词，斜杠表示该符号的前后词或符号的并列地位）

声母、韵母的标注更是出现很多问题。

（1）声母标注中出现的冲突

1）c 标注为 C，c（c0V = CONG 曹聪）

2）c、q、ch 都标注为 C（cAI = LUN 蔡伦/JIYANG = CING 江青/CeN = D0V = MYMeNG 陈道生）

3）d 标注为 D/d（LIU = YAN = DONG 刘延东/deNG = SIY0V = PING 邓小平）

4）g 标注为 G/g（BUWe = GU 博古/JU = geN = JU 朱根柱）

5）h 标注为 H/h（HU = CI = LI 胡启立/cAI = he = SeN 蔡和森）

6）r 标注为 R/r（BAI = RU = BING 白如冰/CeN = JING = rUN 陈景润）

7）x、s 都标注为 S（SIVWAN = WANG 宣王/（LI = LI = SAN 李立三）

8）j、zh 都标注为 J（JIYANG = JIYe = MYMI 蒋介石/deNG = JUNG = SIYA 邓中夏）

9）z 标注为 Z/z（LIU = ZONG = YVWAN 柳宗元/LIN = ze = SI-UI 林则徐）

10）zh 标注为 J/Z（ZeU = IVI 周瑜/JeU = eN = LAI 周恩来）

11）zhi 标注为 zhI/zHI（FANG = zhI = MIN 方志敏/MYMeN = I = zHI 沈一智）

（2）韵母标注中出现的冲突

1）ao 标注为 0V/00/AV（LI = J0V = SING 李肇星/J00 = ZI = YANG 赵紫阳/MAV = Ze = dONG 毛泽东）

2）i 标注为 e/I（LI = Se = GVWANG 李四光/HU = CI = LI 胡启立）

3）ian 标注为 IYEN/IYAN（Ye = JIYEN = ING 叶剑英/CIYAN = CI = CeN 钱其琛）

4）o 标注为 00/Owe（LIYANG = MYMeNG = B00 梁胜波/BOWe = I = BOWe 薄一波）

5）ou 标注为 eU/EU（JeU = BA = PI 周扒皮/PeNG = YONG = EU）

6）ong 标注为 ONG/UNG/VNG（c0V = CONG 曹聪/dUNG = cUN = rUI 董存瑞/J0V = zhI = HVNG 赵志红）

7）uo 标注为 OWe/UWe（JANG = ZOWe = LIN 张作霖/YANG = MYMUWe 杨朔）

8）ü 标注为 IVI/IUI（SIVI - SIYANC = CIYAN 徐向前/dA 大 - IUI 禹）

目前蒙古语语料库中人名的相同声母、韵母被标注成不同形式，“zh - zhi、ch - chi、sh - shi”被标注成了不同声母，“j、q、x”与蒙古语音似辅音对应，汉语韵母也被赋予了蒙古语元音的阴阳性特征。

三 转写方案的设计思路

作者设计汉语人名的蒙古语拉丁转写方案总体上是以蒙古语外来词标注习惯为基础，适当参考目前的蒙古语拉丁及汉语拼音的标注习惯。

（1）以传统蒙古语外来词拼写习惯为基础。

（2）汉语声母和蒙古语辅音需一一对应。

（3）以蒙古语语料库标注现行规则为参考。

（4）以《现代蒙古语语料库标注规范》为参考。

（5）汉语无法对应到蒙古语的声、韵母可适当参考汉语拼音进行标注。

四　汉语人名的蒙古语拉丁转写方案

本标注方案是以汉语人名蒙古语拉丁转写方案的设计思路为指导，对汉语声母、韵母制订的拉丁转写规则。

（1）汉语声母的蒙古语拉丁标注方案

汉	b	p	m	f	d	t	n	l	g	k	h	r
蒙拉丁	B	P	M	F	d	T	N	L	G、g	K	H	R
汉	j	q	x	z	c	s	zh	ch	sh	zhi	chi	shi
蒙拉丁标注方案	J	Q	X	Z	c	S	zh	ch	$	zhI	chI	$I

（2）汉语韵母的蒙古语拉丁标注方案

汉	ɑ	ɑi	ɑn	ɑng	ɑo	e	ei	en	eng
蒙拉丁	A	AI	AN	ANG	OO	e	eI	eN	eNG
汉	i	iɑ	iɑn	iɑng	iɑo	ie	in	ing	iong
蒙拉丁	I	IYA	IYAN	IYANG	IYOO	IYe	IN	ING	IYONG
汉	iu	o	ong	ou	ü	u	uɑ	uɑi	üɑn
蒙拉丁	IU	OWe	UNG	eU	IUI	U	VWA	VWAI	IVWAN
汉	uɑn	uɑng	üe	uo	ui	un	ueng	ün	ii
蒙拉丁	VWAN	VWANG	UWWe	UWe	UI	UN	UeNG	IYUN	II

说明：

1）转写方案中大小写应统一。除“h、zh、ch、sh、c”及词中的“g、e”外，建议其它声韵母都以大写字母表示。

2）zh－zhi、ch－chi、sh－shi 以相同声母表示，以减少混乱。

3）蒙古语转写外来词的习惯中“j、q、x”与蒙古语音似辅音对应，但这也使汉语声母与蒙古语辅音并不是一一对应的关系。因而“j、q、x”的标注可参考汉语拼音，以其大写字母作标注，以区别于“zh、ch、sh”的拉丁形式。

4）“u”行韵母在零声母音节中，如果“u”后还有别的元音，将“u”改为“W”（WAN＝LI 万里/WeI＝GUYe＝CING 魏国庆），如果“u”后没有别的元音，就在“u”前加“W”（WU＝GVWANG＝RUNG 吴光荣）。

5）韵母表除“iong”以外的“i”行韵母在零声母音节中，如后面有别的元音，将“i”改为“Y”（YANG＝MYMANG＝KUN 杨尚昆）。如后面没有别的元音，就在“i”前加“Y”（YUN＝dAI＝YING 恽代英）。

6）“iong”未在“y”声母后出现，标注为“IY0NG”（LING＝XIY0NG 领兄）。在“y”声母后出现，标注为“UNG”（YUNG＝MeI 咏梅）。

7）汉语韵母“o－uo－ue”在蒙古语转写外来词时形式相同，为表区别，将这些韵母分别标注成不同形式。

8）“ɑi、ei、ui”出现于词首或词尾时标注成“AI、eI、UI”（Ye＝FeI 叶飞）。汉语人名在蒙古语中都无连写形式，所以无需考虑词中形式。

9）蒙古语固有的标注形式可作参考，如“毛泽东”的“毛”，汉语拼音是“mao”，在蒙古语中被转写为“MAV”，在语料库中也标注成“MAV”，这与“ao”的转写形式“OV”有一些冲突。这里可以遵守原有标注形式，将“毛”转写为“MAV”，但其他的

“ao”韵母，需统一标注为“OO”。“红”在蒙古语中可以转写为“HVNG、hUNG”等2种形式，2种转写形式都视为正确。

10）“j、q、x”后的“ü”遵照其书面形式转写，如“YUN”，原拼音为“yün”，此处因汉语拼音规则，省去“ü”的两点，这里按其书面形式，转写为“yun”。

四 结 语

作者针对汉语人名标注的诸多问题，以蒙古语语料库标注现状及蒙古语标注外来词的固定习惯为基础，以《现代蒙古语语料库标注规范》为参考，适当借鉴汉语拼音的标注规则，对汉语人名提出详尽的拉丁转写方案，希望能促使汉语外来词在蒙古语拉丁上的转换规范的早日提出，并进而促进词法分析、命名实体识别和其他后续工作的发展。

参考文献

[1] 戴红亮、陈敏．少数民族语言文字的标准化和信息化建设［EB/OL］．http：//www. seac. gov. cn/gjmw/zt/2009－06－03/1243138871380286. htm. 2009－06－03/2012－6－12.

[2] 达胡白乙拉．蒙古语基本动词短语自动识别研究［D］．内蒙古大学博士学位论文，2005.

[3] 黄昌宁、李娟子．语言库语言学［M］．北京：商务印书馆，2007.

[4] 吴金星．蒙古语词法标注语料库的构建及相关技术研究［D］．内蒙古大学硕士学位论文，2011.

[5] 吴乌兰．蒙古族人名汉字外来转写问题研究［D］．内蒙古大学硕士学位论文，2010.

[6] 红光．蒙古语语料库中汉语人名地名的拉丁转写［D］．内蒙古师范大学硕士学位论文，2009.

[7] 黄伯荣、廖旭东．现代汉语［M］．北京：高等教育出版社，2002.

[8] 清格尔泰．现代蒙古语语法 [M]．呼和浩特：内蒙古人民出版社，1999.

[9] 内蒙古大学蒙古学研究院蒙古语文研究所．蒙汉词典（增订本）[Z]．呼和浩特：内蒙古大学出版社，1999 年 12 月．

藏文 la don 格标记新分类

龙从军[①]

摘要：本文详细阐述了藏文传统文法对格标记 la don 的分类及不同类别的语法功能，并指出该分类系统的认知基础，同时也比较了格标记 la don 不同的分类体系。通过比较分析发现，这些分类仍然存在一些问题，不但使人难以理解，而且使语言信息处理专家感到困惑。因此本文根据机器自动识别与标注的需要提出易于操作的分类体系与标注方法。

关键词：la don　格标记　藏文

一　传统文法中 la don 格标记的语法功能

藏文文法的格系统是传统文法家根据梵文语法理论提出来的，它们主要的功能在于语法意义而不在于语法形式，这与印欧语系中的词格有些差别，藏文的格既是词格也是语法格。周季文指出藏文格的语法标记都是加在整个句子成分上的，形式上仅落在最后一个音节上[②]。就 la don 而言，在形式上它有七种变化形式，即 la、ru、

① ［作者简介］龙从军，2011 级语言学及应用语言学专业博士研究生，研究方向：计算语言学。

② 周季文、谢后芳，《藏文阅读入门》，云南民族出版社，1998 年版。

tu、du、su、na、ra。变化规则根据前一个音节的后加字的不同而呈现不同的形式。在传统文法格系统中，它分属于三个不同的格范畴，即第二格业格，第四格为格和第七格于格，而业格又分为业格和同体格，于格中分离出表示时间的 tshe skabs。由此 la don 被分成三个大类五个小类[①]。但是如果从功能上细细考究发现这种分类还是比较紊乱，尤其是业格中的同体格不但意义含糊，而且用法也较多。因此，首先需要对 la don 格标记所表达的不同语法关系进行梳理。下面以具体的例子来看它的用法。

（一）las su bya ba（业格），表示动作发生的处所、动作趋向的方位和动作的对象。比如：

（1）nga las khungs kyi nyal khang la bsdad yod.

1sg 单位 GEN 宿舍 – LOC 住

我在单位的宿舍住。

（2）nga rgya nag la log pa yin.

1sg 内地 – LOC 回

我回内地了。

（3）khos hur brtson gyis las ka ma byed pa de la gzhung gyis nyes pa gtong gi red .

他 – AG 努力 – INST 工作 NEG 干 – NOM – 这 – DAT 政府 – AG 惩罚

他不努力工作，受到了政府的惩罚。

（二）de nyid（同体格），表示动作的结果，按照不同的功能又可以分成几个小类。

A）使动结果，结构为 $v + la + v_{cau}$[②]。比如：

---

① 黄明信编、吐弥桑布扎著．西藏文法四合编（藏文）．民族出版社，2000 年，第二版；毛尔盖·桑木旦，藏文文法概论（藏文），四川民族出版社 2005 年版．

② 表示使动动词。

(4) hor pa zhig btang nas vtshol du bcug[1].

鸟名 一 派 stv 找 -c 使

派一只鸟让它去找。

(5) nga rang srin povi yul la lha tho tho ri len du mngags byung

1sg ref 地名 -LOC 一物品 取 c 派

派我自己来这个地方取物品。

(6) a khu ston pa sa dong nang bla ma bsgom du bcug pa red

阿古顿巴 地洞 里面 喇嘛 修行 -c 使 -

让阿古顿巴在地洞里面修行喇嘛。

B）转化的结果，根据转化结果的不同又可以分成两类，一是转化结果为事物类一是转化结果为状态类，构成的结构分别为：$n + la + v_{tran}$和 $adj + la + v_{tran}$[2]。

(7) thang rgod sa zhing du gyur

荒原 农田 -c 变

荒原变成农田。

(8) smug pa sprin du song.

雾气 云 -c 变成

雾气变成云。

(9) gces phrug la nad phog tshad je nyung du gtong thub

宝宝 LOC 得病 量 越少 -c 使 aux

宝宝的得病量会越来越少。

(10) khyim tshang gi tsho bavi mthun rkyen je legs su gtong rgyuvi re ba byed kyin yod

家里 GEN 生活 -GEN 条件 越好 -c 去 NOM -GEN 希望

希望家里的生活条件越来越好。

---

① 同体个中的 la don 本文标记为 c。

② 表示变化动词。

C）修饰动词，构成状语

（11）a khu ston pas gru gu rdog rdog gi lag pa nas dam por zin nas ma glod

阿古顿巴 - AG 卓姑朵朵 - GEN 手 ABL 紧紧 - c 抓 stv NEG 放

阿古顿巴紧紧抓住卓姑朵朵的手不放。

（12）bod khams yul gyi rnam pa gsal por dod

西藏 地方 - GEN 地貌 清楚 - c 显现

西藏地方的地貌清楚地显现出来。

（13）sdom khrims rnams kyang legs par srung thub

戒律 pl 也 好 - c 遵守 aux

也能很好地遵守戒律

D）表示存在，两个事物之间的关系是类属关系。

（14）ba lang la dkar zal yod

牛 c 花白牛 有

牛类中有一种花白牛。

（15）bod mi la mkhas pa yod

藏人 - c 专家 有

藏人中有专家。

这种情况要与于格区分开来，两种句型结构相同，但是于格标记两类事物之间的领属关系或存在关系，而同体格标记的是类属关系。比如

（16）ba lang la rwa yod

牛 LOC 角 有

牛有角。

（17）bod yul la mkhas pa yod

藏地 - LOC 专家 有

藏地有专家。

（三）dgos ched（为格），表示动作的目的。

（18）rgyal khab vphel thams su bzo grwa vdzugs

国家 发展 LOC 工厂 建设

为了发展国家而建设工厂。

（19）khos tshong khang nas deb cig nyo bar phyin pa red

3sg – AG 商店 – ABL 书 一 买 – NOM – LOC 去

他去商店买了一本书。

（四）gnas gzhi（于格），表示人或者事物的存在地。

（20）lung pa pha gi devi nang la shing sdong ha cang mang po yod

河谷 那个 那 – GEN 里 – LOC 树 非常 多 有

那个河谷里有很多树。

（五）tshe skabs（时间），表示动作发生的时间。

（21）khyed rang chu tshod bcu gnyis la nang la sgug bzhugs gnang dang

2sg 点 12 LOC 家 LOC 等

12 点您在家等着。

二 传统文法 la don 格标记分类讨论

怎样看待传统文法用一个标记符号来表达如此丰富的语法关系与语法功能呢，这样的分类是否合理呢？图一详细展示了 la don 作为格标记的语法功能。

人类语言中的时间概念都是由空间隐喻建构的，如果把时间看成抽象的空间，那么从上述的例子中，我们可以看到 la don 所属的三类格基本上用来标记具体的和抽象的空间位置，包括目的、对象、结果等关系。根据 Miriam Butt 支配与空间二维格标记关系理论，目标（或者目的）关系、对象关系都是与格的语义核心，也是抽象的空间位置，同时与格和感知者也密切相关①。尔玛等人认为与格可以表示两个潜在的语义角色：目标和拥有②。尼古拉斯也表示同样的观点，认为与格表示目标，对动作来说，人或事是动作指向的对象，也可以是某事物的拥有者③。Asif Agha 在分析拉萨藏文的格系统时，也谈到与格（包括与格和位格）在语义上表示处所（locus），与格也标示经验者、接受者和目标④。从人类认知上看，经验者是一种心智上的空间位置⑤，接受者也是一个位置。这个位置是物体所指向的目标和终点，而接受者所接受的不但可以是具体的物，而且也可以扩大到精神领域，包括意识形态中的观点、态度等。由此可见，不管是位格、与格、目的格都是标示一种具体的和抽象的空间位置。而藏文 la don 格标记所表达的语法意义包括：as su bya ba（业格），表示动作发生的处所、动作趋向的方位和动作的对象；dgos ched（为格），表示动作的目的；gnas gzhi（于格）表示人或者事物的存在地；tshe skabs（时间）表示动作发生的时间；de nyid（同体格）表示动作的结果，这些用法都可以归结到空间位置这个范畴之内，一是表示具体的空间位置，二是表示抽象的、心智上的空间位置。从这种意义上说，传统文法对 la don 的分类基本上比较合理，文法家洞悉了 la don 标记的不同格关系之间的内在联系。但是也有一些值得讨论的问题，从图上可以看出，传统

① Butt, Miriam. The Dative - Ergative Connection. In Empirical Issues in Formal Syntax and Semantics, ed. P. Cabredo - Hofherr and O. Bonami. The Hague. Thesus. 2006.

② Verma, M. K., and K. P. Mohanan (ed.). Experiencer Subjects in South Asian Languages. Stanford, CA: CSLI Publications. 1990.

③ Nicolas Tournadre and Sangda Dorje. Manual of Standard Tibetan, translated by Charles Ramble. Snow Lion Publications Ithaca, New York, Boulder, Colorado, 2003.

④ Asif Agha. Structural Form and Utterance Context in Lhasa Tibetan. Peter Lang Publishing, Inc., New York. 1993.

⑤ Landau. The Locative Syntax of Experiencers, manuscript, Ben Gurion University. 2003.

文法家把同体格看成了一个箩筐，把那些不太好区分，说不大明白的东西都放入了同体格中，对这个问题的认识，有学者从不同的角度分析过，史蒂芬·拜尔在谈到藏文中的副词时说：一个副词是一个名词短语带上一个副词性小品词，放在动词前修饰限制动词，语义上具有上下义关系。方式副词经常通过这种方式来形成①。

比如 mgyogs pa“快的”，mgyogs par“快地”，dal ba“慢”，dal bar“慢地”。这里拜尔把 mgyogs、dal 看作动词，它们加上名物化标记 pa 而转化成名词，所以他说是名词短语带上 la 构成副词。胡书津先生也曾指出 la don 格助词用于形容词之后表示动作行为进行的方式手段、状态等意思。与此类似同体格中表示动作的结果、状态的相关用法如果也看作格标记，理论上可以讲得通，但理解和操作上会遇到困难。为了便于理解和操作，下文中将对其重新分类。

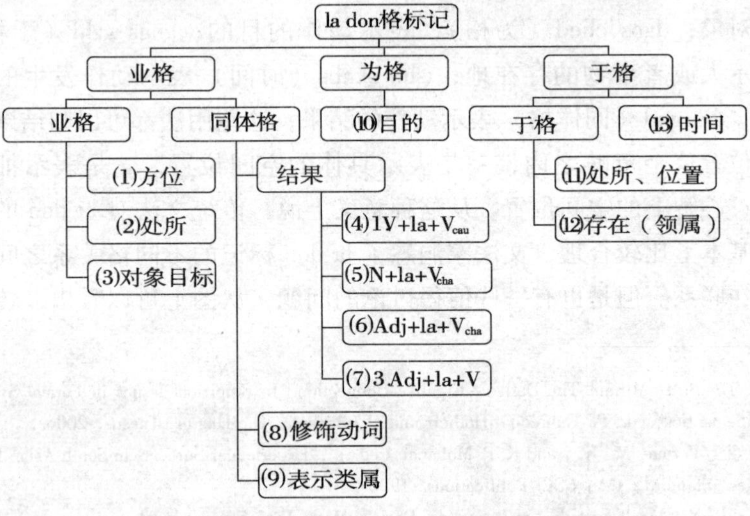

图一　la don 格标记传统分类及语法功能图

---

① Stephan V. beyer. The classical Ttibetan Language, Sstate Uuniversity New Yoke Press. 1992.

说明：每一类分类的叶子节点处标示了序号，便于后面的比较。

三　现代 la don 格标记分类讨论

这里将要谈到的是江荻研究员的藏文格分类体系①。该系统分类中与 la don 有关的格包括领有格、位格、与格/间接格、对象格、向格/目的格、工具格和结果格。下面我们先看表达不同格关系的例子（下列句子引自作者文中）。

（一）领有格

（22）nga tshor lo rgyus bshad paí dbang cha los yod

我们 – POS 历史 说 – NOM – GEN 权利 当然 有

讲历史我们可是有资格。

（二）位格

（23）pha ma gnyis grong gseb la yod red

爸妈俩 农村 – LOC 在

爸爸妈妈两人在农村生活。

（三）与格\ 间接格

（24）rgan lags kyis bu mo chung chung ďir sgrung gcig gsung song ?

老师 – AG 女孩 小 这 – DAT 故事 一 说

老师给这个小女孩讲了一个故事。

（四）对象格

（25）nga tsho tshang mas mes rgyal la dga´zhen byed kyi yod

我们全部 – AG 祖国 – OBJ 热爱 – DUR

我们都热爱祖国。

① 江荻、孔江平：《中国民族语言工程研究新进展》，社科文献出版社，2005 年版。

（五）向格\目的格

（26）byang la vgro

北 - ALA 走

向北走。

（六）工具格

（27）chu dang glog la gron chung byed dgos

水 C 电 - INS 节约 要

要节约用水电。

（七）结果格

（28）ge ser rgyal po rtsib stong khor lor sprul pa red

格萨尔 王 千辐轮 - RES 变 - REA

格萨尔王变成了千辐轮。

同样以一个图来表示 la don 的格标记分类，并与传统文法中格标记的功能进行对应比较。

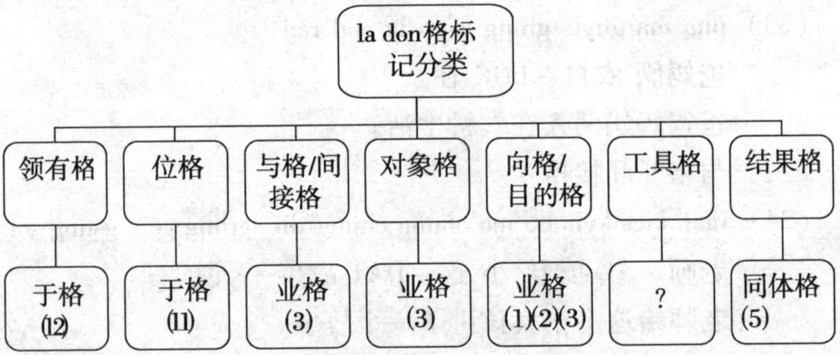

图二 两种 la don 格标记分类比较

从图二可以看出，这个分类有以下几个问题：(1) 与传统格相比不能包括作为格标记 la don 的所有用法。(2) 提出了 la don 作为工具格中的一类，而传统文法分类中没有这一类；(3) 领有格不但包括了传统文法分类中的于格，也包括了同体格中的类属用法。但是作者在助词分类中提出了使动助词和补语助词，弥补了传统文法分类中表示结果的4、5、6种用法。如下面的例子。但是图二中第7、8种用法在这个格体系中没有体现出来。因此这个分类体系还需要进一步研究。

(29) lug gu gcig nyung ru phyin pa red

羊羔 一 少 cu 变 - REA

少了一只羊羔。

(30) rgan lags kyis nga tshor sbyong tshan bri ru bcug gnang byung

老师 - AG 我们 - POS 作业 写 - CAU 使 hop - pef. sf.

老师让我们写作业。

四 la don 格标记新分类

怎样处理 la don 的分类体系既符合语法规则又便于语言信息处理专家自动文本处理呢？如果从格的语法功能上分析，格表达的是一种语法关系，抽象来看不管表示什么语法关系，它们起关联作用，也正是因为这个作用的存在，在很多语言中，一些格标记也同时可以用作连词，用来连接词与词、句与句之间的关系。la don 也不例外，除了做格标记之外，它在文本中充当连接成分的现象也十分常见。我们认为格标记分类中的同体格是 la don 作为格标记和作为连接助词的一个接口，是两种功能的交合点，是格标记的延伸。在功能上更多地偏离格标记功能而偏向连接功能。根据格标记与体词性成分之间的密切关系以及 la don 格标记本质上是表示空间位置的理论，我们提出用二分法来重新划分 la don 同体格，即把图一中第5、9类用法看作格标记，其他用法属于连接助词。其理由是(1) 第5、9类用法中，la don 置于体词之后，这与图示中大部分格标记用法一致，而其他第4、6、7、8类中，la don 置于谓词之后，并与动词的类型密切相关。(2) 在语言信息处理中，便于计算机自动识别与标注。因为体词具有开放性的特征，难以穷尽，而谓词基本可以穷尽。比如 adj + la + v 结构中，形容词的数量可以穷尽，这样有利于机器处理。因此本文提出的分类如图三所示。

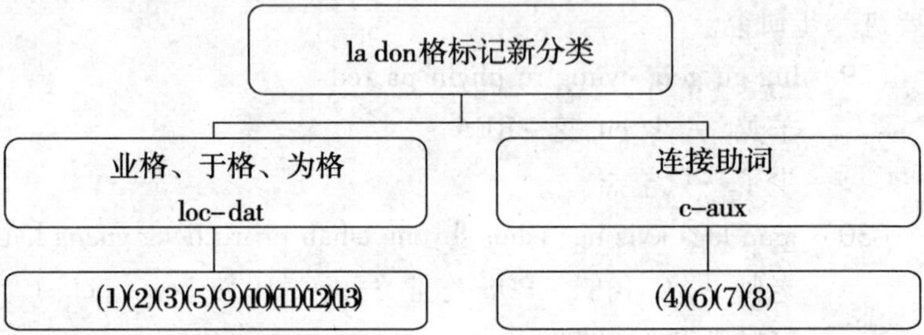

图三　格标记 la don 标记新分类

在文本标注的时候要充分考虑 la don 充当连接助词时的动词类型，否则可能会遇到一些形式上相同，但不是连接助词而是格标记的情况。如句子（31）所示：

（31） kha lag grang mor bzas na ，grod khog na yong nga.
饭 凉 – DAT 吃 – COOC，肚子 疼
饭吃凉的话，肚子疼。

grang mo 中的 r 是 loc – dat 格标记，而不是连接助词，这里形容词 grang mo 修饰名词 kha lag，r 是加在 kha lag grang mo 上的，而不表示 grang mo 与 bzas 之间的连接关系。关于 la don 格标记、连接助词和连词的自动识别与标注的实践，我们将另文讨论。本文旨在分析 la don 分类的不同体系，提出新的分类体系，这种分类既符合藏文语法实际又便于操作，是一种较为合理而可行的方法。

文字编码及其标准化探究

兰义湧①

摘要：本文从文字分类特征和信息处理技术入手，详细地介绍了文字的 ASCII 编码和 Unicode 编码方案，分析了 UTF 编码方式的实现以及编码间的转换方式，同时对中文编码标准状况也进行了简要的介绍。希望通过本文，能够帮助语言文字研究者更为清晰地认识目前的文字编码体系和标准。

关键词：ISO　标准 ASCII 码　扩充 ASCII 码　GBK　Unicode

一、文字与信息处理

随着计算机和互联网的不断普及，人类社会已经步入了被称为“第三次浪潮”的信息化时代。文字作为信息的主要载体之一，如何让计算机等现代化的电子设备能够识别和处理文字，则是信息处理技术的重要课题之一。文字信息处理技术是信息化的重要基石，要推进文字信息化处理技术的发展，文字的计算机编码是关键，不解决这个基本问题，文字就无法进入计算机，文字的信息化处理也

① ［作者简介］兰义湧，2011 级语言学及应用语言学专业博士生，研究方向：计算语言学。

就无从谈起。

(一)、文字的分类及特点

要对文字进行编码，首先要认识文字的分类特征。人类的文字大致可分为象形文字、表意文字、表音文字三大类。

1. 象形文字：脱胎于记事图画，在字型上仍保留着对事物直观描述的特点，是人类最古老的文字，古埃及的文字和我国殷商时代的甲骨文等，都属象形文字体系，保留至今并仍被使用的纳西族东巴文、尔苏人的沙巴文也属象形文字。

2. 表意文字：通过图形或符号的组合，表达语言意义单位的文字体系。表意文字源于象形文字，随着字体的演变，而逐渐失去了象形的特征。中国的汉字、5000 多年前的楔形文字和圣书字，以及中美洲的古玛雅文、古代克里特文字都是表意文字，但其中只有中国的汉字仍在使用，其他文字都已经成为了历史的过客。

3. 表音文字：标记语言单位声音的文字，采用一套字母拼写语言单位。表音文字又分为音节文字、辅音文字和音位文字三种。

(1) 音节文字是指一个符号表示一个音节的文字系统。如日本的假名是典型的音节文字。

(2) 辅音文字是指只有表示辅音的字母，没有表示元音的字母的文字体系。这种文字常常用一些附加符号表示元音，有的文字则没有表示元音的符号。如现代阿拉伯文（维哈柯文）、藏文都属于这类文字。

(3) 音位文字既有表示辅音的字母，也有表示元音的字母，又叫音素文字、拼音文字。如英文、俄文、以及我国一些新创的少数民族文字（如布依文）等属于这类文字。

通过对三种文字分类的特征分析，从中我们可以看出，象形文和表意文都是源于记事图画，是通过临摹或笔画来表达意义，无法通过简单的规则来组合所有的文字，不具有严格的书写规律。而表音文字则基本上是文字读音的拼写，具有规整的字母组合特征。因此，文字的这种分类特征也将直接影响到它在计算机中的编码方式。如：象形文与表意文一般采用整字编码方式，而表音文一般采用字母编码方式。

（二）信息处理技术

在当今的信息化时代，物质、能量和信息构成了我们这个缤纷的世界。因此，信息处理技术已成为信息社会的重要组成部分。信息处理技术是指有关信息的收集、识别、提取、变换、存储、传递、处理、检索、检测、分析和利用等技术。这些技术的实现涉及计算机、微电子、网络与通信、传感等众多技术领域。而计算机技术作为信息处理技术的核心，已遍及人类社会的各个领域，其应用达到了“无孔不入”的地步，而且已经上升为了一种对人类的生产、生活及思维方式都产生极其深远影响的文化现象。

计算机作为信息处理的核心，那它是如何来识别各类信息的呢？通过计算机组成原理我们知道，晶体二极管是构成电子计算机的重要元器件，这种二极管具有两种对立稳定的现象，可表示两种对立的物理状态，一般用“0”和“1”两个基本符号来表示。我们将这种用“0”和“1”两个符号表示形式称为二进制数字形式，计算机通过不同位数和组合顺序的二进制形式来表示世间万物。因此，信息在计算机内的表示形式也是二进制数字形式，各种类型的信息（数据、文字、声音、图像等）必须先转换成二进制数字编码的形式，才能在计算机内进行处理。

由于计算机内采用二进制计数系统，二进制是计算机运算的基础，因此，了解二进制的形式特点，以及二进制与其他数制之间的转换关系、信息编码等概念，对于学习和掌握文字的计算机编码是很有必要的。

1. 二进制位与字节

在二进制数字形式中，一个“0”或“1”称为一个二进制位(bit)，由于二进制数的每一位数是用电子元器件的两种稳定状态来表示，因此，二进制位是最小的信息单位。一个数的长度按二进制位数来计算，计算机内最常用的信息单位是字节（B 或 byte），一个字节是由 8 个二进制位组成，（即 1B = 8bit），字节也是计算机存储中的基本单位，一个数的长度一般也用字节数来表示。我们通常所说的文件大小为 1MB 就是 1024B（2 的 10 次方）。

2. 进位计数制

在人类历史发展的过程中，根据生产和生活的需要，人们创立了各种进位计数制。进位计数制是指用一组特定的数字符号按照一定的进位规则来表示数目的计数方法。在各种进位计数制中，十进制是人们最熟悉的，二进制是在计算机内使用的，而八进制和十六进制由于比二进制直观，因此，在编码文档和程序中经常使用，二者可看成是二进制的压缩形式。一般情况下，为便于识别，我们一般会在数值前加上对应的标识符，如 0x10 表示十六进制数 10。表 1 为二进制与八进制、十六进制的对应关系。

表 1：二进制与八进制、十进制、十六进制对应表

二进制	八进制	十进制	十六进制
00000000	0	0	0
00000001	1	1	1
00000010	2	2	2
00000011	3	3	3

续表

二进制	八进制	十进制	十六进制
00000100	4	4	4
00000101	5	5	5
00000110	6	6	6
00000111	7	7	7
00001000	10	8	8
00001001	11	9	9
00001010	12	10	A
00001011	13	11	B
00001100	14	12	C
00001101	15	13	D
00001110	16	14	E
00001111	17	15	F

3. 信息编码的基本概念

前面已讲述，信息必须经过数字化编码（二进制编码）才能被计算机这样的电子设备所处理。所谓编码，是指采用约定的基本符号，按照一定的组合规则，表示出复杂多样的信息，从而建立起信息与编码之间的对应关系。信息送入计算机后以编码的形式进行处理，然后从计算机输出后并还原成原来的形式。一切信息编码都包括基本符号和组合规则这两大要素。采用数字（二进制数、八进制数、十进制数等）作为基本符号并按照一定的组合规则得到的编码，称为数字化信息编码。本文探讨的文字编码即是其中一种数字化信息编码体系。

二、文字编码及其实现技术

文字编码就是将文字字符转换为用0和1两个基本符号表示的二进制编码形式，以便能够让计算机对文字进行识别、储存和处理等操作。我们知道，每个二进制位有0和1两种状态，因此8个二进制位（即一个字节）就可以组合出256种（2的8次方）状态，也就是说，一个字节一共可以用来表示256种不同的状态，每一个状态可对应一个不同的符号，就是256个符号（0－255），用二进制表示为0000000－11111111。

本文所提到的文字编码标准一般包含两层含义：一是编码所包含的字符集，也就是说哪些字母、文字和符号会被收入编码中。二是编码所采用的方案，即规定每个“字符”分别用一个字节还是多个字节来表示，具体的码位是如何规定的。

（一）标准ASCII编码

1946年，世界上第一台电子计算机在美国诞生了。随着计算机技术的不断发展，计算机从最初的数值运算逐步发展为具有能够处理文字等非数值数据的能力。为了让计算机能够处理英文，上个世纪60年代，美国国家标准学会ANSI（American National Standards Institute）制定了一套英文字符电脑编码方案，该方案采用7位二进制对英语字符（包括字母、数字、标点符号、控制字符及其他符号）进行编码，这就是我们通常所说的标准ASCII码（American Standard Code for Information Interchange，美国信息互换标准代码）。

标准ASCII码是基于拉丁字母的一套电脑编码系统，共收录了128个字符，其中有96个可打印字符，包括常用的字母、数字、标点符号等，另外还有32个控制字符。它是现今最通用的单字节编码系统，它同时也被国际标准化组织ISO（International Organization for Standardization）批准为国际标准，对应于国际标准 ISO/IEC 646。

虽然标准 ASCII 码是 7 位编码，但由于计算机基本处理单位为字节，所以一般仍以一个字节来存放一个 ASCII 字符。每一个字节中多余出来的一位（最高位）在计算机内部通常保持为 0。例如英文字母“A”的 ASCII 编码是 65，它在计算机内部的表示形式为 01000001。ASCII 编码的制定规范了英文的基本字符集在计算机内的统一编码问题，为英文的信息化处理提供了基础和保障，并一直沿用至今。

（二）扩充 ASCII 编码

随着计算机的传入，一些欧洲国家也开始使用计算机，但他们却面临着一个现实问题，上面我们讲到，ASCII 字符只包含了英语中的 128 个基本字符，而在一些欧洲国家的语言中还包含大量的其他符号，要表示这些字符，128 个符号是无法满足需要的。如在法语中，有的字母上方有注音符号，现有的 ASCII 码就无法表示该类字母。于是，一些欧洲国家就决定，在标准 ASCII 码的基础上，利用字节中没有使用的最高位来编码。比如，法语中的 é 的编码为 130。这样一来，在原基础上增加 128 个码位，就可以表示 256 个符号了。

但是，这里又出现了新的问题。不同的国家有不同的字符集，即使全部使用这 256 个码位来表示欧洲大部分语言的字符也还是不够的。针对这种情况，很多国家制定了各自的字符集编码方案，这些方案在保持基本 ASCII 编码不变的基础上，对 128 – 255 区间的码位进行了各自编码，因此，哪怕它们都使用 256 个码位的编码方式，但在 127 之后的码位所代表的字符却是不尽相同的。比如，130 在法语编码中代表了 é，在希伯来语编码中却代表了字母?，在俄语编码中又会代表另一个符号。但是不管怎样，所有这些编码方案中，0—127 区间所表示的符号是一样的，不一样的只是 128—255 的这一段。为此，国际标准化组织 ISO 陆续制定了一批适用于不同地区的扩充 ASCII 字符集，每种扩充 ASCII 字符集分别可以扩充 128 个字符，这些扩充字符的编码均为高位为 1 的 8 位二进制代码（即十进制数 128—255），相对标准 ASCII 编码而言，我们称之为扩充 ASCII 码。一般情况下，我们也将这种基于标准 ASCII 码扩充的各国文字编码方案称为 ANSI 编码。

对于一些亚洲国家的文字而言，256 个字符肯定无法满足文字编码的需要，对于这种超过 256 个字符的文字，我们就不能用单字节进行编码，而必须使用多字节编码，中国的汉字就是一个典型的例子，在随后的内容中会讲到，这里就不先详述了。

扩充 ASCII 编码解决了非英语文字在计算机内部的编码问题，有力地推动了各个非英语国家的信息数字化进程，但随着经济全球化和世界一体化的步伐，各个不同语种国家间的信息交流越来越频繁，而不同的文字编码方案却影响了这种信息交流的便捷性和流畅性，这在一定程度上也阻碍了全球一体化进程。

（三）中文编码

中文的汉字编码工作始于上世纪 80 年代，由于汉字是由象形文字演变而来的表意文字，不像英文等一些表音文字那样可以通过字母的组合成字，因此汉字的编码方式也就有别于英文的 ASCII 编码方式，通过前面的介绍我们了解到，ASCII 编码是对字母进行编码，因此编码数量有限，而汉字则需要对每个整字进行编码，由于汉字的数量庞大，即使是日常用字也多达六七千个，由于一个字节只能表示 256 种符号，那肯定是远远不够的，为此，就必须使用多个字节表示一个符号。根据汉字的特点，我国陆续制定了自己的汉字编码标准。这其中包括 GB2312、GBK、GB18030 以及台湾地区制定的 BIG5 汉字编码标准等。

1. GB2312 编码标准

GB2312 又称为 GB2312 - 80 字符集，是中国国家标准的简体中文字符集，全称为《信息交换用汉字编码字符集 · 基本集》，1981 年 5 月 1 日实施。它所收录的汉字已经覆盖 99.75% 的使用频率，基本满足了汉字的信息处理需要，在中国大陆和新加坡获广泛使用[①]。GB2312 采用双字节编码，收录了简化汉字及序号、数字、一般符号、日文假名、拉丁字母、俄文字母、希腊字母、汉语拼音符号、汉语注音字母等共 7445 个图形字符。其中包括 6763 个汉字（一级汉字 3755 个，二级汉字 3008 个）；还包括拉丁字母、希腊字母、日文平假名及片假名字母、俄语西里尔字母在内的 682 个全角字符。

2. GBK 编码标准

1995 年制定的 GBK 是 GB2312 的扩展，是向上兼容的，因此 GB2312 中的汉字的编码与 GBK 中汉字的相同，GBK 中包含了汉字繁体字的编码。GBK 中每个汉字仍然包含两个字节，第一个字节的范围是 0x81 - 0xFE（即 129 - 254），第二个字节的范围是 0x40 - 0xFE（即 64 - 254）。GBK 中有码位 23940 个，包含汉字 21003 个[②]。

3. BIG5 编码标准

BIG5 又称大五码或五大码，1984 年由台湾财团法人信息工业策进会和五间软件公司宏碁、神通、佳佳、零壹、大众创立，故称大五码。Big5 码的产生，是因为当时台湾不同厂商各自推出不同的编码，彼此不能兼容；另一方面，台湾政府当时尚未推出官方的汉字编码，而中国大陆的 GB2312 编码亦未有收录繁体中文字。

---

① 张阳、蒋胜平、高炜 .《中文软件的国际化方法研究》[J] . 电脑与信息技术，2006（6）.

② 刘碧松 .《汉字字符集及其编码技术的标准化现状》[J] . 世界标准化与质量管理 . 1996（7）.

表 2：GB2312、GBK 和 BIG5 编码区间表

编码标准名称	第一字节（高字节）	第二字节（低字节）
GB2312	0xB0 - 0xF7（176 - 247）	0xA0 - 0xFE（160 - 254）
GBK	0x81 - 0xFE（129 - 254）	0x40 - 0xFE（64 - 254）
Big5	0x81 - 0xFE（129 - 254）	0x40 - 0x7E（64 - 126） 0xA1 - 0xFE（161 - 254）

4. GB18030 编码标准

GB 18030 的全称是 GB18030 - 2000《信息交换用汉字编码字符集基本集的扩充》，是我国政府于 2000 年 3 月 17 日发布的新的汉字编码国家标准，2005 年又对其进行了扩充，是汉字目前为止最新的国家编码标准。

GB18030 采用单字节、双字节和四字节三种方式对字符编码。GB18030 字符集解决了汉字、日文假名、朝鲜语和中国少数民族文字组成的大字符集计算机编码问题。该标准的字符总编码空间超过 150 万个编码位，收录了 27484 个汉字，覆盖中文、朝鲜语、日文和中国少数民族文字。能够满足中国大陆、台湾、香港、韩国和日本等东亚地区信息交换的要求，是一种多文种、大字量、多用途、统一编码的文字编码格式。

GB18030 标准单字节部分使用 0x00 至 0x7F 码位（对应于 ASCII 码的相应码位）。双字节部分，首字节码位从 0x81 至 0xFE，尾字节码位分别是 0x40 至 0x7E 和 0x80 至 0xFE。四字节部分采用 0x30 到 0x39 作为对双字节编码扩充的后缀，这样扩充的四字节编码，其范围为 0x81308130 到 0xFE39FE39。其中第一、三个字节编码码位均为 0x81 至 0xFE，第二、四个字节编码码位均为 0x30 至 0x39。码位总体结构见下图。

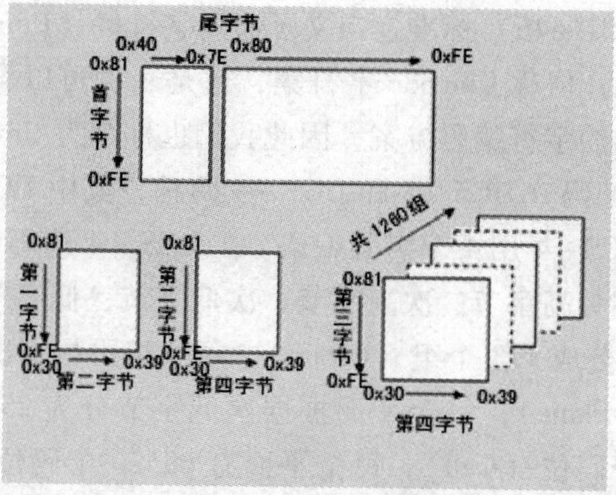

GB18030 码位总体结构图

我国民族文字编码标准的研制始于20世纪80年代，迄今已制定了多种传统通用民族文字编码字符集的编码标准，如蒙古文、维吾尔、哈萨克、柯尔克孜、藏文、朝鲜文、傣文和彝文都相继推出了国家编码标准或地方标准，有的还进入了Unicode编码体系，这些编码标准的制定和实施极大地推动了我国少数民族语言文字的信息化处理进程。

（四）Unicode 编码

正如前面所述，世界上存在着多种编码方式，同一个二进制数字可以被解释成不同的符号。因此，要想打开一个文本文件，不但必须知道它的编码方式，而且还要装有对应的编码表，否则用错误的编码方式解读，就会出现乱码。为什么电子邮件常常出现乱码？就是因为发信人和收信人使用的编码方式不一样。

可以想象，如果有一种编码，将世界上所有的符号都纳入其中。每一个符号都给予一个独一无二的编码，那么乱码问题就会消失。为此，从1990年开始，国际标准化组织ISO制定了ISO10646

(或称 ISO/IEC10646) 标准，定义了通用字符集 (Universal Character Set，UCS)，俗称 Unicode 字符集，这是一种可以容纳世界上所有文字和符号的字符编码方案，因此我们也称之为 Unicode 编码①。

Unicode 编码分 UCS－2 和 UCS－4 两种，其中 UCS－2 用两个字节编码，UCS－4 用 4 个字节编码。在 UCS－4 编码中，我们将 4 个字节分别称为高字节、次高字节、次低字节、低字节，最高位为 0 的高字节可分成 128 个组 (Group)，每个组再根据次高字节分为 256 个平面 (Plane)，每个平面根据次低字节分为 256 行 (Row)，每行有 256 个码位 (Cell)。每个平面有 65536 个码位，Unicode 编码计划使用其中的 17 个平面，一共有 1114112 个码位 (17 * 65536，共 21 位二进制)②。其中组 0 的平面 0 被称作基本多文种平面 BMP (Basic Multilingual Plane)。将 UCS－4 的 BMP 去掉前面的两个零字节 (高字节和次高字节) 就得到了 UCS－2。

历史上曾经存在两个独立的尝试创立单一字符集的组织，即国际标准化组织 (ISO) 和多语言软件制造商组成的统一码联盟。前者开发了 ISO/IEC 10646 项目，后者开发了相应的统一码项目，二者最初制定了不同的编码标准。1991 年前后，两个项目的参与者都认识到，世界不需要两个不兼容的字符集，于是，它们开始合并双方的工作成果，并为创立一个单一编码表而协同工作。目前最新的 Unicode 标准是 2012 年 1 月发布的 6.1 版本。Unicode 编码除了兼容标准的 ASCII 码外，其他已有的文字编码方案不予考虑吸收，而是对其重新编码。一般情况下，一种语言文字要想进入 Unicode 编码体系，首先需要使用该种文字的国家或地区拿出相关可行的方案，并向国际标准化组织提出申请，经该组织严格审核投票后方可纳入 Unicode 编码体系。

---

① 席春梅．初探 Unicode 编码．科技经济市场．2008 年第 9 期．

② 谢谦等．《编码字符集标准及分类研究》．中文信息学报．第 20 卷第 5 期．

需要注意的是，Unicode 只是一个字符集，它只规定了字符的二进制代码，却没有规定这个二进制代码应该如何存储。比如，汉字“兰”的 Unicode 码是 0x5170，转换成二进制数足足有 15 位（101000101110000），也就是说这个符号的表示至少需要 2 个字节。表示其他更大编码的符号，可能需要 3 个字节或者 4 个字节，甚至更多。那这里就有两个严重的问题，第一个问题是，如何才能区别 Unicode 和 ASCII 码呢？计算机怎么知道三个字节表示一个符号，而不是分别表示三个符号呢？第二个问题是，我们已经知道，英文字母只用一个字节表示就够了，按照 Unicode 统一规定，每个符号需要多个字节（2－4 个）表示，那么每个英文字母前都必然有一到三个字节全部都是 0，这对于存储来说是极大的浪费，文本文件的大小会比原来的编码方式大出二三倍。以上两个问题造成的结果是：一是出现了多种 Unicode 编码实现方式，也就是说有许多种不同的二进制格式用来表示 Unicode；二是 Unicode 在很长一段时间内无法推广，直到互联网的出现。

（五）UTF 编码技术

随着互联网的普及，人们要求使用一种统一的编码方式的愿望越来越强烈。在这种背景下，UTF－8 编码技术诞生了，它是在互联网上使用最广的一种 Unicode 编码实现方式。类似的其他实现方式还有 UTF－16 和 UTF－32 等，不过它们一般在本地储存中使用，在互联网上基本上不用①。

UTF 是“UCS Transformation Format”的缩写，可以翻译成 Unicode 字符集转换格式，即怎样将 Unicode 编码转换成可用于储存与传输的二进制格式。例如，“民族”对应的 Unicode 编码是 0x 6C11

① 陈春艳等．基于高效 UTF 的 Unicode 编码方式研究．电脑知识与技术．2007 年第 20 期．

和0x 65CF，其对应的UTF－8、UTF－16 和 UTF－32 编码格式如表3所示。

表3："民族"的不同编码实现方式

编码方式	编码格式（十六进制）
UTF－8	0xE6 0xB0 0x91 0xE6 0x97 0x8F
UTF－16	0x6C11 0x65CF
UTF－32	0x00006C11 0x000065CF

1. UTF－8 编码

UTF－8 以字节为单位对 Unicode 进行编码。从 Unicode 到 UTF－8 的编码方式如表4所示：

表4：从 Unicode 到 UTF－8 的编码方式

Unicode 编码（16 进制）	UTF－8 字节流（二进制）
000000 － 00007F	0xxxxxxx
000080 － 0007FF	110xxxxx 10xxxxxx
000800 － 00FFFF	1110xxxx 10xxxxxx 10xxxxxx
010000 － 10FFFF	11110xxx 10xxxxxx 10xxxxxx 10xxxxxx

从上表我们可以看出，UTF－8 的特点是对不同范围的字符使用不同长度的编码。对于在0x00－0x7F 区间的字符，UTF－8 编码与 ASCII 编码完全相同，用一个字节编码即可，UTF－8 编码的最大长度是4个字节。从上表可以看出，4 字节模板有 21 个 x，即可以容纳 21 位二进制数字，Unicode 的最大码位 0x10FFFF 也只有 21

位，因此完全可以覆盖目前的 Unicode 字符集①。

例如“民”字的 Unicode 编码是 0x6C11。0x6C11 在 0x0800 - 0xFFFF 之间，使用 3 字节模板：1110xxxx 10xxxxxx 10xxxxxx。将 0x6C11 写成二进制是：0110 1100 0001 0001，用这个比特流依次代替模板中的 x，得到：11100110 10110000 10010001，即 E6B091，这与上面我们例子中所看到的是一样的。

2. UTF - 16

UTF - 16 以 16 位无符号整数（双字节）为单位进行编码。如果我们把 Unicode 编码记作 U。则 UTF - 16 的编码规则如下：

如果 U < 0x10000，U 的 UTF - 16 编码就是 U 对应的 16 位无符号整数。

如果 U ≥ 0x10000，我们先计算 U′ = U - 0x10000，然后将 U 写成二进制形式：yyyy yyyy yyxx xxxx xxxx，那 U 的 UTF - 16 编码的二进制形式就是：110110yyyyyyyyyy 110111xxxxxxxxxx。

例如：Unicode 编码 0x20C30，减去 0x10000 后，得到 0x10C30，写成二进制是：0001 0000 1100 0011 0000。用前 10 位依次替代上述模板中的 y，用后 10 位依次替代模板中的 x，就得到：1101100001000011 1101110000110000，即 0xD843 0xDC30，这就是该 Unicode 编码的 UTF - 16BE 的编码数字。

3. UTF - 32

UTF - 32 以 32 位无符号整数为单位进行编码，Unicode 的 UTF - 32 编码就是其对应的 32 位无符号整数，不需要再进行相关的转换，即 UTF - 32 编码与 Unicode 编码完全是一致的。

① 鹿文鹏等．《Unicode 与 UTF - 8 编码转换方法研究》．计算机时代．2009 年第 5 期．

(六)、字节序标识 BOM

文字经过数字化编码后储存在计算机内部，对于单字节编码而言，不存在字节顺序问题，而对于用多字节编码，则需要声明字节存放的顺序，即是高字节在前还是低字节在前，这对于计算机程序正确解读一个文字编码具有重要的作用。根据字节序的不同，UTF－16 又可以分为 UTF－16LE 或 UTF－16BE，同理，UTF－32 也可以分为 UTF－32LE 或 UTF－32BE 两种方式。Unicode 规范中推荐的标记字节顺序的方法是 BOM（Byte Order Mark）。这种方法是建议我们在传输字节流前，先传输相关的标识符号，如果接收者收到的是 0xFEFF，这就表明这个字节流是 Big－Endian 的，而如果收到的是 0xFFFE，就表明这个字节流是 Little－Endian 的。UTF－8 不需要 BOM 来表明字节顺序，但可以用 BOM 来表明编码方式，如果接收者收到以 0xEFBBBF 开头的字节流，就知道这是采用了 UTF－8 编码方式。Windows 系列操作系统就是使用 BOM 来标记文本文件的编码方式的。具体的 BOM 标识与 UTF 编码方式的对应关系如表 5 所示①。

表 5：BOM 标识与 UTF 编码方式的对应关系

编码方式	UTF－8	UTF－16LE	UTF－16BE	UTF－32LE	UTF－32BE
BOM	EF BB BF	FF FE	FE FF	FF FE 00 00	00 00 FE FF
"民"字编码	E6 B0 91	11 6C	6C 11	11 6C 00 00	00 00 6C 11

① 文心.《字符背后的秘密—文字编码》. 电脑爱好者. 2005 年第 4 期.

三、不同编码间的转换

通过以上的介绍，我们知道在 Unicode 出现之前每一种文字都有其各自的编码体系，除了标准的 ASCII 字符集外，其他字符编码基本上是互不兼容的，如果我们把采用 GB2312 中文编码的文本在俄文系统中打开，那就是一堆无法识别的乱码。从 Windows NT 操作系统开始，微软公司采用 Unicode 对系统内核进行了重写，以便能够全面支持 Unicode 字符集，因此，在 NT 之后的系统中，如果一个文本是使用 Unicode 编码，只要系统中装有对应的字体，在任何文字环境中也都能够正确显示。

Unicode 编码虽然已经制定了 20 多年了，微软从 Windows NT 也开始支持 Unicode，但由于技术和经济成本等原因，各种文字编码体系依旧还在使用，人们无法马上换成 Unicode 编码，这也不是一朝一夕能实现的。为此，人们就面临一个现实问题，即如何实现各种不同的文字编码体系和 Unicode 编码间的转换。

（一）非 Unicode 编码标准与 Unicode 编码间的转换

在非 Unicode 环境下，由于不同国家和地区所采用的字符集不一致，很可能出现无法正常显示所有字符的情况。为了部分解决这一问题，微软公司使用了代码页（Codepage）转换表这种过渡性技术，即通过指定的转换表将非 Unicode 的字符编码转换为同一字符对应的 Unicode 编码。代码页是字符集编码的别名，也有人称“内码表”。我们可以在系统的控制面板“语言与区域设置”中选择一个代码页作为非 Unicode 编码所采用的默认编码方式，如 936 为简体中文 GBK，950 为正体中文 Big5，通过这种方式，可以实现代码页与 Unicode 之间的编码转换。但要从根本上解决乱码问题，完全采用统一编码才是解决之道，但目前尚无法做到这一点。在安装过一个代码页后，Windows 就知道怎样将该代码页的文本转换到 Unicode 文本，也知道怎样将 Unicode 文本转换成该代码页的文本，从而实现两者之间的转换。

其实，如果一开始就统一采用 Unicode 作为字符编码，那么代码页就没有存在的必要了。可惜在 Unicode 被发明前，世界各国人民都发明并使用了各种字符编码方案。所以，Windows 必须通过代码页支持已经被广泛使用的字符编码。从这种意义看，代码页主要是为了兼容现有的数据、程序和习惯而存在的。

（二）、UTF 编码方式间的转换

通过上一节对 UTF 编码技术的分析，可以看到 UTF－8、UTF－16 和 UTF－32 三种不同的 Unicode 编码实现方式具有严格的规律可循，因此通过计算机程序就可以顺利实现它们之间的自动转换，这样的程序在网络中很容易寻得，感兴趣的朋友可以自己去下载，这里就不对其进行介绍和分析。

在 Windows 平台下，有一个最简单的转化方法，就是使用内置的记事本小程序 Notepad. exe。打开文件后，点击“文件”菜单中的“另存为”命令，会跳出一个对话框，在最底部有一个“编码”的下拉条。如下图所示：

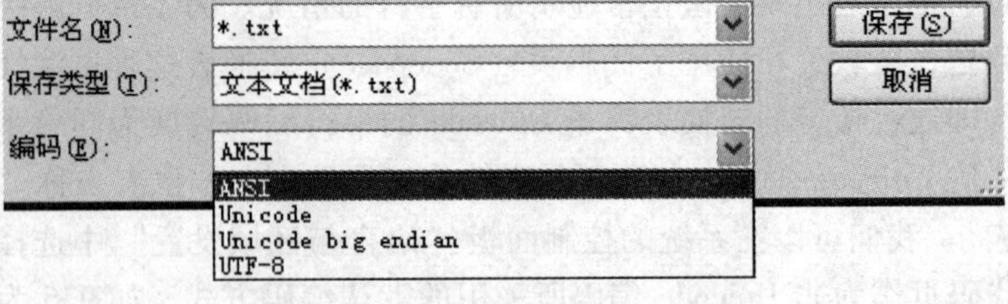

里面有四个选项：ANSI，Unicode，Unicode big endian 和 UTF－8，其中：1）ANSI 是默认的编码方式。对于英文文件是 ASCII 编码，对于简体中文文件是 GB2312 编码；2）Unicode 是 UTF－

16LE，这个选项用的是 little endian 格式。选择完“编码方式”后，点击“保存”按钮，文件的编码方式就立刻转换好了。

四、结束语

如今，随着计算机的普及、网络的发展、信息高速公路的推广，社会信息化程度越来越高，信息交换和国际间交流也变得越来越频繁，这就要求我们的信息处理技术必须面向多文种和国际化，而遵循 Unicode 编码标准是我们的必由之路，相信在不久的将来，Unicode 将结束目前这种“万码奔腾”的格局，并引领人类文字编码走向大一统的全新局面。

试论民族地区双语教育教材语料库建设

张 阳①

摘要： 双语教育政策是我国民族政策的重要内容。民族地区现行双语教育教材在内容适用性、教学容量、术语翻译等方面不同程度地存在问题，建设双语教材语料库、了解教材现状、推动教材研究具有重要意义。在建设过程中应遵循一定原则，建立相应的标准和规范。

关键词： 语料库　双语教育　教学　教材

现代语料库指以特定格式与标记存储于电子计算机中的大量文本集合。早在19世纪，语料库方法便在语言学研究中得到运用，但研究手段主要是卡片制作和人工检索，研究内容主要集中在词典编纂和语法研究方面。② 随着计算机技术的不断进步，机器大规模处理语料的优越性日益突显。20世纪80年代后，基于语料库的语言学研究迅速发展，它以大规模真实文本为处理对象，从中获取比传统语言研究更客观、准确的语言知识和更具代表性的自然语言

① ［作者简介］张阳，2011级语言学及应用语言学博士研究生，研究方向：计算语言学。

② 卢磊．语料库语言学：后现代语言学的兴起［J］．湖北大学学报（哲学社会科学版），2006（4）．

规律。

在语言教学方面的应用是语料库语言学的一项重要内容。语料库既可作为教学内容直接用于语言教学，也可为语言学研究、教材开发、工具书编纂、语言测试等提供资源和途径。我国从 70 年代末开始建设语料库，在语料库开发和教学研究方面取得了一定成绩。如 2000 年高等教育出版社出版的翟象俊等人主编的《21 世纪大学英语》、2004 年外语教学与研究出版社出版的郑树棠等人主编的《新视野大学英语》等教材在编写上都成功应用了语料库语言学的研究成果。① 但目前语料库的建设和研究大多围绕英语和汉语教学，对少数民族双语教育关注较少，对双语教材少有涉足，未建设专门针对双语教育的平行语料库。

一　双语教育教材现状

建国后，党和国家一直十分重视少数民族语言的使用和发展。双语教育是我国民族政策在教育领域的重要体现，是我国教育体制的重要组成部分。目前，我国双语教育主要有三种类型：第一，一贯制双语类型，即从小学、中学教育活动的传播媒介以使用本民族文字为主过渡到大专院校某些学科以汉语文为主，或民族语文和汉语文双语并行，主要存在于我国新疆、内蒙、西藏和延边等地区；第二，小学双语型，即从小学低年级活动媒介以民族语文为主过渡到高年级以汉语文为主，广泛存在于我国南方民族地区，多是产生年代久远但使用范围有限的文字，或历史较短的文字和新创文字；第三，辅助双语型，即从小学低年级以母语辅助教学过渡到高年级完全以汉语为主，主要是没有文字的民族使用。② 在个别民族地区

① 姚剑鹏．语料库研究与语言教学［J］．全球教育展望，2005（12）．

② 戴庆厦、董艳．中国国情与双语教育［J］．民族研究，1996（1）．

还有更细化的模式分类。[①] 不同地区、不同教育类型使用的教材种类有一定差别。

1. 教材种类及使用情况

我国民族地区的双语教育教材可分为国家课程教材、地方性课程教材和校本课程教材。

地方性教材和校本教材大多结合本民族知识和文化，以增强学生对本民族文化和历史的了解，激发学生的学习兴趣。其中，地方性教材有的是全省区统一编写，有的是地区组织编写；校本教材有的是不同学校共同编写，有的是个别学校自己编写。这些教材有些使用汉语文编写，有些则使用本民族文字编写。

国家课程教材可分为汉语文教材、民语文教材和其他课程教材。各地区使用的汉语文教材类型差异较大：新疆自治区的部分地区直接选用人民教育出版社的《语文》教材替代适应双语教育编写的《汉语》教材；青海、西藏等地使用五省区藏语文教材编写委员会依据汉族统编汉语文教材编译的藏文教材；广西壮族小学使用汉语文和壮文对照教材；还有个别地区使用有少数民族文字注释的汉语文教材。民语文教材现大多依据汉文教材或国外民族教材编译。其他课程教材各地差异较大，有的使用汉文，有的使用民族文字，有的二者兼具。

2. 存在的问题

教材是重要的教育教学因素，是教师开展教学的工具之一。教材建设是双语教育工作的重要组成部分。2001 年 6 月 8 日，教育部印发《基础教育课程改革纲要（试行）》，标志着我国基础教育新一轮课程改革正式启动。为实现“新课改”目标，各民族地区也对双语教育教材进行了一定调整。但目前各地双语教育教材在出版经

① 张梅. 新疆少数民族双语教育模式及其语言使用问题［J］. 民族教育研究，2009（4）.

费、内容适用性、编译人员等方面存在一些问题，影响了双语教育的顺利开展。从教材、教辅方面看，现行双语教材主要存在以下问题：

（1）内容脱离民族地区实际

教学过程是教师引导下的学生的认识过程，学生是学习的主体，教材是学习素材和工具。教材内容只有激发学生的自主能动性才能达到良好的教学效果。

调查显示，大部分民族学生喜欢教材中出现有关本民族生活和文化的内容。① 但是，各地现行双语教材中体现本民族文化和生活的内容不足，不同程度地存在脱离本民族实际的情况，很多内容直接从汉文教材翻译而来。内蒙古自治区部分学校自2002年起采用由人教社版教材翻译的蒙文版教科书，部分学校则采用内蒙古教育厅统编教材（教材中有些内容直接翻译自汉文教材，有些直接取自蒙古国的教材），内容均不够切合民族实际，② 对教学效果产生了一定负面影响。云南省教育厅2001年编译出版的双语教材是全国新课改统编教材的译本，未能体现佤族的民族特色和传统文化。青海同德县教材也有类似问题，一位藏族教师指出："现有汉语文教材中反映城市生活的内容，学生很难懂，他们连柏油路都没见过，更谈不上北京的立交桥了。"③

双语教育在提高少数民族学生文化水平的同时，也承担着传承各民族优秀文化的使命。教材编写结合民族地区实际，增加本民族传统文化和历史内容，不仅可以激发学生的学习兴趣，而且有助于

---

① 郑新蓉、卓挺亚．我国义务教育阶段少数民族文字教材调查研究［J］．广西民族学院学报（哲学社会科学版）．2004（3）．

② 韩春晓．锡林郭勒盟蒙汉双语教育访谈与思考［A］．语言田野调查实录（五）［C］．北京：中央民族大学出版社，2011：205－208.

③ 王远新．青海同德县教师语言使用和汉语教学现状调查［A］．语言田野调查实录（四）［C］．北京：中央民族大学出版社，2010：339.

提高学生传统文化修养，促进本民族文化的传播和继承。

另外，个别地区使用的双语教材出版年代较早，内容陈旧，已无法满足学生和教师的实际需要。如云南省沧源佤族自治县的民族小学、岩帅镇中心完全小学和贺南村完全实验小学佤语课使用的仍是20世纪80年代出版的佤文扫盲教材，德宏景颇族傣族自治州载瓦汉双语文教学小学使用20世纪80年代的《汉载会话》等教材。①

（2）教学容量和难度欠合理

受双语教材编译人员质量和数量的限制，现行教材在教学容量和难度上不够合理，学段间教材衔接也存在问题。新疆自治区新修订的学前双语教材便存在教学容量低、汉语交际能力的培养和训练不够的问题，与小学低段直接开始双语教育难以衔接；一些双语班的学生虽然不同学段间的汉语教育衔接上了，却因为汉语教材不同或地理、历史等学科授课不同而产生障碍。② 青海同德县的藏族教师反映现有教材内容偏深，不适合没有学前教育的地区。③ 云南省教育厅2001年编译出版的双语教材没有佤文拼音基础知识，直接从课文开始，学生很难掌握。④ 锡林浩特市蒙古中学的蒙文教材由内蒙古人民教育出版社出版，2009年改版后内容增加了很多，课后练习板块也缺乏针对性，学生学习负担较重。⑤

---

① 王远新．我国少数民族双语教育调查研究应当注意的几个问题［A］．语言田野调查实录（五）［C］．北京：中央民族大学出版社，2011：22－23.

② 刘军．新疆学前、中小学双语教育发展状况与对策［A］．语言田野调查实录（六）［C］．北京：中央民族大学出版社，2011：202－205.

③ 王远新．青海同德县教师语言使用和汉语教学现状调查［A］．语言田野调查实录（四）［C］．北京：中央民族大学出版社，2010：339.

④ 王远新．我国少数民族双语教育调查研究应当注意的几个问题［A］．语言田野调查实录（五）［C］．北京：中央民族大学出版社，2011：22－23.

⑤ 钟明．蒙汉双语教育存在的问题［A］．语言田野调查实录（五）［C］．北京：中央民族大学出版社，2011：234.

(3) 部分内容翻译不准确

现行双语教材有大量从汉文教材或外文教材（主要是跨境语言）翻译的内容，但存在翻译不准确或不规范的现象。由于部分名词术语在民族语中缺乏与之对应的词语，翻译缺乏统一的规范和标准，导致不同教材甚至同一套教材中出现名词术语不统一的现象。有些翻译或民族语解释则不够准确，如青海同德县一位藏语文教师指出，汉语文教材中把汉语的“看作”翻译成藏语的“看”（用眼睛看），不够恰当。①

(4) 民文教辅资源匮乏

国家自从在民族地区推行双语教育以来，一直十分重视双语教材建设。仅1994年，全国各地的民族出版社就正式出版了3000多种双语教材，共一亿多册。② 现在各地区虽已开发编译双语教材，但民族语的配套辅助材料和课外阅读材料匮乏。内蒙古自治区锡林郭勒盟蒙授高等教育所面临的一个主要问题就是教辅书缺乏，蒙古文参考资料少见。③ 锡林郭勒职业学院的老师反映，现阶段蒙古文资料太少，无法满足教师和学生的需要，碰到解决不了的问题只能查汉语资料。这一问题在蒙古族中小学也同样存在。④ 内蒙古鄂温克族自治旗一位中学教师说：“在我们这里，蒙古文的辅导书很难买到，有时候学校不得不买回汉文的辅导书，然后组织老师把这些

① 王远新．青海同德县教师语言使用和汉语教学现状调查［A］．语言田野调查实录（四）［C］．北京：中央民族大学出版社，2010：339.

② 阿尔宾达赉、沙玛甲．中国少数民族文字教材建设概况［M］．呼和浩特：内蒙古教育出版社，1996.

③ 韩春晓．锡林郭勒盟蒙汉双语教育访谈与思考［A］．语言田野调查实录（五）［C］．北京：中央民族大学出版社，2011：205－208.

④ 钟明．蒙汉双语教育存在的问题［A］．语言田野调查实录（五）［C］．北京：中央民族大学出版社，2011：234.

书翻译成蒙古文，再发放给学生。”① 青海省藏汉双语教育也面临藏文辅导书缺乏的困境，大多数辅导书是由汉语辅导书翻译的，翻译质量参差不齐，差异较大。②

民文辅导书和课外阅读资料的匮乏，不仅增加教师的教学难度和备课负担，而且会降低学生的学习积极性，影响学习效果。

从学前教育至高等教育，从汉语文和民语文到其他科目，各民族地区的双语教育教材普遍不同程度地存在上述问题。此外，因教材适用性问题，有些民族地区或学校还存在教材选用不统一的现象。③ 这些问题的存在，影响了双语教育的教学质量。

作为教学环节的重要因素，教材一直是双语教育界普遍关注的问题。以往的研究更多关注汉语文教材，对基础教育阶段各类教材的关注多停留在文科类教材的适应性等，对理科类、外语类及其他课程教材的关注较少，对少数民族语文教材的梳理和分析更是少有涉足。④ 在这种情况下，尽快建设双语教育教材语料库，成为当务之急。

二　语料库建设原则和存储标记

1. 建设原则

建设双语教育教材语料库是一项关乎民生和国家稳定的长期任务。我国少数民族众多、语言状况较为复杂，语料库建设应从各地

---

① 姚春林．民族教育问题思考［A］．语言田野调查实录（四）［C］．北京：中央民族大学出版社，2010：352.

② 姚春林．青海省藏汉双语教育的现状与思考［A］．语言田野调查实录（七）［C］．北京：中央民族大学出版社，2012：296.

③ 王远新．我国少数民族双语教育调查研究应当注意的几个问题［A］．语言田野调查实录（五）［C］．北京：中央民族大学出版社，2011：22－23.

④ 王远新．我国少数民族双语教育调查研究应当注意的几个问题［A］．语言田野调查实录（五）［C］．北京：中央民族大学出版社，2011：22－23.

实际出发，在充分考虑国家政策和国家安全等因素的前提下，遵循一定原则。

（1）先调研后建设

建设双语教育教材语料库的首要目的是服务于双语教育。因此，建设之前应对各民族地区双语教材的现状展开调研，包括各地双语教育类型、教材使用的版本版次、教学大纲、教师和学生对教材的评价、教学效果及教辅材料等。在此基础上设计语料库的构架，确定标注层级和内容，对不同民族、不同语言的具体情况具体分析，有针对性地开展语料库建设，以更好地服务于教师、学生、教材编写人员、研究人员及相关政府部门等。

（2）分清主次先后

双语教育教材语料库建设是一项长期而艰巨的任务，不能一蹴而就，在建设过程中，应分清主次先后。从民族角度看，应先考虑人口较多、分布较广的民族，以传统通用民族文字优先，如藏文、蒙文、维吾尔文、哈萨克文、柯尔克孜文、朝鲜文、彝文等。从学科类型看，应先考虑语文教材，尤其是民语文教材，因语文教材直接与语言能力相关，与民汉双语关系密切；其次考虑人文类、自然科学类学科教材，这些教材还可反映语言能力与知识学习之间的关系。从具体教材看，应先考虑有规范教学大纲的成熟教材，统编教材优先。从学段来看，应先考虑九年义务教育阶段教材，其次考虑学前教育、高中教育、高等教育教材等。

（3）制定相应的规范和标准

双语教材语料库建设需制定相应的规范和标准。首先，完善或制定分词和标注规范，目前只有个别民族语言制定了分词规范的国家标准，尽快研究制定各民族语言的分词和标注规范是提高双语教材语料库质量的重要保证。其次，建立双语教材术语体系规范和相应的知识库，教材语料库的建设应使用规范术语，避免不同语言、不同教材间出现术语和名称混乱的现象。再次，制定相应技术路线的规范和标准，双语教材语料库建设的最终目标应是服务于各民族地区的双语教育，为国家制定民族教育政策提供依据，因此语料库建设应本着统一、规范的原则，由相关部门制定规范标准，为最终实现统一平台、同一出口发布相关数据奠定基础，服务于相关政府和研究部门。

2. 存储标记

语料库数据格式统一不仅有利于语料的管理和升级，对语料资源共享也十分重要。可扩展标记语言（XML，Extensible Markup Language）是一种专门在互联网上传递信息的语言，可用来标记数据、定义数据类型，使电子文件具有结构性特点。XML 允许用户对自己的标记语言进行定义，具有灵活的语法，可描述任何类型的文档，是语料库编码的重要工具之一，被信息处理界普遍使用。

用 XML 语言组织双语教育教材语料库，有利于实现语料库的统一管理、维护和深加工等，可减少程序和数据的依赖性，提高资源共享性。一个语料库文件可以是一个或多个 XML 格式的文件集合，可以用文档类型定义（DTD，Document Type Definition）来定义其结构。

教材语料库的标记内容主要包括两部分：一是课本整体信息，如科目、册数、编者、出版社等；二是教材具体内容，如课文编号、标题、作者、领域等。不同科目对课本信息的标记基本一致，而对教材内容的标记则有所不同，如语文教材需细化课文体裁、领域、来源等信息，其他科目一般无需标记。本文主要就课本信息初步设计了元素标签，对教材内容的标记以语文教材为例（见表 1、表 2）。每项标记内容以“<元素名>”开始，以“</元素名>”结束。“book”元素包含课本信息的所有其他元素；“text”元素包含一篇课文的所有其他元素。

表1：课本信息标记

被标记内容	标记	说明
课本	<book>…</book>	
课本名称	<name>…</name>	
主编	<chiefeditor>…</chiefeditor>	
副主编	<associateeditor>…</associateeditor>	
出版社	<publisher>…</publisher>	
出版时间	<publishtime>…</publishtime>	
版本	<edition>…</edition>	
版权号	<copyright>…</copyright>	
课程标准	<curriculumstan>…</curriculumstan>	是否为新课程标准
课程性质	<curriculumtype>…</curriculumtype>	选修或必修
科目	<subject>…</subject>	
授课班级	<class>…</class>	普通班或实验班
学习阶段	<period>…</period>	小学、初中、高中等
年级	<grade>…</grade>	
册数	<volume>…</volume>	
语种	<language>…</language>	教材所使用的语言
字数	<words>…</words>	

表2：语文教材内容标记

被标记内容	标记	说明
课文	<text>…</text>	
课文名	<title>…</title>	

续表

被标记内容	标记	说明
课文序号	<textID>…</textID>	
作者	<author>…</author>	
来源	<source>…</source>	课文出处
翻译	<translate>…</translate>	翻译自何种语言的作品
译者	<translator>…</translator>	
体裁	<form>…</form>	记叙文、议论文、说明文等
领域	<domain>…</domain>	政治、经济、教育等①
类型	<texttype>…</texttype>	必读或选读
内容	<content>…</content>	课文正文
词数	<words>…</words>	
生词	<newwords>…</newwords>	
语法	<grammar>…</grammar>	
练习	<excise>…</excise>	

三　建设双语教材语料库的意义

建设双语教育教材语料库对民汉双语教育、民族文化传承及推进少数民族语言信息化水平等都具有重要意义。

(1) 有助于了解双语教材及教学现状，为评估双语教学质量提供依据

① 参照“国家语委现代汉语通用平衡语料库”的分类。

了解双语教材及教学现状，包括教材中语种的数量与分布状况，双语之间的关系与地位等，是把握双语教育政策落实的前提和基础。仅就少数民族语文教材而言，需要从两方面认真梳理：一是教材的编写原则，选文体现的政治取向、历史和文化价值观、民族认同和国家认同的关系等；二是教材的针对性、试用性，以及教辅的配套等。[①] 建设双语教材语料库，不仅可梳理民语文教材的上述问题，还可了解其他学科教材和教学现状，为评估双语教学的实施与质量监测提供理论及数据参考。

（2）有助于教材、教辅编写和学科研究

目前双语教材存在多种问题，对教材研究不足是原因之一，部分教材甚至还未制订规范、标准的教学大纲。建设双语教材语料库，统计教材“字”、“词”频率，考察双语在教材中的分布，了解教材内容的来源及表现形式等，结合民族语言的使用特点及民族学生的学习特点，可为教材及教辅的研究、编写提供参考和依据，有效支撑双语教育与教学研究，使双语教育在保证民族学生掌握民族语言、了解民族文化的同时，切实提高知识和技能的培养。同时，对双语教材的研究，可推动民族语言、文化、历史、宗教等方面的研究。

（3）有助于推进民族语言信息处理技术发展

双语教材语料库的建设，不仅能为民汉双语教育提供支撑，且有助于推进少数民族语言信息处理技术的发展。目前，民族语言数据库的建设远落后于汉语数据库，尤其是标注语料库规模较小，且主要集中在蒙、藏、维等少数民族语言。双语教材语料库虽语料来源相对单一，但可提供一定数量的民族语言标注语料，对扩充少数民族语言标注语料库的规模有一定作用，可推动基于语料库的少数

① 王远新．我国少数民族双语教育调查研究应当注意的几个问题［A］．语言田野调查实录（五）［C］．北京：中央民族大学出版社，2011：22－23.

民族语言及信息化研究。同时，利用双语教材语料库文本对齐的教材内容构建平行语料库，还可提供两种甚至多种语言间丰富的匹配信息，这些互译信息特征在获取翻译知识、编纂双语词典、基于语料库的词义消歧等方面可发挥关键作用，在跨语言文献检索和信息提取、语言教学和语言对比研究等领域也有广泛的应用前景。加快少数民族信息化进程，有利于民族地区经济发展和社会进步，推动民族间沟通与交流，实现各民族和谐发展，维护国家统一和社会稳定。

（4）为国家制订双语教学政策及语言政策提供依据

建设双语教育教材语料库，把握教材和教学现状，有助于政府部门对教材及教学质量实施监测，可为国家了解现行双语教育政策提供窗口，为制定民汉双语教育、民族语言及教育政策等提供重要依据，有利于维护民族团结和社会稳定。

参考文献

[1] 阿尔宾达赉，沙玛甲．中国少数民族文字教材建设概况［M］．呼和浩特：内蒙古教育出版社，1996.

[2] 戴庆厦，董艳．中国国情与双语教育［J］．民族研究，1996，(1)．

[3] 戴庆厦．中国少数民族双语教育概论［M］．沈阳：辽宁民族出版社，1997.

[4] 韩春晓．锡林郭勒盟蒙汉双语教育访谈与思考［A］．语言田野调查实录（五）［C］．北京：中央民族大学出版社，2011.

[5] 卢磊．语料库语言学：后现代语言学的兴起［J］．湖北大学学报（哲学社会科学版），2006，(4)．

[6] 刘军．新疆学前、中小学双语教育发展状况与对策［A］．语言田野调查实录（六）［C］．北京：中央民族大学出版社，2011.

[8] 王远新．我国少数民族双语教育调查研究应当注意的几个问题［A］．

语言田野调查实录（五）［C］．北京：中央民族大学出版社，2011.

［9］雪艳．关于用XML语言组织蒙古语语料库的设想［J］．内蒙古大学学报（人文社会科学版），2006，（1）．

［10］姚剑鹏．语料库研究与语言教学［J］．全球教育展望，2005，（12）．

［11］姚春林．民族教育问题思考［A］．语言田野调查实录（四）［C］．北京：中央民族大学出版社，2010.

［12］姚春林．青海省藏汉双语教育的现状与思考［A］．语言田野调查实录（七）［C］．北京：中央民族大学出版社，2012.

［13］张梅．新疆少数民族双语教育模式及其语言使用问题［J］．民族教育研究，2009，（4）．

［14］郑新蓉，卓挺亚．我国义务教育阶段少数民族文字教材调查研究［J］．广西民族学院学报（哲学社会科学版）．2004，（3）．

从语言纽带论看“语言联盟说”

——读陈保亚的《语言文化论》

海　媛①

摘要：语言作为人与人之间不可缺少的纽带，对文化的传播和重建具有重要的价值和意义。本文选取了陈保亚《语言文化论》中的第六章《语言纽带论》，首先从“叠置式音变理论”出发分析了语言是如何传播文化的，其次阐述了在谱系树模式之外语言如何重建文化，再次系统地梳理了关于语言联盟的相关知识，最后深入思考了语言与文化的关系问题。

关键词：语言纽带论　语言联盟　传播　重建

语言纽带论是指语言作为人与人之间不可缺少的纽带，是如何传播文化和重建文化的。语言、种族和文化三者的外延关系历来引起广泛关注。语言与种族的关系比较好理解，由于语言环境的改变，同一种族的人可能持不同的语言，语言与种族并没有必然的联系。语言与文化的关系相对来说比较复杂，因为文化本身是一个复杂的概念，这里的文化应理解为一个集团所具有的全部思想观念的总和。任何个人的观念和创新都不能算是文化因子。不同的语言反

---

① ［作者简介］海媛，2010级语言学及应用语言学硕士研究生，研究方向：文化语言学。

映出不同的文化，不仅因为语言构建了文化精神，还因为语言的纽带作用给我们划定了文化圈。例如，德国人的严谨、细致、逻辑严密可以从德语中体现出来，而美国人的率性、直爽、幽默可以从美式英语中体现出来。我们还可以从蒙古族文化圈感受其特有的粗犷、虔诚、好客和开朗，从傣族文化圈感受到含蓄、克制、谦让和尊卑有别。可以说，每一种文化都在特有的语言圈内生殖和繁衍。因此，语言与文化的外延是重合的。确定语言的界限就是确定文化的界限，语言的模糊边界就意味着文化的模糊边界，语言的差异越大，文化的差异也越大。

一　语言作为一种纽带是如何传播文化的?

由于语言的纽带作用给我们划定了文化圈，语言是文化传播的分水岭，在同一语言集团内部，新的文化因子可以迅速传播，波及到说该语言的每一个个体，而要传播到别的语言集团就要借助翻译，或者通过双语，这是一个相对缓慢的过程。双语可以说是文化传播的纽带，在双语地区，由于不同语言所携带的文化层次不一样，一种语言所携带的文化可能高于另一种语言所携带的文化，这就形成了不同的双语圈。那么语言是如何在不同的双语圈中传播文化的呢?

从语音、语法、语义角度看文化的传播。上世纪八十年代中叶，徐通锵和王洪君提出了一种特殊的语音变化即叠置式音变理论。[①] 徐通锵先生在《历史语言学》中指出，语言演变有“变化”和“竞争”两种方式。“变化”就是A变为B，变化前后的两种形式有继承关系，体现语言在时间上从古到今的纵向演变，“竞争”就是A与B同时并存，一个挤掉另一个，完成取而代之的演变过

① 陈保亚．语言文化论［M］．昆明：云南大学出版社，1993．第243页。

程，体现语言在空间上的横向扩散，所谓叠置，就是把压成扁平状的共时音系拉开来，使之成为由不同音系叠置着的历时音系。① 在这个叠置系统中，不同系统的因素相互展开竞争，如果其中某一个系统的因素在竞争中失败了，退出交际的领域，那么在语言系统中就消除了叠置的痕迹，实现了两种系统的结构要素的统一，这种竞争的过程被称为叠置式音变。

在各种方言的发展演变中，我们能观察到叠置式音变的存在。在叠置音变中，权威方言就是文化较发达的方言，不仅非权威方言向权威方言靠拢，而且相应的非权威方言文化也向权威方言文化靠拢。因为语言上的相似使权威方言文化更容易向非权威方言文化区传播。方言不仅仅因为地域的关系在分化，而且由于权威方言的形成，共同语的形成，也在同化。文化不仅在分化，也在同化。叠置式变化不仅可以发生在语音层面，也可以发生在语法层面。例如在西安方言中，得［tei²¹］字使用的非常广泛，

今儿得是初一？　这事得成？　一斤米得够？　这样儿搁得行？

由于受普通话影响，现在很多年轻的西安人这样说：

今儿是不是初一？　这事行不行？　一斤米够不够？　这样儿搁行不行？

这种叠置的结果不仅从语言纽带的角度上而且从语言构建文化精神方面也使这两种文化更为接近。

语义是人脑对客观事物或现象的概括反映，人脑认识世界的过程，首先是通过自己的感官去感知客观世界，大脑经过加工和改造，不断深化对世界的认识，从而形成明确的语义。同时语义也是鉴别创新和观念是否已进入文化的真正尺度，我们可以通过语义来诠释文化。这是文化传播的一种重要方式，我们理解古代文化，主

① 徐通锵．历史语言学［M］．商务印书馆，1991．第383页。

要是通过语文学家对古代经典名著的解释，通过语言来理解文化。语文学家把解释古词的意义视为打开古代文化大门的钥匙。不仅通过书面语，还可以通过方言，外语来破译各种不同的文化因子。通过语义的分析，可以诠释一个民族的生活准则，心理习惯，群体意识等方面的深层结构。

二　语言作为一种纽带是如何重建文化的?

历史比较语言学中的谱系树理论为我们通过语言重建文化提供了一种模式。语言的演变就纯语音层面而言是有规律的。如果两种语言间有亲属关系，出自于同一母语，那么它们意义相同或相似的词在语音上会保持一种严格的对应关系。基本词汇中的那些生成能力强、使用频率高的核心词汇，语音演变规律总能贯彻到底，语音对应规律也能较好地保存下来。而一般词汇，由于语音演变规律受到语法类推、文字类推、借词等非语音层面变化的破坏，会产生不符合规律的语音，但相对来说数量较少。通过语音演变的规律来重建文化，需要借助同源词。同源词是指某个意义相同或相近的词在A、B两种语言中符合语音对应规律，那么这个词就是A、B语言分化前的原始母语所具有的词。陈保业先生对壮语、布依语、傣语、侗语、仡佬语、水语、毛南语、黎语中有对应关系的词，如犁、锄头、房屋、门、村子、狗、猪、鸡、鸭、鹅等词进行了语音分析，构建出了原始壮侗民族鸡鸣狗吠、阡陌相间，充满田园气息的生活图景。这种重建文化的过程不仅可以通过有语音对应的词，还可以通过缺乏语音对应规律的词，例如这几种语言中的“雪、霜、冰、雹子”等词没有语音对应规律，由此可以推测原始壮侗语中可能没有这些词汇，原始壮侗民族大多数生活在温暖多水的地方。通过对生活图景的重现，有助于我们进一步重建文化。谱系树模式是语言演化的一种模式，那么在其他语言演化的模式下怎样重建文化呢?

李芳桂先生在1937年为《中国年鉴》撰写的《语言与方言》中提出中国语言系属分类的意见，他把汉藏语系分成汉语、藏缅语、苗瑶语和壮侗语四大语族。汉藏语系四族说的划分标准主要依据汉语、藏缅语、苗瑶语和壮侗语在现状上的相似，即这些语群大都有声调、量词，以单音节为词汇的主要形式，以虚词、词序为主要语法手段。这种分类方法有三个特点：首先，除汉语外，将其他民族语言分为三个语族，第一次明确将苗瑶和壮侗诸语言列入汉藏语系；其次，不同语族的历史层次并不相同，苗瑶、藏缅语族只分到下一个层次的语群，而侗台语族则分到下两个层次的次群；再次，除中国境内的语言外，还包括中国境外的语言。这个分类对中国汉藏语言系属研究具有开拓性和奠基性，长期以来一直是中国汉藏语言系属研究的主流观点。汉藏语系四族说沿用了印欧语系研究中的谱系树模式，但没有严格按照语音对应确定亲属关系，而是根据语言间的相似来确定亲属关系。声调、单音节性、量词、语序、虚词等相似并不能作为确定亲属关系的依据，相似也可能是语言接触引起的。这种研究方法造成了理论与方法上的断裂。

美国学者本尼迪克特（P. K. Benedict）1942年发表了《台语、加岱语和印度尼西亚语——东南亚的一个新的联盟》对台语属汉藏语系的学说提出了挑战。他认为必须严格根据语音对应来确定汉藏诸语言的亲属关系，提出了台语和印尼语同源的“澳泰语论”和汉藏语系二元说即汉藏语系由藏——卡伦语和汉语构成，传统的藏缅语只是藏——卡伦语的一支。印欧语形态复杂，很难发生核心词乃至基本词汇的借用，借一个词意味着要借用和该词相关的各种形态，而汉藏语系的词大多缺少复杂的形态，这使词汇的借用很容易发生。借一个词仅仅是借这个词本身。这些词可以深入到核心词里，并且形成语音对应规律。随着时代的推移，很难确定汉藏诸语言间有语音对应的词是借用形成的还是语言集团分化后留下的。白

汇多是单音节形式，而外来词则多是多音节形式。

（二）叠音和非叠音的差异

叠音构词在彝语各方言中均较少，不同在于个体和数量的差异。喜德词汇中的重叠构词多于巍山词汇，重叠常伴有变调，如：

	虹	你俩	叶子	花	天花
喜德	si$^{\cdot 34}$si$^{\cdot 33}$	ȵ̊i$^{\cdot 21}$ȵ̊i$^{\cdot 55}$	tɕhi$^{\cdot 34}$tɕhi$^{\cdot 33}$	ve^{34}ve^{33}	mɑ^{21}mɑ^{33}
巍山	ɑ^{55}m̩^{21}tsɑ^{55}l̩^{21}du̠^{55}	n̩^{33}tsɑ^{33}nɑo^{33}phl ɪ̠^{21}		ɤɑ^{55}lu̠^{33}	nɑ^{55}do^{33}

也有些词语，是在词根之后或中间加上重叠的后缀构成的，如：

	新鲜	淡（盐）	下半身	陡峭
喜德	ɑ^{33} ʂɿ̰^{55} ʂɿ̰^{21}	ɑ^{55}de^{21}de^{21}	tɕhi$^{\cdot 33}$dzi$^{\cdot 33}$dʑɿ^{33}	n̥i$^{\cdot 34}$ʑi$^{\cdot 33}$ʑi$^{\cdot 33}$
巍山	xɑ^{33}xɯ̠^{21}xɯ̠^{21}	dʑu^{33}dʑu^{33}tɕhi$^{\cdot 55}$	ɑ^{21}ɕi$^{\cdot 55}$	ʔva^{21} tsɿ̠^{33} ˀn ɪ̠^{21}

二　构词差异

构词的差异主要表现在词缀和构词方式上，这两者是相互关联的。词缀的有无、位置等直接影响构词方式，造成了不同方言点构词的差异。

1. 构词词缀的差异

喜德和巍山的词缀差异主要表现为词缀的有无和使用的不同。两地的词缀既有相同的，也有对应的词缀、不相同的词缀。下表是两地的一些基本的词缀：

词缀 地点	前缀	后缀
喜德	ɑ⁵⁵（ɑ³³、ɑ³⁴、ɑ²¹）、i³⁴、dɔ³³	mu³³、mo²¹、mɑ⁵⁵、zɯ³³、ku³³、su³³、tɕi²¹、bu³³、pɑ⁵⁵、pu³³、du³³
巍山	ɑ⁵⁵（ɑ³³、ɑ²¹）、dɪ̠³³	phɑ²¹、mɑ³³、zɑ²¹、dzɿ⁵⁵、tsɿ³³、pɑ²¹、lu⁵⁵

彝语的词缀非常丰富，这里选择了ɑ前缀来说明词缀的异同。ɑ前缀在喜德和巍山词汇中可以和单音节词根结合，构成人名、亲属称谓、身体部位名称、器物、动植物名等，如：

	爷爷	奶奶	乳房	猫	猴子
喜德	$ɑ^{34}phu^{33}$	$ɑ^{33}mɑ^{55}$	$ɑ^{34}ȵe^{33}$	$ɑ^{33}ȵe^{33}$	$ɑ^{33}ȵu^{55}$
巍山	$ɑ^{21}pɑ^{55}$	$ɑ^{55}ni^{33}$	$ɑ^{55}tʂɿ^{33}bɪ̠^{33}$	$ɑ^{21}ni^{55}$	$ɑ^{55}mo^{21}$

两地ɑ前缀的使用范围也有差异，除少数词缀外，多数词缀是对应的。此外，一地有的词缀，另一地可能没有。喜德词汇中有i^{34}前缀和su^{33}、$tɕi^{21}$等后缀，而巍山彝语词汇中则缺少这些词缀。

构词频率不同也是词缀差异的重要表现，以ɑ前缀为例。在2062个常用词中，有ɑ前缀的词语，喜德词汇中有92个，巍山词汇中有172个。可见，ɑ前缀在巍山的构词频率更高。

喜德话词汇ɑ前缀的主要使用范围如下：

（1）用在单音性质形容词词根前，与i词头相对应，表达反义范畴，如：

	粗	长	宽	厚	深
喜德	$ɑ^{33}fu^{33}$	$ɑ^{33}ʂo^{33}$	$ɑ^{33}dʑɿ^{33}$	$ɑ^{33}tu^{33}$	$ɑ^{33}m̥u^{33}$
巍山	$tɑ^{33}$	$ʂɿ^{55}$	$ʔm̩^{55}phɪ̠^{33}$	thu^{55}	$ʔnɪ̠^{21}$

（2）用于表示颜色的单音形容词词根前，表示程度加强的附加义，如：

居都仡佬语：

qə^{0}luŋ^{35}圆——qə^{0}luŋ^{35}qə^{0}la^{35}圆乎乎

qə^{0}no^{35}稠——qə^{0}no^{35}qə^{0}na^{35}稠稠状

lə^{0}qəɯ^{35}冷（水冷）——lə^{0}qəɯ^{35}lə^{0}qa^{35}冷冷状

la^{0}mlɑŋ^{35}麻木——la^{0}mlɑŋ^{35}la^{0}mlɑ^{35}麻木状

2. 偏正式复合词后加双音节词缀，词缀的第一个音节是复合词中心词的重叠。

居都仡佬语：

ka^{31}ʦɿ^{35}饱——ka^{31}ʦɿ^{35}ka^{31}ʦa^{35}饱饱状

mu^{35}xei^{31}膻——mu^{35}xei^{31}mu^{35}ʣa^{35}膻臭状

（七）语素间隔重叠的 ACAB 格式

1. 偏正式复合词前加双音节词缀，词缀的第一个音节是复合词中心词的重叠。

居都仡佬语：

ɬei^{33}sɯn^{33}大胆——lei^{33}sa^{31}ɬei^{33}sɯn^{33}胆大状

ɬei^{33}dai^{33}胆小——ɬei^{33}da^{31}ɬei^{33}dai^{33}胆小状

2. 携带词头的双音节词，其前附单音节词缀也携带相同的词头，应属于词缀重叠的类型。

居都仡佬语：

qʌ^{31}tha^{35}扶——qʌ^{33}thu^{33}qʌ^{31}tha^{35}勾肩搭背

qʌ^{33}de^{33}胖——qʌ^{33}da^{31}qʌ^{33}de^{33}胖乎乎

ʌ^{31}ze^{35}凉——ʌ^{31}ʦhɿ^{31}ʌ^{31}ze^{35}冷清清

（八）语素间隔重叠的 CACB 格式

形容词两个音节前分别附加相同的词缀，构成非词重叠，这种类型也只找到一例。

居都仡佬语：

$\mathring{m}^{13}$灰——$\mathring{m}^{13}tɛ^{31}tɛ^{13}$灰蓬蓬

$ʔɑu^{13}$白——$ʔɑu^{13}ʐi^{31}ʐi^{13}$白森森状（雪）

比工仡佬语：

$liəu^{55}$硬——$liəu^{55}luɛ^{31}luɛ^{13}$硬邦邦

$qɑŋ^{55}$胀——$qɑŋ^{55}qɛ^{31}qɛ^{13}$胀鼓鼓

$\mathring{m}o^{13}$灰——$\mathring{m}o^{13}tɛ^{31}tɛ^{13}$灰扑扑

（3）X＋13＋13（X＝33、13）

居都仡佬语：

$\mathring{m}^{13}tɛ^{13}tɛ^{13}$灰卜卜

sie^{33}绿——$sie^{33}ʔuŋ^{13}ʔuŋ^{13}$绿油油状（草）

比工仡佬语：（X＝33、55、13、31）

za^{33}黄——$za^{33}tai^{13}tai^{13}$黄澄澄

$həɯ^{33}$亮（擦亮）——$həɯ^{33}ha^{13}ha^{13}$亮堂堂

$χi^{55}χaɯ^{13}χaɯ^{13}$轻飘飘

$χəɯ^{13}χa^{13}χa^{13}$干巴巴

$ku^{33}ka^{13}ka^{13}$骨僵硬

$ʐa^{31}$瘦——$ʐa^{31}ka^{13}ka^{13}$瘦峭峭

za^{33}黄——$za^{33}tai^{13}tai^{13}$黄澄澄

（4）X＋33＋33（X＝33、13）

大方仡佬语：

$sɛ^{33}ŋuɛ^{33}ŋuɛ^{33}$清悠悠　$ɑu^{13}phɑu^{33}phɑu^{33}$白卡卡

（5）X＋31＋31（X＝33、13、31）

比工仡佬语：

si^{31}绿——$si^{31}zaŋ^{31}zaŋ^{31}$绿油油

hua^{13}稀——$hua^{13}vi^{31}vi^{31}$稀汤汤

$ɭe^{31}$暖——$ɭe^{31}ʔlaŋ^{31}ʔlaŋ^{31}$暖融融

$χai^{33}$苦——$χai^{33}le^{31}le^{31}$苦丁丁

$za^{13}zɿ^{31}$长——$za^{13}zɿ^{31}zɿ^{31}$长长的；长长久久的

不 冷 不 热　　　　不 咸 不 淡

9. lou^{24}…lou^{24}…式

这一格式收录有 4 个，主要在 ABAC 型四音格词中。“lou^{24}”意为“知道，会”，固定在一、三音节上，在二、四音节加入两个单音节动词，两两与“lou^{24}”构成偏正格联合组成四音格，用于形容人的特长、能力等。例如：

lou^{24}ja^{24}lou^{24}laːi^{21}知识渊博 lou^{24}siːŋ^{33}lou^{24}theːu^{24}能歌善舞

知道说知道　写　　　　　知道唱知道跳

lou^{24}kin^{53}lou^{24}noːn^{21}身体健康 lou^{24}tap^{24}lou^{24}kui^{33}手艺好

知道吃 知道　睡　　　　知道 砌 知道 锯

10. jou^{21}…jou^{21}…式

这一格式统计有 9 个，主要见于 ABAC 型四音格词，占 ABAC 型四音格词总数的 3.6%。“jou^{21}…jou^{21}…”意为“又…又…”，固定在一、三音节上，在二、四音节加入两个表示人体感官感受的单音节形容词，与“jou^{21}…jou^{21}…”构成四音格，用于强调人的感官感受。例如：

jou^{21}jaːk^{33}jou^{21}ʔdaːŋ^{45}饥寒交迫 jou^{21}əm^{33}jou^{21}thau^{45}吃饱喝足

又 饿 又　冷　　　　　又 饱 又 暖

jou^{21}ʦap^{55}jou^{21}tən^{45}痛痒难耐 jou^{21}ʔdaːŋ^{45}jou^{21}ʔdut^{33}又冷又热

又 痛 又 痒　　　　又　冷 又 热

表 1　三湖壮语四音格词语型统计表

形式	含义	音节类型	举例	数量
…thaːi^{53}…taːi^{33}	“…死…（缀）”	ABAC 型	khwaːi^{33} thaːi^{53} khwaːi^{33} taːi^{33} 飞快 快　死　快　（缀）	100
…thaːi^{53}…nou^{33}	“…死…（缀）”，带有否定的主观感情色彩	ABAC 型	khwaːi^{33} thaːi^{53} khwaːi^{33} nou^{33} 太快 快　死　快　（缀）	100

续表

形式	含义	音节类型	举例	数量
…kin^{33}…lo^{33}	"…（这）…（那）"	ABAC 型	pin^{33} kin^{33} pin^{33} lo^{33} 千变万化 变（这）变（那）	126
toːŋ^{53}…θei^{53}…	"东…西…"	ABCB 型	toːŋ^{53} khap^{55} θei^{53} khap^{55} 乱咬 东 咬 西 咬	178
…pai^{53}…teːu^{33}	"…去…回"	ABAC 型	toːk^{32} pai^{53} toːk^{32} teːu^{33} 反复读 读 去 读 回	145
…khun^{45}…loːŋ^{21}	"…上…下"	ABAC 型	thaːŋ^{33} khun^{45} thaːŋ^{33} loːŋ^{21} 四处找 找 上 找 下	61
…khau^{45}…oːk^{33}	"…进…出"	ABAC 型	nei^{53} khau^{45} nei^{53} oːk^{33} 跑进跑出 跑 进 跑 出	18
po^{33}…po^{33}…	"不…不…"	ABAC 型	po^{33} lei^{21} po^{33} tan^{45} 长短合适 不 长 不 短	24
lou^{24}…lou^{24}…	"知道…知道…"	ABAC 型	lou^{24} tap^{24} lou^{24} kui^{33} 手艺高超 知道 砌 知道 锯	4
jou^{21}…jou^{21}…	"又…又…"	ABAC 型	jou^{21} ʦap^{55} jou^{21} tən^{45} 痛痒难耐 又 痛 又 痒	9

二　三湖壮语四音格词语型来源及构成

1. …thaːi^{53}…taːi^{33}式和…thaːi^{53}…nou^{33}式

"…thaːi^{53}…taːi^{33}"式和"…thaːi^{53}…nou^{33}"式主要与单音节形容词组合构成四音格词，表示词义程度进一步加深，意为"很"、"极"、"非常"，且"…thaːi^{53}…taːi^{33}"式和"…thaːi^{53}…nou^{33}"式是相对的，即表示的意义相同，但表达的语气不同，"…thaːi^{53}…nou^{33}"带有否定的主观感情色彩。

在三湖壮语里，单音节形容词是不能单独以 AA 式重叠的，必须加上一个后附音节"taːi^{33}"，组合后表示程度加深，例如：waːn^{53} waːn^{53} taːi^{33}（很甜），ʔdeːŋ^{21} ʔdeːŋ^{21} taːi^{33}（很红），kwai^{53} kwai^{53} taːi^{33}（遥远）等。笔者在考察其他壮语方言的单音节形容词重叠时也发

嘎镇胜利鄂伦春民族村。鄂伦春语是阿尔泰语系满－通古斯语族的一个分支。纵观鄂伦春语的研究，亲属称谓主要作为词条散布在词汇表中，① 或出现在亲属称谓列表中。②

本文作者于2010年6月至7月间，参加了中央民族大学少数民族语言学系丁石庆教授组织的暑期调研项目，深入黑龙江省塔河县十八站乡、呼玛县白银纳乡、内蒙古自治区阿里河镇、古里乡、多布库尔乡、托河办事处、乌鲁布铁镇7个鄂伦春民族乡镇做田野调查。在整理黑龙江省塔河县十八站乡、呼玛县白银纳乡田野数据的基础上，论文旨在描写两乡鄂伦春语的亲属称谓系统及类型特征，以期为不同区域鄂伦春语亲属称谓的比较研究和鄂伦春语亲属称谓的人类学研究提供数据。

一、鄂伦春语亲属称谓系统描述

田野数据显示，黑龙江省塔河县十八站乡、呼玛县白银纳乡鄂伦春语亲属称谓是个相对庞大的系统网络。这个系统网络由纵向坐标上的辈分、年龄，横向坐标上的血亲、姻亲，直系、旁系，夫系、妻系，父系、母系，内亲、外亲，男、女等亲属关系变量构成。

纵向上，亲属称谓以己身为基准，上推五代下推三代共分九代。己身以上五代分别为父辈、祖辈、曾祖辈、高祖、曾高祖。其中父辈称为ama/amin（父亲），əȵəə/ənin（母亲），祖辈称为ata-maa/atamEE（祖父，外祖父），ata/atEE（祖母，外祖母）；祖辈往

① 参阅胡增益：《鄂伦春语研究》，第241－262页，民族出版社，2001年，北京。

② 参阅《民族问题五种丛书》内蒙古自治区编委会：《鄂伦春族社会历史调查》第二集，第244－245页，内蒙古人民出版社，1984年，呼和浩特；内蒙古自治区编辑组《中国少数民族社会历史调查资料丛刊》修订编辑委员会：《鄂伦春社会历史调查》(一)，第36－40页，民族出版社，2009年，北京。

5. 己身以上第一代亲属的称谓——系统 5

父母称谓除外，这一系统包括己身对其父母的兄弟姊妹及其配偶的称谓。依据年龄上长于父母与否，称谓呈现不同的分布。这一点使鄂伦春族的亲属称谓有别于汉语、达斡尔、满语等周边民族的亲属称谓系统。

年长于父母的亲属称谓不分父系母系，姻亲血亲，只分性别。如表 7 所示：年长于父母的男性亲属，即父母之兄、父母的姊之夫统称为 amaxaa；年长于父母的女性亲属，即父母之姊，父母的兄之妻统称为 əŋ̢əxəə。

表 7　年长于父母的亲属称谓

		父系男性	母系男性	父系女性	母系女性
年	血亲	大伯父	大舅父	大姑母	大姨母
长	父/母的兄姊	amaxaa	amaxaa	əŋ̢əxəə	əŋ̢əxəə
者	姻亲	大姑父	大姨父	大伯母	大舅母
	父/母兄姊的配偶	amaxaa	amaxaa	əŋ̢əxəə	əŋ̢əxəə

与之相对，在年幼于父母的亲属称谓中，父系亲属的称谓分姻亲血亲，分性别，专名专用，母系亲属的称谓不分姻亲血亲，分性别，舅父与姨父共用同一称谓 naaʧʊ；姨母与舅母共用同一称谓 naaʧʊxan。详见表 8：

表 8　年幼于父母的亲属称谓

		父系男性	母系男性	父系女性	母系女性
年	血亲	叔父	舅父	姑母	姨母
幼	父/母的弟妹	aʧxə	naaʧʊ	najnee	naaʧʊxan
者	姻亲	姑父	姨父	伯母	舅母
	父/母弟妹的配偶	awuʃɛɛ	naaʧʊ	uumə	naaʧʊxan

玄、孔”表示“君、首”的意思，是对“首长”的尊称[1]。除此之外，韩国先民把“先祖”、“祖上”、“祖宗”看做是“天”一般的存在，也就是说把祖先幻想成为“天”的代理，带有“至尊”的性质。这就意味着，在韩国古代历史上确实存在过王者担任祭政兼任的状况。后来，韩国出现的关于对首长的尊称“吉士、古支、居西、渠帅、仇首、居柒、阏智、乙支”《三国史记》。正是礼文化等级制度的体现。这种等级制度反应了儒家“礼”文化的核心“分”思想。运用到语言和行为交际中正是孔子在《论语》中提到的“动之以情，晓之以理”，“礼”通“理”。“礼”是外在的，“理”是内在的，内在的如“男尊女卑，长幼有序，内外有别”。伦理思想通过外在的敬谦语形式和伦理行为规范来体现。

三国时期（公元前1世纪－676年），韩国对汉字的掌握和理解程度达到较高水平。汉字依次传入到高句丽、百济、新罗。在汉字传入过程中，汉字敬称也就诞生了。承载着韩国礼文化的中国汉字的借用在韩国的传播中，书面语记录上经历了誓记体、吏札、乡札、口诀等几个发展阶段。韩国关于汉字的借用是韩国式的借用。在借用过程中充分体现了韩国语语法形态变化的特征如“尼师今、麻立、慈充、次次雄、角干”，《三国史记》和《三国遗事》有如下记载：“初南解薨，儒理当立，以大辅脱解素有德望，推让其位，脱解曰神器大宝，非庸人所堪，吾闻圣智人多齿，试以饼噬之，儒理齿理多，乃与左右奉立之，号尼师今。”《三国史记·新罗本记卷一》后来的《三国遗事·卷一·王历一》中也说：“尼叱今或作尼师今。”“今”、“尼师今”是“齿理”的音译[2]。三国时期官名后边有一个后缀［kan/han］干。例如：“麻立干金大问云麻立者方言

① 张儉（史21，46），钳耳大侯（史7），黔牟（史10）黔用（史574）黔腏（史50），孔恭（遗106），温君解（史5）等都属于是“고마”系的名字。同上123页.

② 廉光虎、池水涌．韩国语敬语形式的研究〔M〕．沈阳：辽宁民族出版社，36页，2003.

一语素主要有两个，一个是由名词本意为道路的 kɯ^{42} 虚化而来，并且发生调变的 kɯ^{214}，引申为具有方向性的“路径”和“路线”。另一个是修饰身体四肢的量词 kɯ^{22}，它们与后面的语素构成的方位词一般表示方向。另外，kɯ^{214} 加上部分形容词也可以用来表示一些比较抽象的空间概念，如：$\text{kɯ}^{214}\ \text{ȵɯ}^{22}$（阳间），$\text{kɯ}^{214}\ \text{tɔ}^{44}$（阴间）。

附加式方位词由前缀或助词 tɔ^{42}、qɔ^{214}、mɔ^{55} 加上表示方位概念的语素构成，一般表示位置。tɕi^{214} 加上某些名词还可以表示“在……当中/里面”的意思。

汉语合成方位词常在方位词后边加上“边”、“面”、“头”、“方”等后缀，如“左边”、“后面”、“前头”、“东方”等。而苗语词序结构与汉语恰恰相反，而是在方位词前加实词 kɯ^{214}“路”、或前缀 tɔ^{42}、qɔ^{214}、tɕi^{214} 等来表示方位的。

苗语名词的修饰语除了数量词居于名词中心词之前外，其余的固有语序都是修饰语位于名词中心语之后。一般都遵循 SVO 语言所有定语后置为主的原则。

苗语方位词在语法方面除了合成词的词序与汉语相反之外，还有以下几点特殊的地方：具体的实物名词修饰单纯方位词可以表示该事物的处所或方位，其结构为：单纯方位词 + 名词。例如：

$\text{lɔ}^{35}\text{ntau}^{35}$	树上	$\text{tɯ}^{35}\ \text{pɛ}^{55}$	桌下
$\text{nɯ}^{22}\ \text{pjaɯ}^{42}$	屋前	$\text{ʧai}^{214}\ \text{pjai}^{42}$	脑后
$\text{po}^{35}\ \text{wã}^{22}$	锅底	$\text{ci}^{21}\ \text{ʒaĩ}^{55}$	山顶
$\text{hɔŋ}^{42}\ \text{au}^{214}$	下游	$\text{pɔŋ}^{35}\ \text{pja}^{214}$	悬崖的面上
$\text{tsɯ}^{55}\ \text{qɯ}^{22}$	岭脊	$\text{tɔŋ}^{44}\ \text{tɔ̃}^{214}$	低洼处的池塘

而具体的实物修饰合成方位词表示事物的处所或方位时，则存在两种语序：“名词 + 方位词”和“方位词 + 名词”。其中附加式方位词多出现在“方位词 + 名词”语序中，如：

$\text{qɔ}^{214}\ \text{pjɛ̃}^{22}\ \text{ʧhɛ̃}^{22}\ \text{tsɿ}^{35}$ 车子旁边　　$\text{mɔ}^{55}\ \text{ɳʧaŋ}^{214}\ \text{lɔ}^{42}$ 田的中间

还有 1 人开玩笑似地说日语最好听。

表 5　莫语作为第二语言使用的态度评价（N＝536）

A7 指标	很高兴教对方	教对方简单的词语	不愿意教对方	未选
人数	406	65	43	22
%	75.75	12.13	8.02	4.10

A7：“是否愿意教其他民族学习莫语”，在我们问及此问题时，有一名村民说自然习得的方式更好，而且认为不会有其他民族的人愿意以教学的方式来学习一种民族语。对于语言人怎样看待本民族语作为第二语言的态度，大家一方面希望教别人学习自己的民族语言，极力希望将自己的本民族语言传承下去，在生活中得到应用；另一方面少数人觉得不好意思教或者教不好而不懂选择该不该教。

（四）对兼用水语的态度

在语言功能认同上，莫语依然是村民选用的第一语言，是主要的交际工具和信息载体，而兼用汉语方言范围广频率高。在语言感情认同上，人们普遍认为应该熟练掌握莫语。但由于社会发展对外开放，自然习得汉语方言和在一定程度上不得不学习和使用普通话，自然主义和实用主义语言观成为主流。对外来语言和文化的包容接受是造成此地区汉语兼用程度高的原因之一。在调查中我们发现，另一种民族语的兼用程度远远低于汉语，为了了解对周边另一种民族语的使用态度，我们设置了几个问题，针对母语为莫语的布依族对水语的态度来提问。

对水语的熟练程度，仅有 2.05% 的人能与母语为水语的人熟练交谈；8.21% 能基本交谈；13.06% 的人能听懂但不会说；13.25% 的人只能听懂一些日常用语；而 55.22% 的人则完全不懂水话。对民族语兼用语的熟练程度与跟这种民族交往程度我们认为是呈正相关的，12.5%的人经常与水族交往；11.57%的人与水族有时交往；32.84%表示他们偶尔交往；而34.14%的人说他们从不交往。54.85%的人表示与水族交谈时使用汉语方言是最方便的语言，这也是符合语言选用经济原则的。

四 语言态度成因分析

语言态度是一种十分复杂的社会心理现象，它既是一个由功能、情感、认知、行为倾向等因素组成的有机组合体，又是一个各种因素融合难以分开的整体。一个社会的单个成员，在语言观上可能有所不同，因为人们的历史条件、认识水平、认识方法都不同。但作为一个语言使用的群体，总有共同的语言观念。这个群体的交际、人口以及他们与其他的社会、经济、文化地位等因素，都可能成为该群体对其使用的语言做出评价和判断的标准。语言态度不是一天一夜而是在长期的历史发展过程中形成的，它根深蒂固地潜藏于使用者的心底，其原因相当复杂，下面从两个方面展开荔波莫语使用群体的语言态度成因：

（一）民族聚居历史

莫语为贵州省荔波县西部一部分布依族所使用，这部分人因大多数以“莫”为姓，被当地人称为莫家，因此他们所使用的语言被称为莫语。在调研中我们有幸获赠广西壮族自治区南丹县退休干部莫秀珠所著的《莫姓谱系》。当中大致是这样记载贵州布依族莫姓来源的：“贵州布依族莫氏来源有二方面：一是莫先支系，于明洪武九年莫先率军南征后留守都匀，后到独山兔场定居繁衍，后裔分布于黔南各县市，有少部迁徙到四川、云南，也有少数到广西河池、宜州等地，共有后裔5万人口。二是南丹莫氏支系，比邻广西南丹的独山、荔波边界村屯，自莫氏在南丹定居以后就开始向北迁

语族不同语支的布依语不同，而与水语却非常相近，我们将这样的词视为莫话借自水语的词汇。例如：

汉义	莫话	水语	布依语	侗语
地（旱地）	ʔdjai^{1}	^{n}daːi^{5}	zi^{6}	ti^{6}
鸭子	də^{4} zep^{6}	ep^{7}	pit^{7}	pət^{7}
老鹰	ȵ̥wau^{2}	ȵ̥au^{2}	zuam^{6}	am^{1}
鱼	mum^{6}	mom^{6}	pja^{1}	pa^{1}
蹄（马蹄）	tin^{1} ma^{4}	tin^{1}	zip^{8}	təp^{8}
靠（人靠树）	niŋ^{3}	ʔniŋ^{3}	e^{1}；paŋ^{6}	paŋ^{6}
怕	lu^{1}	ho^{1}	laːu^{1}	jaːu^{3}
来	taŋ^{1}	taŋ^{1}	ma^{1}；tau^{1}	ma^{1}

（三）使用群体的接触

1. 赶集

一般情况下，集市是一个地方居民交流的重要场所。在我们2011年暑假调研的过程中发现，在荔波县的方村、播尧、甲良、永康等乡镇都至少有一个农贸市场，除了赶集的日子，在平日里集市上也有长期做生意的小卖部批发、肉菜买卖等商贩小摊，所以周围村寨的村民也会来这里购物或者做生意，因此，集市成了同族及异族群体沟通交流、互通有无的重要场合。在莫家人聚居的方村、播尧、甲良等集市会有水族同胞，在水族人聚居永康集市也会有莫家人，以农副产品为主要经济来源的两个群体，都需要从集市换取生活必需的物品。因此，集市上的交流为莫话与水语创造了自由且宽阔的接触机会和空间，这在无形中提供了两种语言互相影响的平台。

2. 节日走访

在荔波，无论是布依族莫家还是水族，都有本民族的传统节日，如布依族莫家有三月三、四月八、六月六等，水族有端节、卯

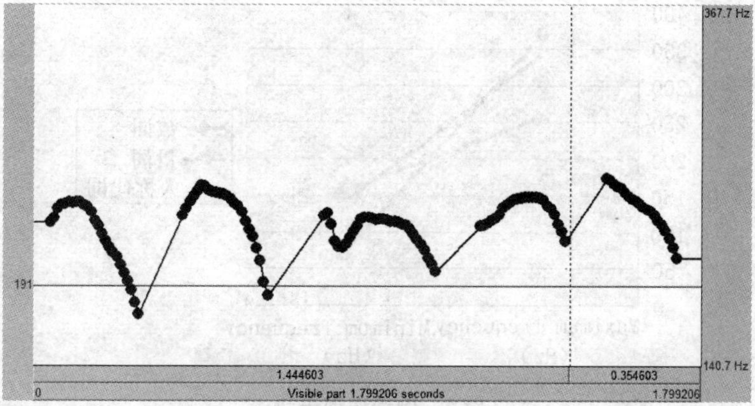

图6　人称代词对应的 PitchTier

三、调值分布范围数据计算

由于声调的形成经过了三个过程：起调、主调、收调，起调受声母的影响，收调受韵尾或后续音节的影响，而主调是音节中声调的本质部分，其余则是赘余部分。因此，在进行声调分析时要舍弃起调和收调[4](P67)，故而在提取出三组例词的 PitchTier 后，笔者去除了起调和收调部分没有意义或受前后音影响的不规则的散点，并以 50－600Hz 的上下限求出了三组例词的调值，分别为：

表1　例词调值分布

	Maximum frequency（Hz）	Minimum frequency（Hz）
数词	370.416	70.868
量词	256.233	155.958
人称代词	340.416	140.705

（3）以蒙古语语料库标注现行规则为参考。

（4）以《现代蒙古语语料库标注规范》为参考。

（5）汉语无法对应到蒙古语的声、韵母可适当参考汉语拼音进行标注。

四　汉语人名的蒙古语拉丁转写方案

本标注方案是以汉语人名蒙古语拉丁转写方案的设计思路为指导，对汉语声母、韵母制订的拉丁转写规则。

（1）汉语声母的蒙古语拉丁标注方案

汉	b	p	m	f	d	t	n	l	g	k	h	r
蒙拉丁	B	P	M	F	d	T	N	L	G、g	K	H	R
汉	j	q	x	z	c	s	zh	ch	sh	zhi	chi	shi
蒙拉丁标注方案	J	Q	X	Z	c	S	zh	ch	$	zhI	chI	$I

（2）汉语韵母的蒙古语拉丁标注方案

汉	ɑ	ɑi	ɑn	ɑng	ɑo	e	ei	en	eng
蒙拉丁	A	AI	AN	ANG	0O	e	eI	eN	eNG
汉	i	iɑ	iɑn	iɑng	iɑo	ie	in	ing	iong
蒙拉丁	I	IYA	IYAN	IYANG	IY00	IYe	IN	ING	IYONG
汉	iu	o	ong	ou	ü	u	uɑ	uɑi	üɑn
蒙拉丁	IU	OWe	UNG	eU	IUI	U	VWA	VWAI	IVWAN
汉	uɑn	uɑng	üe	uo	ui	un	ueng	ün	ii
蒙拉丁	VWAN	VWANG	UWWe	UWe	UI	UN	UeNG	IYUN	II

(或称 ISO/IEC10646）标准，定义了通用字符集（Universal Character Set，UCS)，俗称 Unicode 字符集，这是一种可以容纳世界上所有文字和符号的字符编码方案，因此我们也称之为 Unicode 编码①。

Unicode 编码分 UCS-2 和 UCS-4 两种，其中 UCS-2 用两个字节编码，UCS-4 用4个字节编码。在 UCS-4 编码中，我们将4个字节分别称为高字节、次高字节、次低字节、低字节，最高位为0的高字节可分成128个组（Group)，每个组再根据次高字节分为256个平面（Plane)，每个平面根据次低字节分为256行（Row)，每行有256个码位（Cell)。每个平面有65536个码位，Unicode 编码计划使用其中的17个平面，一共有1114112个码位（17 * 65536，共21位二进制)②。其中组0的平面0被称作基本多文种平面 BMP（Basic Multilingual Plane)。将 UCS-4 的 BMP 去掉前面的两个零字节（高字节和次高字节）就得到了 UCS-2。

历史上曾经存在两个独立的尝试创立单一字符集的组织，即国际标准化组织（ISO）和多语言软件制造商组成的统一码联盟。前者开发了 ISO/IEC 10646 项目，后者开发了相应的统一码项目，二者最初制定了不同的编码标准。1991年前后，两个项目的参与者都认识到，世界不需要两个不兼容的字符集，于是，它们开始合并双方的工作成果，并为创立一个单一编码表而协同工作。目前最新的 Unicode 标准是2012年1月发布的6.1版本。Unicode 编码除了兼容标准的 ASCII 码外，其他已有的文字编码方案不予考虑吸收，而是对其重新编码。一般情况下，一种语言文字要想进入 Unicode 编码体系，首先需要使用该种文字的国家或地区拿出相关可行的方案，并向国际标准化组织提出申请，经该组织严格审核投票后方可纳入 Unicode 编码体系。

① 席春梅．初探 Unicode 编码．科技经济市场．2008年第9期．

② 谢谦等．《编码字符集标准及分类研究》．中文信息学报．第20卷第5期．

保罗学派忠于谱系树的理论和方法，却忽略了汉藏语言内部关系的复杂性，出现了理论和材料的断裂。

陈保亚认为以上两种断裂都是由谱系树模式带来的。他提出了汉藏语言联盟，这一联盟包括汉语、藏缅语、壮侗语、苗瑶语以及孟——高棉语系的若干语言。确定这些语群有联盟关系的根本标准仍然是语音对应规律。把有语音对应的核心词叫共价词即具有共同文化价值的词。共价词的多少反映了文化上的疏密。只有当语言间有大量核心词对应时，即相互之间存在大量共价词，我们才能说它们之间有联盟关系。共价词数量越多，两种文化的关系越密切。这样可以通过共价词画出语言间的关系树，语言关系的研究便能和文化关系的研究密切结合。运用谱系树理论，我们可以通过现代语言重建原始印欧语。但语言联盟模式是一种不可逆过程。我们不可能重建原始母语，而只能通过比较重建语言间的关系史。陈保亚的这一理论从崭新的角度研究现代语言和原始文化的关系，特别是现代汉藏语言和原始汉藏文化的关系。这一理论最突出的特点是证明了谱系树模式不是语言演化的唯一模式。

三　语言联盟说

从根本上对经典的“谱系树”模式提出质疑的是布拉格学派的特鲁贝茨科依，他认为如果可以假设有一个单一的原始印欧语，似乎所有印欧语言都是从这种原始印欧语发展出来的，那么反过来说，我们也可以假设不存在这样一个原始印欧语，仅仅是随着时间的推移，由于经常接触、相互影响和借用，彼此才相近但并未达到完全的一致。这两种假设从理论上说都是有可能的，并不能完全排除某一种假设。因为语言历史中既有分化发展也有聚合发展。他提出“语系可能是纯分化发展的产物，或者是纯聚合发展的产物，也可能是两种类型的发展按不同比例相结合的产物”。他于1962年提出了语言联盟说，用以指在地理位置上互相邻接的语言（无论是否有亲属关系），由于发生接触，相互影响的结果，在物质材料上和结构上，都产生了一定数量的共同特征。由此可见，语系是语言分化发展的产物，而语言联盟正好相反，它是同分化方向相反的语言聚合发展的产物。“印欧语从一开始就有若干种，并且起初它们形成了‘语言联盟’，随着时间的推移，该语言联盟发展成了一个语系。追溯过去，语言学家只好把古老的印欧语系中的这些语言，看作是‘原始印欧语的诸方言’。但是说它们一定是来自一个共同的起源，是没有任何根据的。”在有的文献中，语言联盟也被称为语言聚合区。此后的研究虽也有提及，但都比较零散，大多只是作为语言相互影响的一种特殊的例证，其中谈得比较多的就是所谓巴尔干半岛上的保加利亚语、罗马尼亚语、阿尔巴尼亚语和希腊语的语言联盟，因为在它们之间出现了一些共同的结构特征。这些研究的对象都是印欧系语言，学者们还难以从中悟察语言接触和语言演变的关系，揭示这一概念的理论意义。

《语言联盟》是美国学者本尼迪克特（P. K. Benedict）的一篇最重要的论文，也是他的“澳泰假设”的奠基石。他在这篇文章中最重要的创见是设立卡岱语群，从而在东亚大陆的台语和东南亚以及南太平洋的南岛语之间搭起一座桥梁。本尼迪克特的语言分类框架是将东亚大陆和东南亚语言分成三个超级大语系：澳泰语系、汉藏语系和南亚语系。他建立了卡岱——印尼语语言联盟。

陈保亚根据汉语和各少数民族语言的关系的特点，深入研究，提炼出有很强解释能力的“语言联盟”的理论，对历史语言学的理论和方法作出了重要的补正。他首先廓清了联盟、接触、同源三者的关系，“联盟和接触的区分是量的区分，联盟和同源或接触和同源的区分是质的区分。联盟是接触的一个次范畴。”区别联盟和同源是建立“语言联盟”说的关键。陈保亚以云南德宏傣语和汉语西南官话的接触为对象长期追踪研究，结论是汉语和侗台语是联盟关系，没有同出一源的亲属关系；彼此的接触是无界而有阶的，也就是说语言接触的影响可以深入到语言的多种层面，包括所谓核心的基本词汇在内。但是接触后语言的改变又是有阶段性的，结构因素形成不同的区别性特征，这些特征使得改变的速度和顺序可以分成不同的阶段。

四　语言与文化的关系思考

根据前文所述语言纽带论的观点，语言与文化的外延是一致的，不同的语言反映出不同的文化，语言构建了文化精神。这一论述似乎并不能令人信服，例如英国和美国有着共同的语言，但文化方面的差异也是显而易见的。根据爱德华·萨丕尔的观点，共同语言的存在可以为两种文化之间的互动交流以及谅解提供平台和机会，但是由于其他方面的因素如地理、历史、政治、经济等也在反抗这种趋势。由此可知，共同语言不能作为共同文化的印证。这一观点似乎与前文所述的观点相悖，但是其实并不矛盾，这两种观点都是在强调文化气质或者说是文化精神。

文化是丰富多彩的，从空间和时间两个方面都能表现出文化的不同形态。不同的文化形态必然会反映到语言上，这就表现出了语言的差异，不论是从文化的差异来研究语言的差异或者是从语言的差异来研究文化的差异，都将有助于我们深化已有的认识和了解。文化对语言各层面的影响并不均衡，除了前文所述的语音方面，文化对语言的影响更多地体现在词汇和语义方面。语言对文化的影响是深远的，做过民族语言调查的人会对所调查民族的文化拥有一种全新的感觉，民族语言深深地影响了操这种语言的人的思维方式和行为准则。语言纽带论将会为语言与文化的关系的思考带来新的视角。

参考文献

[1] 陈保亚．语言文化论［M］．昆明：云南大学出版社，1993.

[2] 陈保亚．论语言接触与语言联盟［M］．北京：语文出版社，1996.

[3] 丁邦新、孙宏开．汉藏语同源词研究（一）汉藏语研究的历史回顾［M］．南宁：广西民族出版社，2000.

[4] 倪大白．对“汉藏语系”语言研究中一些问题的思考［J］．汉藏语学报，2009，(3)．

[5] 瞿霭堂、劲松．汉藏语言研究的理论和方法［M］．北京：中国藏学出版社，2000.

[6] 马学良．汉藏语概论［M］．北京：民族出版社，2003.

[7] 严宝刚．论语言联盟的理论和方法创新［J］．陕西师范大学学报增刊，2004，(2)．

[8] 严宝刚．探语言联盟的方法论［J］．平顶山学院学报，2005，(1)．

[9] 王钢．语系与语言联盟［J］．大连外国语学院学报，1995，(4)．

[10] 陈保亚．从语言接触看历史比较语言学［J］．北京大学学报，2006，(2)．

[11] 徐通锵．历史语言学［M］．北京：商务印书馆，1991.

“V起来”研究综述

王保锋①

摘要：“V起来”一直是汉语学界研究的热点之一，本文对1924年《新著国语文法》至今近百年的研究成果进行综述。全文由传统阶段的研究、新阶段的研究、几点问题和启示三个部分组成。重在勾画“V起来”研究脉络，总结研究热点，并对存在的问题进行简单的讨论。

关键词：“V起来”　词性　意义　语法化　认知

前　言

汉语学界一般把“V起来”这样的结构称为动趋结构或动趋式。从1924年黎锦熙的《新著国语文法》至今，学者们从不同的角度、运用不同的理论方法对“V起来”进行了较为全面的研究，取得了颇为丰富的成果。本文在此尝试将搜集到的研究文献加以归纳总结，勾画“V起来”的研究脉络，发现现有研究中的问题，以

① ［作者简介］王保锋，2011级语言学及应用语言学硕士研究生，研究方向：语言文字信息处理。

促进研究的进一步深化与扩展。

笔者将“V起来”的研究分为两个阶段，以21世纪初为界限。总体来说，2004年以前的研究主要集中在传统范围内，包括“起来”性质的研究、“起来”意义的研究、关于“V”的研究、“V起来”带宾语的研究和对“V起来”构句的研究这五个部分。2004年以后，随着语法化与认知语言学在我国的进一步发展，学者们开始自觉运用新的理论方法来研究“V起来”，并将目光转向一些新的研究领域，使“V起来”的研究得以深化和扩展。新阶段的研究主要包括“起来”与语法化理论、“起来”与认知语言学理论和新领域研究这三个部分。

一　传统阶段的研究

（一）关于“起来”的性质的研究

关于“起来”的性质，学者们说法不一。各家的观点可以分为两大类，即词性单类的观点和词性多类的观点。

1. 词性单类的观点

持词性单类观点的学者们主张各种用法的“起来”词性一样，既然有相同的词语形式就应该有相同的词语性质。但词性单类观点的内部也有分歧，主要有助词说、副词说、动态动相限制词说和趋向动词说四种。

第一，助词说。黎锦熙在《新著国语文法》（1924）中把表示“方开始的持续”意义的“起来”归在后附的助动词里，即帮助动词的后附助词，指出一旦“起来”离开所助的动词，意思就捉摸不定，造句时都是附着动词，不能分立。和黎锦熙持相同观点的是张志公，在他的著作《汉语语法常识》（1956）中，也将“起来”划归为助动词。

第二，副词（似副词）说。王力在《中国现代语法》（1943）中认为"起来"等词的作用相当于副词。吕叔湘、朱德熙在《语法修辞讲话》（1952）中认为"起来"等的性质介于词尾和复合动词的成分之间，但是能分离，因此又近似副词。陆志韦《北京话单音词汇》（1956）则把这类词看作后附的副词。

第三，动态动相限制词说。吕叔湘在《中国文法要略》（1947）中将"起来"归入"限制词"里的"动态动相限制词"。他认为限制词是辅助词的一种，"凡是意义不及名词、动词、形容词那样实在的，我们一概称为辅助词"。

第四，趋向动词说。张志公在主持修订《暂拟汉语教学语法系统》时，放弃了早期的助动词说，将其重新定名为"趋向动词"。丁声树和朱德熙也分别在其著作《现代汉语语法讲话》（1961）和《语法讲义》（1961）中将"起来"归到了"趋向动词"之下。吕叔湘在《现代汉语八百词》（1980）中指出，由主要动词加表示趋向的动词，可以叫做动趋式。邢福义在《汉语语法学》（1996）指出，"趋向动词"有广义和狭义的区别，他把用在动词后的"起来"称为狭义的趋向动词。黄伯荣、廖序东在《现代汉语》（1997）、马真在《简明实用汉语语法教程》（1997）、刘月华在《趋向补语通释》（1998）中认为用在动词后面且作动词的补语的"起来"都是趋向动词。目前国内大部分学者都支持趋向动词说，并采用这种名称。这一说法影响深远，在语法学界占主流地位。

2. 词性多类的观点

第一，动词+后缀说。赵元任认为简单地将"起来"归于动词一类是欠妥的，他是最早明确提出"起来"具有多重词类特性的学者。在《汉语口语语法》（1979）中，他指出"飞起来"中的"起来"是动词，而"哭起来"中的"起来"则应该归为动态后缀。

第二，趋向动词+助词说。宋玉柱在《说"起来"及与之有关的一种句式》（1980）认为，"起来"的用法有多种，因而词性也有差别，其表示动作趋向的一类，属于趋向动词；另一类仅具有某种语法意义，没有词汇意义，实际上是表示某种“体”，应该归入时态助词。房玉清在《“起来”的分布和语义特征》（1992）认为，现代汉语的“起来”已经分化为两类：一类还保留着动词的特点，可以作谓语或补语；另一类已虚化，变成跟“了”、“着”等相似的助词，它们粘在动词或形容词后面表示动作的进程、状态以及动作造成的结果等。刘广和在《说“上 2、下 2……起来 2”——兼谈趋向补语、动趋式》（1999）中指出，动词后头的“上、下、起来”等分成两类，一批是有方位意义的，叫“上 1、下 1、起来 1”；另一批没有方位意义，只有语法意义的，是动词的接尾部，叫它词缀或助词。卢英顺（2001）在《论趋向动词问题》指出，“起来”等分为两类：一类是实词，归动词类；一类是虚词，可归入体助词。

第三，趋向动词 + 情态动词 + 助词说。吴洁敏在《谈谈非谓语动词“起来”》（1984）中指出，用在动词后，表示动作由下而上的运动的“起来”是表趋向的动词；用在动词或形容词后面，表示动作、性状发展变化的“起来”是表情态的动词；用在动词或形容词后面，起连接或加强语气作用的“起来”是助词。

第四，趋向动词 + 后置成分 + 助词说。陈昌来的《论动后趋向动词的性质》（1994）指出“起来”至少有四种意义和性质，表示向上趋向的趋向动词，表示动作行为有了某种结果的结果性后置成分，表示动作行为已经开始的动态助词，表示伴随时间的助词。

第五，趋向动词 + 趋向词说。张谊生在《现代汉语虚词》（2000）中认为，应该把同形趋向动词、趋向词区分开来，严格地说“趋向词”应称为时态助词或准时态助词才准确。趋向词的基本功能是附在谓词性词语后面表示时态义和情态义。

笔者认为，对用法复杂的“起来”进行单类的划分，我们在解释语法特征和语法意义时会发现很难解释得通，多类的处理方法与该词的语法表现更为接近。但是详细的归类涉及词类和小类的划分标准问题，“起来”的特殊性让这一工作还存在很大困难，仍是值得进一步思考的问题。

（二）关于“起来”的意义的研究

老一辈的语言学家很早就发现，出现在不同动词后面的“起来”，所表达的意义存在着微妙的差异。王力《中国现代语法》（1943）、张志公《汉语语法常识》（1952）、丁声树《现代汉语语法讲话》（1961）、吕叔湘《现代汉语八百词》（1980）都对其有所讨论。时至今日，关于“起来”的意义复杂性，语法学界的研究已经较为充分、翔实，争论也比较少。总体来说，可以分为两个部分，即常见意义和特殊意义。

1.“起来”的常见意义

刘月华在《趋向补语通释》（1998）中总结了所有“V 趋”结构中的“趋”有三种语法意义，即趋向意义、结果意义和状态意义。并对“起来”的趋向意义、结果意义、状态意义进行了分析，试图找出它们之间意义上的引申关系。贺阳《动趋式“V 起来”语义分化及其句法表现》（2004）指出在“V 起来”结构中，“V 起来”的语义类型决定于 V 的语义特征，根据这些特征他将动词分为若干次类，利用这些次类使得“V 起来”中的“起来”得到分化。归纳出三种不同的意义：位移义、结果义和体貌义。位移义，表示由下向上的位置移动；结果义，表示动作达到一定的目的，取得一定的结果；体貌义，表示动作开始进行并继续下去。余足云（2004）将“起来”的语法意义概括为“趋向意义、结果意义、始续意义”三种。

由此我们不难发现，学者们对于“起来”的常见意义争议不大，要有差别也只是在表述上不同而已。但“起来”的意义和用法比较复杂，除了常见的意义外，还有别的特殊意义。

2. “起来”的特殊意义

吕叔湘《现代汉语八百词》(1980)认为,“V起来”做插入语或句子前一部分,有估计或着眼于某一方面的意思。宋玉柱《说“起来”及与之有关的一种句式》(1980)认为“起来5”是用在动词后边,表示“当……的时候”。吴洁敏《谈谈非谓语动词“起来”》(1984)认为“起来”用在动词或形容词后面,表示做某事或产生某种状态的时候,用在“看、听、说、想、算”等有限的几个动词后面,加强估计揣测的语气。房玉清《“起来”的分布和语义特征》(1992)认为,如果“动词+起来”后头还有谓词性的后续成分,那么,“看、听、算、闻、吃、做”等加“起来”往往表示估计或推断。陈昌来《论动后趋向动词的性质》(1994)提出“V起来”有表示伴随时间的意义,相当于“……的时候”。戴耀晶的《现代汉语时体系统研究》(1997)认为“起来”表示就动词所提出的某方面而言。刘月华《趋向补语通释》(1998)提出“起来”的两种特殊用法,一是用于从某方面说明、评论人或事物;二是引进说话人的一种看法。

以上学者们大都只是提出了这些关于“起来”的特殊用法,而很少对这些特殊用法的“起来”具体特征进行详细探讨,还有许多工作尚未完成。

(三)关于“V”的研究

学者们对与“起来”搭配的动词也进行了详细的探讨。吴洁敏《谈谈非谓语动词“起来”》(1984)提出,“起来”可用在持续动词后面表示动作的起始状态,用在多次性完成的动词后面表示动作完成的结果。房玉清在《“起来”的分布和语义特征》(1992)讨论了不能与“起来”组合的五类动词,并把能与“起来”结合的动词分为两大类(趋向性动词和非趋向性动词)。“V+起来”表示由下而上的趋向,则V为趋向性动词,“V+起来”不表示趋向,而表示动作的进程、状态或结果时，则 V 为非趋向性动词。胡裕树、范晓《动词研究》（1995）指出，“起来”加在动词之后表示非趋向的引申义时，其前面的动词必须属于非位移性的；同时，可与“起来”结合的必须是可以持续的动词。刘月华在《趋向补语通释》（1998）中分别从“起来”的趋向意义、结果意义、状态意义与特殊用法四个方面来讨论“V”的情况，把“起来”前面的动词进行了详细的分类，表趋向意义的“起来”前可以出现的动词共有 3 类，表示结果意义的“起来”前可以出现的动词共有 13 类，表示状态意义的“起来”前可以出现的动词共有 7 类。曹娟《表开始体“起来”的核心意义》（2000）指出，有些动词不能带表开始体“起来”的主要原因是这些动词在时间上不能同时具备［+状态］、［+变化起点］的语义特征。曹宏《中动句对动词形容词的选择限制及其理据》（2004）指出只有书面色彩不强的及物的自主动词才有可能进入“V 起来 + AP”中动句。贺阳《动趋式“V 起来”语义分化及其句法表现》（2004）发现，表位移义的“V 起来”前的动词具有［+向上位移］的特征，表结果义的“V 起来”的动词具有［+聚拢］、［+隐存］和［+使凸起］的语义特征，表体貌义的“V 起来”前的动词具有［+动态持续］的语义特征。李敏在《论“起来”结构中“起来”的分化》（2005）指出，能与“起来”组合的动词主要有以下几类：具有［+向上位移］语义特征的动词，具有［+向内隐存］语义特征的动词，具有［+聚拢］语义特征的动词和含有状态量差的变化的动词。

（四）关于“V 起来”带宾语的研究

关于“V + 趋向动词”一类动趋结构中宾语的研究，张志公（1959）提出一般宾语、存现宾语和处所宾语的概念，并指出宾语复合趋向补语中的位置。范继淹在《动词和趋向性后置成分的结构分析》（1963）中就一般宾语、存现宾语、处所宾语与“V 起来”

等趋向词组合时的位置情况进行了考察，认为宾语的位置与其在“V起来”中的位置有关系。吕叔湘在《现代汉语八百词》中指出动趋式动词后边代表事物的名词可以有三种位置，即在整个动趋式后；在“趋1”和“趋2”的中间；在主要动词之后、趋向动词之前，再加上用“把”字把它提前的格式，一共有四种格式，但不是所有的动趋式动词都能用于每一种格式。张伯江在《关于动趋式带宾语的几种语序》（1991）中比较全面地讨论了宾语的不同类别，从语气、语义、语用的角度把动趋结构带宾语的形式码化为：VClC2N、VClNC2、VNClC2、把NC1C2四种语序格式，并从历史发展的角度探讨现代汉语VNC1C2式排斥状态意义和结果意义的原因，他还从语用的角度考察了VC1C2N、VC1NC2、把NVC1C2式在实际运用中存在的倾向。接着他在《动趋式里宾语位置的制约因素》（1991）中从句法上探讨了四种格式的强制性或半强制性的条件。刘月华在《趋向补语通释》（1998）中从描写“V起来”的动词类别出发，详细地描写出每类动词构成句式时宾语的语义性质和位置的情况。陆俭明《动词后趋向补语和宾语的位置问题》（2002）一文在前人研究的基础上，对动词后的趋向补语和宾语共现时的语序作了更全面的考察、分析和描写。他认为趋向补语和宾语的位置受多种因素制约，既跟动词的性质有关，也跟动词所带的趋向补语的性质有关；既跟宾语的性质有关，而且也跟动词带不带“了”有关，有时还跟语境有关，并对这些因素进行了细致的描写。

我们可以归纳得出：“V+起来”带宾语的格式，根据宾语的位置，大致可以分为四种：“V+起+来+O”、“V+O+起+来”、“V+起+O+来”、“把+O+V+起来”。在具体应用中，究竟选择哪个格式，这与动词的性质、“起来”所带的宾语的性质、具体语境和句子信息焦点等情况有关。

（五）对“V起来”构句的研究

“V起来”在句法、语义以及语用方面有着特殊性，因此在构句时显得比较复杂。这一问题也是“V起来”的研究热点之一。

宋玉柱在《说“起来”及与之有关的一种句式》（1980）和《关于“V起来+VP”结构》（1992）考察了“V起来+VP”的情况。吴洁敏在《谈谈非谓语动词“起来”》（1984）将“起来”分成趋向动词、情态动词和助词，然后考察了三类“起来”进入肯定句式、否定句式、疑问句式的情况。刘月华在《趋向补语通释》（1998）中十分详细地罗列出不同的动词与“起来”的构句情况，并考察了各类句式是否存在可能式等情况。曹宏《中动句对动词形容词的选择限制及其理据》（2004）把“V起来+AP”句式称为中动句，并对中动句“V”和“AP”的选择限制进行了考察。贺阳在《动趋式“起来”的语义分化及其句法表现》（2004）中考察了“V起来”在施事主语句、受事主语句、判断句、定中结构、连动句以及“V起来+时段成分”等句式中的分布情况。刘楚群在《论连动句“V起来+VP”》（2005）中再次探讨了“V起来+VP”这一句式，认为“V起来+VP”根据其前后语义关系可以分为两大类五小种，分别是承接关系、目的关系、方式关系、条件关系、解释或说明关系；在形式上根据句式主语是否可以后移到“V起来”和“VP”之间，把“V起来+VP”分成两类，即典型的连动句式和虚化的连动句式。接着刘先生在《“把NV起来”句式的成活机制》（2007）一文中从句内机制、特定句式和时态特征三个方面论述了“把NV起来”句式的成活机制。

笔者认为，在传统研究阶段，学者们的研究是详实、深入和科学的。但是这一阶段的研究多停留在对“V起来”句法、语义和语用的描写上，对于“V起来”复杂性、特殊性的原因等问题，很少做探讨。而且几乎所有的研究都是在共时平面上进行的，忽视了历时平面的考察。可以说，描写充分，解释不足，强调共时，忽视历时是这一研究阶段存在的问题。

二 新阶段的研究

20 世纪末 21 世纪初，随着语法化理论和认知语言学理论在我国的进一步传播与发展，对“V 起来”的研究开始进入一个新的阶段。学者们利用新的语言学理论，掀起了一股“V 起来”研究热潮。

（一）“起来”与语法化理论

王敏《现代汉语“起来”的句法、语义分析》（2003）从历时的角度描写了“起来”从实词到虚词的逐渐变化过程，指出“起来”的句法功能已经发生了分化。余足云（2004）概括出“起来”的三种语法意义，并分析了各种语法意义之间的对应关系，最后指出“起来”存在一个从实词到虚词的演变过程。

王国栓在其博士论文《趋向问题研究》（2004）中对“起来”的历时用法进行了较为系统的研究。由于其论文涉及范围为所有趋向动词，所以对“起来”的历时研究深度尚浅，也没有注重共时平面的讨论。

刘楚群在其博士论文《句管控中“V 起来”虚化式研究》（2005）中指出，“V 起来”在语法化过程中经历了两次重要的语法化步骤，形成了三个语义语法差别明显的存在阶段。第一次语法化使它从“实 + 实”的连动结构虚化为“实 + 虚”的动补结构，第二次语法化使它从“实 + 虚”的动补结构虚化为“全虚”的固化结构。语义的泛化、隐喻和句法结构重新分析是“V 越来”语法化的内部机制，而特殊句式则是“V 起来”语法化的外部句式条件。

李琳《趋向词“起来”的相关格式及其语法化研究》(2005)从历时的角度，运用语法化的相关理论，考察了“起来”的虚化轨迹、演变方式，探讨了导致“起来”语法化的动因和机制，从而从共时和历时相结合的角度揭示了“起来”在古代汉语与现代汉语中各种用法之间的联系。认为“起来”在共时平面上的各种用法正是“起来”在历时语法化过程中都包含的，是“起来”的历时演变在不同阶段、不同层次上的反映。

王寒娜《现代汉语“起来”及其语法化》(2007)认为，“起来”的动作趋向义、开始延续义以及完成结果义之间存在着内在的联系，是对“起来”基本义的初始位置、变化过程以及终极位置等不同侧面加以突显的结果。

路茜男《趋向动词“起来”的语法化动因与机制研究》(2009)将语法化与认知语言学相结合，详细研究探讨了“起来”语法化的动因与机制。认为影响“V起来”语法化的动因有五种：语法位置的变化、语义的泛化、人类认知方式及规律、“起来”词源的影响和汉语自身特点的影响。指出导致“起来”语法化的机制有五种：重新分析机制、泛化机制、隐喻机制、类推机制和主观化机制。

关于“起来”语法化的研究论文还有很多，但在观点和内容上大同小异，本文在此就不做赘述了。

“起来”的语法化研究是近年来汉语语法学界研究的热点也是重点问题，学者们注重历时考察与共时考察相结合，注重语法化理论与认知语言学理论相结合，很好的弥补了传统研究阶段的不足，将“V起来”的研究提高到了一个新的层面上。

(二)“起来”与认知语言学理论

吕晓军《汉语趋向动词“起来”在“动/形+趋”结构中多义性的认知研究》(2007)在认知语言学框架内，揭示了汉语趋向动

参考文献

［1］曹娟．表开始体“起来”的核心意义［J］．首都师范大学学报（社会科学版），2000年增刊．

［2］陈昌来．动后趋向动词性质研究述评［J］．汉语学习，1994，（2）．

［3］陈昌来．论动后趋向动词的性质—兼谈趋向动词研究的方法［J］．烟台师范学院学报（哲社版），1994，（4）．

［4］陈忠．认知语言学研究［M］．济南：山东教育出版社，2006.

［5］戴耀晶．现代汉语时体系统研究［M］．杭州：浙江教育出版社，1997.

［6］丁声树等．现代汉语语法讲话［M］．商务印书馆，2002.

［7］范晓、胡裕树．动词研究［M］．开封：河南大学出版社，1995.

［8］范晓．动词研究综述［M］．太原：山西高校联合出版社，1996.

［9］范继淹．动词和趋向性后置成分的结构分析［J］．中国语文，1963，（2）．

［10］房玉清．“起来”的分布和语义特征［J］．世界汉语教学，1992，（1）．

［11］贺阳．动趋式“起来”的语义分化及其句法表现［J］．语言研究，2004.

［12］邵晨．从认知语言学角度看“V起来”的语义转变［J］．文教资料，2010，（8）．

［13］黎锦熙．新著国语文法［M］．北京：商务印书馆，2000.

［14］李敏．论“V起来”结构中“起来”的分化［J］．烟台师范学院学报（哲学社会科学版），2005，（3）．

［15］刘楚群．论连动句式“V起来+vP”［J］．华中科技大学学报（社会科学版），2005，（6）．

［16］刘广和．说“上2、下2……起来2”—兼谈趋向补语，动趋式［J］．汉语学习，1999，（2）．

［17］刘月华．关于趋向补语“来”、“去”的几个问题［J］．语言教学